汽车先进技术译丛　汽车技术经典手册

车辆系统动力学手册
第1卷：基础理论和方法

［意］吉亚姆皮埃罗·马斯蒂努（Giampiero Mastinu）
［奥］曼弗雷德·普勒彻（Manfred Ploechl）　主编
吉林大学汽车仿真与控制国家重点实验室　组译
李杰　等译

机械工业出版社

本丛书对车辆系统动力学建模、分析与优化，车辆概念和空气动力学，充气轮胎和车轮－道路/越野，车辆子系统建模，车辆动力学和主动安全，人机相互作用，智能车辆系统，以及车辆事故重建被动安全进行了全面描述。

本丛书由来自23所大学与9家知名企业的50余位专家共同编写，以科学界与工业界的视角对知识结构进行了平衡，代表了目前车辆系统动力学技术发展的水平，适合汽车工程师与汽车专业师生阅读使用。

推荐序言

汽车仿真与控制国家重点实验室，是国家布局在汽车工程科技领域的首批国家重点实验室。1989 年，实验室获批立项建设。1993 年，获得世界银行贷款2500 万元投资，研制国际先进的汽车性能模拟器。1996 年，在“整体系统自行设计与集成，关键部件国外引进，一般部件国内配套、软件自行开发”的总体技术路线指导下，成功研制了中国首台开发型汽车性能模拟器，当年 12 月以“世界先进、亚洲第一和中国首创”的评价通过国家验收，正式对国内外开放。

通过 30 多年的建设与发展，实验室已经建设和发展成为我国汽车行业产品开发的基础、共性和前沿技术的主要研究基地、高层次人才培养基地和重大实验装备的主要研制基地，支撑了我国汽车行业产品开发技术自主创新体系的建立与完善，代表中国在国际汽车仿真与控制领域形成重要的学术影响力。

1999 年，李杰教授担任实验室主任助理，协助我开展实验室学术和科研的管理工作。在实验室的工作中，因高度的责任心、踏实的作风和创新的思维而晋升为实验室副主任，负责实验室的学术和科研运行与规划工作。他先后与 4 位实验室主任共事过，有力保证了实验室各项政策和工作的顺利过渡，4 次负责具体组织参加科技部组织的国家重点实验室评估工作，并且 4 次顺利通过国家评估。

国家重点实验室肩负着基地运行与发展、队伍建设与人才培养、学术创新研究、开发交流与科学传播等使命，不断地将实验室的代表性成果向国内外推介，同时引进国外先进的理论、方法和技术，既是科学传播的主要任务，也是中国由汽车大国走向汽车强国的重要途径。

我非常欣慰地看到，李杰教授组织了与机械工业出版社汽车分社的合作，通过“汽车先进技术译丛/汽车技术经典手册”开展汽车仿真与控制国家重点实验室组译工作，并且率先带头开展了 *Road and Off – Road Vehicle System Dynamics Handbook* 的翻译工作。

这部手册由原 Swets & Zeitlinger 公司（现 Taylor & Francis Group 公司）和国际车辆系统动力学学会（IAVSD）前秘书长 Robin Sharp 教授和车辆系统动力学前主编 Peter Lugner 教授倡议，由欧洲、美国和亚洲等 13 个国家的 50 余位著名的科学家和工程师撰写，23所大学和9家知名企业直接或间接参与完成，具有权威性和系统性。手册的翻译和出版，既有助于进一步推动车辆系统动力学发展，也有助于使车辆系统动力学更好地适应数字化、电动化、智能化和网联化的发展。

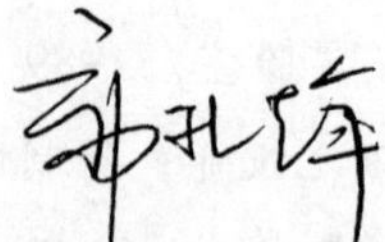

2020年12月7日

译者的话

Road and Off - Road Vehicle System Dynamics Handbook 由 Swets & Zeitlinger 公司和国际车辆系统动力学学会（IAVSD）一起策划和推进，Taylor & Francis Group 公司收购 Swets & Zeitlinger 公司后，这一计划仍得以继续。这部手册由欧洲、美国和亚洲等 13 个国家的 50 余位著名的科学家和工程师撰写，23 所大学和 9 家知名企业直接或间接参与，在车辆系统动力学领域，虽然国内外学者已经出版了一些专著，但是还缺乏一套系统和权威的标准参考手册。因此，我向机械工业出版社建议引进翻译出版本书。

车辆系统动力学是吉林大学汽车仿真与控制国家重点实验室的重点研究方向，而国家重点实验室又具有科学传播的使命，当机械工业出版社建议我来组织本书的翻译时，我愉快地接受了邀请，组织丛书的翻译工作，由此也拉开了其后与机械工业出版社汽车分社合作的汽车仿真与控制国家重点实验室组译工作的序幕。

2016 年，我带领自己的研究生郭文翠、王培德、王亮、王祥、杨昆、赵唤、谷盛丰和陈凯开始了翻译工作，结合翻译的内容每周进行组会交流，对存在的问题进行讨论和提出解决方案。在此过程中，他们付出了艰苦的努力，但也从翻译中得到了收获和提高。

在完成了全部 42 章的翻译初稿后，由我和赵旗老师进行校对和修改工作，对各章风格和排版进行了统一。在此过程中，我也发现了全书各章顺序排列存在的问题。在与责编面对面交流出版问题时，经过讨论，为方便国内读者阅读，我们决定将原著厚达 1700 多页的手册分卷出版，并按照各卷名对个别章的前后顺序进行了微调，使其更适合国内读者的阅读习惯。此后，在对书稿再次进行全文校对和修改后，向出版社提交稿件。

这部手册翻译和修改共计 3 次，整个过程得到出版社编辑的大力支持、鼓励和鞭策。译稿历时 5 年才得以提交，主要原因在于我只能在紧张繁忙的工作之余开展翻译工作，力图能够更好地表达著者的写作内容。虽然希望通过时间消耗尽量减少错误，但是肯定会有错误和不当之处，恳请读者给予指正，通过邮箱联系：lj@ jlu. edu. cn。

郭孔辉院士在得知我们所进行的这项工作后，欣然应邀为本手册作序，并对与机械工业出版社汽车分社合作的汽车仿真与控制国家重点实验室组译工作表示了肯定和支持。郭院士在国内汽车动力学研究方面所做的开创性的工作，以及多年来工作中对本人的指导和鼓励，是我投身汽车动力学研究的最大动力，在此也向郭院士致以真诚的感谢与最大的敬意！希望本手册的出版，有助于推动国内车辆系统动力学与控制的研究工作，更希望看到中国版车辆系统动力学手册的早日出版。

李杰

前　言

几年前，Swets & Zeitlinger 出版公司和国际车辆系统动力学学会（IAVSD）（以 IAVSD 前秘书长 Robin Sharp 教授和《车辆系统动力学》前主编 Peter Lugner 教授为代表）一起向我们提议出版本书。从那时起我们就做出许多努力，召集杰出学者参与这个项目。在 Taylor & Francis Group 收购 Swets & Zeitlinger 后，我们继续努力。现在，可以向科学和技术领域展示这一成果了。

我们的目标是在车辆系统动力学领域出版一套权威的标准参考著作。当代关于这一主题的出版物要么非常专业（科学论文），要么需要花费大量时间阅读（非常专业的书籍）。本书既适合初学者又适合有经验的工程师阅读，也可以作为大学研究生课程的教科书。

丛书的内容由著名的科学家和工程师撰写，其中的许多人已经就本书中涉及的主题撰写了完整的书籍。作者是从工业领域和大学中挑选出来的，以在理论和实践之间找到平衡。

丛书由来自欧洲、美洲和亚洲等 13 个国家的 50 余位专家撰写，共 42 章，23 所大学和 9 家知名企业直接或间接参与这个项目。

丛书由涵盖当前车辆系统发展状况的一系列独立章节组成，分为 8 个部分：车辆系统动力学基础、建模、仿真分析，车辆概念和空气动力学，充气轮胎和车轮 - 道路/越野道路接触，车辆子系统建模，车辆动力学和主动安全，人机相互作用，智能车辆系统，道路事故重建和被动安全。各部分均从发展历史介绍开始。

我们尽量不过分强调汽车，部分内容还涉及摩托车和商业车辆以及越野车辆。但主要内容还是汽车。

我们为作者提供了在章节中表达其非凡经验的自由，之后编辑们仔细阅读了所有章节，平衡了部分内容，未涉及的问题分别反馈给各个作者。

我们充分意识到丛书内容不会永远是最新的，但以简洁、信息丰富的方式并以基本问题为中心写成的内容，在相当长的一段时间内将是有用的。

丛书是一套公式和实例的集合，有助于在没有任何数学证明下解决问题，而数学证明则留给以后阅读文献中引用的论文或书籍。这样就忽略了小技术问题，只处理高水平的科学/技术问题。我们一直努力遵循 S. K. Clark 编辑《充气轮胎力学》所规定的高标准，这本书于 1981 年由美国交通部出版。

丛书反映了全世界在解决车辆系统动力学设计问题上使用的科学/技术方法。

我们鼓励不同作者对相同的问题给出不同的观点。将选择权留给读者以指导使用本书中收集的信息。工程学是一个令人兴奋的复杂领域，在一个仍然悬而未决的问题上仅允许单一的意见将会大大降低本书的丰富性。

丛书可以通过参考问题索引找到想要了解的问题。有经验的读者可以按任何顺序阅读本书，没有经验的读者可以从研究本书开头的“横向”章节中获益，这些内容涉及总论问题，如第2章～第10章的系统建模、分析和优化。这些“横向”章节是后续阅读“纵向”章节的基础。“纵向”章节处理特殊问题，如第11章～第42章的轮胎和车辆子系统、人机相互作用、主动和被动安全。无论如何，问题索引可以帮助读者识别本书的各个部分，通过纵向或横向章节找到所需的内容。

丛书对初学者，是希望其获得对于具体问题的基本知识；对有经验的工程师或科学家，是希望其获得对于特定领域最新的信息。这是略有矛盾的目标，需要通过作者处理基本问题并在专业论文中添加适当的参考文献以供进一步阅读。

我们要感谢所有作者的努力，他们热情地参与这个项目，耐心地编辑和修改了其章节并提供了本书的最后定稿，它们反映了车辆系统动力学当前的知识。

吉亚姆皮埃罗·马斯蒂努
曼弗雷德·普勒彻

撰写者

Masato Abe
Department of Vehicle System Engineering
Kanagawa Institute of Technology
Atsugi - shi, Japan

Jorge Ambrósio
Institute of Mechanical Engineering
Instituto Superior Tecnico
Technical University of Lisbon
Lisbon, Portugal

Dieter Ammon
Daimler AG
Stuttgart, Germany

Martin Arnold
Institute of Mathematics
University of Halle - Wittenberg
Halle, Germany

Jahan Asgari
Research and Innovation Center
Ford Motor Company
Dearborn, Michigan

John Aurell
Volvo Trucks
Gothenburg, Sweden

Massimiliano Avalle
Department of Mechanical and Aerospace Engineering
Politecnico di Torino
Turin, Italy

Giovanni Belingardi
Department of Mechanical and Aerospace Engineering
Politecnico di Torino
Turin, Italy

Bernd Bertsche
Institute of Machine Components
University of Stuttgart
Stuttgart, Germany

Maurizio Boiocchi
Pirelli Tire S. p. A.
Milan, Italy

Thomas Bruder
BMW Group
Munich, Germany

Carlo Maria Domenico Cantoni
Brembo S. p. A.
Bergamo, Italy

Riccardo Cesarini
Brembo S. p. A.
Bergamo, Italy

Horst Ecker
Institute of Mechanics and Mechatronics
Engineering Dynamics
Vienna University of Technology
Vienna, Austria

Johannes Edelmann
Institute of Mechanics and Mechatronics
Vehicle System Dynamics Research Group
Vienna University of Technology
Vienna, Austria

Paul Fancher
Transportation Research Institute
The University of Michigan
Ann Arbor, Michigan

Michael Fodor
Research and Innovation Center
Ford Motor Company
Dearborn, Michigan

Jochen Gang
Institute of Machine Components
University of Stuttgart
Stuttgart, Germany

Gwanghun Gim
原 R&D Center
Hankook Tire Co. , Ltd.
Daejeon, Republic of Korea
现
Global OE Technology
Cheng Shin Tire & Rubber Co. , Ltd.
Kunshan, Jiangsu, People's Republic of China

Michael Gipser
Department of Automotive Engineering
Esslingen University of Applied Sciences
Esslingen, Germany

Massimiliano Gobbi
Department of Mechanical Engineering
Politecnico di Milano
Milan, Italy

Soong - Oh Han
Freudenberg Forschungsdienste SE & Co. KG
Weinheim, Germany

Holger Hanselka
原 Fraunhofer Institute for Structural Durability and System Reliability LBF
Darmstadt, Germany
现
Karlsruhe Institute of Technology (KIT)
Karlsruhe, Germany

Rüdiger Heim
Fraunhofer Institute for Structural Durability and System Reliability LBF
Darmstadt, Germany

Günter H. Hohl

Austrian Society of Automotive Engineers
Vienna, Austria

Davor Hrovat
Research and Innovation Center
Ford Motor Company
Dearborn, Michigan

Stefan Jakubek
Division of Control and Process Automation
Institute of Mechanics and Mechatronics
Vienna University of Technology
Vienna, Austria

Ichiro Kageyama
Director of Nihon University Center for Automotive Research (NU-CAR)
Department of Mechanical Engineering
College of Industrial Technology
Nihon University, Japan

Heinz Kaufmann
Fraunhofer Institute for Structural Durability and System Reliability LBF
Darmstadt, Germany

Michael Kieninger
Fraunhofer Institute for Intelligent Analysis and Information Systems IAIS
Sankt Augustin, Germany

Martin Kozek
Division of Control and Process Automation
Institute of Mechanics and Mechatronics
Vienna University of Technology
Vienna, Austria

Ferit Kücükay
Institute of Automotive Engineering
Braunschweig University of Technology
Braunschweig, Germany

Andreas Laschet
ARLA Maschinentechnik GmbH
Wipperfürth, Germany

Peter Lugner
Institute of Mechanics and Mechatronics
Vehicle System Dynamics Research Group
Vienna University of Technology
Vienna, Austria

Charles MacAdam
The University of Michigan
Ann Arbor, Michigan

Giampiero R. M. Mastinu
Department of Mechanical Engineering
Politecnico di Milano
Milano, Italy

Giuseppe Matrascia
Pirelli Tire S. p. A.
Milan, Italy

Wolfgang Matschinsky
Büssing AG
Brunswick, Germany

和
BMW AG
Munich, Germany

Masao Nagai
Faculty of Engineering
Department of Mechanical Systems Engineering
Tokyo University of Agriculture and Technology
Tokyo, Japan

Jürgen Nuffer
Fraunhofer Institute for Structural Durability and System Reliability LBF
Darmstadt, Germany

Hans B. Pacejka
Delft University of Technology
Delft, the Netherlands

Anna Pandolfi
Department of Civil and Environmental Engineering
Politecnico di Milano
Milan, Italy
和
Division of Engineering and Applied Sciences
California Institute of Technology
Pasadena, California

Panos Y. Papalambros
Department of Mechanical Engineering
The University of Michigan
Ann Arbor, Michigan

Huei Peng
Department of Mechanical Engineering
The University of Michigan
Ann Arbor, Michigan

Manfred Ploechl
Institute of Mechanics and Mechatronics
Vehicle System Dynamics Research Group
Vienna University of Technology
Vienna, Austria

Karl Popp
Institute of Dynamics and Vibration Research
Leibniz Universitaet Hannover
Hannover, Germany

Giorgio Previati
Department of Mechanical Engineering
Politecnico di Milano
Milano, Italy

Werner Schiehlen
Institute of Engineering and Computational Mechanics
University of Stuttgart
Stuttgart, Germany

Robin S. Sharp
Faculty of Engineering and Physical Sciences
University of Surrey
Guildford, United Kingdom

Lyngby, Denmark

Roberto Sicigliano
Brembo S. p. A.
Bergamo, Italy

Karl Siebertz
Ford Forschungszentrum
Aachen, Germany

Cetin M. Sonsino
Fraunhofer Institute for Structural Durability and System Reliability LBF
Darmstadt, Germany

Yoshihiro Suda
The University of Tokyo
Tokyo, Japan

Andrea Toso
Dallara
Parma, Italy

Hans True
DTU Compute
Technical University of Denmark

Eric H. Tseng
Research and Innovation Center
Ford Motor Company
Dearborn, Michigan

Andreas Wagner
Audi AG Ingolstadt
Ingolstadt, Germany

Kai Wolf
Institute for Security Systems
University of Wuppertal
Velbert, Germany

Jo Y. Wong
Department of Mechanical and Aerospace Engineering
Carleton University
Ottawa, Ontario, Canada

Anton van Zanten（已退休）
Robert Bosch GmbH
Abstatt, Germany

目　录

第1章　道路和越野车辆系统动力学历史

Masao Nagai

世界上第一辆机动车，如图1.1所示，是100多年前发明的。从此以后，伴随着工业技术的进步，汽车在社会上被广泛接受。而且，自第一辆机动车发明以来，底盘技术及其部件，如轮胎、转向、悬架、制动和动力等总成，已经得到广泛研究，装备到车辆上以保证操纵、驾驶、稳定性能并改善平顺性。表1.1给出了自20世纪50年代以来提出的车辆动力学基本理论，包括车辆运动和轮胎建模。在20世纪最后20年内，这些理论导致车辆动力学研究的大量增长和各种类型底盘控制技术的快速发展。基于表1.1和近20年内一批优秀的论文，本章将简要说明车辆系统动力学的发展历史。

图1.1　1886年世界上第一辆机动车

研究车辆动力学时，常将车辆处理为一个刚体，有 6 个自由度的运动。为了以系统方式回眸车辆动力学技术，图 1.2 给出了车辆每个自由度之间的关系以及每个控制输入如何与每个车辆运动和车辆性能相联系的概念图[1]。

1.1 部件

表 1.1 顶部显示了机动车装备部件的历史，第一行给出从发动机到电机的驱动系统的发展。由于今天的环境问题，自 20 世纪 90 年代以来，低排放车辆技术得到全面发展。第二行给出轮胎的发展，可以测量轮胎力产生过程的技术近来也在发展中。在传统的汽油车辆中，配合发动机使用电机的趋势正在增长，以便改善牵引性能和燃油经济性。而且，随着电机的小型化，称为轮毂电机的复杂构型开始作为电动车辆的主要驱动源，起着重要的作用。第三行给出悬架系统的发展，第四行给出转向系统的发展，最后一行给出了制动系统的发展。由于电控装置技术的进步，机械连接显然正在被机电一体化取代。

表 1.1　车辆系统动力学的历史简介

分类	1900	1950	1970	1980	1990	2000
部件	汽油车 (Daimler - Benz)	手动变速器	——→A/T	——→CVT	混合动力电动车辆	燃料电池车辆
					电动车辆 轮毂电机	
	充气轮胎	子午轮胎 钢子午轮胎 无内胎轮胎				智能轮胎
	连接线圈悬架 油阻尼器	Macpherson 悬架				
	双横臂悬架	空气悬架			HICAS/超级 HICAS	
	Ackermann 转向 齿轮齿条转向	液压转向			电动转向	复合转向
		液压制动				电子感应制动

（续）

分类	1900	1950	1970	1980	1990	2000
建模	车辆动力学（乘用车、摩托车、履带车辆等）	3 自由度车辆模型（Segel）1956 自行车模型（Whitcomb）1956 四分之一车辆模型 Fiala 模型 1954	4 自由度摩托车模型（Sharp）1978 履带车辆模型（Jurkat）1975	车辆行驶模型（Gillespie）1985 车辆 - 路面相互作用模型（Cebon）1989		
	轮胎模型		刷子模型 1977	动态特性模型（Sakai）1988	魔术模型（Pacejka）1991	
	驾驶人模型	预瞄驾驶人模型（Kondo）1958 交叉模型（McRuer）1965 二阶预测模型（Yoshimoto）1968 跟随模型（Pipes）1953		摩托车转向模型（Sharp）1982 UMTRI 驾驶人模型（MacAdams）1981 纵向模型（Gipps）1981 制动模型（Newcomb, Mclean）1981		三水平驾驶人模型（Lugner）2000
底盘控制				半主动悬架（Karnopp）	主动悬架 RDC	
					4WS	VGS SBW AFS
			ABS	4WD TCS	DYC EBD	BBW

（续）

分类	1900	1950	1970	1980	1990	2000
ITS	Futurama（GM）1939	ESV－1960		AHS－ASV（日本） PATH（美国） PROMETHEUS（欧盟） 机械化	IVHS IVI（美国） ACC	LKS LDWS 泊车辅助 CMS
分析工具			路面模拟器 数值计算软件	驾驶模拟器	硬件在环模拟器	
相关组织	SAE（1905）	FISITA（1948） JSAE（1947）		IAVSD（1977）	AVEC（1992） TMVDA（1991）	

1.2 建模

自20世纪50年代以来，提出了许多用于描述车辆和轮胎动力学的数学模型。由表1.1可知，车辆动力学建模可以分成三个部分：车辆模型、轮胎模型和驾驶人模型。

1.2.1 车辆模型

对车辆运动建模时，道路车辆被处理为具有侧向、纵向、垂向、横摆、俯仰和侧倾的6个自由度刚体。然而，为了分析车辆运动的特性，简单模型在使用时更具有吸引力。1956年，Segal提出了考虑侧向、横摆和侧倾运动的3自由度模型[2]，以描述车辆的转向特性。1956年，Whitcomb和Milliken忽略侧倾运动，提出了著名的2轮车辆模型[3]，其至今还是进行侧向运动和控制理论分析的常用模型。与此同时，提出了用于分析悬架系统的1/4车辆模型。1985年，Gillespie提出了用于模拟轮胎动态力的一个车辆平顺性模型[4]。除了4轮机动车外，1978年，Sharp在2轮模型基础上考虑侧倾运动提出了4自由度摩托车模型，通过计算直线的起伏和摆动模态的特征向量，解释了摩托车转向行为理论[5,6]。铰接车辆的建模也在研究，以用于分析制动稳定性和折叠现象。Cebon回顾了车路相互作用特性[7]，撰写了一系列关于车辆产生的路面损伤和行驶在桥上的技术论文[8]。除了道路车辆模型外，履带车辆动力学，包括松软地面的机动性、不平路面上行驶动力学和可操纵性，也是研究重点之一。1975 年，履带车辆建模的经验方法，很好地验证了美国陆军工程兵水文实验站的工作。Wong 提出了著名的用于柔性履带的 NTVPM 模型以及用于农用车辆和建筑车辆的刚性连接履带的 RTVPM 模型，对仿真模型进行了回顾[9]。

1.2.2 轮胎模型

在底盘控制系统设计和车辆动力学分析中，轮胎模型起着重要作用。非常简单的轮胎模型，是用于垂向变形的 1/4 车辆模型的弹簧以及用于两轮模型的侧偏角和侧向力之间的线性关系。Fiala 提出了建立轮胎纵向力和侧向力与滑移现象的理论方法和著名的刷子模型，通过一条特性曲线、一组特性曲线或适当的近似函数，可以研究混合的纵向和侧向滑移，具体见 Bakker 等的工作[10]。然而，动态轮胎特性需要更多的细节，Sakai 以最简单的方法提出了近似模拟轮胎力的一阶微分方程[11]。为了更精确再现短波路面不平度生成的力，需要更精确的轮胎模型结构，如 Gisper 提出的 F - Tire 或 RmodK 模型[12]。详细的非线性动态有限元法的模型，如 Gisper 提出的 DNS - Tire 模型，在极端情况的研究中可能是必需的。正如 knothe 在回顾轮胎 - 路面接触力学时指出的那样，有限元法在轮胎力学领域起着重要的作用[13]。而且，正如 knothe 和 Boehm 在总结行驶稳定性及其历史发展时指出的那样，轮胎 - 路面接触是车辆动力学和稳定性研究的重要问题[14]。

1.2.3 驾驶人模型

由于篇幅的限制，这里重点介绍驾驶人及其建模的控制方面。在车辆动力学和底盘控制设计研究中，人的因素不可避免地涉及其中。即使在底盘设计和控制发展已能够大幅增强车辆性能的情况下，不能忽视的一件事情是驾驶人特性。驾驶人在闭环系统中通过识别路面环境而操纵车辆，如图 1.2 所示。此外，在无人驾驶车辆和驾驶人辅助系统的开发中，人的因素在设计这些系统时也比过去变得越来越重要。在不久的将来，驾驶人模型研究的重要性也将增加，以便支持人 - 环境 - 自适应车辆控制系统的设计[15]，如图 1.3 所示。自 20 世纪 50 年代起，提出的驾驶人模型可以分成两类：纵向驾驶人模型和侧向驾驶人模型[16,17]，特别是随着计算机和驾驶模拟器的使用，完全处理驾驶人建模的工作和相关的驾驶人 - 车辆系统响应的测量也已出现。

驾驶人必须前视的概念，成为建立纵向驾驶人模型首先要表示的概念。Kondo 和 Ajimines 的工作集中在车辆前方驾驶人预瞄点的测量上，开发了基于预瞄

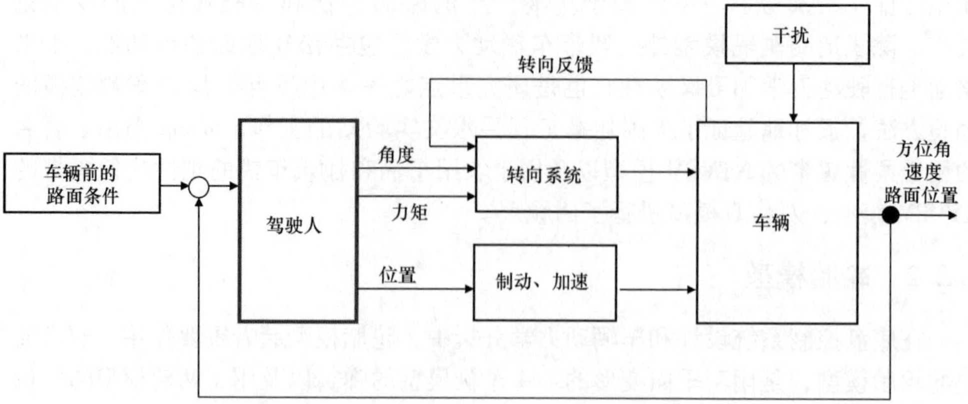

图 1.2 假设的包含驾驶人的车辆控制环

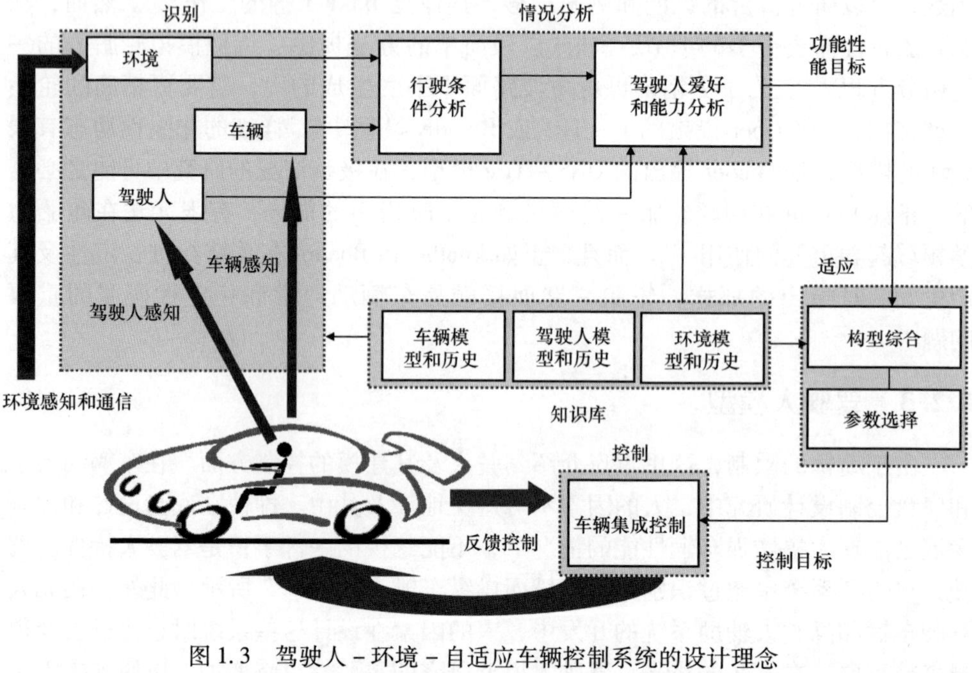

图 1.3 驾驶人－环境－自适应车辆控制系统的设计理念

点和希望路径偏离的转向[18]。Yoshimoto 在预瞄驾驶人模型中引入第二个预测项，以表示进入曲线路径时驾驶人的预测行为[19]。为了建立驾驶人自适应控制行为模型，McRuer 和 Jex 提出了著名的用于汽车驾驶人的交叉模型[20]。Ploechl 和 Lugner 提出了考虑预测控制、补偿控制和局部控制的三级驾驶人模型，并在驾驶模拟中实现了应用[21]。在开发具有非线性、接近极限条件的驾驶人模型方面也进行了尝试，如为了描述爆胎，MacAdam 提出了 GM/UMTRI 驾驶人模型[22]，并由通用汽车公司和密歇根大学交通运输研究所合作完成建模。

浏览纵向驾驶人模型的技术论文发现，与侧向转向控制相比，驾驶人制动/加速控制行为模型和有关研究相对较少。1953 年，Pipes 提出了线性跟随和前导模型，驾驶人加速车辆与前导和后续车辆的速度差成正比[23]。Gipps 基于竞争考虑提出了开关车速模型，与前导车辆保持安全距离和收敛于希望的自由流速度[24]。Newcomb 和 McLean 提供了建立纵向制动的驾驶人－车辆系统模型的例子[25]。关于自适应巡航控制（ACC）的发展，研究者使用纵向车辆模型设计和分析 ACC 行为。Fancher 等的工作，主要考虑在公路行驶时典型驾驶人与 ACC 系统作用的巡航控制行为[26]。Peng 最近使用改善 Gipps 模型的工作，同样增加了在巡航控制领域的建模努力，准确表示了驾驶人的交通流行为[27]。

1.3　底盘控制[28,29]

近 30 年来，在车辆系统动力学领域，绝大多数技术论文和出版物是关于底盘控制系统开发理论和试验研究的工作。通常，车辆底盘控制包括控制侧向、垂向和纵向的车辆运动，以改善车辆的操稳性能、乘坐舒适性、驱动/制动性能和主动安全性，如图 1.4 所示。至于车辆建模，包括轮胎建模和车辆动力学理论的主要发展，表现在它应用到底盘控制技术设计以加强行驶性能以及行驶安全性的潜力上。底盘控制的第一项代表性技术是制动系统，即著名的防抱死制动系统（ABS）。现在，ABS 是乘用车的标准配置。为了提高车辆的乘坐舒适性，汽车公司使用了 1/4 车辆模型辅助设计半主动悬架和主动悬架。主动悬架设计也可以适应侧倾分布控制设计，以改善侧倾稳定性，尤其是在重型车辆中。为了改善牵引

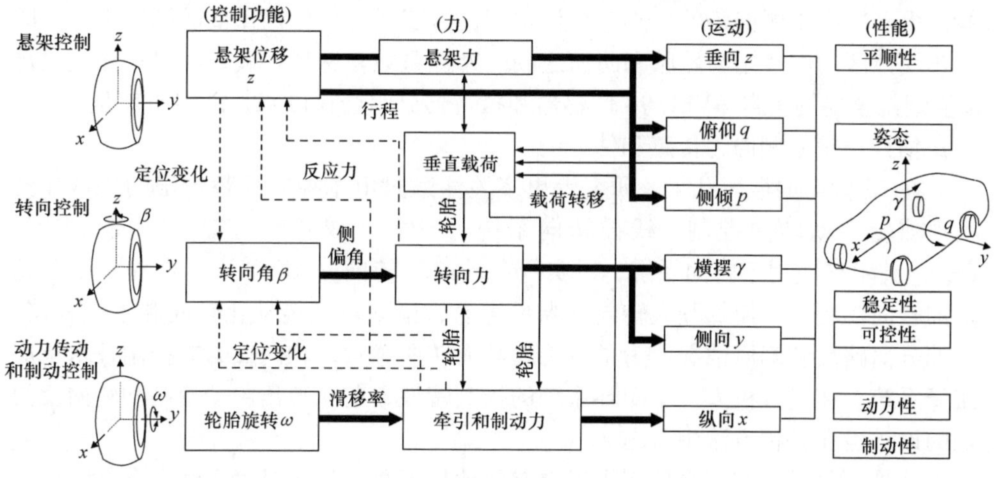

图 1.4　车辆动力学和控制的概念图

性能，特别是在湿滑的路面上，提出了牵引力控制系统（TCS），目前在高级乘用车上它已经与ABS一样成为标准配置。

从20世纪80年代中期起，侧向运动底盘控制技术得到了更多的关注。当车速增大时，由于离心加速度增加，车辆趋于失去转向稳定性。改善车辆侧向运动的第一项技术，是4轮转向系统（4WS），后轮与前轮一起转向，不仅改善了低速操纵性，也改善了高速稳定性和操纵响应。大多数4WS研究采用零侧滑响应作为控制目标，因而后轮与前轮转向角之比成为车速的函数。在实际应用中，Sano等提出了一种4WS类型，其中后轮按照转向轮转角的非线性函数控制进行转向[30]。

Sato等提出了另一种4WS类型，采用转向轮转角前馈和横摆速度反馈，使控制系统对外界干扰更具有鲁棒性[31]。Shibahata等提出了一种4WS系统，使用前馈动态控制后轮转向角[32]。这种系统的一个特性，是当转向轮快速转向时，后轮以与前轮相反方向转向。然而，既然4WS控制取决于轮胎侧向力，在侧向加速度相对大的范围内，侧向力变得饱和，4WS不再能有效完成其控制。

为了克服该问题，提出了使用轮胎纵向力控制车辆侧向运动的新策略，称为直接横摆力矩控制（DYC）。在先进车辆控制的国际会议AVEC'92上，有很多关于这项技术的论文。作为量产车辆的通用方法，通过使用已有的ABS硬件或者牵引力分配控制，DYC系统可以在实际应用中实现。作为使用DYC稳定车辆运动的代表性概念，Shibahata等提出了β法，指出当车轮滑移角变得较大时，车辆侧向运动不稳定是由横摆恢复力矩减少引起的[33]。因此，建议DYC不仅应设计控制车辆的横摆运动，也要控制侧滑运动。如今，在汽车市场中，DYC常用于防侧滑目标，同时也用于防侧翻，特别是在商用车上。然而，DYC的控制性能，更多取决于侧偏角的传感和估计精度，这变成近年内最重要的课题之一。既然非线性区的侧滑角与轮胎和路面之间的摩擦系数μ密切相关，实时检测或估计μ值则是重要的。自AVEC'94传感器和执行器分组会议以来，许多研究是关于β和μ估计与轮胎侧向力传感和估计的。

在20世纪的最后几年，研究者更多关注通过电子控制代替传统的机械连接实现前轮主动转向控制。线控转向系统（SBW）或者动力辅助转向（HPS、EPS）技术被应用于转向系统，以实行主动前轮转向（AFS）[34]。也提出了前轮附加转向控制，以使驾驶人转向操纵更容易，诸如可变传动比转向和干扰补偿，例如分离路面和侧风情况。为了改善驾驶人转向感觉，转向反力矩控制技术也应用于系统。通过分析人–车闭环系统的控制特性，前轮转角主动控制和转向反力矩的设计也在各种方法中考虑。

此外，集成这些底盘控制可以更有效地提高车辆的操纵稳定性。存在很多集成控制方法，由许多研究者提出。在侧向控制方面，模型跟随控制方法的技术应用于确定每个控制输入，以便跟踪希望的转向响应[35-37]。此外，对车辆动力学控制中轮胎力应用优化进行了研究，从轮胎极限性能的观点以达到最大的车辆动力学性能[38,39]。最近，Gordon 等提出了道路车辆中相互作用控制系统设计和开发的范围、方法和结构[40]。

1.4　智能交通系统[41-44]

本书的内容，将提到智能车辆-公路系统（IVHS）和先进车辆控制系统（AVCS）的历史，控制系统可以分成侧向和纵向控制系统。侧向控制研究主要集中于自动转向装置使用以便自动跟随车道。可以将车道感知系统考虑为使用感应电缆和沿着车道中线镶嵌磁性标记的结构，或者考虑为机器视觉系统，摄像机安装在车辆上，图像软件用于识别和定位车辆相对车道磁性标记的位置。用于道路车辆引导的机器视觉，最近变成实际系统的主要方式，这种系统应用于车道保持控制系统和车道偏离避免系统。除了车道保持控制系统主要用于高速区，驾驶人辅助系统用于低速区，如泊车辅助系统使用电子动力转向装置以便泊车在驾驶人希望的位置。

与侧向控制相比，车辆纵向控制有较长和较丰富的研究历史。如果说侧向控制是单个车辆相对道路参考的函数，纵向控制则面临着多个可控车辆之间潜在相互作用的复杂性。目前提出的控制算法大致可以分成两类：①固定的方块控制或者点跟随控制。②车辆跟随控制。这个领域最大量的研究是车辆跟随纵向控制系统，其目标是提供更大的车道能力和减少交通拥堵，ACC 和队列行驶是其主要工作核心。自动车辆纵向控制的有趣方面，是串列稳定性。串列稳定性是指车速干扰的传播，亦即从一端到另一端串列车辆之间距离的放大响应。为了纵向避撞，如装备前部碰撞预警系统和使用碰撞缓解系统（CMS）的自动制动系统，已经在日本市场出售。

1.5　分析工具[45]

数值仿真正越来越集中于平顺性和操纵稳定性的发展过程中。最简单的模型，如质量点模型和两轮模型可以经典程序语言，如 FORTRAN、C 和 C++表示。它们也可以应用系统仿真软件，如 MATLAB/Simulink 和 Matrix/System Build 表示。计算复杂模型的完整解决方案，可以使用市场上具有吸引力的 Ve-Dyna 或 Carsim 完成。多体系统（MBS）工具，如 MDI 的 ADAMS、LMS 的 DADS 和 INTEC 的 Simpack，是基于机械基本单元，如质量、点和弹簧的仿真，对许多部件模型进行了补充。

在研究车辆动力学或者验证所提出底盘控制系统的有效性时，如果想避免场地试验就必须使用模拟器。硬件在环（HIL）仿真技术允许集成实际部件，如轮胎、转向和制动等在数值计算的环中，在虚拟行驶环境中评价和验证部件是有用的。驾驶模拟器，特别是在驾驶人闭环中的模拟器，因研究人－机界面、车辆操纵稳定性和平顺性等而闻名。

1.6 相关组织和事件

回顾车辆动力学历史，不能忽略将全球工程师和研究者组织在一起，分享思想和推动汽车技术研发进步的学会和研讨会。汽车工程师学会（SAE）于1905年诞生，是第一个与机动车紧密相关的组织。其次，国际汽车工程师联合会（FISITA）于1948年诞生在巴黎，每两年举办一次世界性大会。国际车辆动力学学会（IAVSD）于1977年诞生在维也纳，是与本手册议题最紧密相关的组织。IAVSD每两年组织一次研讨会，技术论文不仅包括道路车辆，也包括轨道车辆。国际AVEC研讨会于1992年在日本横滨首次召开，是为了分享与汽车应用相关的控制技术信息。最后，国际轮胎研讨会，用于车辆动力学分析的轮胎模型（TMVDA）于1991年在荷兰首次举行，其致力于路－轮胎－车相互作用领域中新的研究和研发。

最后，从回顾历史而言，希望读者能够获得宏观的车辆动力学观点，认识到分析车辆动力学和实现未来车辆先进控制技术还有很多挑战和课题，后续的章节将是大量特定专业领域专家详细撰写的内容。

参考文献

1. Kizu, R. et al., Electronic control of car chassis—Present status and future perspective, *IEEE International Congress on Transportation Electronics*, 88CH2533-8, 1988, pp. 173–188.
2. Segel, L., Theoretical prediction and experimental substantiation of the response of the automobile to steering control, *Proceedings of the Automobile Division*, The Institution of Mechanical Engineers, London, U.K., 1956, pp. 310–330.
3. Whitcomb, D.W. and Milliken, W.F., Design implications of a general theory of automobile stability and control, *Proceedings of the Automobile Division*, The Institution of Mechanical Engineers, London, U.K., 1956, pp. 83–107.
4. Gillespie, T.D., *Fundamental of Vehicle Dynamics*, Society of Automotive Engineers, Warrendale, PA, 1992.
5. Sharp, R.S., The lateral dynamics of motorcycles and bicycles, *Vehicle System Dynamics*, 14(4–6), 1985, 265–284.
6. Sharp, R.S., Stability control and steering responses of motorcycles, *Vehicle System Dynamics*, 35(4–5), 2001, 291–318.
7. Cebon, D., *Handbook of Vehicle–Road Interaction*, Swets & Zeitlinger Publishers, Lisse, the Netherlands, 1999.
8. Cebon, D., Vehicle-generated road damage: A review, *Vehicle System Dynamics*, 18(1–3), 1989, 107–150.
9. Wong, J.Y., Dynamics of tracked vehicles, *Vehicle System Dynamics*, 28(2–3), 1997, 197–220.
10. Bakker, E., Nyborg, L., and Pajecka, H.B., Tyre modelling for use in vehicle dynamics studies, SAE Paper 870421, 1987.

11. Sakai, H., Theoretical and experimental studies on the dynamical properties of tyres. Part 1: Review of theories of rubber friction, *International Journal of Vehicle Design*, 2(1), 1981, 78–110.
12. Gipser, M., Reifenmodelle in der Fahrdynamik, *Proceedings of MKS-Simulation in der Automobilindustrie*, SFT Graz, Austria, 2001.
13. Knothe, K. et al., Advanced contact mechanics—Road and rail, *Vehicle System Dynamics*, 35(4–5), 2001, 361–407.
14. Knothe, K. and Boehm, F., History of stability of railway and road vehicles, *Vehicle System Dynamics*, 31(5–6), 1999, 283–324.
15. Schilke, N.A. et al. Integrated vehicle control, *Proceedings of International Congress on Transportation Electronics, IEEE/SAE Convergence*, Michigan, 88, USA, 1988, 97–106.
16. Guo, K. et al. Modelling of driver/vehicle directional control system, *Vehicle System Dynamics*, 22(3–4), 1993, 141–184.
17. MacAdam, C.C., Understanding and modeling the human driver, *Vehicle System Dynamics*, 40(1–3), 2003, 101–132.
18. Kondo, M. and Ajimine, A., Driver's sight point and dynamics of the driver-vehicle system related to it, *Proceedings of the SAE Automotive Engineering Congress*, Detroit, MI, 1968.
19. Yoshimoto, K., Simulation of man-automobile systems by the driver's steering model with predictability, *Bulletin of the Japan Society of Mechanical Engineers*, 12(51), 1969, 495–500.
20. McRuer, D.T. and Jex, H.R., A review of quasi-linear pilot models, *IEEE Transactions on Human Factors in Electronics*, HFE-8, 1967, 231–249.
21. Ploechl, M. and Lugner, P., A 3-level driver model and its application to driving simulations, *Vehicle System Dynamics*, 33(Suppl.), 2000, 71–82.
22. MacAdam, C.C., Development of a driver model for near/at-limit vehicle handling, UMTRI-2001-43, 2001.
23. Pipes, L.A., An operation analysis of traffic dynamics, *Journal of Applied Physics*, 24, 1953, 271–281.
24. Gipps, P.G., A behavioral car-following model for computer simulation, *Transportation Research B*, 15B, 1981, 105–111.
25. McLean, D., Newcomb, T.P., and Spurr, R.T., Simulation of driver behavior during braking, *Proceedings of the International Mechanical Engineers Conference on Braking of Road Vehicles*, Loughborough, U.K., 1976.
26. Fancher, P., Bareket, Z., and Ervin, R., Human-centered design of an ACC-with-braking and forward-crash-warning system, *Vehicle System Dynamics*, 36(2–3), September 2001, 203–224.
27. Peng, H., Evaluation of driver assistance systems—A human centered approach, *Proceedings of the 6th International Symposium on Advanced Vehicle Control*, Hiroshima, Japan, 2002, pp. 17–24.
28. Furukawa, Y., Yuhara, N., Sano, S., Takeda, H., and Matsushita, Y., A review of four-wheel steering studies from the viewpoint of vehicle dynamics and control, *Vehicle System Dynamics*, 18(1–3), 1989, 151–186.
29. Furukawa, Y. and Abe, M., Advanced chassis control systems for vehicle handling and active safety, *Vehicle System Dynamics*, 28(2–3), 1997, 59–86.
30. Sano, S., Furukawa, Y., and Shiraishi, S., Four wheel steering system with rear wheel steer angle controlled as a function of steering wheel angle, 1986, SAE Paper 860625.
31. Sato, H., Hirota, A., and Yanagisawa, T., Dynamic characteristics of a whole wheel steering vehicle with yaw velocity feedback rear wheel steering, *Proceedings of IMechE*, 1983, C124/83.
32. Shibahata, Y., Irie, N., Itoh, H., and Nakamura, K., The development of an experimental four-wheel-steering system, 1986, SAE Paper 860623.
33. Shibahata, Y., Shimada, K., and Tomari, T., The improvement of vehicle maneuverability by direct yaw moment control, *Proceedings of the 1st International Symposium on Advanced Vehicle Control*, Yokohama, Japan, 1992, pp. 452–457.
34. Segawa, M., Nishizaki, K., and Nakano, S., A study of vehicle stability control by steer by wire system, *Proceedings of the 5th International Symposium on Advanced Vehicle Control*, Michigan, USA, 2000, pp. 233–240.
35. Shino, M., Raksincharoensak, P., and Nagai, M., Vehicle handling and stability control by integrated control of direct yaw moment and active steering, *Proceedings of the 6th International Symposium on Advanced Vehicle Control*, Hiroshima, Japan, 2002, pp. 25–32.
36. Mokhiamar, O. and Abe, M., Combined lateral force and yaw moment control to maximize stability as

well as vehicle responsiveness during evasive maneuvering for active vehicle handling safety, *Vehicle System Dynamics*, 37(Suppl.), 2002, 246–256.

37. Heinzl, P., Lugner, P., and Ploechl, M., Stability control of a passenger car by combined additional steering and unilateral braking, *Vehicle System Dynamics*, 37(Suppl.), 2002, 221–233.
38. Mokhiamar, M. and Abe, M., Simultaneous optimal distribution of lateral and longitudinal tire forces for the model following control, *Transactions of the ASME, Journal of Dynamic Systems, Measurement and Control*, 126(4), December 2004, 753–763.
39. Ono, E., Hattori, Y., Muragishi, Y., and Koibuchi, K., Vehicle dynamics integrated control for four-wheel-distributed steering and four-wheel-distributed traction/braking systems, *Vehicle System Dynamics*, 44(2), February 2006, 139–152.
40. Gordon, T. et al., Integrated control methodologies of road vehicles, *Vehicle System Dynamics*, 40(1–3), 2003, 157–190.
41. Tomizuka, M. and Hedrick, J.K., Advanced control methods for automotive applications, *Vehicle System Dynamics*, 24(6–7), 1995, 449–468.
42. Shladover, S.E., Review of the state of development of advanced vehicle control systems (AVCS), *Vehicle System Dynamics*, 24(6–7), 1995, 551–595.
43. Dickmanns, E.D., Computer vision and highway automation, *Vehicle System Dynamics*, 31(5–6), 1999, 325–344.
44. Palkovics, L. and Fries, A., Intelligent electronic systems in commercial vehicles for enhanced traffic safety, *Vehicle System Dynamics*, 35(4–5), 2001, 227–290.
45. Rauh, J., Virtual development of ride and handling characteristics of advanced passenger cars, *Vehicle System Dynamics*, 40(1–3), 2003, 135–156.

第2章　车辆模型和运动方程

Werner Schiehlen

2.1　引言

车辆的性能、安全性和舒适性，都与车辆的低频运动相关。与各种车辆对应的力学模型，都必须以表示刚体的硬部件和表示诸如弹簧、阻尼器和执行器的软部件为特征，如图2.1所示。多体系统方法，最适于分析频率达到50Hz的车辆运动和振动。在本章中，通过逐步推导表示多体系统运动方程，直到进行计算机辅助评价。

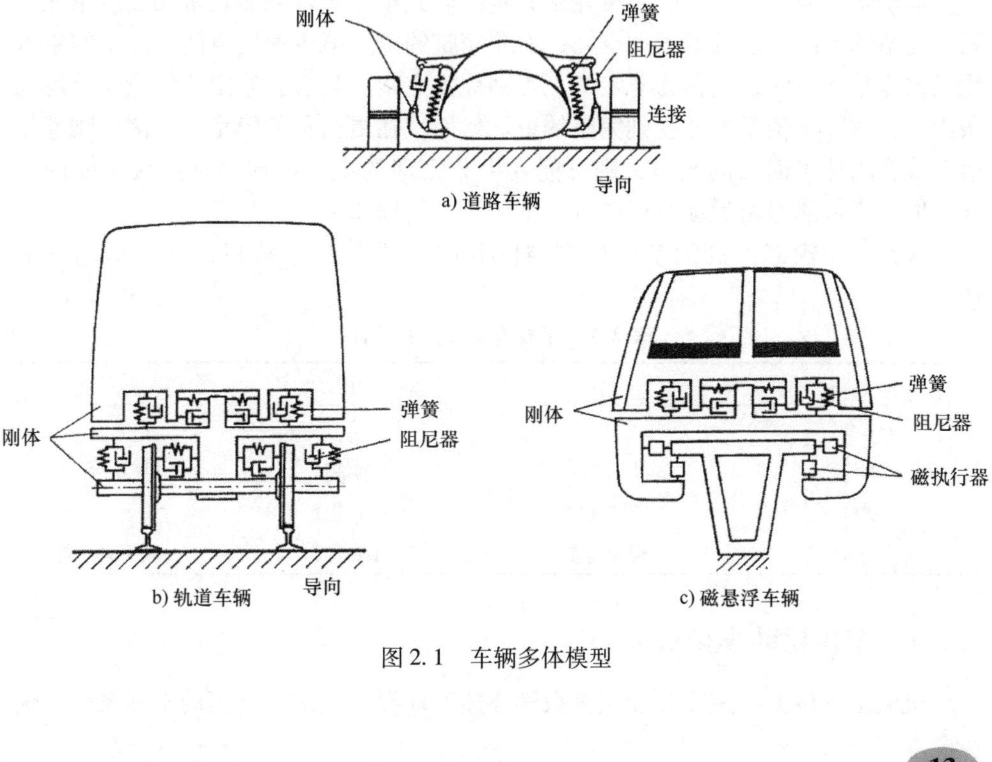

图2.1　车辆多体模型

多体系统动力学的基础和展望，已经在文献中总结[1]。车辆系统动力学基础，已经由 Popp 和 Schiehlen[2]、Ammon[3]、Dukkipati[4] 和 Wong[5] 在教科书中给出。更多参考文献也可以参见两年一次的道路和轨道车辆动力学国际研讨会论文集，如 Berg 和 Stensson Trigell 编辑的论文集[6]。多体动力学的一些计算和特性基础，在多体系统手册中表示[7]，车辆系统动力学的多体计算机代码，由 Kortüm 和 Sharp 给出[8]。

首先，通过刚体车辆系统运动学、动力学、Alembert 和 Jourdian 原理，可获得运动方程。然后，讨论一些多体动力学的表示和用于车辆动力学模拟的计算机代码。本章基于 Popp 和 Schiehlen 的德国原版著作完成[2]，一些修订可在英文和中文译版中找到。

2.2 运动学

用于车辆建模的多体系统单元，包括可以简化成质点的刚体，如弹簧、阻尼器和控制力的执行器耦合单元，以及如接头、轴承、轨道和控制运动的执行器等刚性运动连接单元。耦合和连接单元在系统刚体之间产生内力和力矩，以及相对环境的外力，两者都简化成无质量的单元。

运动学约束，分别产生于可能是完整或非完整、定常或非定常的连接单元之间。完整约束减少系统的运动空间，而非完整约束还减少速度空间。如果约束方程显式依赖于时间，则称为非定常，否则称为定常。只有在给定几何或积分运动条件下，实际车辆系统才受到完整约束。然而，在更简化的模型中，诸如刚性轮滚动或在刚性平面内的轮对，则可能发生非完整约束。一些完整连接单元的设计，取决于可能保留运动特征的自由度数目，见表 2.1。

现在，车辆部件的运动将根据空间和时间进行数学描述，这是运动学的任务。

表 2.1 完整连接单元的设计

	自由度		
运动	1	2	3
旋转	转动连接	万向连接	球连接
线性	棱柱连接	平面连接	
混合	螺旋连接	圆柱连接	一般平面连接

2.2.1 车辆运动学坐标系

机械系统位置、速度和加速度数学描述的前提，是定义适当的坐标系。车辆

动力学需要的坐标系如图 2.2 所示，细节总结在表 2.2 中。只使用右手笛卡儿坐标系，单位基向量为 e_v，$|e_v|=1$。其中，希腊字母下标通常取整数 1、2、3。坐标系$\{O,e_v\}$，完全由其原点 O 和基向量 e_v 定义。为了区别不同的坐标系，如果需要则使用右上标。

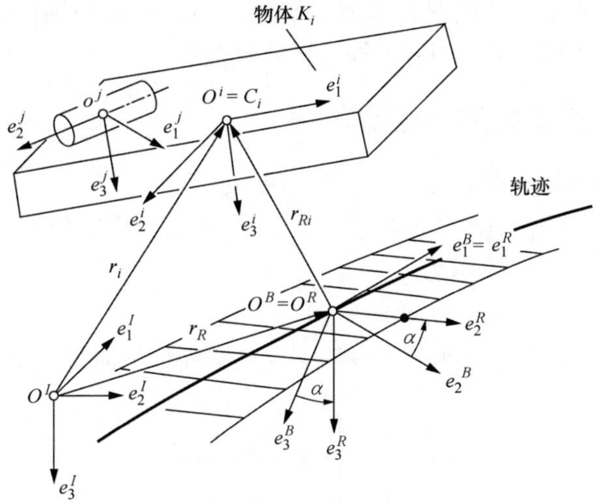

图 2.2　坐标系

表 2.2　坐标系

坐标系	原点	坐标轴方位
惯性坐标系 $\{O^I,\ e_v^I\}$	O^I，空间固定	e_1^I，e_2^I 在水平面内 e_3^I 在垂直方向
移动坐标系 $\{O^B,\ e_v^B\}$	O^B，轨迹固定	$e_1^B=e_t$ 沿轨迹切线 $e_2^B=e_1^B$ 沿轨迹法线 $e_3^B=e_b$ 沿轨迹次法线
参考坐标系 $\{O^R,\ e_v^R\}$	O^R，轨迹固定	$e_1^R\equiv e_1^B$ e_2^R 在导向面 e_3^R 在导向面法线
与物体固定的坐标系 $\{O^i,\ e_v^i\}$	$O^i=C_i$，固定在物体质心	e_v^i 在主惯性轴
局部坐标系 $\{O^j,\ e_v^j\}$	O^j，任意规定	e_v^j 局部指定的轴

惯性坐标系$\{O^I,e_v^I\}$作为通用的坐标系，尤其适用于加速度的评价。给定车辆轨迹，假设其为移动坐标系$\{O^B,e_v^B\}$的空间曲线。移动坐标系也称为 Frenet 坐标系或活动坐标系，它的原点 O^B 沿给定轨迹的速度切线移动。坐标系$\{O^R,e_v^R\}$与移动坐标系紧密相关，它的原点和第一个单位基向量与移动坐标系一致，即

$O^R = O^B$，$e_1^R = e_1^B$。而第二单位基向量 e_2^R 平行于轨道或路面的倾斜导向面，指向运动方向的右侧。

与物体固定的坐标系 $\{O^i, e_v^i\}$，是位于刚体 K_i 质心 C_i 的主要坐标系，用以唯一描述刚体在空间的位置。最后，也有定义的局部坐标系 $\{O^j, e_v^j\}$，用以描述刚体之间的连接单元，其根据局部情况定位，如连接点的轴向。在下面的内容中，坐标系仅通过其名字，即右上标进行简单识别。

2.2.2　惯性坐标系的刚体运动学

首先，对一些命名的定义和备注进行说明。

质点 P 在空间的位置，由其在惯性坐标系 $\{O^I, e_v^I\}$ 中的位置向量 x 唯一定义，而位置向量由其坐标 x_v 表示为

$$x = x_1 e_1 + x_2 e_2 + x_3 e_3 \tag{2.1}$$

坐标的组合，可以总结为列向量阵 x^I，通常简称为向量，即

$$x^I = \begin{bmatrix} x_1 \\ x_2 \\ x_3 \end{bmatrix} = [x_1, x_2, x_3]^T \tag{2.2}$$

其中，右上标定义了坐标测量中的坐标系。在没有任何可能混淆坐标系，或者仅有一个坐标系的情况下，可以省略右上标。如果目标是在常用坐标系中表示所有向量和张量，如惯性坐标系 x_v，则可能将子系统集成为系统。

对于随时间变化的质点 P，其坐标也是依赖时间的，定义了质点的空间轨迹。数学表示产生了向量方程 $x = x(t)$，根据质点在三维空间的3个自由度等效于三个标量方程。质点的速度 $v(t)$ 和加速度 $a(t)$ 为如下的时间微分：

$$v(t) = \frac{\mathrm{d}^I x(t)}{\mathrm{d}t},\ v^I(t) = \dot{x}^I(t) = [\dot{x}_1, \dot{x}_2, \dot{x}_3]^T \tag{2.3}$$

$$a(t) = \frac{\mathrm{d}^I v(t)}{\mathrm{d}t}, a^I(t) = \dot{v}^I(t) = \ddot{x}(t) = [\ddot{x}_1, \ddot{x}_2, \ddot{x}_3]^T \tag{2.4}$$

右上标表示坐标系，特别是要执行微分的坐标系。在惯性坐标系 I 中，向量微分通过标量坐标的微分完成。

质点 P 在空间的曲线轨迹运动，也可以通过移动坐标系 B 表示。点的位置，可以由其弧长 $s(t)$ 作为广义坐标唯一确定，如图2.3所示。位置向量 r 是弧长的函数，$r = r(t)$。其产生的速度和加速度向量为[9]

$$v(t) = \frac{\mathrm{d}^I r(t)}{\mathrm{d}t} = \frac{\mathrm{d}^I r(s)}{\mathrm{d}s}\frac{\mathrm{d}s}{\mathrm{d}t} = v e_t,\ v = \dot{s},\ v^B(t) = [\dot{s}\quad 0\quad 0]^T \tag{2.5}$$

$$a(t) = \frac{\mathrm{d}^I v(t)}{\mathrm{d}t} = a_t e_t + a_n e_n = \dot{v} e_t + \frac{v^2}{\rho} e_n,\ a^B(t) = [\ddot{s}\quad s^2/\rho\quad 0]^T \tag{2.6}$$

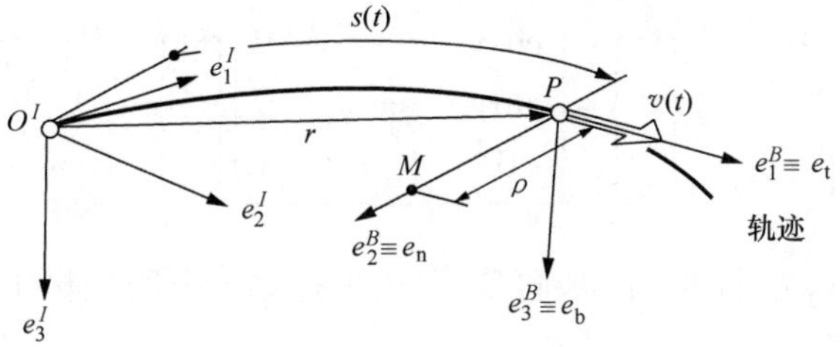

图 2.3　质点 P 的轨迹

式中，ρ 为点 P 轨迹的曲率；$v=\dot{s}$ 为切线速度；$a_t=\dot{v}=\ddot{s}$ 为切线加速度；$a_n=v^2/\rho=\dot{s}/\rho$ 为法线或向心加速度。

空间运动的特殊情况，是 $\rho\to\infty$ 的直线运动和 $\rho=$ 常数的圆运动。通常，$s(t)$、$\dot{s}(t)$、$\ddot{s}(t)$、$\dot{s}(s)$、$\ddot{s}(s)$、$\ddot{s}(\dot{s})$ 用于描述沿着轨道运动的运动视觉图。

刚体 K_i 的平移运动，完全通过作用在刚体质心 C_i 和其位置向量 r_i 的一般关系来描述，如图 2.4 所示。

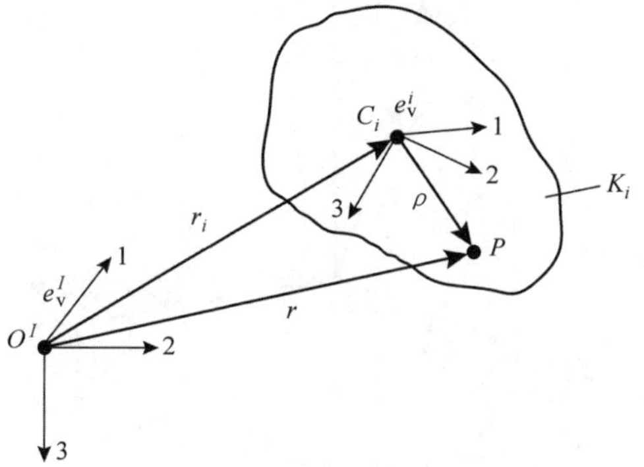

图 2.4　惯性坐标系中刚体的位置

刚体 K_i 的旋转运动，取决于两个坐标系的相对位置，其中之一是固定在刚体上的坐标系。为了原点一致，与刚体固定的坐标系 i 任意位置相对惯性坐标系 I，由刚体在空间的三个旋转自由度对应的三个旋转角唯一确定。两个坐标系相对彼此联系，通过绕着不同的基向量，使用三个旋转角依次完成三次基本旋转完成。例如，如图 2.5 所示，坐标系 i 绕着惯性坐标系 I 通过角 γ 旋转，相应的基向量的关系，由矩阵 S^{Ii} 给出，即

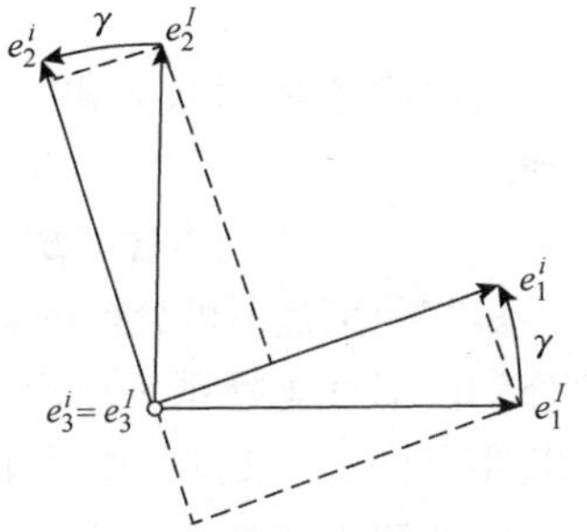

图 2.5　从坐标系 I 到坐标系 i 绕三个轴的基本旋转

$$\begin{Bmatrix} e_1^I \\ e_2^I \\ e_3^I \end{Bmatrix} = \underbrace{\begin{bmatrix} \cos\gamma & -\sin\gamma & 0 \\ \sin\gamma & \cos\gamma & 0 \\ 0 & 0 & 1 \end{bmatrix}}_{S^{Ii}=\gamma_3} \begin{Bmatrix} e_1^i \\ e_2^i \\ e_3^i \end{Bmatrix} \tag{2.7}$$

基本旋转阵 γ_3 的行 v，由基向量 e_v^I 在坐标系 i 中的坐标组成。相应绕着剩余轴的正旋转阵为

$$\alpha_1 = \begin{bmatrix} 1 & 0 & 0 \\ 0 & \cos\alpha & -\sin\alpha \\ 0 & \sin\alpha & \cos\alpha \end{bmatrix}, \beta_2 = \begin{bmatrix} \cos\beta & 0 & \sin\beta \\ 0 & 1 & 0 \\ -\sin\beta & 0 & \cos\beta \end{bmatrix} \tag{2.8}$$

基本旋转阵由其旋转角表示，而下标定义了旋转轴。角的名字和不能交换的旋转轴顺序的选择，有无穷多种可能性。在车辆动力学中，通常使用 Cardan 角 α、β、γ，如图 2.6 所示，不同于著名的 Euler 角 ψ、θ、φ。

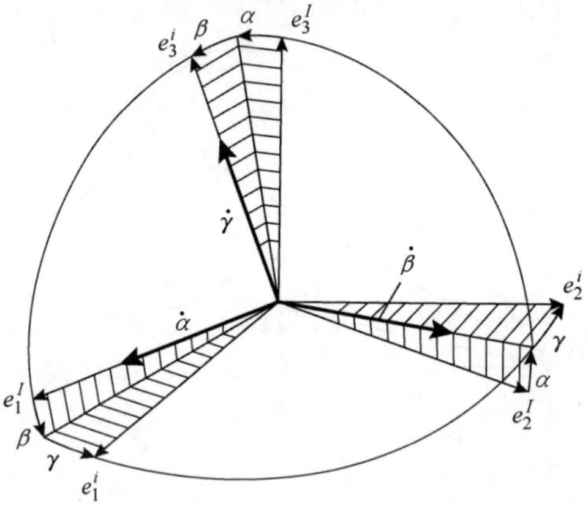

图 2.6 从坐标系 I 到坐标系 i 通过 Cardan 角 α、β、γ 的空间旋转

表示两个坐标系 I 和 i 关系的最后生成的旋转阵 S^{Ii}，通过相应的矩阵乘法得到

$$S^{Ii}(\alpha,\beta,\gamma) = \alpha_1\beta_2\gamma_3,\ S^{Ii}(\psi,\theta,\varphi) = \psi_3\theta_1\varphi_3 \tag{2.9}$$

矩阵乘法是不可交换的，因此要非常注意基本旋转阵的顺序。Cardan 和 Euler 角分别由惯性坐标系 I 开始通过连续绕 1、2、3 和 3、1、3 轴定义。基本旋转阵的顺序，由式（2.9）中基本旋转阵下标唯一确定。

旋转阵是正交阵，即

$$(S^{Ii})^{-1} = (S^{Ii})^T = S^{iI},\ \det S^{Ii} = 1 \tag{2.10}$$

其中，逆也通过上标的变换表示，旋转阵 S^{iI} 的逆可以简单地由 S^{Ii} 的转置得到。

应用 Cardan 角，旋转阵显示表示为

$$S^{Ii}(\alpha,\beta,\gamma)=\begin{bmatrix} c\beta c\gamma & -c\beta s\gamma & s\beta \\ c\alpha s\gamma+s\alpha s\beta c\gamma & c\alpha c\gamma-s\alpha s\beta s\gamma & -s\alpha c\beta \\ s\alpha s\gamma-c\alpha s\beta c\gamma & s\alpha c\gamma+c\alpha s\beta s\gamma & c\alpha c\beta \end{bmatrix} \tag{2.11}$$

式中，c 为 cos；s 为 sin。

实际中，通常是小旋转，α、β、$\gamma \ll 1$，导致线性化旋转阵：

$$S^{Ii}(\alpha,\beta,\gamma)=\begin{bmatrix} 1 & -\gamma & \beta \\ \gamma & 1 & -\alpha \\ -\beta & \alpha & 1 \end{bmatrix} \tag{2.12}$$

如果基本旋转阵线性化，这个结果也可以通过它们相乘得到。由于小旋转的向量性质，不再考虑乘法的顺序。对于小旋转，Cardan 角可以直接指向绕刚体轴的旋转运动，如图 2.7 所示。在车辆工程中，采用下面的符号：

α，侧倾运动；β，俯仰运动；γ，横摆运动。

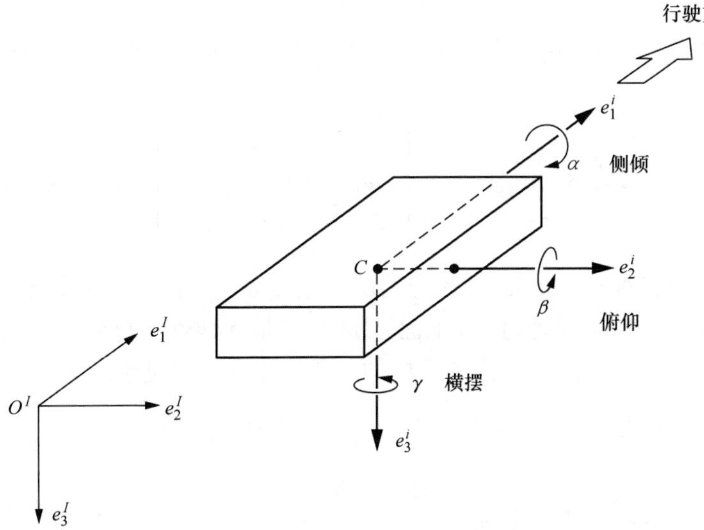

图 2.7　旋转车辆运动的符号

向量 x 的坐标，在不同的坐标系是不同的。坐标系 i 中坐标 x^i 和坐标系 I 中坐标 x^I，两者的关系通过向量坐标的转换法则给出，即

$$x^i=S^{iI}x^I,\ x^I=S^{Ii}x^i \tag{2.13}$$

式（2.13）很容易由式（2.10）证明，请注意同样的上标出现在两种形式的相邻顺序上，这种性质在实际应用是有帮助的。而且，要指出的是，旋转阵 S 是时间的函数，$S=S(t)$，对于时间导数要考虑到这一点。

刚体 K_i 在惯性坐标系的位置，通过位置量 $\{r_i, S^{Ii}\}$ 唯一描述，其由刚体固定的坐标系 $\{C^i, e_v^i\}$ 表征。运动时，位置量是时间函数。因此，在惯性坐标系 I 中，

刚体 K_i 上任意质点 P 的位置坐标为

$$r^I(t)=r_i^I(t)+\rho^I(t),\ \rho^I(t)=S^{Ii}(t)\rho^i \tag{2.14}$$

其中，在刚体固连坐标系中，ρ^i = 常数，如图 2.4 所示。

刚体 K_i 的运动，现在也可在惯性坐标系 I 中表示。其质点 P 的位置变化在惯性坐标系 I 对时间的导数，由式（2.14）进行微分得

$$\dot{r}^I(t)=\dot{r}_i^I(t)+\dot{S}^{Ii}(t)\rho^i=\dot{r}_i^I(t)+\dot{S}^{Ii}(t)S^{iI}(t)\rho^I(t) \tag{2.15}$$

右端第 1 项，表示与刚体固连坐标系 I 原点 C_i 的平移速度。第 2 项显然是相对刚体固连坐标系的旋转，表示刚体旋转运动，这将在下面详细讨论。矩阵乘积 $\dot{S}(t)S^T(t)$ 是螺旋对称的，即 $[\cdot]=-[\cdot]^T$。根据式（2.10），通过正交条件 $S(t)S^T(t)=E$ 微分，有

$$\frac{\mathrm{d}}{\mathrm{d}t}[S(t)S^T(t)]=\dot{S}(t)S^T(t)+S(t)\dot{S}^T(t)=\dot{S}(t)S^T(t)+[\dot{S}(t)S^T(t)]^T=0 \tag{2.16}$$

矩阵乘积 $[\cdot]$ 通过符号 $\tilde{\omega}(t)$ 简化，由相应的三个坐标 $\omega_v=\omega_v(t)$ 识别，即

$$\dot{S}^{Ii}(S^{Ii})^T=\dot{S}^{Ii}S^{iI}=\tilde{\omega}_{Ii}^I(t):=\begin{bmatrix}0 & -\omega_3 & \omega_2\\ \omega_3 & 0 & -\omega_1\\ -\omega_2 & \omega_1 & 0\end{bmatrix},\ \omega_{Ii}^I=\begin{bmatrix}\omega_1\\ \omega_2\\ \omega_3\end{bmatrix} \tag{2.17}$$

两个量，螺旋对称张量 $\tilde{\omega}_{Ii}^I$ 和相应的旋转速度 ω_{Ii}^I，分别描述系统 i 或刚体 K_i 相对惯性坐标系 I 的旋转运动，上标表示两个量是在惯性坐标系 I 表示的。如果不存在坐标系混淆的情况，上标和下标的 I 可以省略。相应于向量（·）的螺旋对称张量，通过符号 $(\tilde{\cdot})$ 识别，可以通过向量乘积代替：

$$\tilde{\omega}\rho=\omega\times\rho \tag{2.18}$$

在任何坐标系中，坐标形式有

$$\tilde{\omega}\rho=\begin{bmatrix}0 & -\omega_3 & \omega_2\\ \omega_3 & 0 & -\omega_1\\ -\omega_2 & \omega_1 & 0\end{bmatrix}\begin{bmatrix}\rho_1\\ \rho_2\\ \rho_3\end{bmatrix}=\begin{bmatrix}\omega_2\rho_3-\omega_3\rho_2\\ \omega_3\rho_1-\omega_1\rho_3\\ \omega_1\rho_2-\omega_2\rho_1\end{bmatrix} \tag{2.19}$$

这种向量乘积的表示，在数值计算是最有价值的，因为向量乘积并不以矩阵微积分定义。

在刚体固连坐标系 i 中，旋转速度向量 ω_{Ii}^i 可以分别通过变换或直接运算获得。由式（2.13）~式（2.19），导致

$$\tilde{\omega}_{Ii}^i=S^{iI}\tilde{\omega}_{Ii}^IS^{Ii}=S^{iI}(\dot{S}^{Ii}S^{iI})S^{Ii}=S^{iI}\dot{S}^{Ii}=(S^{Ii})^T\dot{S}^{Ii} \tag{2.20}$$

式（2.20）第 1 项和第 2 项，表示同样的下标以相邻顺序重复出现的张量

坐标变化法则；第 1 项和最后 1 项，表示直接运算。与式（2.20）对应的向量是 $\omega_{Ii}^{i}=S^{iI}\omega_{Ii}^{I}$，这里再次使用向量变换法则。

由式（2.15）~式（2.17），对刚体 K_i，有

$$v^{I}(t)=v_i^{I}(t)+\tilde{\omega}_{Ii}^{I}(t)\rho^{I}(t) \tag{2.21}$$

考虑式（2.18），这是每种力学教材中著名的刚体运动学关系，即

$$v^{I}(t)=v_i(t)+\omega_{Ii}(t)\rho(t) \tag{2.22}$$

式（2.21）或式（2.22），分别表示由刚体固连参考点 $O^{i}=C^{i}$ 的绝对平移速度 $v_i(t)$ 和角速度 ω_{Ii} 旋转组成的刚体运动。基本的运动学量 $\{v_i,\omega_{Ii}\}$ 也指刚体运动唯一的转动性质。

2.2.3　移动坐标系的刚体运动学

从数学观点而言，刚体运动学最适于在惯性坐标系 I 中描述，产生的力学基本原理是更简单的表示。然而，在实际工程应用中，选用与车辆或轨道相连的移动坐标系 R，被证明是更适宜的。坐标系 R，遵循坐标面向问题的选择和作用在系统上力与力矩有效描述原则。在试验中，移动坐标系也是有用的，许多测量并不是与惯性坐标系相关的。移动坐标系 R 的选择，取决于所处理的问题。许多情况下，坐标系 R 以车辆大的非线性参考运动为特征，而对参考运动的小偏离，即使是旋转，也将导致线性运动学关系变化。

在下面，刚体运动在移动坐标系 R 中表示。移动坐标系 R，在惯性坐标系 I 中是已知的，通过其原点位置向量 $r_R(t)$ 以及旋转阵 $S^{IR}(t)$ 表示，如图 2.8 所示。这意味着平移和角速度也是已知的，根据式（2.3）和式（2.7），$v_R^{I}=\dot{r}_R^{I}$，$\tilde{\omega}_{IR}^{I}=\dot{S}^{RI}S^{IR}$。由图 2.8，刚体的绝对位置量 $\{r_i,S^{Ii}\}$ 为

$$r_i^{I}(t)=r_R^{I}(t)+S^{IR}(t)r_{Ri}^{R}(t) \tag{2.23}$$

$$S^{Ii}(t)=S^{IR}(t)S^{Ri}(t) \tag{2.24}$$

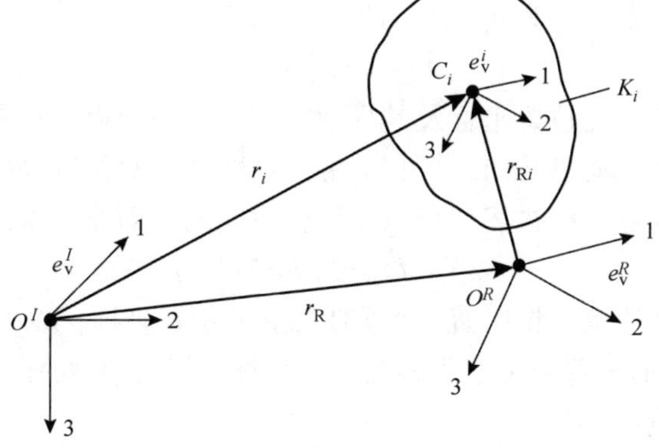

图 2.8　参考坐标系 R 中刚体位置

刚体 K_i 的绝对运动 $\{v_i, \omega_{Ii}\}$，通过在坐标系 I 中的微分和在坐标系 R 中连续的变换得到：

$$v_i^R(t) = v_R^R(t) + \tilde{\omega}_{IR}^R(t) r_{Ri}^R(t) + \dot{r}_{Ri}^R(t) \tag{2.25}$$

$$\omega_{Ii}^R = \omega_{IR}^R + \omega_{Ri}^R \tag{2.26}$$

由于坐标系 R 的旋转。导向运动和相对运动分别通过标记 IR 和 Ri 区别，不是简单增加而是在式（2.25）中出现附加项，这意味着在旋转坐标系中的著名微分关系

$$\frac{\mathrm{d}^I}{\mathrm{d}t} r(t) = \frac{\mathrm{d}^R}{\mathrm{d}t} r(t) + \omega_{IR} r(t) \tag{2.27}$$

通过将惯性坐标系的微分表示为［ * ］，或者应用式（2.27）到式（2.25）和式（2.26），最后得到刚体 K_i 的绝对平移和旋转加速度，再一次以参考系 R 表示为

$$a_i^R(t) = v_R^{*R} + (\dot{\tilde{\omega}}_{IR}^R + \tilde{\omega}_{IR}^R \tilde{\omega}_{IR}^R) r_{Ri}^R + 2\tilde{\omega}_{IR}^R \dot{r}_{Ri}^R + \ddot{r}_{Ri}^R \tag{2.28}$$

$$\alpha_{Ii}^R(t) = \dot{\omega}_{IR}^R + \tilde{\omega}_{IR}^R \omega_{Ri}^R + \dot{\omega}_{Ri}^R \tag{2.29}$$

因而，除了牵连和相对加速度外，Coriolis 加速度具有特征因子 2，由变换得到。

2.2.4　刚体系统运动学

到目前为止，仅考虑了一个自由刚体，其位置可以在惯性坐标系 I 中唯一表示为

$$r_i^I = [r_{i1} r_{i2} r_{i3}]^T,\ S^{Ii} \equiv S_i = S_i(\alpha_i, \beta_i, \gamma_i) \tag{2.30}$$

有 6 个位置坐标，以 6×1 列阵表示，简称为局部位置向量，即

$$x_i(t) = [r_{i1} r_{i2} r_{i3} \alpha_i \beta_i \gamma_i]^T \tag{2.31}$$

对于由 p 个刚体 K_i，$i = 1(1)p$ 组成的自由多体系统，存在 $6p$ 个位置坐标，无约束系统全局位置向量为 $6p \times 1$，即

$$x(t) = [x_1^T \cdots x_p^T]^T \tag{2.32}$$

集成自由系统，在位置坐标及其导数之间会出现约束。在实际车辆模型，假设仅存在完整约束，通过几何或可积分的运动学约束对位置坐标形成约束。这些约束通过隐式的代数方程描述，可以是依赖时间的，即非定常的：

$$\varphi_j(x, t) = 0,\ j = 1(1)q \tag{2.33}$$

由于存在 q 个约束，将保留 f 个线性独立的位置坐标，以 $f = 6p - q$ 个自由度为特征。f 个独立的位置坐标，也称为广义坐标，以 $f \times 1$ 列阵表示，作为约束系统的广义位置向量：

$$y(t) = [y_1 \cdots y_f]^T \tag{2.34}$$

由式（2.33）和式（2.34），向量 x 是代表约束的 f 个广义坐标显式函数：

$$x = x(y,t) \tag{2.35}$$

广义坐标的选择，不是唯一的。例如，一些局部位置坐标（绝对坐标）或局部坐标之差（相对坐标），可以被选择作为广义坐标。然而，在不同的广义坐标之间存在唯一的关系，可通过有规律的和时不变的 $f \times f$ 矩阵表示，导致如下变换：

$$y(t) = T\overline{y}(t) \tag{2.36}$$

式中，$y(t)$ 和 $\overline{y}(t)$ 为相应的全局位置向量。

对于整个系统，式（2.30）的位置变量，可以重写为

$$r_i(t) = r_i(y,t)\,,\ S^{Ii}(t) \equiv S_i(t) = S_i(y,t)\,,\ i = 1(1)P \tag{2.37}$$

相应的速度变量 $\{v_i, \omega_i\}$，$\omega_i = \omega_{Ii}$，通过微分得到

$$v_i(t) = \dot{r}_i(t) = \frac{\partial r_i}{\partial y^T}\dot{y} + \frac{\partial r_i}{\partial t} = J_{Ti}(y,t)\dot{y} + \overline{v}_i(y,t) \tag{2.38}$$

$$\omega_i(t) = \dot{s}_i(t) = \frac{\partial s_i}{\partial y^T}\dot{y} + \frac{\partial s_i}{\partial t} = J_{Ri}(y,t)\dot{y} + \overline{\omega}_i(y,t) \tag{2.39}$$

其中，∂s_i 描述为无穷小旋转 3×1 向量，可以由类似于式（2.7）的旋转速度得到：

$$\partial \tilde{s} = \partial S_i S_i^T = \begin{bmatrix} 0 & -\partial s_{i3} & \partial s_{i2} \\ \partial s_{i3} & 0 & -\partial s_{i1} \\ -\partial s_{i2} & \partial s_{i1} & 0 \end{bmatrix},\ \partial s_i = \begin{bmatrix} \partial s_{i1} \\ \partial s_{i2} \\ \partial s_{i3} \end{bmatrix} \tag{2.40}$$

$3 \times f$ 泛函或者平移和旋转的 Jacobian 矩阵 J_{Ti}、J_{Ri}，分别表示局部和广义或者全局坐标的关系。这些矩阵的形成，使用矩阵乘法规则定义，表示成转换阵为

$$\frac{\partial r_i}{\partial y^T} = \partial r_i\left(\frac{1}{\partial y^T}\right) = J_{Ti} = \begin{bmatrix} \frac{\partial r_{i1}}{\partial y_1} & \frac{\partial r_{i1}}{\partial y_2} & \cdots & \frac{\partial r_{i1}}{\partial y_f} \\ \frac{\partial r_{i2}}{\partial y_1} & \frac{\partial r_{i2}}{\partial y_2} & \cdots & \frac{\partial r_{i2}}{\partial y_f} \\ \frac{\partial r_{i3}}{\partial y_1} & \frac{\partial r_{i3}}{\partial y_2} & \cdots & \frac{\partial r_{i3}}{\partial y_f} \end{bmatrix} \tag{2.41}$$

由式（2.38）和式（2.39），通过两次微分，依赖位置向量 y 及其导数的加速度变量 $\{a_i, \alpha_i\}$ 为

$$a_i(t) = \dot{v}_i(t) = J_{Ti}(y,t)\ddot{y} + \frac{\partial v_i}{\partial y^T}\dot{y} + \frac{\partial v_i}{\partial t} \tag{2.42}$$

$$\alpha_i(t) = \dot{\omega}_i(t) = J_{Ri}(y,t)\ddot{y} + \frac{\partial \omega_i}{\partial y^T}\dot{y} + \frac{\partial \omega_i}{\partial t} \tag{2.43}$$

对于定常、时间不变的约束，式（2.38）、式（2.39）、式（2.42）和式（2.43）中的时间偏导为零。

除了实际运动外，在第 3 章中讨论动力学时需要虚拟运动。虚拟运动定义为：在任何时刻，与约束完全相容的、任意的、无穷小的位置变化。非定常约束在考虑的时刻，被认为是冻结的。虚拟运动符号 δ 有下列性质

$$\delta r \neq 0,\ \delta t = 0 \tag{2.44}$$

符号 δ 遵循积分原则，即

$$\delta(cr) = c\delta r,\ \delta(r_1 + r_2) = \delta r_1 + \delta r_2,\ \delta r(y) = \frac{\delta r}{\delta y^T}\delta y \tag{2.45}$$

于是，多体系统的虚拟运动为

$$\delta r_i = J_{\mathrm{T}i}\delta y,\ \delta s_i = J_{\mathrm{R}i}\delta y,\ i = 1(1)p \tag{2.46}$$

这就是刚体车辆系统运动学的全部内容。

2.3 动力学

为了生成多体系统的运动方程，除了运动学外，还要考虑物体的惯性和作用的力。Newton - Euler 方法，也称为合成方法，采用自由物体的受力图，导致全部的局部方程，也可以通过 Alembert 和 Jourdain 原理减少运动方程。拉格朗日方法，也称为分析方法，基于能量考虑，运动方程可以直接建立，但是不包括任何反作用力的信息。

2.3.1 惯性性质

刚体 K_i 的惯性，通过其质量 m_i 和惯性张量 $I_{\mathrm{C}i}$ 表征。在图 2.4 所示的刚体固连坐标系 $\{C_i, e_{\mathrm{v}}^i\}$ 中，惯性张量表示为

$$I_{\mathrm{C}i}^i = \int_{m_i}(\rho^T\rho E - \rho\rho^T)\,\mathrm{d}m = \begin{bmatrix} I_{11} & I_{12} & I_{13} \\ I_{21} & I_{22} & I_{23} \\ I_{31} & I_{32} & I_{33} \end{bmatrix}_{C_i} = 常数 \tag{2.47}$$

向量 $\rho \equiv \rho^i = [\rho_1\rho_2\rho_3]^T$ 描述了质量 $\mathrm{d}m$ 关于质心 C_i 的材料点，E 为 3×3 单位阵。$I_{\mathrm{C}i}^i$ 为对称和正定的惯性张量，在刚体固连坐标系中为常数。

惯性张量取决于质量分布和参考坐标系的选择。对于与质心 C_i 固连坐标系位移平行、通过矢量 s 表征的任何刚体固连点 O_i，有

$$I_{\mathrm{O}i}^i = I_{\mathrm{C}i}^i + (s^T sE - ss^T)m_i \tag{2.48}$$

因此，惯性张量在质心处的主对角元素是最小的。

对于均匀的从坐标系 e_{v}^i 到 $e_{\mathrm{v}}^{i'}$ 的旋转阵 $S^{ii'}$ 纯旋转位移，绕质心的张量变换准

则为

$$I_{Ci}^{i}=S^{ii'}I_{Ci}^{i'}S^{i'i}\text{或}I_{Ci}^{i'}=S^{i'i}I_{Ci}^{i}S^{ii'} \tag{2.49}$$

应当注意的是，如果坐标系 $\{C_i,e_v^{i'}\}$ 不是与物体固连的，则惯性张量可以是时间变化的。例如惯性坐标系选择 $i'\equiv I$，由于 $S^{iI}=S^{iI}(t)$，惯性张量就是时间变化的。

对于所有参考点，存在一个特殊的刚体固连坐标系，它可以使惯性张量的非对角元素为零，即

$$I_{Ci}^{i'}=\mathrm{diag}[I_1I_2I_3]=\text{常数} \tag{2.50}$$

保留的主对角元素 I_v，称为关于 C_i 的主惯性矩，相应的轴，称为主惯性轴。两者通过特征值问题获得：

$$(I_vE-I_{Ci}^{i'})x_v=0 \tag{2.51}$$

因此，主惯性矩是矩阵 $I_{Ci}^{i'}$ 的特征值，特征向量 $x_v=e_v^i$ 定义了主惯性轴，且 $x_v^Tx_v=1$。

2.3.2　Newton – Euler 方程

合成方法基于 Newton（1687）定律和 Euler 定律（1758），通过物体 K 的动量 p 和外力之和 f 表示平动，通过动量矩 h_o 和外力矩之和 l_o 表示旋转运动：

$$\frac{\mathrm{d}^I}{\mathrm{d}t}p=f,\ \frac{\mathrm{d}^I}{\mathrm{d}t}h_o=l_o \tag{2.52}$$

动量 p 和动力矩 h_o 的时间导数，需要在惯性坐标系 I 中表示。惯性矩和对应的外力矩的常用参考点，可以是惯性固定点，如惯性坐标系原点，$O\equiv O_I$，或者移动的物体质心，$O\equiv C$。

式（2.52）表示的基本定律，将应用到多体系统的刚体 K_i，$i=1(1)p$，要选择适当的坐标系。首先，隔离刚体 K_i，约束通过反作用力替换。然后，根据反作用（作用等于反作用）定律产生同样大小但方向相反的力作用在刚体上。进一步，将质心作为所有刚体的参考点，$O\equiv C$。

在惯性坐标系中，刚体 K_i 的动量和动量矩，采用惯性性质 m_iI_{Ci} 表示：

$$p_i^I=m_iv_{Ci}^I,\ m_i=\text{常数} \tag{2.53}$$

$$h_{Ci}^I=I_{Ci}^I\omega_i^I,\ I_{Ci}^I=I_{Ci}^I(t) \tag{2.54}$$

式中，v_{Ci}^I 和 ω_i^I 为绝对速度。

将式（2.53）和式（2.54）代入式（2.52）中，忽略下标 C，Newton 和 Euler 方程为

$$m_i\dot{v}_i^I=f_i^I,\ m_i=\text{常数} \tag{2.55}$$

$$I_i^I\dot{\omega}_i^I+\tilde{\omega}_i^II_i^I\omega_i^I=l_i^I,\ I_i^I=I_i^I(t) \tag{2.56}$$

下一步，将上述方程变化到与物体固连坐标系，有

$$m_i \dot{v}_i^i = f_i^i, \ m_i = 常数 \tag{2.57}$$

$$I_i^i \dot{\omega}_i^i + \tilde{\omega}_i^i I_i^i \omega_i^i = l_i^i, \ I_i^i = 常数 \tag{2.58}$$

式（2.55）和式（2.56），与式（2.57）和式（2.58）看起来完全一致。如果仅有如陀螺力学中的一个物体，式（2.58）是更好的，因为惯性张量的时间不变性。然而，在多体动力学中，这个优点并不明显，式（2.58）也是陀螺力学中著名的Euler方程。直接使用在旋转坐标系中的式（2.27）的微分规则，采用与物体固连坐标系中的动量矩式（2.52），可以得到

$$\frac{\mathrm{d}^I}{\mathrm{d}t} h_i^i = \dot{h}_i^i + \tilde{\omega}_i^i h_i^i = l_i^i, \ h_i^i = I_i^i \omega_i^i \tag{2.59}$$

最后，在任意移动的坐标系 R 中，Newton 和 Euler 方程也是可用的，如 Schiehlen 和 Eberhard 的文献所示[10]。

$$m_i \ddot{r}_{\mathrm{R}i} + m_i [r_{\mathrm{R}}^{**} + (\dot{\tilde{\omega}}_{\mathrm{R}} + \tilde{\omega}_{\mathrm{R}} \tilde{\omega}_{\mathrm{R}}) r_{\mathrm{R}i} + 2\tilde{\omega}_{\mathrm{R}} \dot{r}_{\mathrm{R}i}] = f_i \tag{2.60}$$

$$I_i \dot{\omega}_{\mathrm{R}i} + \tilde{\omega}_{\mathrm{R}i} I_i \dot{\omega}_{\mathrm{R}i} + [I_i \omega_{\mathrm{R}} + \tilde{\omega}_{\mathrm{R}} I_i \omega_{\mathrm{R}} + \tilde{\omega}_{\mathrm{R}} \omega_{\mathrm{R}i} spI_i + 2\tilde{\omega}_{\mathrm{R}i} I_i \omega_{\mathrm{R}}] = l_i \tag{2.61}$$

现在，所有向量和张量的坐标，是与参考坐标系 R 联系的。而 $[r_{\mathrm{R}}^{**}]$ 意味着在惯性坐标系前的第二阶时间导数，结果由于相对运动出现很多附加的惯性力和力矩。

Bewton－Euler 方程表示 $6p$ 个向量方程，有 $6p$ 个未知数，由未知的速度、位置变量、反作用力和力矩组成。在无约束系统中，不存在反作用，即有 $6p$ 个普通的微分方程（ODE）待求解。在完全约束系统中，根本不发生运动，即需要求解 $6p$ 个代数方程。在车辆动力学中，由于物体间存在一定约束，运动和反作用以微分－代数方程（DAE）的特征出现。然而，通过动力学原理，可以找到最小的 f 个 DAE，这有助于问题的求解和仿真。

2.3.3 d′Alember 和 Joudran 原理

运动方程表示最小的 ODE 组合，它们可以通过消除 Newton－Euler 方程的反作用力和力矩得到。通过考虑约束多体系统虚功的动力学原理，可以提高计算上的效率。为此，作用在隔离系统物体的外力，分成外加力 $f_i^{(a)}$ 和力矩 $l_i^{(a)}$，以及反作用力 $f_i^{(r)}$ 和力矩 $l_i^{(r)}$，后者对系统虚功没有贡献，即

$$\delta W^r = \sum_{i=1}^{p} (f_i^{(r)T} \delta r_i + l_i^{(r)T} \delta s_i) = 0 \tag{2.62}$$

由式（2.46）看，虚运动 δr_i 和 δs_i 是已知的。式（2.62）能够被解释为广义正交条件，因此，除了冠以广义坐标 y 外，可以引入广义反作用力 g_j，$j=1(1)p$，表示为 $q \times 1$ 向量。

$$g(t) = [g_1 \cdots g_q]^T \tag{2.63}$$

广义约束力的数目，由 q 个约束确定。局部约束力和力矩通过式（2.33）的隐式方程确定：

$$f_i^{(r)T} = \sum_{j=1}^{q} g_j \frac{\partial \varphi_j}{\partial r_i^T} = \sum_{j=1}^{q} g_j \frac{\partial \varphi_j}{\partial x^T} \frac{\partial x}{\partial r_i^T} \tag{2.64}$$

$$l_i^{(r)T} = \sum_{j=1}^{q} g_j \frac{\partial \varphi_j}{\partial s_i^T} = \sum_{j=1}^{q} g_j \frac{\partial \varphi_j}{\partial x^T} \frac{\partial x}{\partial s_i^T}, \ i = 1(1)P \tag{2.65}$$

以矩阵形式，$3 \times q$ 的 Jacobian 阵 $F_{\mathrm{T}i}$、$F_{\mathrm{R}i}$ 可以由式（2.64）和式（2.65）得到，式（2.62）的条件可以重写为

$$\delta W^r = g^T \sum_{i=1}^{p} (F_{\mathrm{T}i}^T \delta r_i + F_{\mathrm{R}i}^T \delta s_i) = g^T \sum_{i=1}^{p} (F_{\mathrm{T}i}^T J_{\mathrm{T}i} + F_{\mathrm{R}i}^T J_{\mathrm{R}i}) \delta y = 0 \tag{2.66}$$

最后，引入全局的 $6p \times q$ 分布阵 $\overline{Q}$ 和全局的 $6p \times f$ 的 Jacobian 阵 $\overline{J}$

$$\overline{J} = [J_{\mathrm{T1}}^T \cdots J_{\mathrm{Tp}}^T J_{\mathrm{R1}}^T \cdots J_{\mathrm{Rp}}^T], \ \overline{Q} = [F_{\mathrm{T1}}^T \cdots F_{\mathrm{Tp}}^T F_{\mathrm{R1}}^T \cdots F_{\mathrm{Rp}}^T] \tag{2.67}$$

然后，式（2.66）可简化为

$$\overline{Q}^T \overline{J} = \overline{J}^T \overline{Q} = 0 \tag{2.68}$$

这清晰表明运动和约束之间的广义正交性，正交条件或者零虚功分别独立于选择的坐标，对所有约束机械系统都是有效的。

在将外力分类后，d′Alember（1743）原理现在可以由式（2.55）和式（2.56）的 Newton－Euler 方程得到：

$$f_i = f_i^{(e)} + f_i^{(r)}, \ l_i = l_i^{(e)} + l_i^{(r)} \tag{2.69}$$

考虑式（2.62）的正交性

$$\sum_{i=1}^{p} [(m_i \dot{v}_i - f_i^{(e)})^T \delta r_i + (I_i \dot{\omega}_i + \tilde{\omega}_i I_i \omega_i - l_i^{(e)})^T \delta s_i] = 0 \tag{2.70}$$

显然，式（2.70）消除了反作用力。

类似地，Jourdian 原理（1908）能够基于反作用力虚功率为零描述：

$$\delta P^r = \sum_{i=1}^{p} (f_i^{(r)T} \delta' v_i + l_i^{(r)T} \delta' \omega_i) = 0 \tag{2.71}$$

虚速度 $\delta' v_i$、$\delta' \omega_i$ 是任意的、与约束相容的在任何时间和任何位置的无穷小速度变化，因而

$$\delta' v_i \neq 0, \ \delta' \omega_i \neq 0, \ \delta' r_i \equiv 0, \ \delta' s_i \equiv 0, \ \delta' t \equiv 0 \tag{2.72}$$

而且，符号 δ' 遵循积分原则，然后，Jourdian 原理为

$$\sum_{i=1}^{p} [(m_i \dot{v}_i - f_i^{(e)})^T \delta' v_i + (I_i \dot{\omega}_i + \tilde{\omega}_i I_i \omega_i - l_i^{(e)})^T \delta' \omega_i] = 0 \tag{2.73}$$

类似于 d′Alember 原理，此时所有反作用消失。然而，有时确定虚旋转很费

时。而且，Jourdian 原理也必须处理可能出现在可控车辆系统的非线性和非完整约束。

在美国的文献中，Jourdian 原理又称为 Kane 方程，虚速度成为偏速度，如 Kane 和 Levinson 文献所示[11]。应用这些原理产生运动方程，根本不需要考虑反作用，因而这些原理也被分类为分析方法。

2.3.4　能量考虑和 Lagrange 方程

另一种产生运动方程的方法，是基于能量考虑的 Lagrange（1788）方法。刚体的动能为

$$T=\frac{1}{2}mv_{\mathrm{C}}^{2}+\frac{1}{2}\omega I_{\mathrm{C}}\omega \tag{2.74}$$

式中，惯性性质$\{m_i,I_{\mathrm{C}}\}$和速度性质$\{v_i,\omega\}$与质心联系。

动能由平移动能和旋转动能组成，它是标量，可以在不同的坐标系计算。

多体系统由物体 K_i、$i=1(1)p$ 组成，所有物体的动能为

$$T=\frac{1}{2}\sum_{i=1}^{p}\left[(v_i^I)^T m_i v_i^I+(\omega_i^I)^T I_i\omega_i^I\right] \tag{2.75}$$

这种表示与惯性坐标系 I 一致，与每个物体 K_i 的质心 C_i 有关。如果外力的功独立于路径，则外力对应于势能，即

$$f^{(e)}=-\mathrm{grad}U \tag{2.76}$$

式中，U 为位置的标量函数。

满足式（2.76）的关系称为保守，它们不改变系统的总能量。相反，非保守力改变总能量，称为耗散的，因为能量是减少的。保守力可以是重力 $f_{\mathrm{G}}=mg$，或者弹性力 $f_{\mathrm{F}}=-ks$，对应的势能为

$$U_{\mathrm{G}}=mgz,\ U_{\mathrm{F}}=\frac{1}{2}ks^2 \tag{2.77}$$

式中，z 为质量 m 的物体质心在重力加速度 g 方向的垂直位移；s 为系数 k 的弹簧位移。

对于势能，可以增加常数，即势能位置可以任意选择。多体系统的势能 U，是物体系能之和 $U=\sum U_j$。仅受保守力的多体系统，称为保守系统。对于保守系统，遵循能量守恒定律，即

$$T+U=T_0+U_0=\text{常数} \tag{2.78}$$

能量守恒定律可以由 Newton 和 Euler 定律导出，即其不含有新的信息。对于有1个自由度的保守系统，其应用是有优势的，可以评价位置和速度变量的关系。如果两个不同位置已知，未知的速度能够由式（2.78）得到。

基于能量表示，也可以得到多体系统运动方程，这将通过具有完整约束的多

体系统给出。与合成方法相反，不用隔离系统的物体，整体考虑系统。为此，定义广义坐标 y，位置和速度变量通过式（2.37）~式（2.39）确定。于是，动能是 $y_k(t)$ 的和 $\dot{y}_k(t)$，$k=1(1)f$ 的函数：

$$T = T(y_k, \dot{y}_k) \tag{2.79}$$

投影外力和力矩到广义坐标方向组成广义力：

$$q_k = \sum_{i=1}^{p}\left[\left(\frac{\partial r_i^I}{\partial y_k}\right)^T f_i^{(e)I} + \left(\frac{\partial s_i^I}{\partial y_k}\right)^T l_i^{(e)I}\right],\ k = 1(1)f \tag{2.80}$$

其中，使用了式（2.41）的 Jacobian 矩阵中的行。广义力也可以通过分解外力和力矩的整体功得到：

$$\delta W^e = \sum_{i=1}^{p}(f_i^{(e)T}\delta r_i + l_i^{(e)T}\delta s_i) = \sum_{i=1}^{f} q_k \delta y_k \tag{2.81}$$

在任何情况下，不出现反作用力和力矩。

现在，第二类 Lagarangian 方程，如 Magnus 和 Muller 文献[9]，有

$$\frac{\mathrm{d}}{\mathrm{d}t}\left(\frac{\partial T}{\partial \dot{y}_k}\right) - \frac{\partial T}{\partial y_k} = q_k,\ k = 1(1)f \tag{2.82}$$

为了得到运动方程，要由标量函数 $T(y_k, \dot{y}_k)$ 完成两个偏导和一个全微分。

因此，得到最小数目为 f 的运动方程。然而，反作用力完全消失，不能保留。

对于保守系统，广义力由势能立即得到：

$$q_k = -\frac{\partial U}{\partial y_k} \tag{2.83}$$

由式（2.82）和式（2.83），有

$$\frac{\mathrm{d}}{\mathrm{d}t}\left(\frac{\partial T}{\partial \dot{y}_k}\right) - \frac{\partial T}{\partial y_k} + \frac{\partial U}{\partial y_k} = 0,\ k = 1(1)f \tag{2.84}$$

引入 Lagarange 函数 $L = T - U$，也称为动势，式（2.84）更加简化：

$$\frac{\mathrm{d}}{\mathrm{d}t}\left(\frac{\partial L}{\partial \dot{y}_k}\right) - \frac{\partial L}{\partial y_k} = 0,\ L = T - U,\ k = 1(1)f \tag{2.85}$$

对于某些工程应用，使用剩余坐标 $\overline{y}_j$，$j = 1(1)f + r$ 更有优点。除了 f 个广义坐标 y_k，$k = 1(1)f$ 外，剩余坐标之间还有 r 个几何约束：

$$\varphi_n = \varphi_n(\overline{y}_j) = 0,\ n = 1(1)r \tag{2.86}$$

现在，运动方程可以通过 r 个 Lagrangian 乘子 λ_n，$n = 1(1)r$ 扩展，表示广义约束力：

$$\frac{\mathrm{d}}{\mathrm{d}t}\left(\frac{\partial T}{\partial \dot{\overline{y}}_k}\right) - \frac{\partial T}{\partial \overline{y}_j} = \overline{q}_j + \sum_{n=1}^{r} \lambda_n \frac{\partial \varphi_n}{\partial \overline{y}_j},\ j = 1(1)f + r \tag{2.87}$$

2.4 运动方程

在2.2节中，提出了两种生成运动方程的方法：Newton – Euler合成方法和d'Alember、Jourdian或者Lagrange的分析方法。Newton – Euler和Lagrange生成过程的主要步骤，如图2.9所示。常规起点是由多体系统单元组成的车辆力学模型，常规的结果是运动方程。如果使用相同的广义坐标，两种方法的运动方程是一样的。然而，效率是不同的。在生成运动方程过程中，使用Lagarange方程，

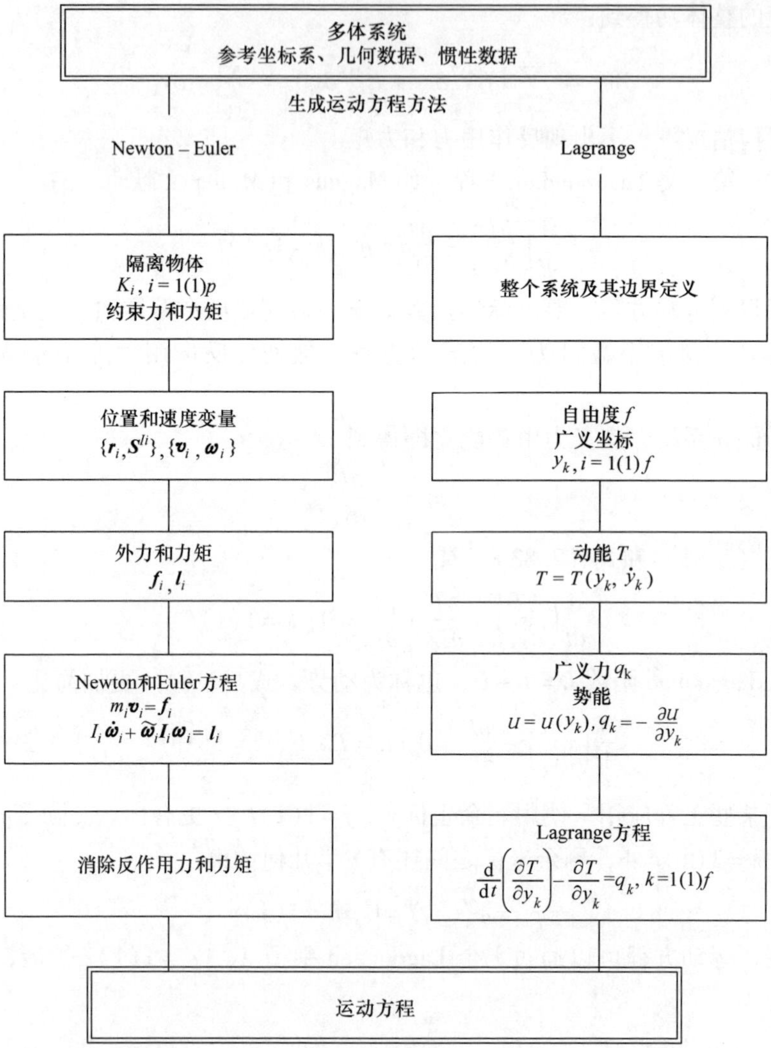

图2.9 由Newton – Euler和Lagrange生成多体系统的运动方程

在 $\mathrm{d}/\mathrm{d}t(\partial T/\partial \dot{y}_k)$ 出现的项，然后根据式（2.82）由 $\partial T/\partial y_k$ 消除，这意味着无用的计算效率，Newton – Euler 方法并不需要，如 Sciehlen 和 Eberhard 所示[10]。另一方面，在 Newton – Euler 方程中，需要消除反作用。因此，两种方法都有缺点，可以通过组合 Newton – Euler 方程和 2.3.3 提出的原理加以避免。

生成的运动方程总是 ODE。然而，其形式取决于多体系统的类型。存在理想和非理想系统，前者以外力和力矩独立于任何反作用为特征，后者依赖于反作用。例如，重力、弹簧力和阻尼力是独立于任何反作用的，而经常在车辆动力学中轮胎上存在的滑移摩擦力和依赖滑移的接触力，分别是法向或反作用的函数。

在理想系统中，普通和一般的多体系统是有区别的。普通的多体系统由完整约束和仅取决于位置和速度量的外力组成，一定是通过二阶微分方程表示。对于非完整约束和/或一般力定律，得到一般的多体系统。

普通的多体系统运动方程为

$$M(y,t)\ddot{y}(t)+k(y,\dot{y},t)=q(y,\dot{y},t) \tag{2.88}$$

式中，y 为 $f\times 1$ 的广义坐标位置向量；M 为 $f\times f$ 的对称惯性阵；k 为 $f\times 1$ 的包括 Coriolis 和离心力以及陀螺力矩的广义陀螺力向量；q 为 $f\times 1$ 广义外力向量。

由分析方法生成的运动方程，全都具有式（2.88）的形式，而合成方法总是要求某种计算才能得到对称的惯性阵。

在车辆动力学中，距离参考运动 $y=y_{\mathrm{R}}(t)$ 的偏差 $\tilde{y}(t)$ 通常是较小的：

$$y(t)=y_{\mathrm{R}}(t)+\tilde{y}(t) \tag{2.89}$$

在假设微分向量函数下，通过 Taylor 级数展开，略去二阶和高阶项，由式（2.88）得到线性化运动方程，也见 Muller 和 Schiechlen[12]。

$$M(t)\ddot{\tilde{y}}(t)+P(t)\dot{\tilde{y}}(t)+Q(t)\tilde{y}(t)=h(t) \tag{2.90}$$

式中，$M(t)$ 为对称正定的惯性阵；$P(t)$ 和 $Q(t)$ 为依赖速度和位置的力；$h(t)$ 为外激励向量。

如果所有这些矩阵是时不变的，可以分解为对称和斜对称部分，则线性普通和时不变的多体系统的运动方程为

$$M\ddot{y}(t)+(D+G)\dot{y}(t)+(K+N)y(t)=h(t) \tag{2.91}$$

式（2.90）中使用的 $\tilde{y}$ 简单地被 y 代替，$f\times f$ 矩阵有如下性质：

$$M=M^T>0,\ D=D^T,\ G=-G^T,\ K=K^T,\ N=-N^T \tag{2.92}$$

这些矩阵具有物理意义，能够在式（2.92）前乘 $\dot{y}^T$ 后确定，生成能量表示的全时间导数：

$$\dot{y}^TM\ddot{y}+\dot{y}^TD\dot{y}+\dot{y}^TG\dot{y}+\dot{y}^TKy+\dot{y}^TNy=\dot{y}^Th \tag{2.93}$$

$$\frac{\mathrm{d}}{\mathrm{d}t}T+2R+0+\frac{\mathrm{d}}{\mathrm{d}t}U+2S=P \tag{2.94}$$

惯性阵 M 确定动能 $T=\dot{y}^T M\dot{y}/2$，因此对应惯性力。由于 $T>0$，再一次确定了惯性阵的正定性。阻尼阵 D 通过 Rayleigh 耗散函数 $D=\dot{y}^T D\dot{y}/2$ 定义，对应阻尼力。而陀螺矩阵 G 描述陀螺力，不能改变系统的总能量。刚度阵确定势能 $U=y^T Ky/2$，因此对应保守位置力。而矩阵 N 对应循环力，也称为非保守位置力。进一步，P 描述外激励力的功率。当 $D=0$、$N=0$ 和 $h=0$ 时，多体系统是保守的，即对所有运动总能量是常数。

$$T+U=\text{常数} \tag{2.95}$$

式（2.92）的矩阵性质，通常用于检查运动方程涉及的物理现象。

通常，多体系统存在较广泛的标准表示，在此不详细讨论，读者可以进一步参考文献［10］。

2.5　多体系统体系

生成大型多体系统的运动方程，是一个重要的任务，在基本关系的评价中要求经过众多的步骤。开始于20世纪60年代中期的太空年代，运动方程的生成更加体系化。生成的体系用于研发多体系统的计算机程序，其是计算多体动力学的基础。25年后，在1990年，在多体动力学手册中[7]，有著名的20种系统，它们中许多今天还在使用。

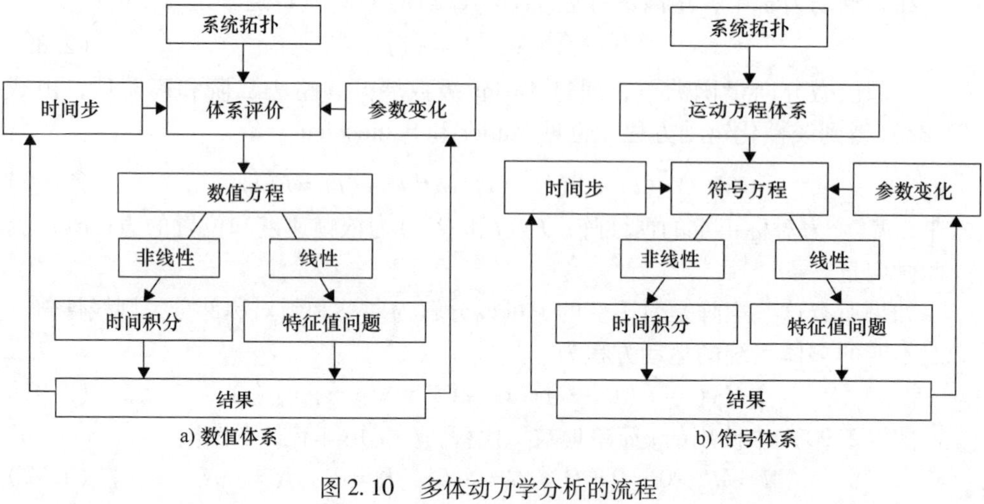

图2.10　多体动力学分析的流程

多体系统体系是基于 Newton－Euler 方程或者 Lagrange 方程，已在2.3.2部分和2.3.3部分中分别描述。考虑到计算过程，区分为数值和符号体系，如图2.10所示。数值体系提供系统矩阵单元作为式（2.91）的线性时不变多体系统的数据，在式（2.90）的线性时变系统和式（2.88）的非线性系统的情况下，数值体系通过仿真程序在每个时间步提供需要的运动方程数据。相反，符号体系使用计算机生成运动方程只有一次，就和用纸和笔推导一样，优点是系统参数可变化，对于时变系统，当前时间仅需要插入符号运动方程中，如图 2.10 所示，符号体系对优化和控制设计特别有帮助。

进一步，区分非递归和递归体系，递归体系使用多体系统的特殊拓扑性质。

2.5.1　非递归体系

首先，提出符号体系 NEWEUL。NEWEUL 是一个基于 Newton - Euler 方程、d’Alember 和 Jourdian 原理的研究软件，由斯图加特大学的 Kruezer 开发，最近在 Matlab 中修改为 Neweul - M2（Neweul M 平方），见文献［13］。NEWEUL 以式（2.88）和式（2.90）的最小形式分别生成运动方程，可以用任何 ODE 程序求解。它由 5 个步骤组成，对于较小的多体系统，也可以手工确定。

步骤 1：系统说明和输入数据

首先，定义和整体处理多体系统。确定自由度数和选择广义坐标 y_k，$k=1(1)f$。选择惯性坐标系 I 和刚体固连坐标系，隔离每个物体 K_i，$i=1(1)p$，确定相应的惯性参数$\{m_i, I_i\}$，位置向量$\{r_i^I, S^{Ii}\}$以及外力和力矩$\{f_i^{(e)I}, l_i^{(e)I}\}$，量 I_i^I 和 $l_i^{(e)I}$ 通过对应的质心 C_i 联系。输入数据为

$$f, y=[y_1, \cdots, y_j, \cdots y_f]^T \tag{2.96}$$

$$p, \{m_i, I_i^i\}, \{r_i^I, S^{Ii}\}, \{f_i^{(e)I}, l_i^{(e)I}\},\ i=1(1)p \tag{2.97}$$

$$r_i^I=[r_{i1}, r_{i2}, r_{i3}]^T,\ S^{Ii}=S^{Ii}(\alpha_i, \beta_i, \gamma_i)\equiv S_i,\ i=1(1)p \tag{2.98}$$

旋转矩阵通过 3 个角描述，例如，Cardan 角 α_i、β_i、γ_i。

步骤 2：单元考虑，局部方程

首先，在惯性坐标系通过变换计算惯性张量元素，即

$$I_i^I=S^{Ii}I_i^iS^{iI} \tag{2.99}$$

现在，惯性坐标系 I 中所有量可用，其为唯一进一步使用的坐标系。因此，不再要求右上标，予以忽略。每个物体 K_i 的局部运动方程为

$$m_i\dot{v}_i=f_i^{(e)}+f_i^{(r)},\ i=1(1)p \tag{2.100}$$

$$I_i\dot{\omega}_i+\widetilde{\omega}_iI_i\omega_i=l_i^{(e)}+l_i^{(r)},\ i=1(1)p \tag{2.101}$$

其中，外力和力矩细分为已知的作用力和力矩与未知的反作用。以后要消除反作用。因此，不用指定它们。

步骤 3：局部和全局量的关系

单独物体 K_i 的位置［式（2.98）］和式（2.96）定义的广义坐标之间关系，通过完整约束给出，通常也通过非定常约束给出，这些关系是已知的，通过输入数据确定：

$$r_i = r_i(y,t),\ S_i = S_i(y,t),\ i = 1(1)p \tag{2.102}$$

相应的速度$\{v_i,\omega_i\}$和加速度$\{a_i,\alpha_i\}$的计算式为

$$v_i = \dot{r}_i = \frac{\partial r_i}{\partial y^T}\dot{y} + \frac{\partial r_i}{\partial t} = J_{\mathrm{Ti}}(y,t)\dot{y} + \bar{v}_i(y,t) \tag{2.103}$$

$$\omega_i = \dot{s}_i = \frac{\partial s_i}{\partial y^T}\dot{y} + \frac{\partial s_i}{\partial t} = J_{\mathrm{Ri}}(y,t)\dot{y} + \bar{\omega}_i(y,t) \tag{2.104}$$

$$a_i = \dot{v}_i = J_{\mathrm{Ti}}(y,t)\ddot{y} + \frac{\partial v_i}{\partial y^T}\dot{y} + \frac{\partial v_i}{\partial t} \tag{2.105}$$

$$\alpha_i = \dot{\omega}_i = J_{\mathrm{Ri}}(y,t)\ddot{y} + \frac{\partial \omega_i}{\partial y^T}\dot{y} + \frac{\partial \omega_i}{\partial t} \tag{2.106}$$

对于定常约束，时间偏导数是不存在的。

平移和旋转的$3\times f$ Jacobian 矩阵J_{Ti}、J_{Ri}，分别表示局部和全局坐标之间的关系，由虚运动表示：

$$\delta r_i = J_{\mathrm{Ti}}\delta y,\ \delta s_i = J_{\mathrm{Ri}}\delta y,\ i = 1(1)p \tag{2.107}$$

这些矩阵可以由式（2.103）和式（2.104）的运动学关系得到。

在这些预备计算完成后，多体系统物体K_i的式（2.100）和式（2.101）的局部方程，作为广义坐标及其导数的函数能被确定。

步骤4：系统考虑，全局方程

首先，依赖广义坐标的局部方程，以广义矩阵和向量表示。为此，引入惯性量的$6p\times 6p$的对角阵$\bar{\bar{M}}$：

$$\bar{\bar{M}} = \mathrm{diag}[m_1E, m_2E, \cdots, m_{\mathrm{p}}E, I_1, I_2, \cdots, I_{\mathrm{p}}] \tag{2.108}$$

式中，E为3×3单位阵。

进一步，$6p\times 1$向量$\bar{q}^{(e)}$、$\bar{q}^{(r)}$、k用于表示所有作用、Coriolis 和陀螺力和力矩，这3个向量定义为

$$\bar{q} = [f_1^T, \cdots, f_{\mathrm{p}}^T, l_1^T, \cdots, l_{\mathrm{p}}^T]^T \tag{2.109}$$

最后，引入全局的$6p\times f$的 Jacobian 阵：

$$\bar{J} = [J_{\mathrm{T1}}^T, \cdots, J_{\mathrm{Tp}}^T, J_{\mathrm{R1}}^T, \cdots, J_{\mathrm{Rp}}^T]^T \tag{2.110}$$

现在，全局 Newton－Euler 方程表示为$6p\times 1$向量方程：

$$\bar{\bar{M}}\bar{J}\ddot{y} + \bar{k}(y,\dot{y},t) = \bar{q}^{(e)}(y,\dot{y},t) + \bar{q}^{(r)} \tag{2.111}$$

这些$6p$方程通过前乘$f\times 6p$的 Jacobian 阵转置$\bar{J}^T$，ODE 被减少到最低数目的f：

$$\bar{J}^T\bar{\bar{M}}\bar{J}\ddot{y} + \bar{J}^T\bar{k}(y,\dot{y},t) = \bar{J}^T\bar{q}^{(e)}(y,\dot{y},t) \tag{2.112}$$

其中，由于式（2.62），$\bar{J}^Tq(r)$消失。

整理矩阵积，对称惯性阵的运动方程为

$$M(y,t)\ddot{y}(t)+k(y,\dot{y},t)=q(y,\dot{y},t),\ M=M^{T}=\overline{J}^{T}\overline{\overline{M}}\,\overline{J},\ k=\overline{J}^{T}\overline{k},\ q=\overline{J}^{T}\overline{q}^{(e)} \tag{2.113}$$

其完全与式（2.88）一致。

可选择的步骤 5：反作用力和力矩计算

与 Lagrange 方法相反，反作用可以再次得到。根据式（2.62）和式（2.63）的广义约束 g，如果使用全局分布矩阵 $\overline{Q}$，有

$$\overline{q}^{(r)}=\overline{Q}g \tag{2.114}$$

由于正交条件式（2.68），式（2.111）左前乘 $\overline{Q}^{T}\overline{\overline{M}}^{-1}$，导致线性和完全代数的反作用方程如下

$$\hat{N}(y,t)g(t)+\hat{q}(y,\dot{y},t)=\hat{k}(y,\dot{y},t),\ \hat{N}=\hat{N}^{T}=\overline{Q}^{T}\overline{\overline{M}}^{-1}\overline{Q},\ \hat{q}=\overline{Q}^{T}\overline{\overline{M}}^{-1}\overline{q}^{(e)},\ k=\overline{Q}^{T}\overline{\overline{M}}^{-1}\overline{k} \tag{2.115}$$

式中，$\hat{N}$ 为对称、通常正定的 $q\times q$ 反作用阵；$\hat{q}$ 和 $\hat{k}$ 为在反作用上表示外力和陀螺力与力矩影响的 $q\times 1$ 向量。

另一方面，通过消去式（2.111）的 $\ddot{y}$，得

$$\overline{q}^{(r)}=\overline{Q}g=[E-\overline{\overline{M}}\,\overline{J}\,(\overline{J}^{T}\overline{\overline{M}}\,\overline{J})^{-1}\overline{J}^{T}](\overline{k}-\overline{q}^{(e)}) \tag{2.116}$$

通过分解式（2.116），只有一些约束力和力矩可以计算。

在车辆动力学中，非理想多体系统通常导致产生接触力，式（2.113）的 f 个运动方程与式（2.115）的 q 个约束方程需要同时求解。

上面的 5 个步骤表明，NEWEUL 体系基于 Newton – Euler 方程。然而，它们通过分析力学，如广义坐标和广义反作用的典型性质进行补充。需要的计算包括向量和矩阵的求和、乘和微分，三角表示的简化以及表示的线性化。这些计算在 NEWEUL 中是通过符号完成的，但是这些体系也可以通过任何公式处理软件进行处理，如 MAPLE。

在车辆工程中，最广泛使用的数值系统是 MSC. ADAMS。软件 MSC. ADAMS 生成式（2.55）和式（2.66）表示的原始未缩减的 Newton – Euler 方程数值解，即

$$\overline{\overline{M}}\ddot{x}+k(x,\dot{x},t)=\overline{q}^{(e)}(x,\dot{x},t)+\overline{Q}g,\ \overline{Q}^{T}=-\frac{\partial\Phi}{\partial x^{T}}=-\Phi_{x} \tag{2.117}$$

其中，$6p\times 1$ 向量 $x(t)$ 通过 Cartesian 坐标组成，反作用 $6p\times q$ 分布矩阵 $\overline{Q}$ 由式（2.33）的隐式约束获得。

式（2.33）两次对时间求导后，保留未知的 $\ddot{x}$ 和 g 的 $6p+q$ 线性方程为

$$\begin{bmatrix} \overline{\overline{M}} & \Phi_x^T \\ \Phi_x & 0 \end{bmatrix}\begin{bmatrix} \ddot{x} \\ g \end{bmatrix}=\begin{bmatrix} q^{(e)}-k \\ -\dot{\Phi}_t-\dot{\Phi}_x\dot{x} \end{bmatrix} \tag{2.118}$$

式中，$\overline{\overline{M}}$是允许应用稀疏矩阵技术分块的对角 $6p\times 6q$ 矩阵。

式（2.118）表示 DAE，在 MSC. ADAMS 中通过特殊的积分程序求解，具体详见第3章。如同所有商业软件一样，ADAMS 使用图形界面，不处理数学方程。

2.5.2　递归体系

对于完整系统的时间积分，式（2.88）或式（2.113）中的质量阵要求逆。如果不求逆，则有许多自由度的系统数值求解，代价较大：

$$\ddot{\boldsymbol{y}}(t)=\boldsymbol{M}^{-1}(\boldsymbol{y},t)[\boldsymbol{q}(\boldsymbol{y},\dot{\boldsymbol{y}},t)-\boldsymbol{k}(\boldsymbol{y},\dot{\boldsymbol{y}},t)] \tag{2.119}$$

递归算法避免了这种矩阵求逆。然而，这种算法的基本要求是，多体系统是一个链式或树的拓扑，如图2.11所示，环形拓扑不能包括在内。递归算法的贡献，归功于诸如 Hollerbach、Bae[14]和 Haug[15]、Brandl[16]和 Schiehlen[17]。

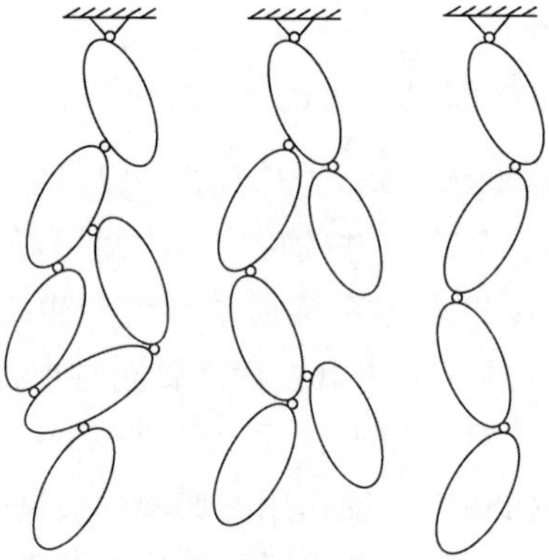

图2.11　多体系统拓扑

2.5.2.1　运动学

递归运动学使用相邻物体间的相对运动和相对约束，如图2.12所示。物体 i 的绝对平移和旋转速度向量 w_i，也表示为扭曲，相对于物体（$i-1$）的绝对速度 w_{i-1}和这两个物体的连接点 i 的广义坐标 y_i，导致

$$\underbrace{\begin{bmatrix} \boldsymbol{v}_{Oi} \\ \boldsymbol{\omega}_i \end{bmatrix}}_{w_i}=\underbrace{\boldsymbol{S}^{i,i-1}\begin{bmatrix} \boldsymbol{E} & -\tilde{\boldsymbol{r}}_{Oi-1,Oi} \\ \boldsymbol{0} & \boldsymbol{E} \end{bmatrix}}_{C_i}\underbrace{\begin{bmatrix} \boldsymbol{v}_{Oi-1} \\ \boldsymbol{\omega}_{i-1} \end{bmatrix}}_{w_{i-1}}+\underbrace{\boldsymbol{S}^{i,i-1}\begin{bmatrix} \boldsymbol{J}_{Ti} \\ \boldsymbol{J}_{Ri} \end{bmatrix}}_{J_i}\dot{\boldsymbol{y}}_i \tag{2.120}$$

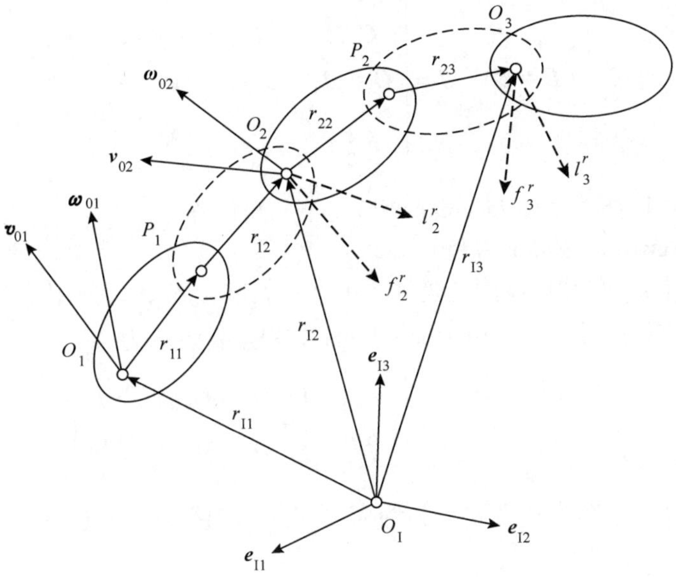

图 2.12　两个关节的三个物体的系统

使用刚体相对运动基础，绝对加速度为

$$\boldsymbol{b}_i = \boldsymbol{C}_i \boldsymbol{b}_{i-1} + \boldsymbol{J}_i \ddot{\boldsymbol{y}}_i + \boldsymbol{\beta}_i(\dot{\boldsymbol{y}}_i, \boldsymbol{w}_{i-1}) \tag{2.121}$$

式中，向量 b_i 为物体 i 平移和旋转加速度的总称。

对于整个系统，以矩阵表示绝对加速度

$$\boldsymbol{b} = \boldsymbol{C}\,\boldsymbol{b} + \boldsymbol{J}\ddot{\boldsymbol{y}} + \boldsymbol{\beta} \tag{2.122}$$

式中，几何矩阵 C 为下三角的分块子对角矩阵；J 是分块对角 Jacobian 矩阵。

$$\boldsymbol{C} = \begin{bmatrix} 0 & 0 & 0 & \cdots & 0 \\ \boldsymbol{C}_2 & 0 & 0 & \cdots & 0 \\ 0 & \boldsymbol{C}_3 & 0 & \cdots & 0 \\ \vdots & \vdots & \ddots & \ddots & 0 \\ 0 & 0 & 0 & \boldsymbol{C}_p & 0 \end{bmatrix}, \boldsymbol{J} = \begin{bmatrix} \boldsymbol{J}_1 & 0 & 0 & \cdots & 0 \\ 0 & \boldsymbol{J}_2 & 0 & \cdots & 0 \\ 0 & 0 & \boldsymbol{J}_3 & \cdots & 0 \\ \vdots & \vdots & \ddots & \ddots & \vdots \\ 0 & 0 & 0 & 0 & \boldsymbol{J}_p \end{bmatrix} \tag{2.123}$$

由式（2.122），得到绝对加速度的非递归形式：

$$\boldsymbol{b} = (\boldsymbol{E} - \boldsymbol{C})^{-1}\boldsymbol{J}\ddot{\boldsymbol{y}} + \overline{\boldsymbol{\beta}} \tag{2.124}$$

式中，$\overline{J}$ 为全局雅各比矩阵。

$\overline{J}$ 可以再次得到，见式（2.67）或式（2.110）。

$$\overline{J}=(E-C)^{-1}J=\begin{bmatrix} J_1 & 0 & 0 & \cdots & 0 \\ C_2J_1 & J_2 & 0 & \cdots & 0 \\ C_3C_2J_1 & C_3J_2 & J_3 & \cdots & 0 \\ \vdots & \vdots & \vdots & \ddots & \vdots \\ * & * & * & \cdots & J_p \end{bmatrix} \tag{2.125}$$

由于链式拓扑，全局 Jacobian 矩阵是下三角矩阵。

2.5.2.2 Newton - Euler 方程

对于物体 i，在其物体固连坐标系中，在关节位置 Q_i，使用绝对加速度和作用在完整约束上的外力 q_i，Newton - Euler 方程重新表示为

$$\underbrace{\begin{bmatrix} m_iE & m_i\tilde{r}_{\mathrm{O}i\mathrm{C}i}^T \\ m_i\tilde{r}_{\mathrm{O}i\mathrm{C}i} & I_{\mathrm{O}i} \end{bmatrix}}_{M_i=\text{常数}}\underbrace{\begin{bmatrix} a_{\mathrm{O}i} \\ \alpha_i \end{bmatrix}}_{b_i}+\underbrace{\begin{bmatrix} m_i\tilde{\omega}_i\tilde{\omega}_ir_{\mathrm{O}i\mathrm{C}i} \\ \tilde{\omega}_iI_{\mathrm{O}i}\omega_i \end{bmatrix}}_{k_i}=\underbrace{\begin{bmatrix} f_i \\ l_{\mathrm{O}i} \end{bmatrix}}_{q_i} \tag{2.126}$$

此时，外力分解为外力 $q_i^{(e)}$ 和约束力 $q_i^{(r)}$。连接点 i 和（$i+1$）出现了广义约束力：

$$q_i=q_i^{(e)}+q_i^{(r)},\ q_i^{(r)}=Q_ig_i-C_{i+1}^{\mathrm{T}}Q_{i+1}g_{i+1} \tag{2.127}$$

2.5.2.3 运动方程

由式（2.122）、式（2.126）和式（2.127），对于整个系统，18 个标量方程为

$$b=\overline{J}\ddot{y}+\overline{\beta} \tag{2.128}$$

$$\overline{\overline{M}}b+\overline{k}=q^{(e)}+q^{(r)} \tag{2.129}$$

$$q^{(r)}=(E-C)^TQg=\overline{Q}g \tag{2.130}$$

18 个未知量表示在向量 b、y、$q^{(r)}$、g 中。

现在，将式（2.128）和式（2.130）代入式（2.129），再次使用全局正交性 $\overline{J}^T\overline{Q}=0$，生成式（2.113）运动方程的标准形式。质量矩阵是完全满阵，向量 k 不仅依赖于广义速度，也依赖于绝对速度

$$M=\begin{bmatrix} J_1^t(M_1+C_2^t(M_2+C_3^tM_3C_3)C_2)J_1 & J_1^tC_2^t(M_2+C_3^tM_3C_3)J_2 & J_1^tC_2^tC_3^tM_3J_3 \\ J_2^t(M_2+C_3^tM_3C_3)C_2J_1 & J_2^t(M_2+C_3^tM_3C_3)J_2 & J_2^tC_3^tJ_3 \\ J_3M_3C_3C_2J_1 & J_3^tM_3C_3J_2 & J_3^tM_3J_3 \end{bmatrix} \tag{2.131}$$

$$k=k(y,\dot{y},w) \tag{2.132}$$

这样，质量矩阵现在表现出特征结构，能够用于高斯（Gauss）变换。

2.5.2.4 递归

为了得到广义加速度，需要 3 个步骤：

1）获得起始于 $i=1$ 绝对运动的前递归。

2）在 $i=p$，使用高斯变换的后递归，于是，得到系统

$$\hat{\boldsymbol{M}}\ddot{\boldsymbol{y}}+\hat{\boldsymbol{k}}=\hat{\boldsymbol{q}} \tag{2.133}$$

$\hat{M}$为下三角阵，即

$$\hat{\boldsymbol{M}}\overset{\Delta}{=}\begin{bmatrix} \boldsymbol{J}_1^t\widetilde{\boldsymbol{M}}_1\boldsymbol{J}_1 & 0 & 0 \\ \boldsymbol{J}_2^t\widetilde{\boldsymbol{M}}_2\boldsymbol{C}_2\boldsymbol{J}_1 & \boldsymbol{J}_2^t\widetilde{\boldsymbol{M}}_2\boldsymbol{J}_2 & 0 \\ \boldsymbol{J}_3^t\widetilde{\boldsymbol{M}}_3\boldsymbol{C}_3\boldsymbol{C}_2\boldsymbol{J}_1 & \boldsymbol{J}_3^t\widetilde{\boldsymbol{M}}_3\boldsymbol{C}_3\boldsymbol{J}_2 & \boldsymbol{J}_3^t\widetilde{\boldsymbol{M}}_3\boldsymbol{J}_3 \end{bmatrix} \tag{2.134}$$

$$\widetilde{\boldsymbol{M}}_{i-1}=\boldsymbol{M}_{i-1}+\boldsymbol{C}_i^t(\widetilde{\boldsymbol{M}}_i-\widetilde{\boldsymbol{M}}_i\boldsymbol{J}_i(\boldsymbol{J}_i^t\widetilde{\boldsymbol{M}}_i\boldsymbol{J}_i)^{-1}\boldsymbol{J}_i^t\widetilde{\boldsymbol{M}}_i)\boldsymbol{C}_i \tag{2.135}$$

分块元素满足式（2.135）的递归。

3）起始于 $i=1$ 的广义加速度的前递归。

递归要求某些事先的计算，因此，当物体超过 $p=8\sim10$ 时，递归算法比矩阵逆运算更有效率。

对于环拓扑，递归方法也有一些扩展，见 Bae 和 Haug[18]、Saha 和 Schiehlen[19]的著作。在此说明一下，基于递归体系，目前有两种可用商业软件：SIMPACK 和 RecurDyn。

参考文献

1. Schiehlen, W.: Multibody system dynamics: Roots and perspectives. *Multibody System Dynamics* 1 (1997), 149–188.
2. Popp, K. and Schiehlen, W.: *Fahrzeugdynamik*. Teubner, Stuttgart, Germany, 1993. English edition; Ground Vehicle Dynamics. Springer, Berlin, 2010. Chinese translation; Beijing, China Communication Press, 2012.
3. Ammon, D.: *Modellbildung und Systementwicklung in der Fahrzeugdynamik*. Teubner, Stuttgart, Germany, 1997.
4. Dukkipati, R.V.: *Vehicle Dynamics*. CRC Press, Boca Raton, FL, 2000.
5. Wong, J.Y.: *Theory of Ground Vehicles*. Wiley, New York, 2001.
6. Berg, M. and Stensson Trigell, A. (eds.): 21th Int. Symposium on Dynamics of Roads and Tracks. Vehicle System Dynamics 48 (2010), Supplement 1.
7. Schiehlen, W. (ed.). *Multibody System Handbook*. Springer, Berlin, Germany, 1990.
8. Kortüm, W. and Sharp, R.: *Multibody Computer Codes in Vehicle System Dynamics*. Swets & Zeitlinger, Lisse, the Netherlands, 1993.
9. Magnus, K. and Müller, H.H.: *Grundlagen der Technischen Mechanik*. Teubner, Wiesbaden, Germany, 1990.
10. Schiehlen, W. and Eberhard, P.: *Technische Dynamik*. Teubner, Wiesbaden, Germany, 2004.
11. Kane. T.R. and Levinson, D.A.: *Dynamics: Theory and Applications*. McGraw-Hill, New York, 1985.
12. Müller, P.C. and Schiehlen, W.: *Linear Vibrations*. Martinus Nijhoff, Dordrecht, 1985, Reprint Springer, Berlin.
13. Kurz, T., Eberhard, P., Henninger, C., and Schiehlen, W.: From Neweul to Neweul-M²: Symbolical Equations of Motion for Multibody System Analysis and Synthesis, Multibody System Dynamics, 24 (2010), 25–41.
14. Hollerbach, J.M.: A recursive Lagrangian formulation of manipulator dynamics and comparative study of dynamics formulation complexity. *IEEE Transactions on Systems, Man, Cybernetics*, 11 (1980), 730–736.
15. Bae, D.S. and Haug, E.J.: A recursive formulation for constrained mechanical system dynamics: Part I, open loop systems, *Mechanics of Structures and Machines*, 15 (1987), 359–382.

16. Brandl, H., Johanni, R., and Otter, M.: A very efficient algorithm for the simulation of robots and similar multibody systems without inversion of the mass matrix. In: P. Kopacek, I. Troch, and K. Desoyer (eds.). *Theory of Robots*. Pergamon, Oxford, 1988, pp. 95–100.
17. Schiehlen, W.: Computational aspects in multibody system dynamics. *Computer Methods in Applied Mechanics and Engineering*, 90 (1991), 569–582.
18. Bae, D.S. and Haug, E.J.: A recursive formulation for constrained mechanical system dynamics: Part II, closed loop systems. *Mechanics of Structures and Machines*, 15 (1987), 481–506.
19. Saha, S.K. and Schiehlen, W.: Recursive kinematics and dynamics for parallel structural closed-loop multibody systems. *Mechanics of Structures and Machines*, 29 (2001), 143–175.

第3章　仿真算法和软件工具

Martin Arnold

3.1　引言

在车辆系统动力学中，基于模型的仿真取决于模型建立的先进方法、具有鲁棒性和效率性的数值求解技术以及用于工业应用的强大的仿真工具。

最常见的机械部件通过与电、液和其他系统部件相互作用，由刚体或柔体多体系统模型描述[1,2]，也见文献［3］中最近进展的总结和文献［4］中关于定制于工业仿真的方法和算法的全面概述。从车辆系统动力学而言，首先在多体动力学中系统处理数值问题和数值方法，是 Eich－Soellner 和 Führer 的专著[5]，也见文献［6］。

多体系统的运动方程，以最简单的形式通过适当维数的非线性二阶系统常微分方程（ODE）给出，可以通过标准方法数值求解。

如果多体系统在运动学上是闭环的[7]，则模型的方程结构变得更复杂，例如车轮悬架的多体系统模型可以认为是道路车辆仿真中的典型实例。复杂运动学通过约束建模，导致模型方程形成二阶微分－代数方程（DAE）。

具有鲁棒性和效率性的 DAE 时间积分方法，是现代多体系统仿真软件的支柱。仿真中的另一个重要问题，是离散控制器的处理，其超出了经典时间连续力学的范畴。

先进的多体系统仿真包，已经面向多学科领域开放了很长时间。多体模型中集成液压和电气部件的经典方法，是与连续时间或离散时间状态变量有关的特殊力单元[3]。

另外，多物理技术系统中新的建模和仿真技术，可以在更复杂的多学科应用中使用。这里，多学科方面通过通用建模语言，如 Modelica[8]或者一些在联合仿真环境中的单学科仿真包耦合等加以考虑。

本章将回顾与多体数值计算和多体系统仿真包紧密相关的车辆系统动力学中

经典的和更先进的仿真算法。

本章内容包括：多体系统分析的基本仿真算法在3.2节中总结；模型方程的通用结构，包括闭环系统、力单元的内部状态变量、时间离散子系统在3.3节中讨论；具有鲁棒性和效率性的这些模型数值解的特殊DAE时间积分方法在3.4节中介绍；最后，多学科应用的算法和工具在3.5节中集中说明。

整章中，分布式物理现象，如车辆部件的弹性变形或者盘式制动的温度场，仅通过低维模态近似考虑。有限元技术的建模和数值解法，单独在后续的有限元方法中研究，见第4章。

3.2 基本仿真算法

如果一个机械多体系统通过最小的广义坐标集合 $y(t) \in R^{n_y}$ 描述，运动方程形成二阶ODE：

$$\boldsymbol{M}(\boldsymbol{y})\ddot{\boldsymbol{y}}(t)=\boldsymbol{f}(\boldsymbol{y},\dot{\boldsymbol{y}},t) \tag{3.1}$$

式中，$\boldsymbol{M}(y)$为具有对称和正定质量阵，包括所有物体的质量和惯量性质；$f(y,\dot{y},t)$为外力和陀螺力矢量[7,10]。

尽管为隐式结构，式（3.1）能够数值求解，其复杂性仅与系统物体数目 N 线性相关。对于给定的 t，y，$\dot{y}$，这些 $O(N)$ 形式利用多体系统拓扑估计右端项 $\boldsymbol{M}^{-1}(y)f(y,\dot{y},t)$（显式格式，例如文献［11，12］），或者在给定 t，y，$\dot{y}$，a 时，估计残余量 $r(y,\dot{y},a,t)=\boldsymbol{M}(y)a-f(y,\dot{y},t)$（残余格式，例如文献［13］）是有效率的。

与结构动力学相比，多体系统动力学的标准时间积分方法，并不局限于式（3.1）的二阶结构，因为经常要考虑在实际应用中的附加一阶方程，见3.3节。使用速度向量 $v:=\dot{y}$，运动方程变成状态空间形式：

$$\dot{\boldsymbol{x}}(t)=\varphi(\boldsymbol{x},t),\ \boldsymbol{x}(t):=\begin{pmatrix}\boldsymbol{y}(t)\\ \boldsymbol{v}(t)\end{pmatrix},\ \varphi(\boldsymbol{x},t):=\begin{pmatrix}\boldsymbol{v}\\ [\boldsymbol{M}^{-1}\boldsymbol{f}](\boldsymbol{y},\boldsymbol{v},t)\end{pmatrix} \tag{3.2}$$

3.2.1 静态分析

静态平衡计算通常是多体系统模型分析的第1步，例如其定义了式（3.1）线性化的工作点，提供了动态仿真的初始值。平衡位置 y^* 通过 $t=t_0$ 的平衡条件 $\dot{y}=\ddot{y}=0$ 确定：

$$\boldsymbol{0}=\boldsymbol{f}(y^*,\boldsymbol{0},t_0) \tag{3.3}$$

式（3.3）形成 n_y 个非线性系统方程，y^* 具有 n_y 个未知量，可以通过Newton方法求解[14]，有许多实现其且满足工程应用的鲁棒性和效率性的免费软件可用。例如，MINPACK计划的结果。

作为一种选择，稳定系统的平衡位置 y^*，也可以由 $y^* = \lim_{t\to\infty} y(t)$ 在无外力下通过运动方程进行长时间积分得到。对平衡位置的时间积分，比 Newton 方法需要更多的计算时间，但在关键应用时，其通常是具有鲁棒性的方法。

稳态状态分析，也可导致如式（3.3）所示平衡方程具有同样数学结构的问题。如果一个车辆以常车速 v_0 在常半径路径下运行，其沿这个路径的位置和速度分别通过 $s(t) = s_0 + v_0(t - t_0)$ 和 v_0 给出，一个力作用在法线方向使半径保持常数。在式（3.1）的力向量 f 中保留的 $n_y - 1$ 个量 $\bar{f}(y,\dot{y},t)$ 为 0，给出 n_y 个稳态条件的前 $n_y - 1$ 个方程为

$$\mathbf{0} = \bar{\boldsymbol{f}}(\boldsymbol{y}^*, \boldsymbol{v}^*, t_0), \; s_0 = s(t_0) \tag{3.4}$$

这要使解 $y^* \in R^{n_y}$。除了与常半径相切的速度分量 v_0^* 外，稳态速度矢量 v^* 的其他元素等于零。对于式（3.4）所示的稳态问题，Newton 方法或者稳态系统进入其稳态的长时间积分方法，再次是供选择的方法。

一些其他稳态分析方法，与式（3.3）所示的平衡问题紧密相关，如车辆动力学中名义力的计算[5]和航空中飞机模型的配平[16]。在这两种应用中，力元素的某些参数 $\theta \in R^{n_\theta}$ 的实际值，在模型设置中保留未定义 $f(y,\dot{y},t;\theta)$。随后，调整这些参数以便满足平衡条件

$$\mathbf{0} = \boldsymbol{f}(\boldsymbol{y}_0, \mathbf{0}, t_0; \theta^*) \tag{3.5}$$

对于多体系统预先定义的位置 y_0，名义力或配平参数的实际值 θ^* 是用于评价车辆或飞机设计的重要准则。

式（3.5）与表示经典平衡问题的式（3.3）有相同的数学结构，从原理上可以通过 Newton 方法求解。然而，在实际应用中，式（3.5）通常是欠定的。由 Levenberg 和 Marquardt 方法，式（3.5）可以替代为

$$\| \boldsymbol{f}(\boldsymbol{y}_0, \mathbf{0}, t_0; \boldsymbol{\theta}^*) \|_2 + \alpha \| \boldsymbol{\theta}^* \|_2 \to \min$$

为了保证 θ^* 的单值性，这里 $\alpha > 0$，表示小的标量正则化参数[17]。

3.2.2 线性化

式（3.1）运动方程的线性化，是接近平衡线性稳定性分析（见第5章）和线性系统分析的关键[2]。将式（3.1）右端项写为 $f(y,\dot{y},u(t))$，系统输入 $u(t) \in R^{n_u}$，在平衡位置 $y = y^*$，$\dot{y} = 0$，$u = 0$ 线性化，产生

$$\boldsymbol{M}\ddot{\bar{\boldsymbol{y}}} = -\boldsymbol{D}\dot{\bar{\boldsymbol{y}}} - \boldsymbol{K}\bar{\boldsymbol{y}} + \boldsymbol{B}\boldsymbol{u}(t) \tag{3.6}$$

且

$$\boldsymbol{M} = \boldsymbol{M}(\boldsymbol{y}^*), \; \boldsymbol{D} = -\frac{\partial \boldsymbol{f}}{\partial \dot{\boldsymbol{y}}}(\boldsymbol{y}^*, 0, 0), \; \boldsymbol{K} = -\frac{\partial \boldsymbol{f}}{\partial \boldsymbol{y}}(\boldsymbol{y}^*, 0, 0), \; \boldsymbol{B} = \frac{\partial \boldsymbol{f}}{\partial \boldsymbol{u}}(\boldsymbol{y}^*, 0, 0)$$

Jacobian 比 $\partial f/\partial y$，$\partial f/\partial \dot{y}$ 和 $\partial f/\partial u$ 通过经典有限差分近似[14]，得到 $\partial f/\partial y$ 的第

i 列：

$$\left(\frac{\partial \boldsymbol{f}}{\partial \boldsymbol{y}}(\boldsymbol{y}^*,\boldsymbol{0},\boldsymbol{0})\right)_{*,i} \approx \frac{\boldsymbol{f}(\boldsymbol{y}^*+\Delta \boldsymbol{e}_i,\boldsymbol{0},\boldsymbol{0})-\boldsymbol{f}(\boldsymbol{y}^*,\boldsymbol{0},\boldsymbol{0})}{\Delta} \tag{3.7}$$

式中，e_i 为第 i 个单位向量；Δ 为满足 $0<|\Delta|\ll 1$ 的小标量参数。

式（3.6）线性化的数值效率，由式（3.7）的差分近似决定。在多体系统模型中，$2n_y+n_u+1$ 个 f 的求值需要每个力元素的 $2n_y+n_u+1$ 个求值。大量的存储通过$\partial f/\partial y$、$\partial f/\partial \dot{y}$ 和$\partial f/\partial u$ 的几列同时差分近似实现，要求基于多体系统拓扑的某些图论知识准备。

3.2.3 时间积分

运动方程式（3.2）的状态空间形式，可以通过任何标准的 ODE 求解器积分。显式的 Runge - Kutta 方法，如 Dorman 和 Prince 的 5 阶方法，对应免费的 FORTRAN 程序 DOPRI5[21] 和 MATLAB 中默认 ODE 求解器 ode45[22]；Adams 类型的预测 - 校正方法，对应免费的 FORTRAN 程序 LSODE 和 MATLAB 中求解器 ode113，都被证明是适于非刚性应用的。

车辆系统动力学中的模型方程，经常呈现刚性[20,23]，因为多数多体车辆模型存在刚性弹簧和/或强阻尼力单元。有关非刚性和刚性问题两者的进一步讨论，见第 5 章。向后差分公式 BDF，也称为 Gear 方法，是用于刚性系统的最常用积分方法，从初始值 $x_0=x(t_0)$ 起步，通过时间一步一步得到数值解：

$$\frac{1}{h_n}\sum_{j=0}^{k_n}\alpha_{n,j}\boldsymbol{x}_{n+1-j}=\boldsymbol{\varphi}(\boldsymbol{x}_{n+1},t_{n+1}) \tag{3.8}$$

式中，$x_{n+1}=x(t_{n+1}),(n=0,1,\cdots)$。

式（3.8）中，时间步的步长 $t_n \to t_{n+1}$ 通过 $h_n:=t_{n+1}-t_n$ 表示，参数 k_n 定义了方法的阶数，$1\leqslant k_n\leqslant 6$，$\alpha_n$ 是通过 k_n 和步长 h_n，h_{n-1}，$\cdots$ 确定的 BDF 系数[20]。著名的向后 Euler 方法是式（3.8）$k_n=1$ 的特例，即

$$\frac{1}{h_n}(\boldsymbol{x}_{n+1}-\boldsymbol{x}_n)=\boldsymbol{\varphi}(\boldsymbol{x}_{n+1},t_{n+1})$$

对于给定的状态向量 $x_{n+1-j}\approx x(t_{n+1-j}),(j=1,\cdots,k)$，式（3.8）的 BDF 方程隐式定义 x_{n+1} 作为 n_x 非线性方程的系统解：

$$\boldsymbol{0}=\boldsymbol{\Phi}(\boldsymbol{x}):=\frac{\alpha_{n,0}}{h_n}\boldsymbol{x}-\boldsymbol{\varphi}(\boldsymbol{x},t_{n+1})+\frac{1}{h_n}\sum_{j=1}^{k_n}\alpha_{n,j}\boldsymbol{x}_{n+1-j} \tag{3.9}$$

对式（3.9）应用 Newton 方法，有

$$\boldsymbol{x}_{n+1}^{(l+1)}:=\boldsymbol{x}_{n+1}^{(l)}-\boldsymbol{J}^{-1}\boldsymbol{\Phi}(\boldsymbol{x}_{n+1}^{(l)}),\ (l\geqslant 0) \tag{3.10}$$

$x_{n+1}^{(0)}$ 的初始估计，通过式（3.1）中的 x_n，x_{n-1}，$\cdots$ 的多项式外推获得。矩阵 J 估计为式（3.9）的 Jacobian 矩阵

$$J \approx \frac{\partial \boldsymbol{\Phi}}{\partial \boldsymbol{x}}(\boldsymbol{x}_{n+1}^{(l)}) = \frac{\alpha_{n,0}}{h_n}\boldsymbol{I}_{n_x} - \frac{\partial \boldsymbol{\varphi}}{\partial \boldsymbol{x}}(\boldsymbol{x}_{n+1}^{(l)}, t_{n+1}) \tag{3.11}$$

典型的，由式（3.7）的有限差分给出的$\partial\varphi/\partial x$近似在动力学仿真中占据主要的计算时间。因为$\varphi$函数的大量求值，需要多体系统中所有力单元的求值和通过$O(N)$系统的$[M^{-1}f](y,v,t)$计算，见3.2节。所以这些耗时的Jacobian J的重新求值，要尽可能避免[19,20]。

在实际计算中，步长h_n和阶k_n自适应自动确定，以满足用户给定的误差限。步长和阶控制与式（3.10）的Newton方法算法、Jacobian重求值的组合，导致具有相当复杂结构的先进的BDF求解器，免费的FORTRAN程序有LSODE和DASSL，MATLAB的BDF求解器是ode15s，见文献［22］。

就多体系统动力学而言，求解器DASSL[24]具有特别的吸引力，因为其接口是残余格式为

$$\boldsymbol{0} = \boldsymbol{F}(\boldsymbol{x}, \dot{\boldsymbol{x}}, t) \tag{3.12}$$

即式（3.3）的一般化，有$F(x,\dot{x},t) = \dot{x} - \varphi(x,t)$，并且可以选择使用非常有效率的残余体系[13]：

$$\boldsymbol{x}(t) := \begin{pmatrix} \boldsymbol{y}(t) \\ \boldsymbol{v}(t) \end{pmatrix},\ \boldsymbol{F}(\boldsymbol{x}, \dot{\boldsymbol{x}}, t) := \begin{pmatrix} \dot{\boldsymbol{y}} - \boldsymbol{v} \\ \boldsymbol{M}(\boldsymbol{y})\dot{\boldsymbol{v}} - \boldsymbol{f}(\boldsymbol{y}, \boldsymbol{v}, t) \end{pmatrix}$$

而且，DASSL也可以用于闭环系统的时间积分，见3.4节。

对于式（3.12），BDF有如下形式：

$$\boldsymbol{0} = \boldsymbol{F}\left(\boldsymbol{x}_{n+1}, \frac{1}{h_n}\sum_{j=0}^{k_n}\alpha_{n,j}\boldsymbol{x}_{n+1-j}, t_{n+1}\right) \tag{3.13}$$

用Jacobian矩阵代替式（3.11）：

$$\boldsymbol{J} \approx \frac{\alpha_{n,0}}{h_n}\frac{\partial \boldsymbol{F}}{\partial \dot{\boldsymbol{x}}}(\boldsymbol{x}, \dot{\boldsymbol{x}}, t) + \frac{\partial \boldsymbol{F}}{\partial \boldsymbol{x}}(\boldsymbol{x}, \dot{\boldsymbol{x}}, t) \tag{3.14}$$

为了在多体系统应用中保持经典BDF求解器的效率，要改进用于Jacobian重求值的DASSL标准算法以开发适应$\partial F/\partial \dot{x}$的特殊块结构[19]。

显式格式：

$$\frac{\partial F}{\partial \dot{x}} = \begin{bmatrix} I_{n_y} & 0 \\ 0 & I_{n_y} \end{bmatrix}$$

残余格式：

$$\frac{\partial F}{\partial \dot{x}} = \begin{bmatrix} I_{n_y} & 0 \\ 0 & M \end{bmatrix}$$

3.3　通用模型方程的结构

3.2节讨论的数值方法，可以从式（3.1）的运动方程扩展到车辆系统动力学典型的复杂模型方程。

3.3.1　柔性多体系统

柔性体的弹性变形，没有包括在式（3.1）的刚性多体系统经典运动方程中。在移动参考坐标系的体系中[25-27]，R^3 中柔性体$(.)^{(i)}$的 $\vec{u}^{(i)}$（$\vec{x}$，t）构型由与物体固定的坐标系坐标 $y_r^{(i)}$（t）和小弹性变形 $\vec{w}^{(i)}$（$\vec{x}$，t）的总运动表示，即

$$\vec{\boldsymbol{u}}^{(i)}(\vec{x},t)=\vec{r}(\boldsymbol{y}_r^{(i)}(t))+\vec{w}^{(i)}(\vec{x},t) \tag{3.15}$$

根据 Rayleigh - Ritz 方法，$\vec{w}^{(i)}$（$\vec{x}$，t）使用低价模型近似：

$$\vec{w}^{(i)}(\vec{x},t)\approx\sum_{j=1}^{\sigma_i}q_j^{(i)}(t)\vec{w}_j^{(i)}(\vec{x}) \tag{3.16}$$

通常，σ_i 个模态 $\vec{w}_j^{(i)}$ 基于柔性体$(.)^{(i)}$的有限元分析选取。典型的模态函数 $\vec{w}_j^{(i)}$ 是可以达到50～100Hz频率范围的特征模态、静态模态或频率响应模态[27,28]。

由式（3.15）和式（3.16），柔性多体系统的运动方程具有式（3.1）的基本结构，坐标向量$y(t)$包含刚体广义坐标$y_r^{(i)}(t)$和柔性体弹性坐标$(q_1^{(i)}(t),\cdots,q_{\sigma_i}^{(i)}(t))$。$M(y)$和$f(y,\dot{y},t)$通过模态的质量、阻尼和刚度阵以及总运动和弹性变形 $\vec{w}^{(i)}$ 的耦合项扩展得到，见文献［26，29］。在工业应用中，这些数据通过应用有限元工具的标准接口自动生成[30]。

现今，选择适当的模态集合$\{\vec{w}_1^{(i)},\cdots,\vec{w}_{\sigma_i}^{(i)}\}$还主要依赖于工程直觉。（半）自动模态选择算法是研究热门的主题，如基于线性误差分析的准则[28]、能够在自适应模型选择策略应用的更通用方法[29]、热弹应用的热响应模态[30]。

最近，运动参考坐标系体系已经扩展为模态多领域方法，可以考虑弹性变形以及压电单元的静电学领域与制动盘热变形的热弹性问题的空间温度分布[31]。

3.3.2　内部状态变量

通常，多体系统模型中的力单元描述具有其内动力学（动力单元[5]）的工程系统，典型的例子包括液压部件、控制装置和先进的轮胎模型。从数学观点而言，这些力单元由内部状态变量表征。如液压部件单元，具有时间连续的状态变量$c(t)$，存在状态方程

$$\dot{\boldsymbol{c}}(t)=\boldsymbol{d}(\boldsymbol{c},\boldsymbol{y},\dot{\boldsymbol{y}},t) \tag{3.17}$$

离散控制器的内动力学通过离散时间状态变量 r 表征，在采样间隔$[T_j,T_{j+1})$中有 $r=r_j$，并且

$$\boldsymbol{r}_{j+1}=\boldsymbol{k}(\boldsymbol{r}_j,\boldsymbol{r}_{j-1},\cdots,\boldsymbol{y},\dot{\boldsymbol{y}},T_{j+1}) \tag{3.18}$$

在大多数应用中，采样点是等间隔的：$T_j=j\Delta t$，典型的采样率是在 $\Delta t=1\sim10$ms 范围内。

在多体系统中，这些力单元产生式（3.1）中的力矢量：

$$\boldsymbol{f}=\boldsymbol{f}(\boldsymbol{y}(t),\dot{\boldsymbol{y}}(t),\boldsymbol{c}(t),\boldsymbol{r}_j,t)\text{，若 } t\in[T_j,T_{j+1}) \tag{3.19}$$

使用式（3.18）和式（3.19），运动方程不再是时间连续的，而是形成有连续和离散部件的混合系统。在动力学仿真时，变量的阶和 3.2 节的变量步长积分，只可以在单独的采样间隔$[T_j,T_{j+1})$中应用。在 $t=T_{j+1}$时，积分必须停止，离散变量 r 要根据式（3.18）更新，时间积分可以在$[T_{j+1},T_{j+2}]$继续。

常用的 ODE 求解器的再初始化，对其性能有非常负面的作用，要通过用于 Jacobian 阵再求值的适合算法部分补偿[4,19]。作为一种选择，提出了特殊的龙格－库塔类型方法，用于在采样点 T_{j+1}后更高效的再初始化，见文献［32］。

3.3.3　时间事件

式（3.18）状态变量的不连续变化，是特殊的时间事件[20]。术语“时间事件”，是指仿真中在单独时间 $t=T^*$ 状态变量或模型方程的不连续性，即“事件”。对于式（3.1）的模型方程有 $f=f(y, \dot{y}, c, r_j, u(t); \theta)$，典型的时间事件，由切换过程具有跳跃系统输入 $u(t)$ 和包括力单元黏滑现象的接触问题改变力参数 θ 或者仿真中的内部结构引起，后者如随摩擦系数 θ 等变化的单侧力单元[5,33]，见第 5 章。

对于切换输入 $u(t)$，时间 T^* 是事先已知的。但是，通常 T^* 要在仿真中确定。先进的 ODE 求解器使用切换函数自动查找时间事件，这就要求除了提供式（3.1）的模型外，还要提供切换函数，见文献［5，24］。

发生时间事件时，时间积分在 $t=T^*$ 停止，系统变量 y,c,r_j 和系统参数 θ 如果需要则被更新，在求解器再初始化后继续仿真，经常的时间事件可能使时间积分效率大幅降低。

3.3.4　运动学闭环

在设置多体系统模型时，选择适当的坐标集合 y 是重要的。对于树形结构，描述多体系统连接点自由度的连接坐标 y，形成最小广义坐标集合，产生式（3.1）形式的 ODE 运动方程。

然而，如果多体系统在运动学上有闭环，则连接点坐标 y 不再彼此独立。闭环闭合点约束系统结构连接点坐标，使其满足 n_g 个约束：

$$\mathbf{0}=\boldsymbol{g}(\boldsymbol{y},t) \tag{3.20}$$

坐标分区方法[7,34]局部选择线性独立连接点坐标的子集合，求解式（3.20）表示的非线性系统方程，以计算保留的即非独立的连接点坐标。从数值观点而言，这证明比在系统运动方程中保留所有连接点坐标更有效。保留所有连接点坐标的运动方程为

$$\boldsymbol{M}(\boldsymbol{y})\ddot{\boldsymbol{y}}(t)=\boldsymbol{f}(\boldsymbol{y},\dot{\boldsymbol{y}},t)-\boldsymbol{G}^{\mathrm{T}}(\boldsymbol{y},t)\boldsymbol{\lambda} \tag{3.21a}$$

$$\mathbf{0}=\boldsymbol{g}(\boldsymbol{y},t) \tag{3.21b}$$

通过约束矩阵 $\boldsymbol{G}(y,t)=(\partial g/\partial y)(y,t)$ 和 Lagarange 乘子 $\boldsymbol{\lambda}(t)\in R^{n_g}$，确定约束力 $-\boldsymbol{G}^T(y,t)\boldsymbol{\lambda}$，见文献［12］。常见的假设秩 $\boldsymbol{G}(y,t)=n_g$（Grubler 条件）排除了冗余约束式（3.21b）。式（3.21）形成二阶 DAE，成为运动方程的描述形式[24]。

描述形式并不限制到连接点坐标 y。使用绝对（Cartesian）坐标 y，任何连接导致式（3.21b）的约束。生成的运动方程式（3.21）比连接点坐标情况有非常大的维数，但是 $M(y),\partial f/\partial y,\partial f/\partial \dot{y},\boldsymbol{G}^T$ 都是反映多体系统拓扑结构的稀疏矩阵[35]。对应的 O（N）体系消除了在连接点坐标体系[11,12]的冗余坐标，是用于绝对坐标体系的拓扑求解器，允许在式（3.10）中高效消除冗余坐标，见文献［32，35］。

在 DAE 术语中，式（3.21）的描述形式是 3 指标系统，见文献［23，24］。约束式（3.21b）意味着对状态变量 $y(t)$ 和 $\boldsymbol{\lambda}(t)$ 附加约束，这些隐藏约束可以通过式（3.21b）的微分得到：

$$\begin{aligned}\mathbf{0}&=\frac{\mathrm{d}}{\mathrm{d}t}\boldsymbol{g}(\boldsymbol{y}(t),t)=\frac{\partial \boldsymbol{g}}{\partial \boldsymbol{y}}(\boldsymbol{y},t)\cdot\frac{\mathrm{d}\boldsymbol{y}}{\mathrm{d}t}(t)+\frac{\partial \boldsymbol{g}}{\partial t}(\boldsymbol{y},t)\\&=\boldsymbol{G}(\boldsymbol{y},t)\dot{\boldsymbol{y}}(t)+\boldsymbol{g}^{(I)}(\boldsymbol{y},t)\end{aligned} \tag{3.22a}$$

$$\mathbf{0}=\frac{\mathrm{d}^2}{\mathrm{d}t^2}\boldsymbol{g}(\boldsymbol{y}(t),t)=\boldsymbol{G}(\boldsymbol{y},t)\ddot{\boldsymbol{y}}(t)+\boldsymbol{g}^{(II)}(\boldsymbol{y},\dot{\boldsymbol{y}},t) \tag{3.22b}$$

用函数 $g^{(I)}$ 和 $g^{(II)}$ 代表 g 的高价导数和关于 t 的偏导数，式（3.21）的解必须在位置水平上满足式（3.21b）的约束以及在速度和加速度水平满足式（3.22）隐藏的约束。

初值 y_0、$\dot{y}_0$、$\boldsymbol{\lambda}_0$ 要符合所有如下约束：

$$\begin{aligned}&\mathbf{0}=\boldsymbol{g}(\boldsymbol{y}_0,t_0),\ \mathbf{0}=\boldsymbol{G}(\boldsymbol{y}_0,t_0)\dot{\boldsymbol{y}}_0+\boldsymbol{g}^{(I)}(\boldsymbol{y}_0,t_0)\\&\mathbf{0}=\boldsymbol{G}(\boldsymbol{y}_0,t_0)\ddot{\boldsymbol{y}}_0+\boldsymbol{g}^{(II)}(\boldsymbol{y}_0,\dot{\boldsymbol{y}}_0,t_0)\end{aligned} \tag{3.23}$$

有 $\boldsymbol{M}(y_0)\ddot{y}_0(t)=f(y_0,\dot{y}_0,t_0)-\boldsymbol{G}^T(y_0,t_0)\boldsymbol{\lambda}_0$。

一致的初值 y_0、$\dot{y}_0$、$\boldsymbol{\lambda}_0$ 的计算，是式（3.21）时间积分初始化的一部分。如果初值 y_{0,l_j} 给定 n_y-n_g 个独立位置坐标 $y_{l_j},(j=1,\cdots,n_y-n_g)$，剩余的初值 $y_{0,l_j},(j=n_y-n_g+1,\cdots,n_y)$ 通过式（3.2）唯一确定，可以通过 Newton 方法求解。而且，式（3.23）定义了线性方程系统 n_g 个非独立速度部件的速度初值 $\dot{y}_{0,l_j},(j$

$= n_y - n_g + 1, \cdots, n_y$) 和 λ_0 的初值。

3.3.5　先进的 DAE 模型

式（3.21）的描述形式对于 λ 是线性的，如果模型存在依赖于约束力 $-\boldsymbol{G}^T\boldsymbol{\lambda}$ 的摩擦力，则会失去这个结构性质，产生的力矢量 $f = f(y, \dot{y}, \lambda, t)$ 要满足广义 Grubler 条件：

$$\text{rank}\boldsymbol{G}(\boldsymbol{y},t) = \text{rank}\left(\boldsymbol{G}(\boldsymbol{y},t)\boldsymbol{M}^{-1}(\boldsymbol{y})\left(\frac{\partial \boldsymbol{f}}{\partial \boldsymbol{\lambda}}(\boldsymbol{y},\dot{\boldsymbol{y}},\boldsymbol{\lambda},t) - \boldsymbol{G}^T(\boldsymbol{y},t)\right)\right) = n_g \tag{3.24}$$

以便保证式（3.21）解的唯一性。

式（3.21）的再一次扩展表明 DAE 体系的巨大潜力，以用户友好的算法用于模型设置。考虑刚体$(.)^{(i)}$和$(.)^{(j)}$是接触的，为了用公式表示接触条件，引入物体表面参数 $s^{(i)}, s^{(j)} \in R^2$，则在物体表面$(.)^{(i)} \in R^3$ 的点 $\vec{P}^{(i)}$ 的位置通过这个物体的位置和方位确定，即通过多体系统坐标 y 和表面参数 $s^{(i)}$：$\vec{P}^{(i)} = \vec{P}^{(i)}(y, s^{(i)})$确定，如图 3.1 所示。

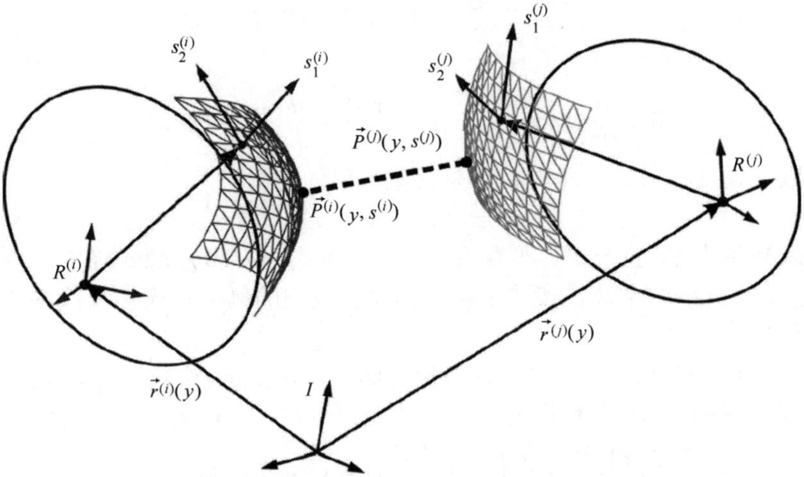

图 3.1　使用表面参数 s 作为附加代数变量的接触条件描述

如果两个物体是严格凸面的，则有唯一定义属于两个物体表面的接触点 $\vec{P}^{(i)}(y, s^{(i)}) = \vec{P}^{(j)}(y, s^{(j)})$。接触点通过物体$(.)^{(i)}$在 $\vec{P}^{(i)}$ 的法线向量平行于物体$(.)^{(j)}$在 $\vec{P}^{(j)}$ 的法线矢量的条件表征，见文献［12］。这个几何条件隐式定义了接触点坐标 $s = (s^{(i)}, s^{(j)})$作为非线性系统 $s = s(y, t)$的解

$$\mathbf{0} = \boldsymbol{h}(\boldsymbol{y}, \boldsymbol{s}, t) \tag{3.25}$$

有非奇异的 Jacobian 比$\partial h / \partial s$，见文献［5，6］。

接触和摩擦力作用在接触点，而且，接触点坐标 $s=s(y,t)$ 用于接触条件体系：

$$0=\vec{P}^{(i)}(y,s^{(i)})-\vec{P}^{(j)}(y,s^{(j)}) \tag{3.26}$$

这定义了式（3.21）中的约束 $0=g(y,t)$。在经典实现中，每个 $g(y,t)$ 的求值需要式（3.25）的解，以得到要插入接触条件式（3.26）的接触点坐标 $s=s(y,t)$。

作为一个选择，DAE 构架允许简单增加非线性方程式（3.25）到运动方程式（3.21）中，并将接触条件式（3.26）直接附加到约束中：

$$M(y)\ddot{y}(t)=f(y,s,\dot{y},\lambda,t)-G^{\mathrm{T}}(y,s,t)\lambda \tag{3.27a}$$

$$0=h(y,s,t) \tag{3.27b}$$

$$0=g(y,s,t) \tag{3.27c}$$

使用这一体系，式（3.25）关于 $s=s(y,t)$ 的解，留给 DAE 求解器处理[4,6]。注意约束矩阵现在为

$$\begin{aligned}G(y,s,t)&=\frac{\mathrm{D}}{\mathrm{D}y}g(y,s(y,t),t)=\left[\frac{\partial g}{\partial y}+\frac{\partial g}{\partial s}\frac{\partial s}{\partial y}\right](y,s,t)\\&=\left[\frac{\partial g}{\partial y}-\frac{\partial g}{\partial s}\left(\frac{\partial h}{\partial s}\right)^{-1}\frac{\partial h}{\partial y}\right](y,s,t)\end{aligned} \tag{3.28}$$

因为

$$0=\frac{\mathrm{D}}{\mathrm{D}y}h(y,s(y,t),t)=\left[\frac{\partial h}{\partial y}+\frac{\partial h}{\partial s}\frac{\partial s}{\partial y}\right](y,s,t) \tag{3.29}$$

从数学观点而言，式（3.25）是代数方程的特例：

$$0=b(w,y,\dot{y},\lambda,t) \tag{3.30}$$

如果 $\partial b/\partial w$ 是非奇异的，变量 $w(t)\in R^{n_b}$ 由式（3.30）隐式确定。使用辅助变量 w，力单元的数学建模实质上可以简化，典型的例子是连接摩擦的建模，详细讨论见文献［4］。

由变量 w，式（3.27）中的力向量得到一般形式 $f=f(y,s,\dot{y},\lambda,w,t)$，广义 Grubler 条件中的 $\partial f/\partial\lambda$ 要替换为

$$\left[\frac{\partial f}{\partial\lambda}-\frac{\partial f}{\partial w}\left(\frac{\partial b}{\partial w}\right)^{-1}\frac{\partial b}{\partial\lambda}\right](y,s,\dot{y},\lambda,w,t)$$

3.3.6　小结

基于多体系统方法，车辆系统动力学的模型方程表示为 DAE 混合系统：

$$M(y)\ddot{y}(t)=f(y,s,\dot{y},c,r_j,\lambda,w,t)-G^{\mathrm{T}}(y,s,t)\lambda \tag{3.31a}$$

$$\dot{c}(t)=d(c,y,s,\dot{y},r_j,\lambda,w,t) \tag{3.31b}$$

$$0=b(w,y,s,\dot{y},c,r_j,\lambda,t) \tag{3.31c}$$

$$0=h(y,s,r_j,t) \tag{3.31d}$$

$$0=g(y,s,r_j,t) \tag{3.31e}$$

有 $t\in[T_j,T_{j+1})$ 和离散状态方程为

$$\boldsymbol{r}_{j+1}=\boldsymbol{k}(\boldsymbol{r}_j,\boldsymbol{r}_{j-1},\cdots,\boldsymbol{y},\boldsymbol{s},\dot{\boldsymbol{y}},\boldsymbol{c},\boldsymbol{\lambda},\boldsymbol{w},T_{j+1}) \tag{3.32}$$

模型方程的式（3.31）的连续部分，形成3指标DAE，其复杂但是有特性的结构将在数值解中开发，见3.4部分。

重要的是，在约束式（3.31e）中的接触点坐标 s，通过独立的 $\dot{y}$ 和 λ 方程确定，见式（3.31d）。否则，模型方程将不可解，除非满足强附加规则条件。

3.4　车辆系统动力学的DAE时间积分

DAE模型方程式（3.31）的时间积分，基于经典的ODE方法组合指标减缩和投影技术。对于式（3.21）的DAE，将详细讨论时间积分方法。重新以残余格式表示式（3.12）为一阶系统，有

$$\boldsymbol{x}(t)=\begin{pmatrix}\boldsymbol{y}(t)\\ \boldsymbol{v}(t)\\ \boldsymbol{\lambda}(t)\end{pmatrix},\ \boldsymbol{0}=\boldsymbol{F}(\boldsymbol{x},\dot{\boldsymbol{x}},t)=\begin{pmatrix}\dot{\boldsymbol{y}}-\boldsymbol{v}\\ \boldsymbol{M}(\boldsymbol{y})\dot{\boldsymbol{v}}-\boldsymbol{f}(\boldsymbol{y},\boldsymbol{v},t)+\boldsymbol{G}^T(\boldsymbol{y},t)\boldsymbol{\lambda}\\ \boldsymbol{g}(\boldsymbol{y},t)\end{pmatrix} \tag{3.33}$$

在本部分最后，将回到式（3.31）更通用的DAE。

第一代DAE时间积分方法不能应用于约束机械系统，见文献［36］。非常类似的数值问题可以在相当不同的实际应用中观察到，如机器人、道路车辆仿真和铁路车辆仿真。为了更详细讨论这些数值效果，将在本部分分析来自文献的一个最好的基准问题[6,37]。这个多体系统模型取自铁路动力学，但是其在时间积分中显示了任何式（3.32）表示的约束系统的所有数值效果，也包括道路车辆动力学。

基准问题描述了圆锥形车轮在常速下沿直轨道行驶的刚性轮对，开始有小初始侧向位移 y，轮对在侧向摆动，这个所谓蛇形运动是铁路车辆动力学的著名现象，如图3.2所示。

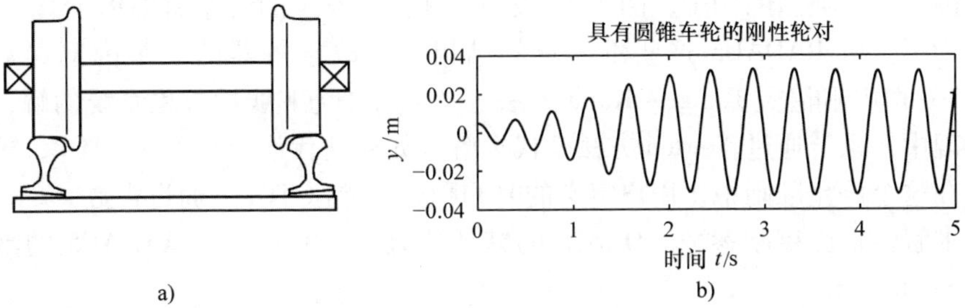

图3.2　（a）刚性轮对完成蛇形运动，（b）侧向位移 y

运动方程以DAE形式由式（3.27）表示，轮对位置坐标 $y(t)\in R^6$，对应轮对的6个自由度。两个约束式（3.27c）保证两个车轮与轨道之间一直接触[6]。

利用车轮和轨道的几何对称性，单轮和轨道间的接触点可以通过标量的位置坐标 $s(t)$ 描述，生成式（3.27b）的两个方程，隐式确定左右轮的接触点坐标 $s=(s_l,s_r)^T\in R^2$[37]。

3.4.1 基于 ODE 方法的 DAE 时间积分

建议式（3.33）应用式（3.13）的 BDF 和其他方法，直接进行 DAE 的时间积分。如式（3.33）最简单的测试问题是 $M=I_{n_y}$，$f=0$ 和线性约束

$$\mathbf{0}=\boldsymbol{g}(\boldsymbol{y},t)=\boldsymbol{C}\boldsymbol{y}-\boldsymbol{z}(t)$$

它表明这种方法通常是不可行的。根据式（3.21a）和式（3.21b），得到 $\ddot{y}(t)=-C^T\boldsymbol{\lambda}$ 和 $C\ddot{y}(t)=\ddot{z}(t)$，导致 Lagarange 乘子 $\lambda(t)=-(CC^T)^{-1}\ddot{z}(t)$。BDF 解 $x_n=(y_n,v_n,\boldsymbol{\lambda}_n)$满足式（3.13），因此

$$\mathbf{0}=\boldsymbol{g}(\boldsymbol{y}_n,t_n)=\boldsymbol{C}\boldsymbol{y}_n-\boldsymbol{z}(t_n),\ (n>0)$$

既然约束式（3.21）是式（3.33）残余 F 的一部分，简单计算表明对式（3.33）应用向后 Euler 方法，即 BDF 式（3.13）有 $k_n=1$，产生

$$\boldsymbol{\lambda}_{n+1}=\frac{h_n+h_{n-1}}{2h_n}\lambda(t_{n+1})+\mathcal{O}(h_n)+\mathcal{O}\left(\frac{h_{n-1}^2}{h_n}\right)$$

对于变化的步长，数值解 $\boldsymbol{\lambda}_{n+1}$是完全错的。因为如果 $h_n\to 0$ 和 h_{n-1}是固定的，其不收敛到分析解 $\lambda(t_{n+1})$，也见文献［36］。

对于某些高阶方法，也能保证收敛[23]，但是数值解的误差通常大大超过 ODE 的情况。这可以通过刚性轮对摆动运动的仿真结果进行演示，如图 3.2 所示。在这个应用中，BDF 积分器 DASSL 应用于式（3.27）完全失败。作为一个选项，在数值试验中使用隐式 Runge－Kutta 求解器 RADAU5[23]。对于 RADAU5，经验表明 ODE 应用的数值解误差通常远低于用户定义的误差限 TOL。但是，在应用式（3.27）DAE 时，相对误差保持非常小的误差界，总是在 0.1%～1.0% 范围内。作为典型的例子，图 3.3a 表明，侧向位移 y 的误差随 TOL 变化。

为了分析 RADAU5 这些不满意的结果，修改求解器的一个内部参数。式（3.13）BDF 和隐式 Runge－Kutta 方法定义 x_{n+1}作为非线性方程系统的解，在实际实现中，系统通过 Newton 方法迭代求解，如果迭代误差小于 $\boldsymbol{\kappa}\cdot$TOL，求解结束。在这个停止准则中，用户定义的时间积分误差限 TOL，通过常数 $\boldsymbol{\kappa}\leqslant 1$ 变化，其为求解器自由控制参数。DASSL 的默认值是 $\boldsymbol{\kappa}=0.33$[24]，RADAU5 的默认值是 $\boldsymbol{\kappa}=0.03$[23]。

图 3.3b 表明，时间积分误差显著减少，如果 $\boldsymbol{\kappa}$ 设置到非常小的值（$\boldsymbol{\kappa}=10^{-5}$），大致保持在误差界限下。比较图 3.3 说明，直接应用 RADAU5 到式（3.27）的 DAE，使求解器在 Newton 方法中对小的迭代误差非常敏感。

式（3.33）的解析摄动分析表明，如果约束式（3.21b）通过小的正常数

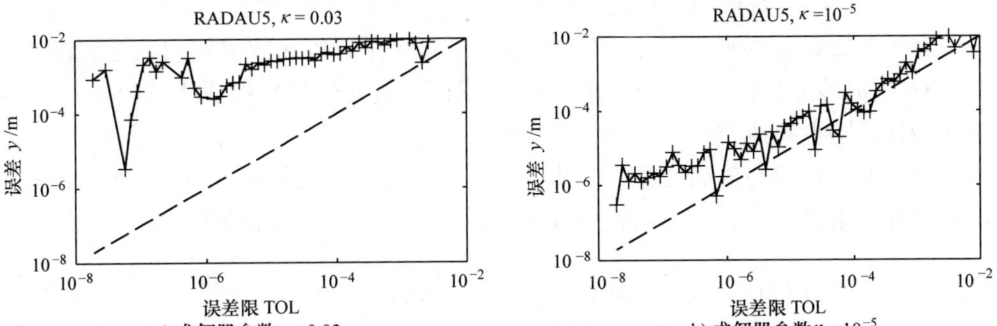

a) 求解器参数κ = 0.03
b) 求解器参数κ = 10^{-5}

图 3.3 ODE 求解器 RADAU5 应用于微分－代数运动方程式（3.21）

$\theta \ll 1$限定，则 y_n、v_n、$\boldsymbol{\lambda}_n$ 的误差分别是 $O(\theta)+O(\theta^2/h^2)$、$O(\theta^2/h)$、$O(\theta/h^2)$，见文献［38］。值得注意的是，随着步长减小 h：$\min_m h_m$，这些误差界限无限制增长。

误差放大是 ODE 求解器直接应用到式（3.3）DAE 的典型现象，其可以考虑为相应误差界限 $O(\max_t\|\theta(t)\|)+O(\max_t\|\dot{\theta}(t)\|^2)$、$O(\max_t\|\dot{\theta}(t)\|)$和$O(\max_t\|\ddot{\theta}(t)\|)$的离散模拟，用于式（3.33）分析解 $y(t)$、$v(t)$和 $\boldsymbol{\lambda}(t)$有摄动约束

$$\boldsymbol{\theta}(t)=\boldsymbol{g}(\boldsymbol{y}(t),t)$$

和 $O(\max_t\|\theta(t)\|)\ll 1$，见文献［38］。

对于如 $\theta(t)=\varepsilon\sin\omega t$ 的摄动，它将随着小幅值 $\varepsilon \ll 1$ 和高频 $\omega \gg 1$ 摆动。既然 $\|\dot{\theta}(t)\|=O(\omega\varepsilon)$，$\|\ddot{\theta}(t)\|=O(\omega^2\varepsilon)$，则解 $y(t)$、$v(t)$和 $\boldsymbol{\lambda}(t)$的误差比自身摄动更大。这些结果的力学解释是著名事实，即闭环连接点高频运动学激励$\theta(t)$在多体系统可引起较大的连接和约束力。

3.4.2 指标减缩和投影

直接应用 ODE 方法到式（3.33）DAE，求解器的鲁棒性可以通过小的 $\boldsymbol{\kappa}$ 值得到充分改善，导致 Newton 方法具有（非常）小的迭代误差，如图 3.3b 所示。另一方面，$\boldsymbol{\kappa}$ 值小于 10^{-3}，实质上增加了每个时间步的 Newton 步数，可以使 ODE 求解器显著变慢。

代替直接应用 ODE 求解器到式（3.33），在时间积分前解析变换运动方程，被证明更有优势，这些解析变换通过摄动分析引导。在式（3.21）中，Lagrange 乘子 $\boldsymbol{\lambda}(t)$通过约束式（3.21b）隐式确定。对这些约束 $0=g(y(t),t)$微分两次，得到加速度约束式（3.22b），与 $\ddot{y}(t)=\boldsymbol{M}^{-1}(y)(f-\boldsymbol{G}^T\boldsymbol{\lambda})$［见式（3.21a）］一起定义线性方程系统：

$$\mathbf{0} = -[\boldsymbol{G}\boldsymbol{M}^{-1}\boldsymbol{G}^{T}](\boldsymbol{y},t)\boldsymbol{\lambda} + [\boldsymbol{G}\boldsymbol{M}^{-1}\boldsymbol{f}](\boldsymbol{y},\dot{\boldsymbol{y}},t) + \boldsymbol{g}^{(II)}(\boldsymbol{y},\dot{\boldsymbol{y}},t) \qquad (3.34)$$

对于 Lagrange 乘子 $\boldsymbol{\lambda}(t)$，$r=2$ 微分步长分别在分析和数值解引入了大的误差项 $O(\|\ddot{\theta}(t)\|)$ 和 $O(\theta/h^2)$。采用 DAE 术语，式（3.21）形成了 $r+1=3$，称为 3 指标运动方程体系[24]。

为了使一致的初值满足式（3.23），如果位置水平的约束式（3.21b）由速度水平的约束式（3.22a）代替，运动方程式（3.21）的解保持不变：

$$\boldsymbol{g}(\boldsymbol{y}(t),t) = \underbrace{\boldsymbol{g}(\boldsymbol{y}_0,t_0)}_{=0,\text{参见式(3.23)}} + \underbrace{\int_{t_0}^{t} \frac{\mathrm{d}}{\mathrm{d}t}\boldsymbol{g}(\boldsymbol{y}(\tau),\tau)\,\mathrm{d}\tau}_{=0,\text{参见式(3.22a)}} = \mathbf{0} \qquad (3.35)$$

从数值观点而言，运动方程的 2 指标体系式（3.21a/3.22a）具有吸引力，因为仅有 $r=1$ 速度约束式（3.22a）微分是必需的，以便得到定义 λ（t）的线性方程系统式（3.34）。

在速度约束式（3.22a）中应用摄动 $\theta(t)$，2 指标 DAE 的误差项 $y(t)$ 和 $v(t)$ 具有 $O(\max_t\|\theta(t)\| \ \|\dot{\theta}(t)\|)$，$\boldsymbol{\lambda}(t)$ 具有 $O(\max_t\|\dot{\theta}(t)\|)$。$y_n$ 和 v_n 的数值解误差限是 $O(\theta)+O(\theta^2/h)$，$\boldsymbol{\lambda}_n$ 的数值解误差限是 $O(\theta/h)$。由于（小）的因素 h，这些误差限比与原始 3 指标 DAE 式（3.21）更小，见文献［38］。采用标准设置 $\boldsymbol{\kappa}=0.03$，以 2 指标体系式（3.21a/3.22a）应用 RADAU5 到图 3.2 的轮对例子，数值解的误差低于用户设定的误差限 TOL。

以同样方式，运动方程的 1 指标体系式（3.21a/3.22a）通过约束式（3.22b）代替式（3.21b）在加速度水平获得，$\boldsymbol{\lambda}(t)$ 和 $\boldsymbol{\lambda}_n$ 的误差限分别稍微改善到 $O(\max_t\|\theta(t)\|)$ 和 $O(\theta)$。BDF 和隐式 Runge－Kutta 求解器应用到 1 指标体系，如经典 ODE 情形一样具有鲁棒性和效率。

在 DAE 术语中，通过约束式（3.21b）的时间导数代替约束式（3.21b），称为指标减缩，通过微分实现的指标减缩实质上改善了求解器的鲁棒性，但遭遇长时间仿真漂移作用，如图 3.4 所示。

由于式（3.35），2 指标系统的分析解在所有 $t \geq t_0$ 下准确满足初始约束式（3.21b）。在数值求解中，式（3.35）中的被积函数 $(\mathrm{d}g/\mathrm{d}\tau)(y(\tau),\tau)$ 被小常数 $\varepsilon>0$ 限定，不能为零。因此，式（3.21b）的误差随时间 t 线性增加：

$$\|\boldsymbol{g}(y_n,t_n)\| \leq \|\boldsymbol{g}(\boldsymbol{y}_0,t_0)\| + \int_{t_0}^{t_n} \epsilon\,\mathrm{d}t = \epsilon(t_n - t_0) \qquad (3.36)$$

数值解 y_n 漂移有多种方式，通过位置水平的约束式（3.21b）对应的 $\{(\boldsymbol{\eta},t): g(\boldsymbol{\eta},t)=0\}$ 确定。误差限 ε 是离散、舍入误差和 Newton 方法的迭代误差的总和。

对于 1 指标的体系，一定会遇到二次误差增长 $\|g(y_n,t_n)\| \leq \varepsilon\,(t_n-t_0)^2$，因为位置水平的约束式（3.21b）被其二阶导数式（3.22b）代替。实际经验表

明，ε 依赖于求解器和用户定义的误差限 TOL。然而，2 指标体系的时间积分通常总是有线性漂移，1 指标体系总是二次漂移，见图 3.4 的典型例子。

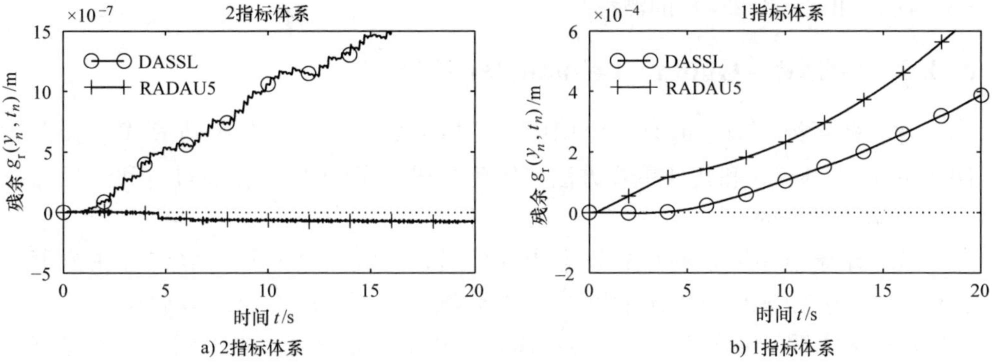

图 3.4　图 3.2 的刚性轮对动态仿真中的漂移效应，在右轮和轨道之间导致增大的距离 $g_r(y,t)$，即在约束 $0=g=(g_l,g_r)$ 误差的增加，其通过左右轮的接触条件确定

避免 3 指标体系式（3.21）、2 指标体系和 1 指标体系漂移效应的两种数值问题的早期努力，可以追溯到 Baumgarte 的工作[39]，其通过所有三种约束：式（3.21b）、式（3.22a）和式（3.22b）的线性组合代替约束式（3.21b）。由于选择线性组合的合适系数（Baumgarte 系数）的问题，实际使用 Baumgarte 方法限制到小型模型，也见文献［40］。

现今，避免漂移效应的先进方法通过投影技术实现[41,42]。在 2 指标体系的时间积分过程中，控制约束式（3.21b）的残余 $\| g(y_n,t_n) \|$。如果残余超过用户定义的小误差限 $\varepsilon>0$，则 y_n 被投影到多面体 $\{\eta: g(\eta, t)=0\}$ 上，时间积分通过投影位置坐标 $\hat{y}_n$ 代替 y_n 继续进行，如图 3.5 所示。

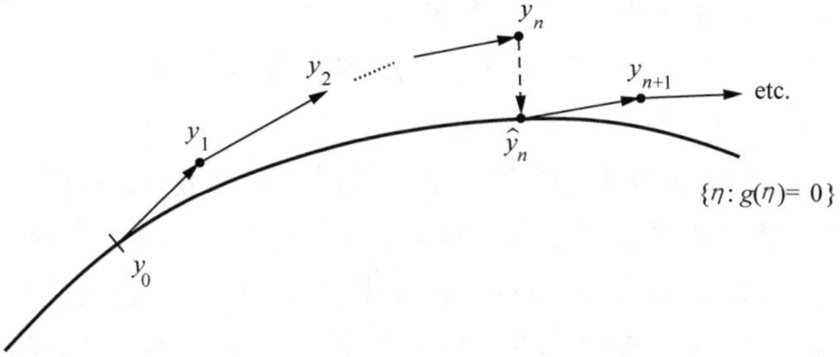

图 3.5　用于式（3.21）DAE 投影步的时间积分，有 $g=g(y)$

在数学上，投影定义了最小化问题

$$\| \boldsymbol{\eta} - \boldsymbol{y}_n \| \to \min_{\{\boldsymbol{\eta}: \boldsymbol{g}(\boldsymbol{\eta}, t_n)=\boldsymbol{0}\}} \tag{3.37}$$

其能通过简化的 Newton 迭代高效求解得到 $\hat{y}_n$，见文献 [42]。

对于1指标体系，y_n 和 v_n 的投影，有助于避免位置和速度水平的约束式（3.21b）和式（3.22a）的漂移。

3.4.3 GEAR – Gupta – Leimkuhler 体系

在车辆系统动力学的复杂应用中，使用如式（3.37）的经典显式投影方法限于 Runge – Kutta 和其他单步方法，因为先进的 BDF 求解器通过阶和步长的高效实现是非平凡的。

代替求解器中实现的显式投影步骤，运动方程式（3.21）以包含在约束多面体 $\{\eta: g(\eta,t)=0\}$ 上投影的隐式方式重新建立。运动方程的 GEAR – Gupta – Leimkuhler 体系，或者稳定的2指标体系，在位置和速度水平上同时考虑约束式（3.21b）和式（3.22a）：

$$\begin{aligned} \dot{\boldsymbol{y}}(t) &= \boldsymbol{v} - \boldsymbol{G}^T(\boldsymbol{y},t)\boldsymbol{\mu} \\ \boldsymbol{M}(\boldsymbol{y})\dot{\boldsymbol{v}}(t) &= \boldsymbol{f}(\boldsymbol{y},\boldsymbol{v},t) - \boldsymbol{G}^T(\boldsymbol{y},t)\boldsymbol{\lambda} \\ \boldsymbol{0} &= \boldsymbol{g}(\boldsymbol{y},t) \\ \boldsymbol{0} &= \boldsymbol{G}(\boldsymbol{y},t)\boldsymbol{v} + \boldsymbol{g}^{(I)}(\boldsymbol{y},t) \end{aligned} \tag{3.38}$$

方程数的增加，通过辅助变量 $\mu(t)\in R^{n_g}$ 的修正项 $-\boldsymbol{G}^T\mu$ 补偿。修正项对于分析解($\mu(t)\equiv 0$)不存在，对于数值求解会保持在用户定义的误差限 TOL 的范围内。

式（3.39）形成了2指标 DAE，可以通过 BDF[43] 和隐式 Runge – Kutta 方法[23] 鲁棒和有效求解。然而，经典的 ODE 求解器的误差估计，趋向于过分估计 DAE 式（3.38）的代数参量 λ 和 μ 的局部误差，见文献 [36]。因此，参量 λ 和 μ 不应在 BDF 求解器中考虑自动控制[44]。对于隐式 Runge – Kutta 求解器，对 λ 和 μ 的误差估计，通过小因子 h_n 度量。

在给定 μ、y、t 下，修正项 $\boldsymbol{G}^T(y,t)\mu$ 的有效求值是重要的，因为多体体系求矩阵向量积 $G^T\lambda$ 和 Gv 有 $O(N)$ 复杂性，并不求 $G(y,t)$ 自身。

式（3.38）有效解法的关键，是找到特殊过定的 DAE 类[45]，其与式（3.38）的 DAE 紧密联系，见文献 [46]。用于式（3.12）DAE 的 BDF 求解器和隐式 Runge – Kutta 求解器对 Jacobian 阵进行近似，以便通过 Newton 方法迭代计算 x_{n+1}，见式（3.10）和式（3.14）。在式（3.38）中，Jacobian 阵有反映式（3.38）4个方程的 4×4 分块结构和 $\boldsymbol{x}=(y,v,\lambda,\mu)^T$ 的分区。式（3.1）块是 $(\partial g/\partial y)(y,t)=G(y,t)$ 的近似，其转置可以用于得到矩阵向量积 $\boldsymbol{G}^T\mu$。这个算法在 BDF 求解器 ODASSL 中实现[45]，进一步开发用于式（3.38）的特殊结构，比标准的 DASSL 的实现更有效计算 μ_{n+1}。

3.4.4 先进的DAE模型

针对经典约束机械系统运动方程式（3.21），其DAE时间积分的数值算法已经详细讨论，也可以应用到更复杂的混合DAE式（3.31/3.32）中，这在车辆系统动力学中是典型的。

在以残余格式表示的模型方程式（3.33）中，矢量 $x(t)$ 现在为 $\boldsymbol{x} = (y,s,v,c,\lambda,w)^T$，时间事件和离散状态方程（3.32）通过一种ODE理论中的方程处理，见3.2部分。

式（3.31b）的微分方程、式（3.32c）和式（3.31d）的代数方程，增加到残余 $F(x,\dot{x},t)$。因此，式（3.31）BDF的 x_{n+1} 解精确满足非线性方程式（3.31d）:

$$\boldsymbol{0} = \boldsymbol{h}(\boldsymbol{y}_{n+1}, \boldsymbol{s}_{n+1}, \boldsymbol{r}_j, t_{n+1})$$

见式（3.13），BDF的 s_{n+1} 解函数 $s(y,t)$ 和函数值 $s(y_{n+1},t_{n+1})$ 一致，隐式定义为

$$\boldsymbol{0} = \boldsymbol{h}(\boldsymbol{y}, \boldsymbol{s}(\boldsymbol{y},t), \boldsymbol{r}_j, t)$$

如果 $\partial h/\partial s$ 是非奇异的，见式（3.25）和式（3.31d），在给定多体系统几何构型 y 下，BDF计算接触点坐标 s 可以通过Newton方法精确到（小）迭代误差。同样的结果也适用于式（3.31c）的代数变量 w。

采用3.3部分的常规假设，式（3.31）的模型方程形成了3指标DAE，要应用指标减缩和投影技术。重要的是，注意到非线性方程式（3.31c）和式（3.31d）可以直接对代数变量 w 和 s 求解。与约束式（3.31e）相比，非线性方程式（3.31c）和式（3.31d）并不隐含如式（3.22）隐藏的约束。

指标减缩是基于约束 $0 = g(y,s,t)$ 的导数，其不涉及非线性方程 $0 = b(w,\cdots)$ 和 $0 = h(y,s,t)$ 的任何导数。速度坐标水平的隐藏约束是

$$\boldsymbol{0} = \frac{\mathrm{d}}{\mathrm{d}t}\boldsymbol{g}(\boldsymbol{y}(t), \boldsymbol{s}(t), t) = \boldsymbol{G}(\boldsymbol{y}, \boldsymbol{s}, t)\boldsymbol{v} + \boldsymbol{g}^{(I)}(\boldsymbol{y}, \boldsymbol{s}, t)$$

存在式（3.28）的矩阵 $\boldsymbol{G}$，既然 $\dot{s}(t)$ 是 $\dot{y}(t) = v(t)$ 的线性函数，其可以由 $0 = h(y(t), s(t), t)$ 隐式对 t 微分得到，也见式（3.29）。

使用DAE指标减缩相当一般的概念[47]，GEAR－Gupta－Leimkuhler体系式（3.38）可以推广到复杂的DAE模型式（3.31），见文献［48，49］。这里，GEAR－Gupta－Leimkuhler体系式（3.38）通过式（3.31b－d）扩展。为了同时考虑补偿位置水平和速度水平的隐藏约束，如前述，存在一个修正项，必须增加其到运动方程 $\dot{y}(t) = v$，取下列形式：

$$\dot{\boldsymbol{y}}(t) = \boldsymbol{v} - \boldsymbol{G}^T(\boldsymbol{y}, \boldsymbol{s}, t)\boldsymbol{\mu}$$

有了式（3.28）的矩阵 G 和辅助变量 $\mu(t) \in R^{n_g}$。再次，修正项的分析解恒等于0，而数值解保持在用户定义的允许误差TOL内。

对于扩展系统，式（3.14）的 J 分别使用$(\partial g/\partial y)$、$(\partial g/\partial s)$、$(\partial h/\partial y)$、$(\partial h/\partial s)$作为块（6，1）、（6，2）、（5，2）和（5，1），有 7×7 的分块结构。在 BDF 求解器的改进版本 ODASSL 中，这些块由式（3.28）的矩阵 $\boldsymbol{G}$ 用于修正项 $\boldsymbol{G}^T\mu$ 的高效求值，见文献［48］。

3.4.5 小结

车辆系统动力学的鲁棒性和效率性动力学仿真，可以基于具有 DASSL 的 DAE 时间积分方法，如 BDF 求解器，应用于模型方程的 GEAR - Gupta - Leimkuhler 体系，这种方法已经成功用于工业多体系统仿真包中[4]。

3.5 多物理问题的仿真算法和工具

车辆系统动力学的典型应用，远超出多体分析的经典范畴。然而，多体动力学的方法和软件工具，非常成功地作为集成平台应用于包括机械、液压和电子部件的车辆系统动力学的大型和复杂模型中。

替代选择是通用目的仿真工具，如 Simulink 和用于复杂物体系统的建模语言，如 ACSL 或 Modelica。而且，应用于不同领域的两种或更多单学科仿真工具的耦合，已经被证明在工业应用中是非常有用的，称为模拟器耦合或联合仿真。

3.5.1 多体系统仿真工具的扩展

工业多体系统仿真的早期，焦点集中于有或无内部状态变量 c 和 r_j 的专用力单元，见 3.3 部分[3]。

现今，更重要的可能是在过程链中有效嵌入机械系统部件动力学仿真，以实现工业系统的全行为仿真。图 3.6 给出了专业仿真工具之间的典型双向接口，接口用于动力学仿真前处理和后处理的数据交换。

柔性多体系统仿真，依赖于结构动力学有限元（FE）工具的接口。从 FE 工具到多体系统工具的接口，提供质量、阻尼和刚度数据，用于 Rayleigh - Ritz 方法式（3.16）的模态$\vec{w}^{(i)}$的前处理，见文献［30］。从多体系统工具到 FE 工具的接口，提供了多体系统仿真数据的后处理，载荷数据转换到标准 FE 工具用于疲劳分析[51]。

模态减缩技术也成功用于一些空气动力学作用的分析。为了使计算流体动力学（CFD）和（柔性）多体动力学紧密耦合，FE 工具和多体系统工具之间的经典接口，通过对 CFD 工具的接口得到扩展[16]。

CAD 和多体系统工具之间的接口，提供了使用 CAD 模型几何数据进行高效

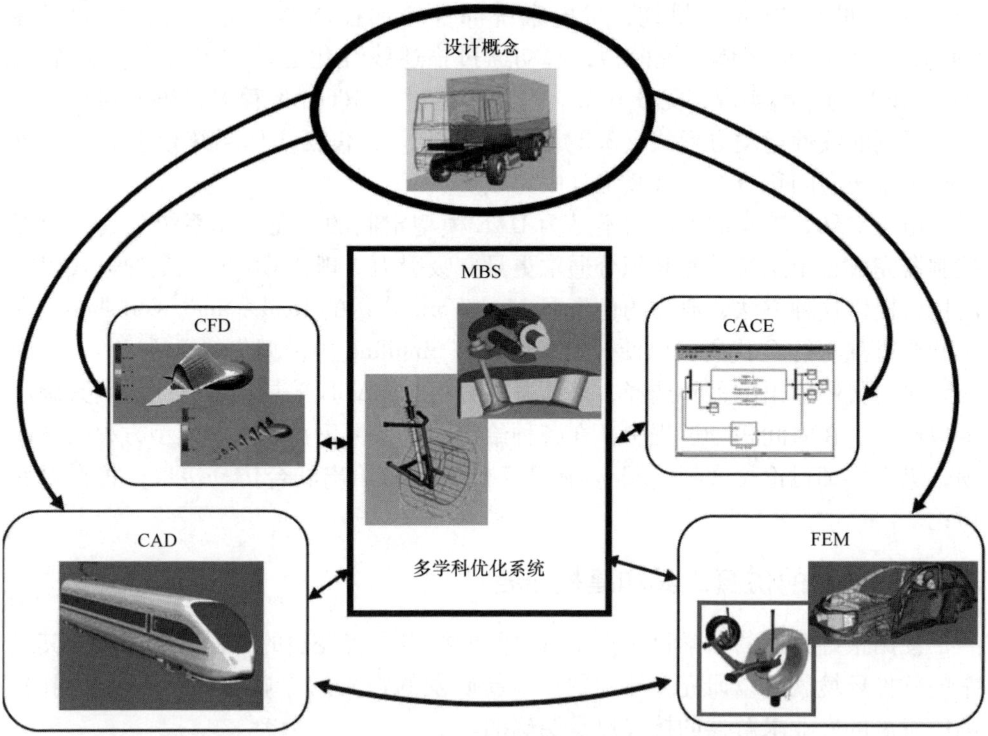

图 3.6 应用多体系统仿真软件的集成虚拟设计及其双向接口

和自动防故障的模型设置。相反的接口，转换所有多体系统模型相关的几何修改，自动返回到 CAD 模型[52]。

控制器合成，在许多车辆系统动力学应用中是中心问题。因此，用于机械部件动力学仿真的方法和工具，与计算机辅助控制工程（CACE）工具之间的紧密联系是至关重要的。图 3.7 总结了多体系统软件和 CACE 工具之间的一些典型接口。

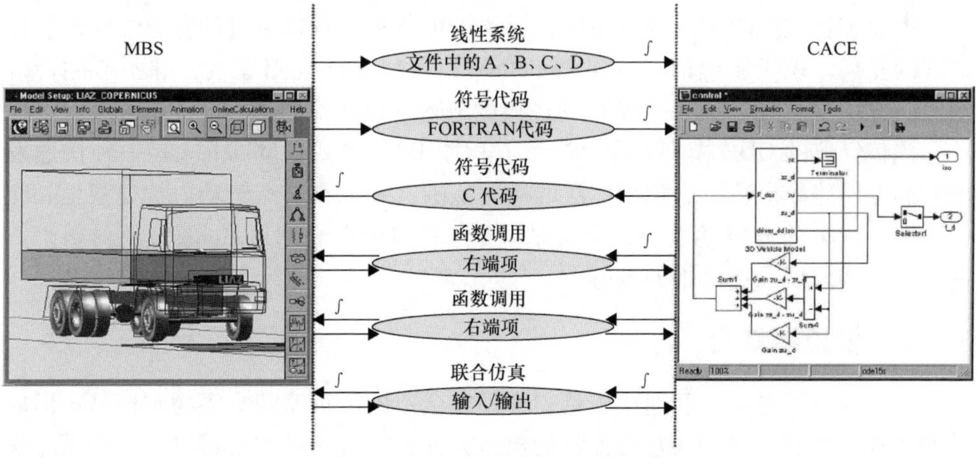

图 3.7 多体系统工具和 CACE 工具之间的典型接口

在20世纪90年代早期，机电系统部件增加控制器的复杂性，推动了在CACE工具中集成多体系统模型，起初通过描述线性化运动方程的系统矩阵A、B、C和D的输出实现，见3.6节。后来，通过FORTRAN程序代码的输出，接口扩展到非线性运动方程式（3.2）。两种情况下，包括多体系统模型和控制器的整个系统时间积分在CACE工具中完成。

由于CACE工具的求解器不是为DAE模型定制的，在多体系统工具中包括控制器完成整个系统的时间积分通常更具有吸引力。现代CACE工具通过代码输出接口提供这种方法，典型的例子是MathWork公司的Real-time Workshop，产生和执行独立的C代码，以便开发和调试在Simulink中模型化的算法[53]。

作为代码输出的另外选择，多体系统分析和CACE工具也可以通过函数调用接口耦合，在时间积分过程中，在各种给定输入数据下重复求解模型方程的右端项，更多详细讨论见文献［53］。图3.7的最后行给出联合仿真接口，将在以后讨论。

3.5.2 通用的仿真工具和建模语言

使用很好开发的单学科仿真工具之间的接口，有经验的工程师不用离开其通常的软件环境就可以研究多体问题。最新研发的强大的专业工具是立即可用的，高度发展的专业求解器的接口也是明确的。

替代选择的方法直接聚焦于复杂多物理应用的多领域方面。源于系统理论的最广泛通用的仿真工具，是已经开发作为多领域仿真和基于模型的动态系统设计的Simulink。其采用方块图形式的用户接口用于模型设置，也采用用于专业领域的许多工具箱，如SimMechanics和SimDriveline等。

在专业化多体系统工具背后的不同概念，一方面是基于系统理论的通用的仿真工具，另一方面通过图3.7所示的用户接口的画面演示。

工业多物理应用的日益复杂性，导致汇集各种工程领域设计专家经验的建模语言的复兴。现代建模语言，如Modelica[54]等，是面向对象的，并不遵循传统的面向方块工具（非因果建模）的经典的输入-输出结构。

代替经典的ODE模型方程，模型方程取DAE形式。Modelica是一种快速发展的非专属建模语言，它包括广泛的应用范围，如电路、车辆动力学、液压和充气系统、汽车动力传动系统，见文献［8］和Modelica网址[54]的最新材料，其描述了这些发展的更详细的内容。

3.5.3 模拟器耦合

专业的单学科工具和通用工具，遵循完全不同的策略建立多物理模型和形成模型方程。然而，它们通常有完整的模型方程，通过一种求解器以一种仿真工具数值求解。

耦合多物理问题的模块化结构，也可以通过耦合两种或更多确定的单学科工具进行显式开发，用于模型建立和时间积分，称为模拟器耦合或联合仿真。以这种方式，子系统通过不同求解器处理，每个求解器与相应的子系统联系。

子系统之间的通信，限制于离散的合成点 T_j。对于每个子系统，来源于其他子系统的所有需要的信息要通过插值或者——如果用于插值的数据还没有计算出——通过由 $t \leq T_j$ 到当前宏步 $T_j \to T_{j+1}$ 外插值。

从多体系统工具观点而言，其他仿真工具的耦合变量可以考虑为式（3.32）中的特殊类型离散变量 r_j。在多体系统工具中，在全宏步过程 $T_j \to T_{j+1}$ 中耦合变量 r_j 的值保持常数。对于联合仿真环境中的所有其他仿真工具，式（3.32）的更新涉及从同步时间 $t = T_j$ 到同步时间 $t = T_{j+1}$ 的时间积分，一般得到 $r_{j+1} = k(\cdots)$。

作为模拟器耦合的典型例子，图 3.8 给出装有半主动悬架的重型货车的仿真结果[55]。货车采用多体系统建模，有 41 个物体和 64 个（机械）自由度。在轴和驾驶室的悬架上有半主动阻尼器，通过扩展的地板概念和天棚规则控制。两种控制在 Simulink 中建模，并且应当优化到使动态路面 - 轮胎力最小和舒适性最好。

在这个应用中，如图 3.7 所示，代码输出接口没有吸引力，因为多体系统模型含有产生约束式（3.31e）的约束闭环，不能通过 Simulink 的标准求解器控制。另一方面，控制器的结构和参数在优化过程中被修改。因此，在 Simulink 中保持控制器比输出它们的 C 代码更便利。

在文献［55］中，通过 Simulink 和多体系统工具 SIMPACK 的联合仿真，问题得到成功解决。SIMPACK 求解器数值集成了模型的机械部件，控制部分集成在 Simulink 中。联合仿真的采样频率设置为 200Hz，导致常数的宏步长 $H = T_{j+1} - T_j = 5.0\text{ms}$。

SIMPACK 和 Simlink 运行在两个并行过程中。在同步点 T_j，控制器输出，即电信号定义阻尼器性质，使用内部过程通信（IPC）从 Simulink 发送到 SIMPACK。通过同样的 IPC 接口，当控制器输入来自于 SIMPACK 时，Simulink 得到货车底盘和驾驶室当前的垂直位置、速度和加速度。当数据交换完成时，Simulink 和 SIMPACK 求解器单独完成宏步 $T_j \to T_{j+1}$，联合仿真在同步点 T_{j+1} 继续进行数据交换。

鲁棒和可靠的联合仿真，有助于控制器设计的成功优化。被动阻尼器和优化的半主动阻尼器的货车对比表明，行驶平顺性得到改善，如图 3.8 在典型行驶操作下仿真所示[55]。

这个例子演示了联合仿真技术允许在经典软件环境中对耦合问题进行便利的

a) 多体系统模型

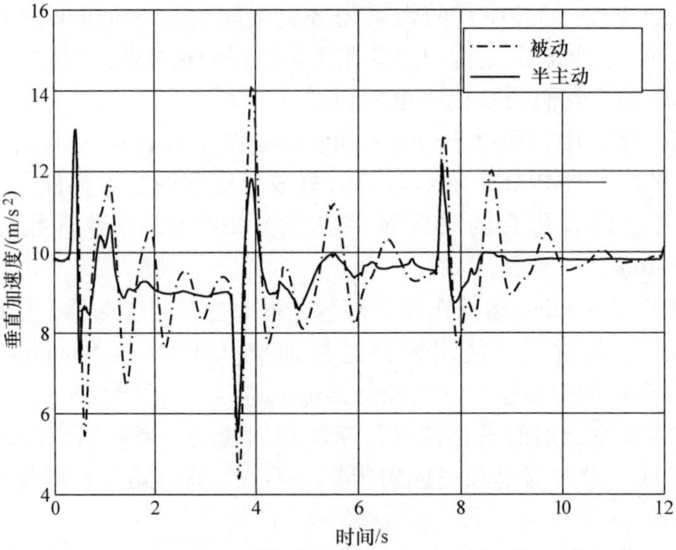

b) 仿真数据

图 3.8　半主动货车悬架：驾驶室垂直加速度（ISO 滤波）

仿真和优化。然而，实际经验表明，耦合不同的求解器偶尔可能导致数值不稳定。而且，内插和外插引进附加的离散误差，宏步长 H 要谨慎选择。在典型的标准应用中，如果 H 在 0.1 ~ 10ms 范围内变化，稳定性和精度可以得到保证。

对于某些耦合问题，要非常仔细分析不稳定现象。一些联合仿真技术的改善，也有助于在较大的宏步长下改善稳定性、精度和鲁棒性[56,57]。

3.5.4　小结

车辆系统动力学中复杂的多物理应用，超出了多体动力学的领域。成功的仿真策略应用数据接口以及单一学科工具或模型之间联合仿真接口，通过通用仿真工具之间或建模语言完成。

致谢

作者感谢意大利 Udine 机械科学国际中心（CISM），允许在本章中借鉴包括源于应用动力学仿真技术论文集的版权资料，该资料由 M. Arnold 和 W. Schiehlen 编写，由 Spring，Wien New York 出版社于 2007 年发行的 CISM 课程和讲座第 507 卷。而且，作者也非常感谢在德国航空中心（DLR）已故的 W. Kortum 教授的车辆系统动力学团队和在 SIMPACK 研发团队鼓舞人心的工作气氛。

参考文献

1. W. Kortüm and W. Schiehlen. General purpose vehicle system dynamics software based on multibody formalisms. *Vehicle System Dynamics*, 14:229–263, 1985.
2. W. Kortüm and P. Lugner. *Systemdynamik und Regelung von Fahrzeugen*. Springer-Verlag, Berlin, Germany, 1994.
3. W. Kortüm, W.O. Schiehlen, and M. Arnold. Software tools: From multibody system analysis to vehicle system dynamics. In H. Aref and J.W. Phillips, (eds.), *Mechanics for a New Millennium*. Kluwer Academic Publishers, Dordrecht, the Netherlands, 2001, pp. 225–238.
4. W. Rulka. *Effiziente Simulation der Dynamik mechatronischer Systeme für industrielle Anwendungen*. PhD thesis, Department of Mechanical Engineering, Vienna University of Technology, Vienna, Austria, 1998.
5. E. Eich-Soellner and C. Führer. *Numerical Methods in Multibody Dynamics*. Teubner-Verlag, Stuttgart, Germany, 1998.
6. B. Simeon, C. Führer, and P. Rentrop. Differential-algebraic equations in vehicle system dynamics. *Surveys on Mathematics for Industry*, 1:1–37, 1991.
7. A.A. Shabana. *Computational Dynamics*, 2nd edn. John Wiley & Sons, Inc., New York, 2001.
8. M.M. Tiller. *Introduction to Physical Modeling with Modelica*. Kluwer Academic Publishers, Boston, MA, 2001.
9. R. Kübler and W. Schiehlen. Modular simulation in multibody system dynamics. *Multibody System Dynamics*, 4:107–127, 2000.
10. W.O. Schiehlen and P. Eberhard. *Technische Dynamik. Modelle für Regelung und Simulation*, 2nd edn. B.G. Teubner, Stuttgart, Germany, 2004.

11. H. Brandl, R. Johanni, and M. Otter. A very efficient algorithm for the simulation of robots and similar multibody systems without inversion of the mass matrix. In P. Kopacek, I. Troch, and K. Desoyer, (eds.), *Theory of Robots*. Pergamon Press, Oxford, U.K., 1988, pp. 95–100.
12. R.E. Roberson and R. Schwertassek. *Dynamics of Multibody Systems*. Springer-Verlag, Berlin, Germany, 1988.
13. A. Eichberger. *Simulation von Mehrkörpersystemen auf parallelen Rechnerarchitekturen*. Fortschritt-Berichte VDI Reihe 8, Nr. 332. VDI-Verlag, Düsseldorf, Germany, 1993.
14. C.T. Kelley. *Solving Nonlinear Equations with Newton's Method*. SIAM, Philadelphia, PA, 2003.
15. J.J. Moré, D.C. Sorensen, B.S. Garbow, and K.E. Hillstrom. The MINPACK project. In W.J. Cowell, (ed.), *Sources and Development of Mathematical Software*. Prentice-Hall, Englewood Cliffs, NJ, 1984, pp. 88–111.
16. W.R. Krüger and M. Spieck. Aeroelastic effects in multibody dynamics. *Vehicle System Dynamics*, 41:383–399, 2004.
17. C.T. Kelley. *Iterative Methods for Optimization*. SIAM, Philadelphia, PA, 1999.
18. T.F. Coleman, B.S. Garbow, and J.J. Moré. Software for estimating sparse Jacobian matrices. *ACM Transactions on Mathematical Software*, 10:329–345, 1984.
19. M. Arnold, A. Fuchs, and C. Führer. Efficient corrector iteration for DAE time integration in multibody dynamics. *Computer Methods in Applied Mechanics and Engineering*, 195:6958–6973, 2006.
20. U. Ascher and L.R. Petzold. *Computer Methods for Ordinary Differential Equations and Differential-Algebraic Equations*. SIAM, Philadelphia, PA, 1998.
21. E. Hairer, S.P. Nørsett, and G. Wanner. *Solving Ordinary Differential Equations. I. Nonstiff Problems*. Springer-Verlag, Berlin, Germany, 1993.
22. C.B. Moler. *Numerical Computing with MATLAB*. SIAM, Philadelphia, PA, 2004.
23. E. Hairer and G. Wanner. *Solving Ordinary Differential Equations. II. Stiff and Differential-Algebraic Problems*, 2nd edn. Springer-Verlag, Berlin, Germany, 1996.
24. K.E. Brenan, S.L. Campbell, and L.R. Petzold. *Numerical Solution of Initial–Value Problems in Differential-Algebraic Equations*, 2nd edn. SIAM, Philadelphia, PA, 1996.
25. A.A. Shabana. *Dynamics of Multibody Systems*, 2nd edn. Cambridge University Press, Cambridge, 1998.
26. O. Wallrapp. Linearized flexible multibody dynamics including geometric stiffening effects. *Mechanics of Structures and Machines*, 19:385–409, 1991.
27. R. Schwertassek and O. Wallrapp. *Dynamik flexibler Mehrkörpersysteme*. Vieweg, Braunschweig, 1999.
28. S. Dietz. *Vibration and Fatigue Analysis of Vehicle Systems using Component Modes*. Fortschritt-Berichte VDI Reihe 12, Nr. 401. VDI-Verlag, Düsseldorf, Germany, 1999.
29. B. Simeon. *Numerische Simulation gekoppelter Systeme von partiellen und differential-algebraischen Gleichungen in der Mehrkörperdynamik*. Fortschritt-Berichte VDI Reihe 20, Nr. 325. VDI-Verlag, Düsseldorf, Germany, 2000.
30. O. Wallrapp. Standardization of flexible body modeling in multibody system codes, Part I: Definition of standard input data. *Mechanics of Structures and Machines*, 22:283–304, 1994.
31. A. Heckmann, M. Arnold, and O. Vaculín. A modal multifield approach for an extended flexible body description in multibody dynamics. *Multibody System Dynamics*, 13:299–322, 2005.
32. R. von Schwerin. *Multibody System Simulation—Numerical Methods, Algorithms, and Software*, volume 7 of *Lecture Notes in Computational Science and Engineering*. Springer, Berlin, Germany, 1999.
33. F. Pfeiffer and Ch. Glocker. *Multibody Dynamics with Unilateral Contacts*. Wiley & Sons, New York, 1996.
34. R.A. Wehage and E.J. Haug. Generalized coordinate partitioning for dimension reduction in analysis of constrained dynamic systems. *Journal of Mechanical Design*, 104:247–255, 1982.
35. N. Orlandea. *Development and Application of Node-Analogous Sparsity-Oriented Methods for Simulation of Mechanical Dynamic Systems*. PhD thesis, University of Michigan, Ann Arbor, MI, 1973.
36. L.R. Petzold. Differential/algebraic equations are not ODEs. *SIAM Journal on Scientific and Statistical Computing*, 3:367–384, 1982.
37. M. Arnold and H. Netter. Wear profiles and the dynamical simulation of wheel-rail systems. In M. Brøns, M.P. Bendsøe, and M.P. Sørensen, (eds.), *Progress in Industrial Mathematics at ECMI 96*. Teubner, Stuttgart, Germany, 1997, pp. 77–84.

38. M. Arnold. A perturbation analysis for the dynamical simulation of mechanical multibody systems. *Applied Numerical Mathematics*, 18:37–56, 1995.
39. J. Baumgarte. Stabilization of constraints and integrals of motion in dynamical systems. *Computer Methods in Applied Mechanics and Engineering*, 1:1–16, 1972.
40. U.M. Ascher, H. Chin, and S. Reich. Stabilization of DAEs and invariant manifolds. *Numerische Mathematik*, 67:131–149, 1994.
41. E. Eich. Convergence results for a coordinate projection method applied to mechanical systems with algebraic constraints. *SIAM Journal on Numerical Analysis*, 30:1467–1482, 1993.
42. Ch. Lubich, Ch. Engstler, U. Nowak, and U. Pöhle. Numerical integration of constrained mechanical systems using MEXX. *Mechanics of Structures and Machines*, 23:473–495, 1995.
43. C.W. Gear, B. Leimkuhler, and G.K. Gupta. Automatic integration of Euler–Lagrange equations with constraints. *Journal of Computational and Applied Mathematics*, 12–13:77–90, 1985.
44. L.R. Petzold and P. Lötstedt. Numerical solution of nonlinear differential equations with algebraic constraints II: Practical implications. *SIAM Journal on Scientific and Statistical Computing*, 7:720–733, 1986.
45. C. Führer. Differential-algebraische Gleichungssysteme in mechanischen Mehrkörpersystemen. Theorie, numerische Ansätze und Anwendungen. PhD thesis, TU München, Mathematisches Institut und Institut für Informatik, 1988.
46. C. Führer and B. Leimkuhler. Numerical solution of differential-algebraic equations for constrained mechanical motion. *Numerische Mathematik*, 59:55–69, 1991.
47. P. Kunkel, V. Mehrmann, W. Rath, and J. Weickert. GELDA: A software package for the solution of general linear differential algebraic equations. *SIAM Journal on Scientific Computing*, 18:115–138, 1997.
48. M. Arnold. Numerical problems in the dynamical simulation of wheel-rail systems. *Zeitschrift für Angewandte Mathematik und Mechanik, Proceedings of ICIAM 95*, Issue 3:151–154, 1996.
49. M. Arnold, V. Mehrmann, and A. Steinbrecher. Index reduction in industrial multibody system simulation. Technical Report IB 532-01-01, DLR German Aerospace Center, Institute of Aeroelasticity, Vehicle System Dynamics Group, 2001.
50. A. Veitl. *Integrierter Entwurf innovativer Stromabnehmer*. Fortschritt-Berichte VDI Reihe 12, Nr. 449. VDI-Verlag, Düsseldorf, Germany, 2001.
51. S. Dietz, H. Netter, and D. Sachau. Fatigue life prediction by coupling finite-element and multibody systems calculations. In *Proceedings of DETC'97, ASME Design Engineering Technical Conferences DETC/VIB–4229*, Sacramento, CA, 1997.
52. W. Trautenberg. *Bidirektionale Kopplung zwischen CAD und Mehrkörpersimulationssystemen*. PhD thesis, Department of Mechanical Engineering, Munich University of Technology, Munich, Germany, 1999.
53. O. Vaculín, M. Valášek, and W.R. Krüger. Overview of coupling of multibody and control engineering tools. *Vehicle System Dynamics*, 41:415–429, 2004.
54. Modeling of Complex Physical Systems. Website of Modelica and the Modelica Association. http://www.modelica.org.
55. O. Vaculín, M. Valášek, and W. Kortüm. Multi-objective semi-active truck suspension by spatial decomposition. In H. True, (ed.), *Proceedings of the 17th IAVSD Symposium on the Dynamics of Vehicles on Roads and on Tracks*, pp. 432–440. Supplement to *Vehicle System Dynamics*, Vol. 37, Swets & Zeitlinger B.V., 2003.
56. R. Kübler and W. Schiehlen. Two methods of simulator coupling. *Mathematical and Computer Modelling of Dynamical Systems*, 6:93–113, 2000.
57. M. Arnold and M. Günther. Preconditioned dynamic iteration for coupled differential-algebraic systems. *BIT Numerical Mathematics*, 41:1–25, 2001.

第 4 章　采用有限元的非线性固体力学

Anna Pandolfi

4.1　引言

本章简要介绍非线性力学中的有限元法，专注于纯机械问题，不包括热过程。考虑到有限元离散化，非线性力学理论能够以不同方法表示，以各种优点和难点为特征，这里介绍和讨论各种方法。

非线性问题偏微分方程的空间离散化，导致非线性代数系统（对于静力学）或常微分方程（对于动力学）。力学中的常规问题要求采用非线性模型，非线性主要由材料行为、位移的大小或存在单边约束而产生。在正常的车辆功能中，这些问题的实例是人体与车辆的接触、轮胎力学、衬套力学和车辆中的任何橡胶部件、压配合、制动片、制动盘和制动钳以及车身结构。在汽车设计中要考虑异常或病态行为的实例是碰撞力学、气囊展开和设计吸收能量的高变形部件的行为，这些问题分析只能使用非线性有限元方法。

非线性系统的解可能不是唯一的。选择一个求解器而不是另一个求解器可能对特定解有效，同时隐藏了另一个解，只有经验能够有助于分析师选择最优的表示和特定问题的求解器。

下面的说明提供了必要的基本工具，有助于数值分析一般力学模型的应力状态。

4.2　线性问题

有限元的线性化理论，基于关于固体和结构的几个简化假设。在文献中，能够满足这些限制性假设的静态和动态问题，称为线弹性问题。

线弹性假设是：

1）位移是小的。在外载荷作用下，物体在空间改变其形状和位置。小位移假设是指运动学上足够小，即

① 两个邻近点的相对位移足够小，因而在一个点邻域内的位移可表示为该点位移的线性函数。这个假设不排除先前存在的大位移或大旋转，但限制变形大小。因此，允许以线性化形式表示相容性方程。线性化的位移场可以得到应用未变形构型的速度场的结构，如图 4. 1a 所示。

小应变张量表示为

$$\varepsilon_{ij}=\frac{1}{2}\left(\frac{\partial u_i}{\partial x_j}+\frac{\partial u_j}{\partial x_i}\right)$$

式中，x_i 为固体质点的坐标；$u_i=u_i(x_j)$ 为位移向量的分量。

② 位移是足够小的，以至于不能改变物体的未变形构型。在静力学中，平衡条件可以在未变形构型中建立，如图 4. 1b 所示。这个假设允许不考虑叠加的运动学，对静力学和运动学解耦列写平衡方程：

$$\frac{\partial\sigma_{ij}}{\partial x_j}+\rho b_i\ =0\mathrm{in}V,\ \sigma_{ij}n_i\ =t_j\ \mathrm{on}\ S_{\mathrm{f}}$$

式中，σ_{ij}为 Cauchy（柯西）应力张量；ρ 为材料密度；b_i 为每单位质量的体积力；t_j 为表面力；n_i 为由物体外表面向外的法线。

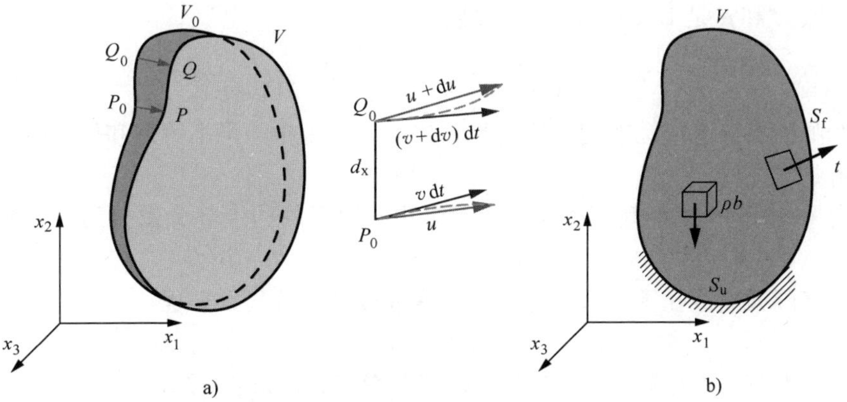

图 4. 1　（a）小位移假设，位移等效于应用到未变形构型的速度场，（b）小位移静态问题，外载荷作用下达到的平衡构型与未变形构型一致

2）应力和应力的关系是超弹性和线性的，如图 4. 2a 所示。在弹性材料中，应力分量是应变分量的函数。在超弹性材料中，应变能函数作为应力的势能存在。超弹性引起可逆性，即超弹性材料加载时储存一定的应变能，当载荷消除时，其充分释放储存的应变能。线性本构定律以应力和应变的线性关系为特征，线弹性自动具有可逆性。因此，Hooke（胡克）定律是超弹性的。

在线性超弹性中，Cauchy 应力张量 σ_{ij}和小应变张量 ε_{ij}的关系为

$$\sigma_{ij} = C_{ijhk}\varepsilon_{hk}, C_{ijhk} = \lambda\delta_{ij}\delta_{hk} + \mu(\delta_{ih}\delta_{jk} + \delta_{ik}\delta_{jh}) \tag{4.1}$$

式中，δ_{ij}为克罗内克（Kroneck）符号；C_{ihkj}为材料刚度张量。

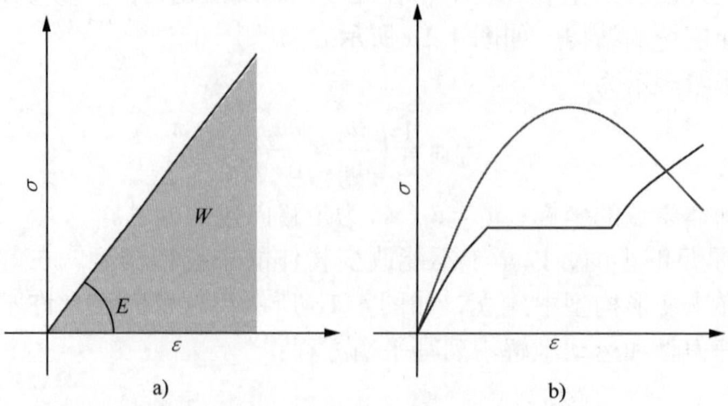

图4.2　材料行为：(a) 线弹性，这意味着可逆性和一一对应，(b) 非线性行为、塑性、软化和一般的不可逆性

系数 λ 和 μ 是 Lame（拉梅）常数：

$$\lambda = \frac{\nu E}{(1+\nu)(1-2\nu)}, \mu = G = \frac{E}{2(1+\nu)}$$

线弹性的静态或动态问题描述是直接的，因为排除了不可逆和依赖时间的作用，解是唯一的。

3）在载荷作用期间，边界条件不变化。边界的约束部分保持约束，排除单边约束。

在有限元离散化下，弹性静态问题变成线性系统代数方程

$$\boldsymbol{KU} = \boldsymbol{R} \tag{4.2}$$

式中，U 为节点位移数组；R 为节点外载荷数组；K 为刚度阵。

作为小应变和线弹性假设的结果，刚度阵和节点载荷数组独立于节点位移。因此，U 是 R 的线性函数。显然，当位移分量的约束在任何外载作用下不变时，式（4.2）拥有唯一解。

4.3　非线性问题

当前面的某个假设不满足时，问题就称为非线性。非线性问题可以根据考虑的各种非线性分类，表4.1 搜集了不同类型的非线性分析[1]。

表 4.1　非线性分析分类

分析	构型	应力表示	应变表示
SD－SR－SS	MN	σ_{ij}	ε_{ij}
LD－LR－SS	TL	S_{ij}	E_{ij}
	UL	σ_{ij}	A_{ij}
LD－LR－LS	TL	S_{ij}	E_{ij}
	UL	σ_{ij}	ε_{ij}

考虑小位移、小旋转和无穷小应变（SD－SR－SS）时，但材料行为是非线性的，这样的分析称为材料非线性（MN）。应力和应变分别通过 Cauchy 张量 σ_{ij} 和小应变张量 ε_{ij} 表示，这种非线性仅体现在应力－应变关系，如图 4.2b 所示。

考虑有限位移、有限旋转和小应变（LD－LR－SS）时，没有针对材料性质的特定假设，假设材料在参考系中随物体运动承受小变形。在这种情况下，可以选择采用两种不同的体系，但都是 Lagrangian（拉格朗日）的，即变形过程通过参考构型描述。

在进化分析的每步中，都更新参考构型时，这样的体系称为 UL（改进拉格朗日）。应力和应变分别通过 Cauchy 张量 σ_{ij} 和 Almansi（阿耳曼西）张量 A_{ij} 表示。

当参考构型总是一样，并且与未变形构型一致时，这样的体系称为 TL（总体拉格朗日）。应力和应变度量分别通过第二 Piola－Kirchhoff（皮奥拉－基尔霍夫）张量 S_{ij} 和右 Green－Lagarange（格林－拉格朗日）张量 E_{ij} 表示。

两种体系 UL 和 TL 也能用于大变形、大旋转和大位移情况（LD－LR－LS）。在 UL 中，应力通过 Cauchy 张量 σ_{ij} 表示，应变通过 Hencky（汉基）张量 ε_{ij} 表示。在 TL 中，应力通过第二 Piola－Kirchhoff 张量 S_{ij} 表示，应变通过右 Green－Lagarange 张量 E_{ij} 表示。

一个完全不同的问题可能在体系中产生非线性，即边界条件的变化，如接触中发生的现象。

重要的是要注意到，体系选择由具体问题决定。对问题的预先准确评价可以选择正确的体系，避免结束后痛苦的改进或者算法的不一致。最通用的体系（TU）总是正确的，但其也是昂贵的。简化体系（MN、UL）可以减少计算时间和对部件力学提供较好的理解，但其对于考虑的问题并不总是足够准确的。

4.3.1　解策略

求解非线性力学问题，要找到外载荷作用下变形体的平衡构型。有限元离散化将平衡条件转换成非线性代数系统或常微分方程，一般形式表示为

$$\boldsymbol{R}(t)-\boldsymbol{F}^{\text{int}}(t)=\boldsymbol{0} \tag{4.3}$$

式中，$R(t)$为含有应用于节点的外力数组；$F^{\text{int}}(t)$为含有内力的数组，即单元应力的集成。

式（4.3）包含所有问题的非线性，外力 $R(t)$通过体积力 $R_{\text{B}}(t)$、面力 $R_{\text{S}}(t)$和接触力 $R_{\text{C}}(t)$组合

$$\boldsymbol{R}(t)=\boldsymbol{R}_{\text{B}}(t)+\boldsymbol{R}_{\text{S}}(t)+\boldsymbol{R}_{\text{C}}(t)$$

在动态分析中，$R(t)$也包括惯性力和阻尼力。

内力 $F^{\text{int}}(t)$的一般表示为

$$\boldsymbol{F}^{\text{int}}(t)=\sum_{e}\int_{V^{(e)}(t)}\boldsymbol{B}^{(e)T}\boldsymbol{\sigma}^{(e)}(t)\,\mathrm{d}V^{(e)}$$

式中，B 为集合应变－位移函数的矩阵；符号 e 表示单元号。

通常，应力 $\boldsymbol{\sigma}^{(e)}(t)$和体积 $V^{(e)}(t)$在时间 t 是未知的。

在全部载荷历程中的每个时间 t，都要满足式（4.3）。即对于 $0\leqslant t\leqslant T$，在静态分析没有黏性影响，载荷水平是唯一的相关参数。因此，时间具有序参数的意义。如果时间仅用于描述载荷应用的顺序，则动态分析与静态分析等效，其中包括惯性作用。

在某些情况下，在特殊平衡构型中，应力场和位移场具有吸引力。Ad hoc 方法能够识别这样的平衡构型，避免了瞬态构型的计算。当然，只有当依赖时间的行为不重要才能这样做，排除依赖路径的几何和材料非线性的情况。

通常，实现一步一步的增量分析是必需的。在一步一步的增量分析中，将持续时间或虚拟时间 T 分成适当选择的时间步 $\Delta t=t-t_0$，时间 t_0 的解是已知的，而在时间 t 的解需要计算。

节点力 $F^{\text{int}}(t)$能够表示为前一步解与增量 ΔF 之和，说明了时间间隔 Δt 的位移和应力变化

$$\boldsymbol{F}^{\text{int}}(t)=\boldsymbol{F}^{\text{int}}(t_0)+\Delta\boldsymbol{F} \tag{4.4}$$

数组 ΔF 能够通过线性化近似表示，这引入了时间 t_0 时的刚度阵 $K(t_0)$

$$\Delta\boldsymbol{F}=\boldsymbol{K}(t_0)\Delta\boldsymbol{U},\ \boldsymbol{K}(t_0)=\left.\frac{\partial\boldsymbol{F}^{\text{int}}}{\partial\boldsymbol{U}}\right|_{t=t_0} \tag{4.5}$$

$K(t_0)$是在时间 t_0 节点力 $F^{\text{int}}(t)$对节点位移 U 的导数。组合式（4.4）、式（4.5）和式（4.3），有

$$\boldsymbol{K}(t_0)\Delta\boldsymbol{U}=\boldsymbol{R}(t)-\boldsymbol{F}^{\text{int}}(t_0),\ \Delta\boldsymbol{U}=\boldsymbol{K}(t_0)^{-1}[\boldsymbol{R}(t)-\boldsymbol{F}^{\text{int}}(t_0)] \tag{4.6}$$

式（4.6）的解在时间间隔 Δt 的增量节点位移的近似为

$$\boldsymbol{U}(t)=\boldsymbol{U}(t_0)+\Delta\boldsymbol{U} \tag{4.7}$$

为了准确求应力和力，非线性系统式（4.3）要求迭代过程，近似的粗糙解可能导致数值不稳定。

4.3.2 解法

求解非线性系统最广泛使用的算法，是 Newton – Raphson（牛顿 – 拉普森）方法，如图4.3a 所示。式（4.6）和式（4.7）通过迭代应用，迭代步 k 的解作为下一迭代步（$k+1$）的起点

$$\begin{aligned}\Delta\boldsymbol{U}^{k+1}&=\boldsymbol{K}^{k-1}[\boldsymbol{R}(t)-\boldsymbol{F}^{k}]\\\boldsymbol{U}^{k+1}&=\boldsymbol{U}^{k}+\Delta\boldsymbol{U}^{k+1}\end{aligned}\tag{4.8}$$

（$k+1$）迭代步的应力、节点力 F^{k+1} 和切线刚度阵 K^{k+1}，由式（4.8）计算的位移计算。误差 $R(t)-F^{\text{int}}(t)^{k}$ 称为残余量，残余量是不平衡力的数组，要求进一步的位移增量以保持平衡。Newton – Raphson 方法是非常有效率的，但是其可能以计算工作过多为代价。事实上，在每个迭代步，其要求确定节点力数组和组合切线刚度阵。

其他方法能够用于减少计算工作。在改进 Newton（或拟 Newton）方法中，切线刚度阵仅在载荷步开始时计算，在迭代过程中认为其为常数阵，如图 4.3b 所示。在割线方法中，切线刚度阵由割线刚度阵近似，其计算需要两个连续迭代的节点力和位移信息，但是不需要推导刚度阵的表示式，如图 4.3c 所示。

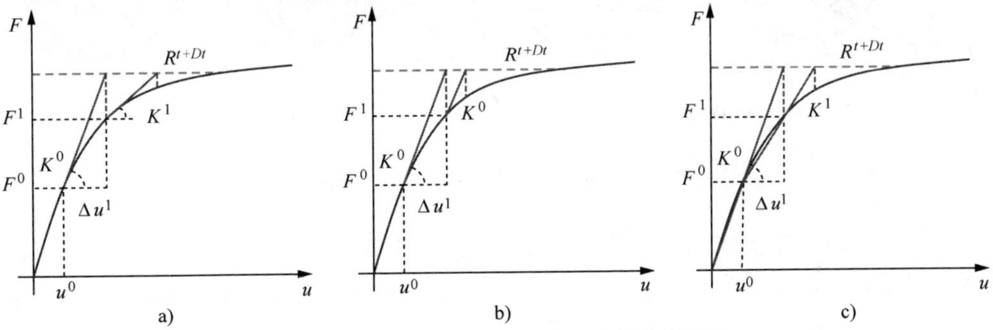

图 4.3　(a) Newton – Raphson 迭代过程原理，
(b) 改进 Newton – Raphson 迭代过程原理，(c) 割线迭代过程原理

迭代过程在满足收敛测试后结束。通常，收敛测试基于解过程中涉及的数组范数，如残余量范数或增量位移范数。在迭代完成时，当全局数组范数小于初始迭代残余量或全位移范数的很小比例时，认为解是正确的

$$|\boldsymbol{R}^{k+1}|\leqslant\epsilon|\boldsymbol{F}^{\text{ext}}|,\ |\Delta\boldsymbol{U}^{k+1}|\leqslant\epsilon|\boldsymbol{U}|$$

式中，ε 为小常数，如 10^{-12} 是希望的误差限。

4.4 连续体力学

非线性有限元方法的描述，要求对连续体力学变量和方程进行简短概述。

一个物体及其约束、面力和体力，都是时间的变量，经历运动后通过常规映射 φ 描述。物体的位置，通过固定的 Cartesian（笛卡儿）坐标系识别，需要确定常规时间间隔 Δt 的物体平衡构型。

没有位移大小限制的连续体运动，可以通过两种不同观点研究。

1）在 Lagrangian 或“材料”体系中，跟踪所有物体质点从初始构型到最后构型的进化，如图 4.4a 所示。

2）在 Eulerian 或“空间”体系中，通过参考体积跟踪材料运动，如图 4.4b 所示，Eulerian 体系在流体力学中广泛使用。

下面仅考虑 Lagrangian 描述。连续体力学问题控制方程两种描述的导出，见几部著名的书籍，如文献［2－4］。

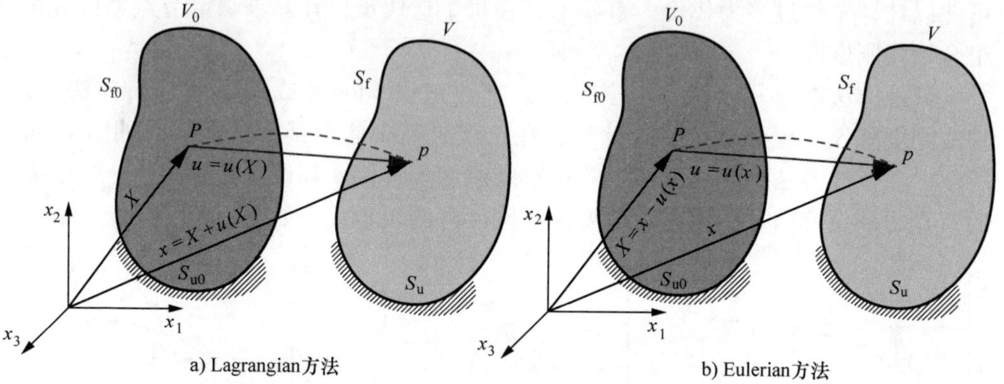

图 4.4 初始和变形构型的连续体，变量定义

参考变量采用大写符号识别，当前构型变量用小写符号识别。对于两种构型，当需要时采用上标符号，上标 0 用于将参考构型与当前构型区别，例如体积用 V^0 和 V 表示。

4.4.1 平衡的强和弱形式

在线性情况中，时间 t 的连续体平衡通过虚功原理以弱形式表示

$$\int_V \sigma_{ij}\delta e_{ij}\mathrm{d}V = W(t),\ \delta e_{ij} = \frac{1}{2}\left(\frac{\partial \delta u_i}{\partial x_j} + \frac{\partial \delta u_j}{\partial x_i}\right) \tag{4.9}$$

式中，x 为点在时间 t 的空间坐标；δu 为在时间 t 的变形构型增加虚（即相容的）位移场的分量；σ_{ij} 为 Caushy 应力张量，表示在当前构型的每单位面积的力；δe_{ij} 为位移梯度的对称部分，由虚位移导出；V 为在时间 t 的体积。

式（4.9）的右端项，表示虚外力功

$$W(t) = \int_V \rho b_i \delta u_i \mathrm{d}V + \int_{S_\mathrm{f}} t_i \delta u_i \mathrm{d}S \tag{4.10}$$

式中，ρb_i 为在时间 t 的每单位体积力；t_i 为在时间 t 的面力；S_f 为定义面力作用的外边界。

式（4.9）第一个公式通过考虑当前平衡构型的无穷小变化导出，其对应于体积 V 内的强平衡方程

$$\frac{\partial \sigma_{ij}}{\partial x_j} + \rho b_i = 0 \tag{4.11}$$

并且在边界 S_f 上

$$\sigma_{ij} n_i = t_j \tag{4.12}$$

式中，n_i 为在 S_f 上定义在时间 t 的外法线。

重要的是要注意到：

1）虚功方程由平衡方程式（4.11）和式（4.12）得到，通过虚位移场将向量方程转换为标量方程，在连续体的体积和表面积分。

2）式（4.9）的第二个公式得到虚变形张量的分量，如同小应变情况中，在时间 t 通过位移场对当前坐标 x_i 的微分，虚变形的表示并不取决于实际位移的大小。

3）虚位移 δu_i 是与实际位移 u_i 的一阶变化相容的，相容性是指在约束边界满足位移边界条件和在内部满足相容性约束。

4）在形式上，虚位移方程与线性分析中使用的方程是一样的，但是其在当前构型中描述，因此，线性虚功方程得到的结果也适用于式（4.9）的第一个公式。

5）与线性分析的本质区别是，时间 t 的当前构型是未知的。这对解过程有强烈的影响，例如不可能应用叠加效应原理；同样，在确定 Cauchy 应力时，说明刚体旋转的存在是必需的。

6）遵循在有限变形中物体构型变化的思路，使用与功联系的应力和应变表示是必需的，两者通过本构方程联系。

4.4.2　变形梯度

变形映射 φ 改善了连续体的构型。在固定坐标系中，初始或未变形构型中质点 P 的位置，通过坐标 $X = \{X_i\}$ 识别。当前或变形构型中同样质点的位置，在时间 t 通过 $x = \{x_i\}$ 识别。当前位置通过初始位置加上对初始位置的位移得到 $x = X + u$ 或者分量 $x_i = X_i + u_i$。为了质点足够接近，构型变量通过变形梯度 F 完全描述

$$F = \frac{\mathrm{d}x}{\mathrm{d}X} = I + \frac{\mathrm{d}u}{\mathrm{d}X},\ F_{ij} = \frac{\mathrm{d}x_i}{\mathrm{d}X_j} = \delta_{ij} + \frac{\mathrm{d}u_i}{\mathrm{d}X_j}$$

F 为映射 φ 的 Jacobian 阵，是实数非对称张量。

行列式 $J=\det(F)$ 称为 Jacobian 转换。在映射 φ 下，变形梯度将 $\mathrm{d}X$ 转换为 $\mathrm{d}x=F\mathrm{d}X$，如图 4.5 所示。

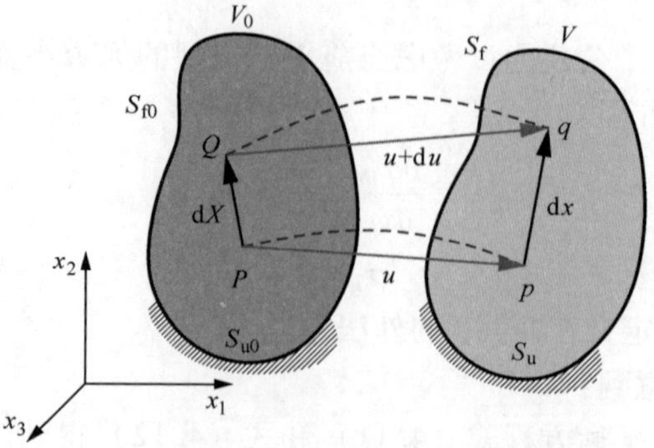

图 4.5　通过映射 φ 的连续体构型变化，$\mathrm{d}X$ 转换为 $\mathrm{d}x=F\mathrm{d}X$

如果变形映射 φ 是连续的和正则的，则 J 是非零的，F 是可逆的

$$F^{-1}=\frac{\mathrm{d}X}{\mathrm{d}x}=I-\frac{\mathrm{d}u}{\mathrm{d}x},\ F_{ij}^{-1}=\frac{\mathrm{d}X_i}{\mathrm{d}x_j}=\delta_{ij}-\frac{\mathrm{d}u_i}{\mathrm{d}x_j}$$

可以证明 J 是局部初密度 ρ_0 和局部当前密度 ρ 之比

$$J=\frac{\rho^0}{\rho}>0$$

显然，在物理意义上，J 的负值是不能接受的。

变形梯度 F 包含一个点邻域关于构型变化的所有信息，包括变形和刚体旋转。理论上，F 能够用于本构关系中，虽然要去除刚体旋转部分。然而，出于实际原因，引入消除刚体旋转的变形表示是更便利的。

4.4.3　变形张量

为从 F 中消除刚体旋转，定义对称的变形表示是可能的。

通过 F 与转置 F^T 的前乘或后乘，分别得到右 Cauchy - Green（柯西 - 格林）伸缩张量 C 和左 Cauchy - Green 伸缩张量 B

$$\boldsymbol{C}=\boldsymbol{F}^T\boldsymbol{F},\ \boldsymbol{B}=\boldsymbol{F}\boldsymbol{F}^T$$

C 为对称实数张量，有 3 个实特征值 C_α 和 3 个正交特征向量 N_α，特征向量定义了未变形或材料参考构型中的 3 个伸缩主方向。同理，B 为对称实数张量，有 3 个实特征值 B_α 和 3 个正交特征向量 n_α，特征向量定义了变形或空间参考构型中的 3 个伸缩主方向。

相对纯变形的右伸缩张量 U 和左伸缩张量 V，定义为

$$\boldsymbol{C}=\boldsymbol{U}^2,\ \boldsymbol{U}=\boldsymbol{C}^{1/2},\ \boldsymbol{B}=\boldsymbol{V}^2,\ \boldsymbol{V}=\boldsymbol{B}^{1/2}$$

C 和 B 是正定张量，其特征值 C_α 和 B_α 是正定的，3 个实数 $\lambda_\alpha=\sqrt{C_\alpha}$ 称为主伸缩，张量 C 和 B 可以谱分解

$$\boldsymbol{C}=\sum_{\alpha=1}^{3}C_\alpha\boldsymbol{N}_\alpha\otimes\boldsymbol{N}_\alpha,\ \boldsymbol{B}=\sum_{\alpha=1}^{3}B_\alpha\boldsymbol{n}_\alpha\otimes\boldsymbol{n}_\alpha$$

显然，U 和 V 也可以谱分解

$$\boldsymbol{U}=\sum_{\alpha=1}^{3}\lambda_\alpha\boldsymbol{N}_\alpha\otimes\boldsymbol{N}_\alpha,\ \boldsymbol{V}=\sum_{\alpha=1}^{3}\sqrt{B_\alpha}\boldsymbol{n}_\alpha\otimes\boldsymbol{n}_\alpha \tag{4.13}$$

另外的变形张量，可以通过分解变形梯度成为变形张量和旋转阵 R 的乘积，有两种替代的形式

$$\boldsymbol{F}=\boldsymbol{RU},\ \boldsymbol{F}=\boldsymbol{VR},\ \boldsymbol{V}=\boldsymbol{RUR}^T \tag{4.14}$$

式（4.14）第一个公式，定义了变形梯度的右极分解；式（4.14）第二个公式，定义了变形梯度的左极分解；旋转阵 R，描述了变形构型对未变形构型的刚体旋转。

极分解的意义，在于任何变形可以作为纯变形（右伸缩）U 的应用，以未变形参考构型中的主方向描述，紧随其后的是刚体旋转 R，如式（4.14）第一个公式所示；或者作为刚体旋转 R 的应用，紧随其后的是纯变形（左伸缩）V，以变形参考构型中的主方向描述，如式（4.14）第二个公式所示。平面纯剪切变形情况下，两个极分解如图 4.6 所示。矩阵 R 的分量通过刚体旋转角 β 确定。

如果 Λ 是包含主伸缩 λ_β 的对角张量，R_{L} 阵列出 3 个特征向量 N_α，式（4.13）的一个公式可以表示为

$$\boldsymbol{U}=\boldsymbol{R}_{\mathrm{L}}\boldsymbol{\Lambda}\boldsymbol{R}_{\mathrm{L}}^T \tag{4.15}$$

矩阵 R_{L} 的分量，通过角 β 确定，用于在应用刚体旋转前识别主伸缩角的位置，如图 4.6 所示。

由式（4.14）的第三式和式（4.15），得

$$\boldsymbol{V}=\boldsymbol{R}_{\mathrm{E}}\boldsymbol{\Lambda}\boldsymbol{R}_{\mathrm{E}}^T,\ \boldsymbol{R}_{\mathrm{E}}=\boldsymbol{RR}_{\mathrm{L}} \tag{4.16}$$

式中，R_{E} 集合了 B 的特征向量，R_{E} 的分量通过角 γ 确定，其识别了主伸缩轴的位置，如图 4.6 所示。

通过比较式（4.13）第二式和式（4.16），显然

$$\sqrt{B_\alpha}=\lambda_\alpha,\ \boldsymbol{n}_\alpha=\boldsymbol{RN}_\alpha$$

即 C 和 B 的特征向量是相等的，而特征向量通过角 R 旋转，对于图 4.6 中的剪切例子，这意味着 $\varphi=\beta+\gamma$。

4.4.4 应变率

在材料质点的运动描述中，必须确定前面提到变形表示的变化率[5,6]。一些

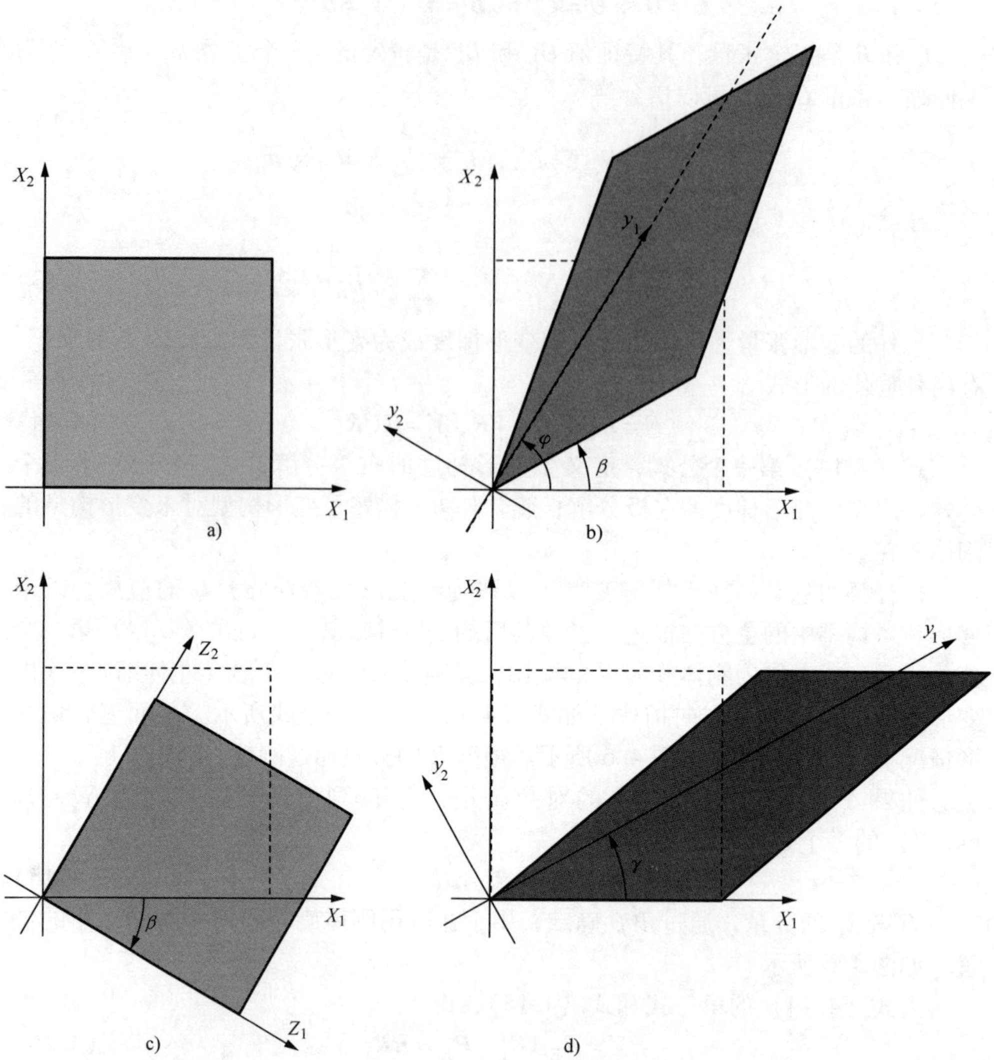

图 4.6　纯剪切情况下的极分解的可视化，（a）→（b）→（d）右分解，（a）→（c）→（d）左分集

定义在下面引入。

旋转率$\dot{R}$为

$$\dot{\boldsymbol{R}} = \boldsymbol{\Omega}_{\mathrm{R}} \boldsymbol{R} \tag{4.17}$$

式中，Ω_{R} 为反对称的旋转张量。

在初始时，即当变形与未变形构型一致时，显然 $R = I$，这有助于理解 Ω_{R} 的意义。主参考系分别对未变形和变形构型的旋转，可以通过类似关系表示

$$\dot{\boldsymbol{R}}_{\mathrm{L}}=\boldsymbol{R}_{\mathrm{L}}\Omega_{\mathrm{L}},\ \dot{\boldsymbol{R}}_{\mathrm{E}}=\boldsymbol{R}_{\mathrm{E}}\Omega_{\mathrm{E}}$$

张量 Ω_{L} 和 Ω_{E} 称为主参考系在未变形和变形构型中的旋转。

速度梯度 L 定义为

$$\boldsymbol{L}=\frac{\mathrm{d}\boldsymbol{v}}{\mathrm{d}\boldsymbol{x}},\ \boldsymbol{v}=\frac{\mathrm{d}\boldsymbol{x}}{\mathrm{d}t}=\frac{\mathrm{d}\boldsymbol{u}}{\mathrm{d}t}$$

式中，v 为质点在变形构型中的速度，如图 4.7 所示。

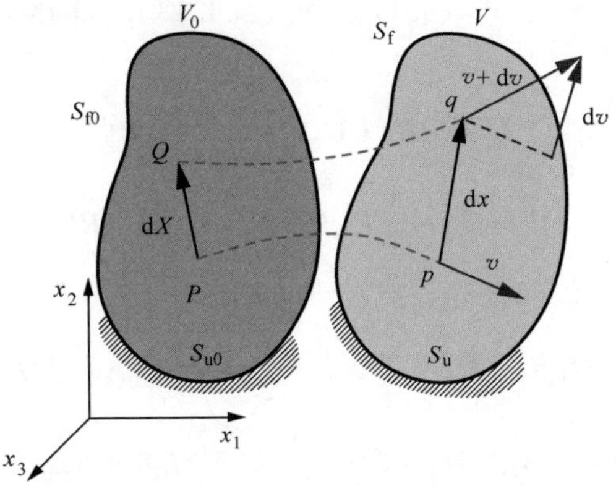

图 4.7　在速度梯度 L 中出现的量 $\mathrm{d}v$ 和 $\mathrm{d}x$ 的意义

张量 L 具有典型速度场的线性结构，分解为两个张量之和，如图 4.8 所示，即对称变形率 D 和反对称旋转张量 W

$$\boldsymbol{L}=\boldsymbol{D}+\boldsymbol{W},\ \boldsymbol{D}=\frac{1}{2}(\boldsymbol{L}+\boldsymbol{L}^{T}),\ \boldsymbol{W}=\frac{1}{2}(\boldsymbol{L}-\boldsymbol{L}^{T})$$

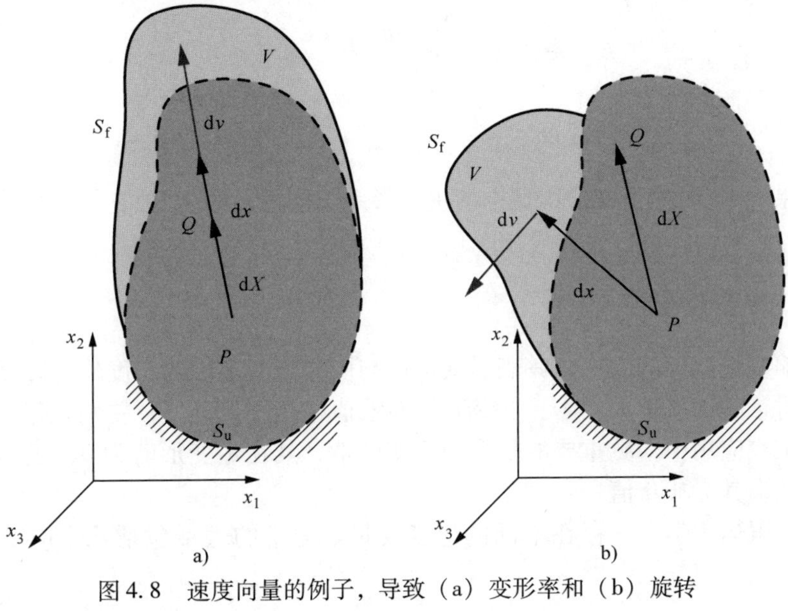

图 4.8　速度向量的例子，导致（a）变形率和（b）旋转

D 和 W 的物理解释非常简单。就速度而言，它们与小应变张量 ε 和小旋转张量 ω 分别对应。在小位移假设下，运动学可以考虑为相对未变形构型的初始运动。

变形梯度速率通过下式计算

$$\dot{\boldsymbol{F}} = \frac{\mathrm{d}\boldsymbol{F}}{\mathrm{d}t} = \frac{\mathrm{d}}{\mathrm{d}t}\left(\frac{\mathrm{d}\boldsymbol{x}}{\mathrm{d}\boldsymbol{X}}\right) = \frac{\mathrm{d}}{\mathrm{d}\boldsymbol{X}}\left(\frac{\mathrm{d}\boldsymbol{x}}{\mathrm{d}t}\right) = \frac{\mathrm{d}\boldsymbol{v}}{\mathrm{d}\boldsymbol{x}}\frac{\mathrm{d}\boldsymbol{x}}{\mathrm{d}\boldsymbol{X}} = \boldsymbol{L}\boldsymbol{F} \tag{4.18}$$

通过使用式（4.14）、式（4.17）和式（4.18），D 和 W 表示为伸缩张量 U 的函数

$$\boldsymbol{D} = \frac{1}{2}\boldsymbol{R}(\dot{\boldsymbol{U}}\boldsymbol{U}^{-1} + \boldsymbol{U}^{-1}\dot{\boldsymbol{U}})\boldsymbol{R}^{T}$$

$$\boldsymbol{W} = \Omega_{\mathrm{R}} + \frac{1}{2}\boldsymbol{R}(\dot{\boldsymbol{U}}U^{-1} - \boldsymbol{U}^{-1}\dot{\boldsymbol{U}})\boldsymbol{R}^{T}$$

而且，通过使用式（4.15），有

$$\begin{aligned}&\boldsymbol{D} = \boldsymbol{R}_{\mathrm{E}}\boldsymbol{D}_{\mathrm{E}}\boldsymbol{R}_{\mathrm{E}}^{T},\ \boldsymbol{D}_{\mathrm{E}} = \dot{\Lambda}\Lambda^{-1} + \frac{1}{2}(\Lambda^{-1}\Omega_{\mathrm{L}}\Lambda - \Lambda\Omega_{\mathrm{L}}\Lambda^{-1})\\&\boldsymbol{W} = \boldsymbol{R}_{\mathrm{E}}\boldsymbol{W}_{\mathrm{E}}\boldsymbol{R}_{\mathrm{E}}^{T},\ \boldsymbol{W}_{\mathrm{E}} = \Omega_{\mathrm{E}} - \frac{1}{2}(\Lambda^{-1}\Omega_{\mathrm{L}}\Lambda + \Lambda\Omega_{\mathrm{L}}\Lambda^{-1})\end{aligned} \tag{4.19}$$

D_{E} 和 W_{E} 为在时间 t 相对主变形轴的变形率和旋转张量。

式（4.19）第二式的对角元素仅包括左边成员的第一个贡献，第二个贡献是两个转置矩阵的差，其主对角元素是零。因此，$\dot{\Lambda}$ 的元素是

$$[\dot{\boldsymbol{\Lambda}}]_{\alpha\alpha} = \lambda_{\alpha}[\boldsymbol{D}_{\mathrm{E}}]_{\alpha\alpha}$$

对于 $\lambda_{\alpha} \neq \lambda_{\beta}$，$\Omega_{\mathrm{L}}$ 和 Ω_{E} 的对角外的元素是

$$[\Omega_{\mathrm{L}}]_{\alpha\beta} = \frac{2\lambda_{\alpha}\lambda_{\beta}}{\lambda_{\beta}^{2} - \lambda_{\alpha}^{2}}[\boldsymbol{D}_{\mathrm{E}}]_{\alpha\beta}$$

$$[\Omega_{\mathrm{E}}]_{\alpha\beta} = [\boldsymbol{W}_{\mathrm{E}}]_{\alpha\beta} - \frac{\lambda_{\alpha}^{2} + \lambda_{\beta}^{2}}{\lambda_{\beta}^{2} - \lambda_{\alpha}^{2}}[\boldsymbol{D}_{\mathrm{E}}]_{\alpha\beta}$$

如果 D 和 W 基于变形构型中的主变形系统描述，$R_{\mathrm{E}} = I$，它们就直接定义了 Ω_{L} 和 Ω_{E}。因而，可以直接导出 $\dot{\Lambda}$。

4.4.5 应变度量

伸缩度量变形的大小，其表示变形段与同样未变形段的长度比。因而，在没有变形时，其都等于1。对于小变形，伸缩值稍微不同于1，差别在第4或第5位。在工程应用中，更重要的是采用应变度量，其在零变形时为0，仅当变形发生时，假设其为非0值。

在有限运动学中，存在不同的应变度量。通常的表示包括几个应变张量的定义

$$\boldsymbol{E}_{\mathrm{G}}=\boldsymbol{R}_{\mathrm{L}}g(\boldsymbol{\Lambda})\boldsymbol{R}_{\mathrm{L}}^{T},\ g(\boldsymbol{\Lambda})=\operatorname{diag}[g(\lambda_i)]$$

式中，λ_i 为主伸缩。

相应的应变率$\dot{E}_{\mathrm{G}}$ 为

$$\dot{\boldsymbol{E}}_{\mathrm{G}}=\boldsymbol{R}_{\mathrm{L}}\dot{\boldsymbol{E}}_{\mathrm{L}}\boldsymbol{R}_{\mathrm{L}}^{T},\ \dot{\boldsymbol{E}}_{\mathrm{L}}=\dot{\Lambda}g'(\Lambda)+\Omega_{L}g(\Lambda)-g(\Lambda)\Omega_{\mathrm{L}} \tag{4.20}$$

可以扩展早期的定义，以便将$\dot{E}_{\mathrm{G}}$ 的分量与 D_{E} 的分量相联系，通用形式为

$$[\dot{\boldsymbol{E}}_{\mathrm{G}}]_{\alpha\beta}=\gamma_{\alpha\beta}[\boldsymbol{D}_{\mathrm{E}}]_{\alpha\beta} \tag{4.21}$$

一旦定义了 $g(\Lambda)$，就可以得到显式的 $\gamma_{\alpha\beta}$。

在工程应用中，最经常使用的应变度量是

1. 小应变张量 $\boldsymbol{\varepsilon}$

$$\boldsymbol{\varepsilon}=\boldsymbol{R}_{\mathrm{L}}(\boldsymbol{\Lambda}-\boldsymbol{I})\boldsymbol{R}_{\mathrm{L}}^{\mathrm{T}}$$

以 Cartesian 分量显式引入位移

$$\varepsilon_{ij}=\frac{1}{2}(u_{i,j}+u_{j,i})$$

2. Green – Lagarange 应变张量 $\boldsymbol{E}$

$$\boldsymbol{E}=\boldsymbol{R}_{\mathrm{L}}\frac{1}{2}(\boldsymbol{\Lambda}^{2}-\boldsymbol{I})\boldsymbol{R}_{\mathrm{L}}^{T}=\frac{1}{2}(\boldsymbol{C}-\boldsymbol{I})$$

以 Cartesian 分量显式引入位移

$$E_{ij}=\frac{1}{2}(u_{i,j}+u_{j,i}+u_{k,i}u_{k,j})$$

如果物体经历了刚体旋转 R，则 E 的分量并不变化。实际上，F 的刚体旋转部分 R 没有进入 E 的定义中。

$\gamma_{\alpha\beta}$表示为

$$\gamma_{\alpha\beta}=\lambda_{\alpha}\lambda_{\beta} \tag{4.22}$$

组合式（4.19）的第一式至式（4.22），得到下列关系

$$\dot{\boldsymbol{E}}=\boldsymbol{F}^{\mathrm{T}}\boldsymbol{D}\boldsymbol{F},\ \boldsymbol{D}=\boldsymbol{F}^{-1}\dot{\boldsymbol{E}}\boldsymbol{F}^{-1} \tag{4.23}$$

通过由 E 对时间微分，也可以得到上式。

3. Hencky 或代数应变张量 $\boldsymbol{\epsilon}$

$$\boldsymbol{\epsilon}=\boldsymbol{R}_{\mathrm{L}}\log\boldsymbol{\Lambda}\boldsymbol{R}_{\mathrm{L}}^{T}=\frac{1}{2}\log\boldsymbol{C}$$

$\gamma_{\alpha\beta}$表示为

$$\gamma_{\alpha\beta}=\begin{cases}1 & \text{if } \lambda_{\alpha}=\lambda_{\beta}\\ \dfrac{2\lambda_{\alpha}\lambda_{\beta}}{\lambda_{\alpha}^{2}-\lambda_{\beta}^{2}}\log\dfrac{\lambda_{\beta}}{\lambda_{\alpha}} & \text{otherwise}\end{cases} \tag{4.24}$$

由于式（4.24）的复杂性，不可能找到 $\boldsymbol{\epsilon}\in$ 和 D 之间的显式关系。Hencky 应变常用于非弹性分析，此时，用于 $\boldsymbol{\epsilon}$ 正确的增量关系通过共轭功定义。

图4.9 比较了单轴情况下的3种应变度量 ε_{ij}、ϵ_{ij}和 E_{ij}。小应变条件下，即当伸缩彼此接近时，3种度量是一致的。

Eulerian 应变度量的一个例子，是 Almansi 应变张量。其与 Green – Lagarange 的关系为

$$\boldsymbol{A}=\frac{1}{2}[\boldsymbol{I}-\boldsymbol{B}^{-1}]=\frac{1}{2}[\boldsymbol{I}-\boldsymbol{F}^{-T}\boldsymbol{F}^{-1}]=\boldsymbol{F}^{-T}\boldsymbol{E}\boldsymbol{F}^{-1}$$

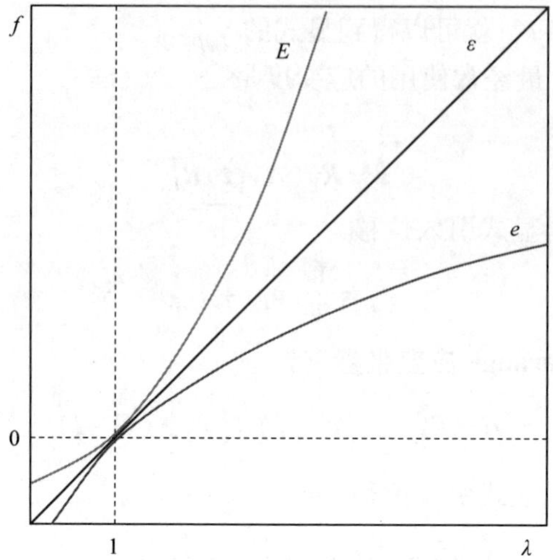

图4.9 单轴情况下变形度量的比较，最低的曲线对应于代数变形，直线对应于工程变形（小应变），最上的曲线对应于 Green – Lagarange

以 Cartesian 分量表示为

$$A_{ij}=\frac{1}{2}[u_{i,j}+u_{j,i}-u_{k,i}u_{k,j}]$$

不同于 Green – Lagarange 应变张量，Almansi 应变张量分量在刚体旋转时不是不变的。

4.4.6 应力度量

用于有限变形的应力度量，取决于应变度量的选择。Cauchy 应力 σ 是在当前构型中定义，适合于 Eulerian 体系。在 Lagrangian 体系中，最常使用的应力度量是第一和第二 Piopa – Kirchhoff 张量 P 和 S。两个 Piopa – Kirchhoff 张量没有精确的物理意义，引入它们是为了提供面力，即每单位未变形表面的力。因此，在大应变中具有唯一物理意义的应力度量，是 Cauchy 应力。

图4.10 给出了两个面力向量。面力 dt 作用在基本变形表面 dS 上，而面力 dT 作用在基本的未变形表面 dS^0 上。第一 Piopa – Kirchhoff 张量 P 是当前面力 dt

与未变形表面 dS^0 之比。因而，面力 dt 与未变形参考系中 dS^0 的法线 N 非自然联系起来。将 Cauchy 应力的定义扩展到未变形表面，得

$$\mathrm{d}\boldsymbol{t} = (\boldsymbol{n\sigma})\mathrm{d}S = (\boldsymbol{NP})\mathrm{d}S^0$$

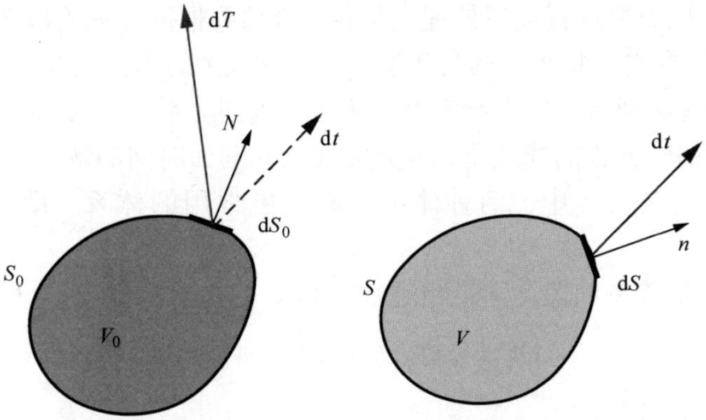

图 4.10　定义 Piopa－Kirchhoff 应力张量的面力向量

第二 Piopa－Kirchhoff 应力张量 S 使用面力 dT，通过同样的 dX 和 dx 关系与 dt 联系，即变形梯度的逆 F^{-1}。其也同样指未变形表面 dS^0

$$\mathrm{d}\boldsymbol{T} = \boldsymbol{F}^{-1}\mathrm{d}\boldsymbol{t} = \boldsymbol{F}^{-1}(\boldsymbol{n\sigma})\mathrm{d}S = (\boldsymbol{NS})\mathrm{d}S^0$$

为了找到 σ、P 和 S 的关系，需要通过 Nanson（南森）公式将变形面积 dS 表示为未变形面积 dS^0 的函数

$$\boldsymbol{n}\mathrm{d}S = J\boldsymbol{NF}^{-1}\mathrm{d}S^0$$

得

$$\boldsymbol{\sigma} = J^{-1}\boldsymbol{FSF}^T = J^{-1}\boldsymbol{FP} \tag{4.25}$$

不同于 σ 和 S，P 是非对称的。

如果应变张量和应力张量对应分量乘积之和是每单位体积的物理功或能量，则称它们是功共轭。在本构关系中，仅有功共轭的张量能够使用。第二 Piopa－Kirchhoff 应力张量 S 与 Green－Lagarange 应变张量 E 是功共轭的，而第一Piopa－Kirchhoff 应力张量 P 与变形梯度 F 是功共轭的。

在有限变形分析中，S 和 E 是最广泛使用的张量对。在刚体旋转下，S 和 E 都不变化。既然刚体旋转不影响 Cauchy－Green 应变张量 C，作为其定义的结果，如果施加刚体旋转，S 和 E 的分量也不变化[1]。这个性质，称为材料参考不变性，不适用于应力率。

4.5　虚功方程的非线性表示

对于载荷加载过程的时间 t，$0 \leqslant t \leqslant T$，式（4.9）中第一式的内部虚功能够

以式（4.25）和式（4.23）形式表示，且$\rho\mathrm{d}V=\rho^0\mathrm{d}V^0$

$$\int_V\sigma_{ij}\delta e_{ij}\mathrm{d}V = \int_V\left(\frac{\rho}{\rho^0}F_{ih}S_{hk}F_{jk}\right)(F_{il}^{-1}\delta E_{lm}F_{jm}^{-1})\mathrm{d}V = \int_{V^0}S_{hk}\delta E_{hk}\mathrm{d}V^0 \tag{4.26}$$

外部功 W 也需要进行类似处理，其表示必须要根据考虑的特殊情况导出。

式（4.9）或式（4.26）的封闭解，是指时间 t 的未知构型，不能导出，以近似形式得到解。通常，解在给定时间确定，通过常数间隔 Δt，例如 $t=t_0+\Delta t$ 区别。近似是基于方程的线性化，并且需要已知前面时间的解。然后，精度通过迭代方法改善。在实际中，两种体系已成为更常用的体系，即 TL 方法和 UL 方法。

TL 方法是指静态和运动学量相对时间 $t=0$ 的初始构型

$$\int_{V^0}S_{hk}(t)\delta E_{hk}(t)\mathrm{d}V^0 = W^0(t) \tag{4.27}$$

UL 方法是指静态和运动学量相对时间 $t=t_0$ 的构型，同时变形以 t_0 和 t 之间增量 ΔE_{hk}表示

$$\int_{V^t}S_{hk}(t)\delta\Delta E_{hk}\mathrm{d}V^t = W^t(t)$$

两种体系包括所有有限运动学的作用，即大位移、大旋转和大变形。但是，方法正确性取决于采用的本构关系，体系的选择由计算效率决定。

体系是基于控制方程、应力和应变的一致线性化。

4.5.1　TL 方法

虚功方程的 TL 方法基于下列步骤：

1）在时间 $t=0$，应力 $S_{hk}(t)$初始构型变量表示

$$S_{hk}(t)=\frac{\rho^0}{\rho}F_{ih}^{-1}\sigma_{ij}(t)F_{jk}^{-1},\ F_{ih}^{-1}=\frac{\mathrm{d}X_i}{\mathrm{d}x_h(t)}$$

2）同理，在时间 $t=0$，变形 $E_{hk}(t)$以初始构型变量的函数表示

$$E_{hk}(t)=\frac{1}{2}(u_{h,k}(t)+u_{k,h}(t)+u_{j,h}(t)u_{j,k}(t)),\ u_\mathrm{h}(t)=x_\mathrm{h}(t)-X_\mathrm{h}$$

3）应力以前一步值和参考初始构型增量 ΔS_{hk}之和表示

$$S_{hk}(t)=S_{hk}(t_0)+\Delta S_{hk}$$

4）位移以前一步值和参考初始构型增量 Δu_h 之和表示

$$u_\mathrm{h}(t)=u_\mathrm{h}(t_0)+\Delta u_\mathrm{h} \tag{4.28}$$

一致变形为 3 项之和

$$E_{hk}(t)=E_{hk}(t_0)+\Delta E_{hk}=E_{hk}(t_0)+\Delta e_{hk}+\Delta\eta_{hk} \tag{4.29}$$

① 已知项（具有零值变化）

$$E_{hk}(t_0)=\frac{1}{2}(u_{h,k}(t_0)+u_{k,h}(t_0)+u_{j,h}(t_0)u_{j,k}(t_0))$$

② 在增量 $\Delta u_{h,k}$ 内的线性变化项（说明初始位移）

$$\Delta e_{hk}=\frac{1}{2}(\Delta u_{h,k}+\Delta u_{k,h}+\Delta u_{j,h}u_{j,k}(t_0)+u_{j,h}(t_0)\Delta u_{j,k})$$

③ 在增量 $\Delta u_{h,k}$ 内的二次项

$$\Delta\eta_{hk}=\frac{1}{2}\Delta u_{j,h}\Delta u_{j,k}$$

5）在虚功方程中放入式（4.29）变形的变化

$$\delta E_{hk}=\delta\Delta E_{hk}=\delta\Delta e_{hk}+\delta\Delta\eta_{hk}$$

得到

$$\int_{V^0}\Delta S_{hk}\delta\Delta E_{hk}\mathrm{d}V^0+\int_{V^0}S_{hk}(t_0)\delta\Delta\eta_{hk}\mathrm{d}V^0=W^0(t)-\int_{V^0}S_{hk}(t_0)\delta\Delta e_{hk}\mathrm{d}V^0 \tag{4.30}$$

式（4.30）左端在位移增量内是强非线性的，式（4.30）右端包含所有已知项，当前位移已知时，积分是已知的。

6）左端第二个积分是 $\Delta u_{h,k}$ 的线性函数，不需要变化；第一个积分通过应力的 Taylor（泰勒）展开和使用式（4.29）线性化

$$\Delta S_{hk}\approx\left.\frac{\partial S_{hk}}{\partial E_{ij}}\right|_t\Delta E_{ij}=C_{hkij}^t(\Delta e_{ij}+\Delta\eta_{ij})$$

在时间 t 的材料切线刚度 C_{hkij}^t，是参考时间 t_0 的构型。最后，线性化变形增量

$$\Delta E_{ij}\approx\Delta e_{ij}$$

此时，式（4.30）的第一个积分是位移增量 $\Delta u_{h,k}$ 的线性函数，这给出 TL 方法的虚功方程

$$\int_{V^0}C_{hkij}^t\Delta e_{ij}\delta\Delta e_{hk}\mathrm{d}V^0+\int_{V^0}S_{hk}(t_0)\delta\Delta\eta_{hk}\mathrm{d}V^0=W^0(t)-\int_{V^0}S_{hk}(t_0)\delta\Delta e_{hk}\mathrm{d}V^0 \tag{4.31}$$

4.5.2　UL 方法

虚功原理的 UL 方法基于下列步骤：

1）在参考时间 t_0，应力 $S_{hk}(t)$ 以初始构型变量表示

$$S_{hk}(t)=\frac{\rho^{t_0}}{\rho}F_{ih}^{-1}\sigma_{ij}(t)F_{jk}^{-1},\ F_{ih}^{-1}=\frac{\mathrm{d}x_i(t_0)}{\mathrm{d}x_h(t)}$$

2）由于变形参考前一步，其值与变形增量 ΔE_{hk} 一致，变形以前一步位移 u_h

$(t)=\Delta u_h$ 的函数表示

$$\Delta E_{hk}=\frac{1}{2}(\Delta u_{h,k}+\Delta u_{k,h}+\Delta u_{j,h}\Delta u_{j,k}),\ \Delta u_h=u_h(t)-u_h(t_0)$$

3）应力分解成两项，第一项是前一步结束时的应力，与前一步的 Cauchy 应力 σ_{hk}对应，第二项是在前一步的增量

$$S_{hk}(t)=\sigma_{hk}(t_0)+\Delta S_{hk}$$

4）采用与 TL 相同的分解，应变表示为两项之和

$$\Delta E_{hk}=\Delta e_{hk}+\Delta\eta_{hk} \tag{4.32}$$

① 在位移增量 $\Delta u_{h,k}$内的线性项

$$\Delta e_{hk}=\frac{1}{2}(\Delta u_{h,k}+\Delta u_{k,h})$$

② 在增量 $\Delta u_{j,k}$内的二次项

$$\Delta\eta_{hk}=\frac{1}{2}\Delta u_{j,h}\Delta u_{j,k}$$

5）虚功方程以增量应变变化的形式表示

$$\int_{V^t}\Delta S_{hk}\delta\Delta E_{hk}\mathrm{d}V^t+\int_{V^t}\sigma_{hk}(t_0)\delta\Delta\eta_{hk}\mathrm{d}V^t=W^t(t)-\int_{V^t}\sigma_{hk}(t_0)\delta\Delta e_{hk}\mathrm{d}V^t \tag{4.33}$$

式（4.33）左端在位移增量内是强非线性的，式（4.33）右端包含所有已知项，当位移已知时，积分是已知的。

6）通过线性化本构关系，增量应力表示为 $\Delta S_{hk}=C^t_{hkij}\Delta e_{ij}$，在时间 t 的材料切线刚度 C^t_{hkij}，是时间 t 的构型；应变表示为 $\delta\Delta E_{hk}=\delta\Delta e_{hk}$。UL 方法中的虚功方程为

$$\int_{V_t}C^t_{hkij}\Delta e_{ij}\delta\Delta e_{hk}\mathrm{d}V^t+\int_{V^t}\sigma_{hk}(t_0)\delta\Delta\eta_{hk}\mathrm{d}V^t=W^t(t)-\int_{V^t}\sigma_{hk}(t_0)\delta\Delta e_{hk}\mathrm{d}V^t \tag{4.34}$$

式（4.31）和式（4.34）的表述是非常类似的，唯一的区别是概念以及静态与运动学变量表示参考系的选择。如果使用正确的应力和应变，由两个体系得到的结果是一致的。TL 或 UL 的选择，只是涉及计算效率。通常，TL 方法提供了更复杂的刚度阵，原因是初始位移的存在。

需要注意的是，在非线性可以限制到材料的情况下，即小位移，可以使用要求不高的方法。虚功方程能够以未变形构型表示，忽略几何变化，应变仅用线性分量。此时，TL 和 UL 减少到相同的表示

$$\int_V C^{t(k-1)}_{hkij}\Delta e^{(k)}_{ij}\delta\Delta e_{hk}\mathrm{d}V=W(t)-\int_V\sigma^{(k-1)}_{hk}\delta\Delta e_{hk}\mathrm{d}V$$

特别是对于线弹性材料，其与经典的虚功原理一致。

综上所述，式（4.31）和式（4.34）用于计算时间 t 的增量位移，总位移通过式（4.28）近似。应变通过式（4.29）或式（4.32）确定，应力通过本构方程在下部分描述。

4.6　本构关系

对于有限位移分析，采用适当的本构关系是必需的。如果有限变形行为通过 TL 方法描述，本构关系要通过有限应变表示。

表 4.2 总结了用于有限变形的不同模型，内部变量 q_{h} 是标量、向量或张量，需要在非线性材料本构行为中引入，以跟踪载荷历史。

表 4.2　材料行为模型

材料模型	特性	材料
线弹性	$\sigma_{ij}=C_{ijhk}\varepsilon_{hk}$	钢，$\sigma_{ij}<\sigma_{\mathrm{y}}$
非线性弹性	$\sigma_{ij}=C_{ijhk}(\varepsilon_{hk})\varepsilon_{hk}$	铝
超弹性	$S_{ij}=\partial W/\partial E_{ij}$	橡胶
次弹性	$\mathrm{d}\sigma_{ij}=C_{ijhk}\mathrm{d}\epsilon_{hk}$	混凝土
弹塑性	$\mathrm{d}S_{ij}=C_{ijhk}^{t}(E_{hk},q_{\mathrm{h}})\mathrm{d}E_{hk}$	钢，$\sigma_{ij}\leqslant\sigma_{\mathrm{y}}$
蠕变	$S_{ij}=C_{ijhk}(E_{hk},t)E_{hk}$	高温金属
黏弹性	$\mathrm{d}S_{ij}=C_{ijhk}(E_{hk},E_{hk},q_{\mathrm{h}})\mathrm{d}E_{hk}$	聚合物

非线性分析以增量形式处理，排除了直接方法。在每个时间增量 Δt，非线性分析要求一系列步的迭代，直到收敛条件满足。显然，每个前一步结束时的解，即 $S_{ij}(t_0)$、$E_{ij}(t_0)$ 和 $q_{\mathrm{h}}(t_0)$ 是已知的。

1）已知节点位移 $U(t)^{(k-1)}$，计算对应的应变 $E(t)^{(k-1)}$。

2）一系列计算。

① 应力 $S(t)^{(k-1)}$。在弹性分析中，在（$k-1$）迭代结束时，应力直接由应变 $E(t)^{(k-1)}$ 计算。在非弹性分析中，应变由下列方程积分计算

$$\boldsymbol{S}(t)^{(k-1)}=\boldsymbol{S}(t_0)+\int_{t_0}^{t^{(k-1)}}\mathrm{d}\boldsymbol{S} \tag{4.35}$$

② 材料的切线刚度 $C^{(k-1)}$。在弹性分析中，在（$k-1$）迭代结束时，其直接由应变 $E(t)^{(k-1)}$ 得到。在非弹性分析中，刚度阵是针对（$k-1$）迭代结束时的状态 t，要通过式（4.35）的积分过程一致计算得到。如果使用等参有限元，应变和应力需要在所有网格的积分点计算，以便使用步骤 3）定义的方程。

③ 内部变量 $q(t)^{(k-1)}$，仅在非弹性分析计算。

3）应力和材料刚度阵对每个单元进行数值积分，建立局部节点力数组 $F^{\mathrm{int}}(t)^{(k-1)}$ 和局部单元刚度阵 $K(t)^{(k-1)}$。

4）在（k）迭代步的节点位移增量$\Delta U^{(k)}$通过下式计算

$$\boldsymbol{K}(t)^{(k-1)}\Delta\boldsymbol{U}^k=\boldsymbol{R}(t)-\boldsymbol{F}^{\text{int}}(t)^{(k-1)}$$

$$\boldsymbol{U}(t)^k=\boldsymbol{U}(t)^{(k-1)}+\Delta\boldsymbol{U}^k$$

重复步骤1）~4）直到收敛。

在前一步迭代结束时，如果所有变量，即应变、应力和内部变量是已知的，上述过程发挥作用。在所有积分点和每次迭代时，要更新变量。因此，采用最有效率的计算程序是现有的任务。

非线性弹性分析和非弹性分析的主要区别是，前者能够使用总变量，不需要增量方法。

4.6.1 线性弹性行为

虽然不逼真，但是有限变形中最简单的材料模型是 Hooke（胡克）定律。在 TL 方法中，其表示为

$$S_{ij}=C_{ijhk}E_{hk} \tag{4.36}$$

这里，对于线性方法，Green - Lagrange 应变张量E代替了小应变张量ε，第二 Piola - Kirchhoff 应力张量S代替了 Cauchy 应力张量σ。在形式上，除了应力和应变表示外，式（4.36）与式（4.1）一致。

在大位移、大旋转和小应变体系中，式（4.36）是自然的材料（Lagrange）描述。事实上，Green - Lagrange 张量E和第二 Piola - Kirchhoff 应力张量S的分量在固定参考系中表示，当物体经历刚体旋转和平动时，它们并不变化。因此，仅是伸缩导致应变增量。

前面的论述不仅对线性弹性行为重要。事实上，任何在材料描述中针对小位移分析的本构关系，即以小应变张量ε和 Cauchy 应力张量σ表示的材料，如果用 Green - Lagrange 应变张量E代替小应变张量ε，第二 Piola - Kirchhoff 应力张量S代替 Cauchy 应力张量σ，就可以直接用于大位移、大旋转和小应变分析。

这种考虑具有实际意义，许多工程问题含有大位移和大旋转，但是可以处理为小应变。例如，在细长梁和薄壳中就是如此。

为了在 UL 方法中使用式（4.36），虚功方程式（4.27）要表示为

$$\int_{V^0}C_{ijhk}(t_0)E_{hk}(t_0)\delta E_{ij}(t_0)\,\mathrm{d}V^0=W^0(t_0) \tag{4.37}$$

然后，引入相对当前构型的新本构张量C_{mnrs}

$$C_{mnrs}=\frac{\rho(t_0)}{\rho^0}F_{mi}F_{nj}C_{ijhk}(t_0)F_{rh}F_{sk},\ C_{ijhk}(t_0)=\frac{\rho^0}{\rho(t_0)}F_{im}^{-1}F_{jn}^{-1}C_{mnrs}F_{hr}^{-1}F_{ks}^{-1} \tag{4.38}$$

易于证明，当前构型中小应变张量的变化表示为[1]

$$\delta\varepsilon_{mn} = F_{im}^{-1} F_{jn}^{-1} \delta E_{ij} \tag{4.39}$$

在式（4.37）中代入式（4.38）和式（4.39），转换对初始体积的积分成为对当前体积的积分，得

$$\int_{V^t} C_{mnrs} A_{rs} \delta\varepsilon_{mn}(t_0) \mathrm{d}V^t = W(t_0)$$

式中，A_{rs}为 Almansi 应变张量的分量，且

$$\sigma_{mn} = C_{mnrs} A_{rs} \tag{4.40}$$

上式是以 UL 方法表示的 Hooke 定律。实际上，通过在 σ 中转换 S 和使用式（4.9），可以得到同样的结果，这样避免了 C_{mnrs}的计算，计算上更有效率。

TL 和 UL 方法的等效性，适用于任何应力水平，虽然 Hooke 定律仅在小应变范围内严格有效。

重要的是要注意到，同样的常数是否可用于在 TL 中确定式（4.36）和在 UL 中确定式（4.40）。对于小应变，没有观察到非相关差异的结果。相反，如果应变是大的，两种方法给出不同的结果。但是，如果式（4.38）用于转换一个方法的材料常数到另一个方法的材料常数，就会得到相同的结果。

4.6.2　非线性弹性行为

在标准应用中，材料表现为大应变，如橡胶，非线性可逆行为（超弹性）可以通过应变能密度函数 W 表征

$$S_{ij} = \frac{\partial W}{\partial E_{ij}}, \quad C_{ijhk} = \frac{\partial^2 W}{\partial E_{ij} \partial E_{hk}}$$

如果材料是各向同性的，则 W 可以表示为 C 和 λ^2 特征值的函数，或者 C 的不变量 I_1、I_2 和 I_3 的函数[5,6]

$$I_1 = \lambda_1^2 + \lambda_2^2 + \lambda_3^2, \ I_2 = \lambda_1^2\lambda_2^2 + \lambda_2^2\lambda_3^2 + \lambda_3^2\lambda_1^2, \ I_3 = \lambda_1^2\lambda_2^2\lambda_3^2 = J^2$$

因而，各向同性材料的应变能函数可以表示为

$$W = W(\lambda_1^2, \lambda_2^2, \lambda_3^2) = W(I_1, I_2, I_3)$$

假设 W 是连续、光滑和可微的，可以通过幂系列表示

$$W(I_1, I_2, I_3) = \sum_{p,q,r=0}^{\infty} c_{pqr}(I_1 - 3)^p (I_2 - 3)^q (I_3 - 1)^r \tag{4.41}$$

式中，系数 c_{pqr}是独立于应变的。尤其是，未变形构型的条件 $W=0$，意味着 $c_{000}=0$ 和 $c_{100}+2c_{010}+c_{001}=0$。

通过去除对不变量 I_2 的依赖性，可以得到特殊的材料类

$$W(I_1, I_3) = c_1(I_1 - 3) + g(I_3)$$

这种特殊材料类称为 Neo(新)－Hooken，可扩展到压缩范围。应变能密度的一个例子中，具有 $g(I_3)$选择尤其令人满意

$$W(I_1)=\frac{1}{2}\mu(I_1-3-2\log J)+\frac{1}{2}K(J-1)^2$$

式中，K 为与材料体积模量有关的参数。

不可压缩材料

橡胶状的材料表现出拟不可压缩行为[5,6]，不可压缩约束（体积不变）通过下列条件表示

$$I_3=\lambda_1^2\lambda_2^2\lambda_3^2=1,\ \lambda_3^2=\lambda_1^{-2}\lambda_2^{-2}$$

对于这种材料，式（4.41）可以表示为

$$W(I_1,I_2)=\sum_{p,q=0}^{\infty}c_{pq}(I_1-3)^p(I_2-3)^q$$

在最普及的橡胶材料模型中，值得提到下面的模型。

1. Mooney – Rivlin（鲁尼 – 里夫林）模型

$$W(I_1,I_2)=\frac{1}{2}\mu_1(I_1-3)-\frac{1}{2}\mu_2(I_2-3),\ \mu=\mu_1-\mu_2$$

也表示为

$$W(\lambda_1^2,\lambda_2^2)=\frac{1}{2}\mu_1(\lambda_1^2+\lambda_2^2+\lambda_1^{-2}\lambda_2^{-2}-3)-\frac{1}{2}\mu_2(\lambda_1^{-2}+\lambda_2^{-2}+\lambda_1^2\lambda_2^2-3)$$

式中，μ 为剪切模量 G 和 $E=6(\mu_1+\mu_2)$。

2. Neo – Hookean 模型

$$W(I_1)=\frac{1}{2}\mu(I_1-3)$$

也表示为

$$W(\lambda_1^2,\lambda_2^2)=\frac{1}{2}\mu(\lambda_1^2+\lambda_2^2+\lambda_1^{-2}\lambda_2^{-2}-3)$$

3. Oden 模型

$$W(\lambda_1,\lambda_2)=\sum_{n=1}^{3}\frac{\mu_n}{\alpha_n}(\lambda_1^{\alpha_n}+\lambda_2^{\alpha_n}+\lambda_1^{-\alpha_n}\lambda_2^{-\alpha_n}-3)$$

式中，μ_n 和 α_n 为材料常数，有下列关系

$$2\mu=\sum_{n=1}^{3}\alpha_n\mu_n$$

不同橡胶模型的材料响应和单轴载荷过程的比较，如图4.11所示。

不可压缩材料模型的使用，引入了数值复杂性，这种现象称为体积闭锁。为避免与之相关的困难，采用混合方法。混合方法在位移场和静态场离散主要变量，例如各向同性压力[1]。

4.6.3　非弹性行为

当应力值不仅取决于应变，也取决于载荷历史时，材料行为称为非弹性。非

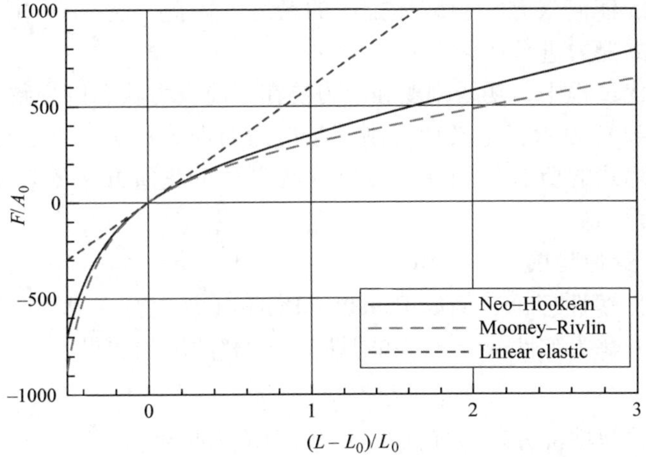

图 4.11 橡胶单轴响应与 Hooke 定律线性响应的比较

弹性行为的例子是弹塑性、蠕变、黏塑性。对载荷历史的依赖，要求采用可以跟随载荷历史的增量分析。

如前所述，有三种可能的运动学体系。

1）SD – SR – SS，小位移、小旋转和小应变。采用 MN 方法，非线性仅与材料行为有关。

2）LD – LR – SS，大位移、大旋转和小应变。采用 TL 方法，其也可以用于大应变问题。如果假定是小应变，采用 Green – Lagarange 和第二 Piola – Kirchhoff 张量分别代替工程度量的应变和应力，可以采用 MN 方法的同样材料模型。

3）LD – LR – LS，大位移、大旋转和大应变。采用 TL 方法或 UL 方法，没有本质区别。重要的是要注意到，在这种情况下，本构方程更复杂，会遇到数值运行的困难。

既然前两个运动学体系采用相同的本构关系，下面仅讨论 MN 方法，采用 TL 方法的大应变在其后讨论。

在时间 t，已经得到位移、应变、应力和内部变量的完全和准确解，所有迭代方案是基于两个连续步骤。

1）时间 t 的材料切线刚度的计算，表示为

$$C_{ijhk}^{t} = \left.\frac{\partial \sigma_{ij}}{\partial \varepsilon_{hk}}\right|_{t} \tag{4.42}$$

材料的切线刚度在确定系统全局切线刚度阵中使用，如果切线刚度计算不准确，迭代得到的位移也是不准确的，算法的收敛率也就减少。

2）时间 t 的应力、非弹性应变和内部变量的计算。如果应力计算不准确，数值误差通常不能在后续的迭代中恢复。在实际中，确定 $\sigma_{ij}(t)$、非弹性应变或

内部变量引入的任何误差，会破坏方法的精度。因此，为了预测系统的力学响应，要对算法的能力进行协调。

在平衡迭代过程中，切线刚度和应力要在当前应力状态以一致方式计算。一致性由式（4.42）表示，定义切线刚度是应力对应变的偏导数，偏导要求考虑对应变显式和隐式的所有依赖性。一致性概念对于数值方法的效率是非常重要的，将在下面说明。

4.6.3.1 小应变弹塑性（Von Mises）

小应变的弹塑性理论，例如 Prandtl - Reuss（普兰特 - 罗伊斯）方程[2,7]，基于增量应变分解为弹性部分 $d\varepsilon_{ij}^{e}$和塑性部分 $d\varepsilon_{ij}^{p}$的附加假设

$$d\varepsilon_{ij} = d\varepsilon_{ij}^{e} + d\varepsilon_{ij}^{p}$$

只有应变的弹性部分通过弹性张量 C_{ijhk}^{e}对应力贡献

$$d\sigma_{ij} = C_{ijhk}^{e}(d\varepsilon_{ij} - d\varepsilon_{ij}^{p}) \tag{4.43}$$

增量总应变通常是已知的问题数据，为了计算应变的不可逆或非弹性部分，材料模型要由非弹性的本构关系确定。

1）依赖应力的塑性函数，确定多轴应力状态组合导致的塑性应变，表示为

$$f_{\mathrm{y}}(\sigma_{ij}, \varepsilon_{ij}^{p}, q_{\alpha}) \leqslant 0$$

如果$f_{\mathrm{y}} < 0$，假定材料响应是弹性的；如果$f_{\mathrm{y}} = 0$，根据增量应变的符号，响应可是弹性的，也可是塑性的。后者的条件称为塑性条件，指塑性应变能够形成的状态。

2）流动法则，确定塑性应变的增量，是应力和应力增量的函数。流动法则描述了塑性应变的进化，材料可以表现出联合的塑性行为。此时，塑性应变直接指向f_{y} 的梯度，即其平行于塑性函数的法线。联合塑性流动的一个法则为

$$d\varepsilon_{ij}^{p} = \frac{\partial f_{\mathrm{y}}(\sigma_{ij}, \varepsilon_{ij}^{p})}{\partial \sigma_{ij}}\lambda$$

式中，λ 为标量，度量了塑性应变的大小。

3）硬化或软化准则，描述塑性函数具有的塑性应变或更一般的非弹性现象进化，如断裂和损伤等。硬化/软化准则修改了在f_{y} 使用的内部变量 q_{α} 和塑性条件。

在标准的 von Mises 塑性中，体积塑性变形是零。为了利用这一性质，在弹性本构关系式（4.43）中分离出偏差部分和体积部分是很便利的，即

$$\boldsymbol{s}(t) = 2\mu[\boldsymbol{e}(t) - \boldsymbol{e}^{p}(t)],\ \mu = \frac{E}{2(1+\nu)} \tag{4.44}$$

$$\sigma_{m}(t) = 3K\varepsilon_{m}(t),\ K = \frac{E}{3(1-2\nu)} \tag{4.45}$$

式中，s 为偏应力；σ_{m} 为平均压力或等向压力；e 为偏应变；ε_{m} 为三分之一体积变形。

存在下述关系

$$s_{ij}=\sigma_{ij}-\sigma_m\delta_{ij},\ \sigma_m=\frac{\sigma_{kk}}{3}$$

$$e_{ij}=\varepsilon_{ij}-\varepsilon_m\delta_{ij},\ \varepsilon_m=\frac{\varepsilon_{kk}}{3}$$

式（4.44）的偏应力是塑性应变的函数，其依赖于载荷历史。平均应力是纯弹性的，问题仅有的未知量是塑性应变 e^p 和偏应力 s。

全塑性应变可以表示为已知项 $e^p(t_0)$ 和未知增量项 Δe^p 之和

$$\boldsymbol{e}^p(t)=\boldsymbol{e}^p(t_0)+\Delta\boldsymbol{e}^p$$

因而，偏关系的弹性部分表示为

$$\boldsymbol{s}(t)=2\mu[\boldsymbol{e}''(t)-\Delta\boldsymbol{e}^p]\quad \boldsymbol{e}''=\boldsymbol{e}(t)-\boldsymbol{e}^p(t_0) \tag{4.46}$$

Δe^p 和 s 要满足塑性条件、流动准则和硬化准则，von Mises 塑性函数为

$$f_{\mathrm{y}}^M(t)=\frac{1}{2}\boldsymbol{s}(t)\boldsymbol{s}(t)-\frac{1}{3}\sigma_{\mathrm{y}}^2(t) \tag{4.47}$$

式中，$s(t)s(t)=s_{ij}s_{ij}$；$\sigma_{\mathrm{y}}(t)$为当前屈服应力，材料的硬化函数为

$$\sigma_{\mathrm{y}}(t)=g(\bar{e}^p),\ \bar{e}^p=\int_0^t\sqrt{\frac{2}{3}\mathrm{d}\boldsymbol{e}^p\mathrm{d}\boldsymbol{e}^p}\,\mathrm{d}t$$

在塑性应变进化过程中，应力要满足塑性条件 $f_{\mathrm{y}}^M=0$，如图 4.12 所示。相关的流动准则表说明塑性应变增量要平行于最后的偏应力 $s(t)$，而体积塑性应变为零

$$\Delta\boldsymbol{e}^p=\lambda\frac{\partial f_{\mathrm{y}}^M(t)}{\partial\boldsymbol{\sigma}}=\lambda\boldsymbol{s}(t) \tag{4.48}$$

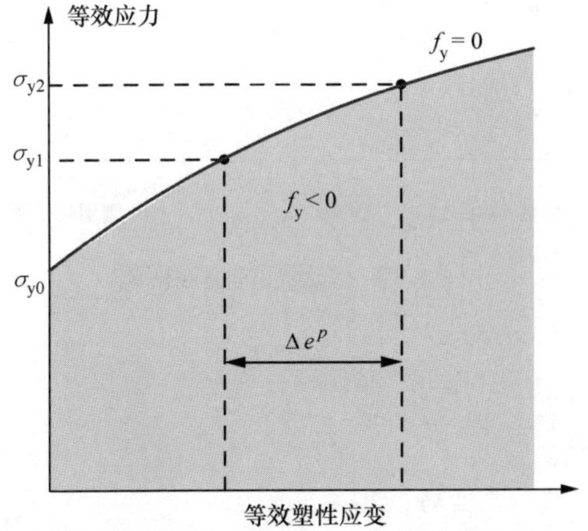

图 4.12 通用塑性函数，塑性应变可以增加，但是其仅在 $f_{\mathrm{y}}=\sigma-\sigma_{\mathrm{y}}=0$ 时出现，材料响应要满足 $f_{\mathrm{y}}\leqslant0$，$\varepsilon^p\geqslant0$，$f_{\mathrm{y}}\varepsilon^p=0$

塑性乘子 λ 通过式（4.48）两边的张量积得到

$$\Delta \bar{e}^p = \frac{2}{3}\lambda \bar{\sigma}(t),\ \Delta \bar{e}^p = \sqrt{\frac{2}{3}\Delta e^p \Delta e^p},\ \bar{\sigma}(t) = \sqrt{\frac{3}{2}ss} \tag{4.49}$$

在式（4.46）中代入式（4.48），同样给出 e''定位于 s

$$s(t) = \frac{2\mu}{1+2\mu\lambda}e''(t) \tag{4.50}$$

塑性乘子 λ 由式（4.50）通过采用张量积计算

$$a^2\bar{\sigma}^2(t) - d^2 = 0,\ a = \frac{1}{2\mu} + \lambda,\ d^2 = \frac{3}{2}e''(t)e''(t) \tag{4.51}$$

通常，式（4.51）第一式的系数 a 是 λ 和 s 的函数，式（4.51）第一式可以表示为

$$f(\bar{\sigma}^*) = a^2(\bar{\sigma}^*) - d^2 = 0 \tag{4.52}$$

称为等效应力函数。当$f(\bar{\sigma}^*)=0$，等效应力$\bar{\sigma}^*$与$\bar{\sigma}(t)$一致。最后应力减少到一个标量函数解的计算，易于由标准数值方法得到。该方法对于复杂本构关系是非常有吸引力的，包括热和黏性作用。实际上，简单的二分法可用于解该问题。对于双线性材料，如图 4.13a 所示，式（4.52）成为线性关系，通过图 4.13b 中的刚塑性关系$\bar{\sigma}-\bar{\varepsilon}^p$ 的直线表示

$$\Delta \bar{e}^p = \frac{\bar{\sigma}(t) - \sigma_y}{E_P} \tag{4.53}$$

式中，E_P 为弹塑定律的斜率。

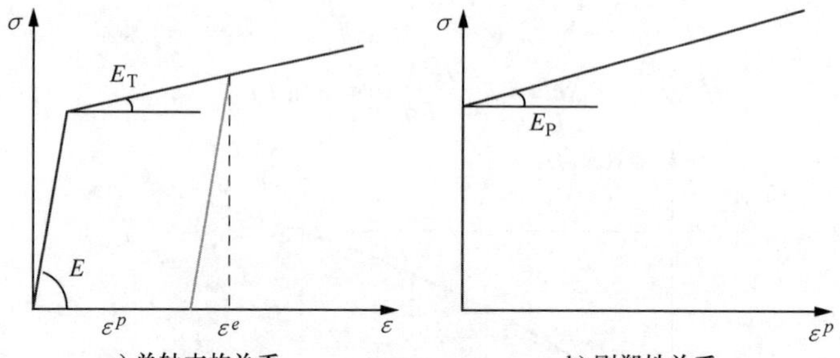

a) 单轴本构关系　　b) 刚塑性关系

图 4.13　双线性弹塑性模型

$$E_P = \frac{EE_T}{E - E_T}$$

式中，E_T 为切线模量。

由式（4.53）和式（4.49），得

$$\bar{\sigma}(t) = \frac{2E_P d + 3\sigma_y}{E_P/\mu + 3}$$

对于简单塑性，$E_{\mathrm{P}}=0$ 和$\overline{\sigma}(t)=\sigma_{\mathrm{y}}$，而式（4.51）第一式给出

$$\lambda=\frac{d}{\sigma_{\mathrm{y}}}-\frac{1}{2\mu}$$

在时间间隔 Δt 中，只有当材料在形成塑性应变的条件时，才进行弹塑性计算。因此，下列预备条件要满足

$$\overline{\sigma}^{e}=2\mu d>\sigma_{\mathrm{y}}(t_0)$$

在图 4.14 中，以弹性预测－径向返回著称的解算法显示在偏平面中。点 A 是开始时的偏应力，假设其位于塑性表面上。A 的位置可以通过载荷步的子增量确定，点 B 是弹性预测应力

$$\boldsymbol{s}^{e}(t)=2\mu\boldsymbol{e}''(t)$$

校正应力通过向量 CB 表示为

$$\boldsymbol{s}^{C}(t)=2\mu(-\Delta\boldsymbol{e}^{p})$$

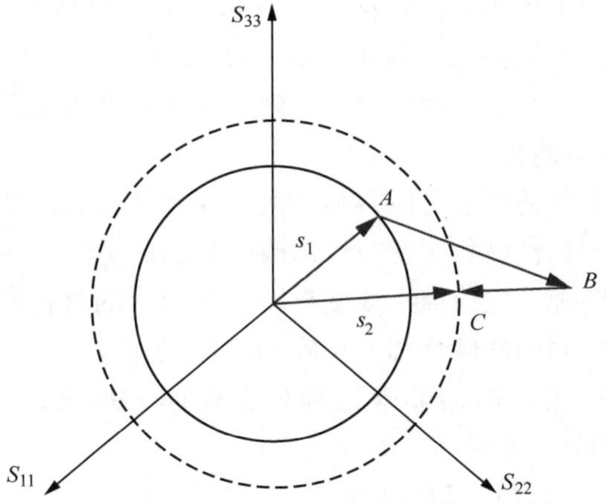

图 4.14　弹性预测－径向返回算法确定应力的几何解释

最后应力是预测应力和校正应力的矢量和

$$\boldsymbol{s}(t)=\boldsymbol{s}_{\mathrm{E}}(t)+\boldsymbol{s}^{C}(t)$$

最后应力位于塑性表面上，朝向塑性应变作用硬化。图 4.14 给出了预测应力和最后应力向塑性表面 $n(t)$ 的法线方向对齐，这证明其径向返回之名。塑性应变 Δe^{p} 可以表示为

$$\Delta\boldsymbol{e}^{p}=\sqrt{\frac{3}{2}}\Delta e^{p}\boldsymbol{n}(t) \tag{4.54}$$

解算法的解释给出了一些方法误差的说明。在离散时间，塑性面和硬化准则显然准确满足，近似仅在流动准则积分过程中引入，其中塑性应变采用向后差分算法估计。如果偏应力 s 的方向在载荷步的过程中不变化，则方法是正确的；如

果法线方向 n 变化，则方法引入数值误差。

对方法效率的一个更有限制的要求是，切线刚度阵计算的精度。为了保证 Newton - Raphson 方法的最大收敛率，切线刚度要与计算应力的数值方案一致，这意味着以总应力和应变表示

$$\boldsymbol{C}^{EP} = \left.\frac{\partial \boldsymbol{\sigma}}{\partial \boldsymbol{\varepsilon}}\right|_t \tag{4.55}$$

即刚度阵是应力对应变的导数。为了包括问题涉及的所有变量，式（4.55）的计算必须采用复合准则。对于双线性弹塑性关系，响应仅依赖于等效应力，复合准则导致

$$\boldsymbol{C}^{EP} = \frac{\partial \boldsymbol{\sigma}(t)}{\partial \overline{\sigma}(t)} \frac{\partial \overline{\boldsymbol{\sigma}}(t)}{\partial \boldsymbol{\varepsilon}(t)}$$

所有微分要以准确的方式进行，导致的最后的切线刚度阵可能非常复杂。

前面的算法是用于各向同性硬化的，但是其也可以易于扩展到运动学硬化、混合硬化或者其他的本构关系，例如 Druck - Prager（德鲁克 - 普拉格）。在这种情况下，会出现多于一个的内部变量，一致切线计算变得更困难。

4.6.3.2 热弹塑性和蠕变

基于等效应力函数的算法可以容易修改以便包括热和黏性作用，如蠕变和松弛。温度变化产生非弹性体积应变，可以改变材料的力学性质。

热效应改变材料弹性性质但不改变材料塑性行为的材料模型，通过实例在下面描述，材料遵循各向同性硬化和 von Mises 塑性条件。

蠕变存在可能产生附加的非弹性和依赖时间的应变，根据文献［1］，式（4.44）和式（4.45）一般化为

$$\boldsymbol{s}(t) = 2\mu(t)[\boldsymbol{e}(t) - \boldsymbol{e}^p(t) - \boldsymbol{e}^C(t)]$$

$$\sigma_m(t) = 3K(t)[\varepsilon_m(t) - \varepsilon^{TH}(t)],\ \varepsilon^{TH} = \alpha_m(t)[\theta(t) - \theta_{\mathrm{ref}}]$$

式中，ε^{TH}为热体积应变；e^C 为蠕变产生的偏应变。

弹性常数 G 和 K 是温度 θ 的函数，假设在载荷过程中温度是指定的，对温度的依赖性可以表示为对时间的依赖性。因而，式（4.46）表示为

$$\boldsymbol{s}(t) = 2\mu(t)[\boldsymbol{e}''(t) - \Delta\boldsymbol{e}^p - \Delta\boldsymbol{e}^C]$$

所有已知的应力包含在 $e^n(t)$ 中，增量塑性应变 Δe^p 是温度函数，按照式（4.51）第一式的情况计算，可以应用两种不同的方法。

（1）时间硬化方法　蠕变应变 Δe^C 采用类似于塑性应变使用的关系计算，但是使用更通用的方式

$$\Delta\boldsymbol{e}^C = \gamma(\tau)\boldsymbol{s}(\gamma)\Delta t,\ \boldsymbol{s}(\tau) = (1-\alpha)\boldsymbol{s}(t_0) + \alpha\boldsymbol{s}(t)$$

式中，参数 α 在 0 ~ 1 之间选择；时间 τ 落在间隔 Δt 内，即 $\tau = t_0 + \alpha\Delta t$，函数 $\gamma(\tau)$为

$$\gamma(\tau)=\frac{3}{2}\frac{\dot{\bar{e}}^C(\tau)}{\bar{\sigma}(\tau)} \tag{4.56}$$

而等效的“加权”应力是

$$\bar{\sigma}(\tau)=(1-\alpha)\bar{\sigma}(t_0)+\alpha\,\bar{\sigma}(t) \tag{4.57}$$

标量函数式（4.56）基于蠕变定律定义，描述了蠕变应变作为时间、应力和温度函数的进化。包括几个蠕变定律的通用关系为

$$\bar{e}^C(t)=f_1[\bar{\sigma}(t)]f_2(t)f_3[\theta(t)] \tag{4.58}$$

满足试验结果和单独函数 f_2 对时间微分一致的增量表示，可以缩减为

$$\Delta\bar{e}^C(\tau)=\Delta t f_1[\bar{\sigma}(\tau)]\dot{f}_2(t)f_3[\theta(\tau)],\ \theta(\tau)=(1-\alpha)\theta(t_0)+\alpha\theta(t) \tag{4.59}$$

因此，式（4.56）通过式（4.57）和式（4.59）的表示确定，这个方法称为时间硬化方法。

（2）应变硬化方法　当应力是可变的，在物理上将蠕变应变作为等效蠕变应变 $\bar{e}^C$ 的函数比作为时间 τ 的函数更重要。在式（4.58）和式（4.59）中，让 $\Delta\bar{e}^C=0$ 计算虚拟时间 τ_p。虚拟时间定义为等效蠕变应变等于当前应变，但是对应不同的有效应力水平

$$\bar{e}^C(t)+f_1[\bar{\sigma}(\tau)]f_3[\bar{\theta}(\tau)][\alpha\Delta t\dot{f}_2(\tau_p)-f_2(\tau_p)]=0 \tag{4.60}$$

通常，要数值求解式（4.60）。一旦 τ_p 已知，由式（4.59）计算应变增量。该方法称为应变硬化方法，时间硬化方法和应变硬化方法的区别，如图 4.15 所示。在循环载荷作用下，说明载荷反向是必要的，这使模型更复杂。

4.6.4 大应变弹塑性

为了将非弹性响应扩展有限变形，引入一些公式。要引用 Green 和 Naghdi（纳吉迪）[8,9]、Lubliner（卢布纳）[10]、Lee（李）[11,12]、Simó（西莫）和 Ortiz（奥尔蒂）[13,14]、Ortiz 与其合作者[15-17]的提议。下文中，大应变弹塑性的例子基于 Cauchy 应力 σ 和对数应变 ε 描述。

公式描述遵循下面一些内容：

1）对于任何公式，要进行一些基本选择：

① 应力和应变度量（功共轭）。

② 弹性行为的特征化。

③ 流动准则。

2）当构型变化足够小时，有限应变方法要简化到无穷小应变方法。

3）先前的非线性方法（MN 和 LD - LR - SS）以总应力表示，这意味着平衡方程在时间 t 表示和应变在时间 t 计算。广泛应用数值积分，以便计算时间间隔 Δt 的非弹性应变增量 $\Delta\varepsilon^p$，同样的方法也能用于有限应变方法，特别适于 UL

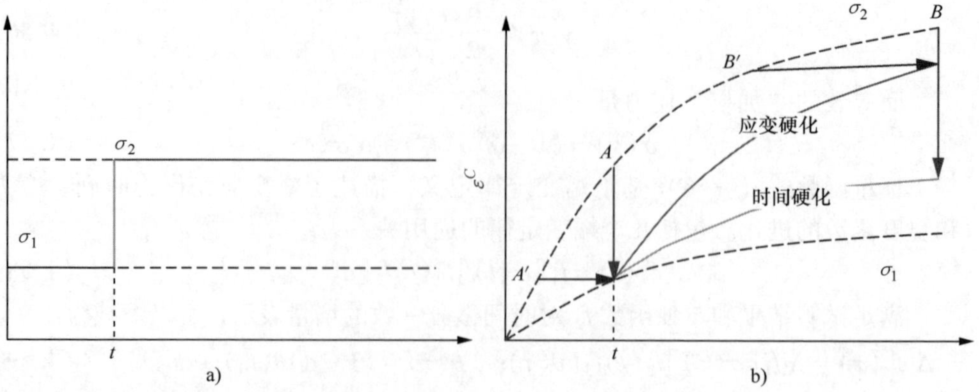

图 4.15　时间硬化的蠕变应变和应变硬化，（a）应力历史，（b）材料响应，在时间硬化应力增加后，蠕变应变的进化遵守常应力曲线 σ_2 的应变变化趋势，在曲线 AB 的时间 t，其为常数。在应变硬化中，蠕变应变的进化遵循常应力曲线 σ_1 的应变变化趋势，在曲线 $A'B'$ 的时间 t，从 $\overline{\varepsilon}^C$ 开始

方法。

4）的确存在另外的增量方法，其以应力率［例如 Jaumann（尧曼）张量］、应变率和旋转率表示。不仅非弹性应变增量，所有增量要在时间间隔 Δt 积分，导致较大的数值误差。因而，解的精度只能通过小时间步保证。某些率表示带来非物理的力学响应。Bruhns（卜龙士）及其合作者[18-20]最近的工作表明，增量方法仅在当以对数增量表示时是正确的。

5）自然方法基于有限应变中塑性现象的微力学观察，假设以超弹性材料描述，其中总变形梯度通过乘法分解为弹性和非弹性部分（Lee 分解），这种方法导致以总应力表示的方法，可以视为小应变方法的自然扩展。

6）单轴本构定律用于表征通过单轴曲线对数应变 ε－Cauchy 应力 σ 给出的响应，如图 4.16 所示，流动准则和硬化准则总是要以 Cauchy 应力 σ 表示。

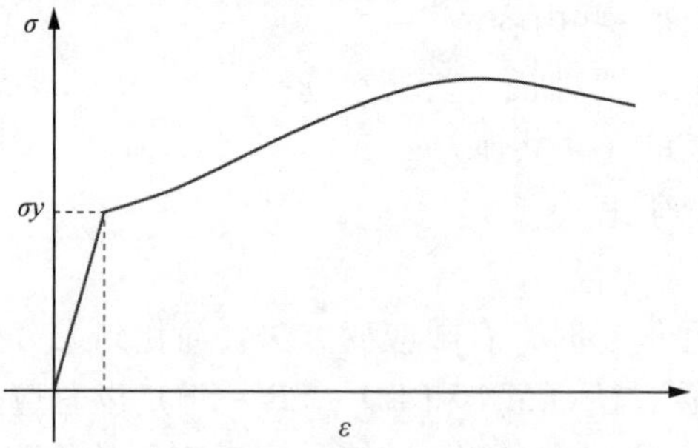

图 4.16　有限应变弹塑性单轴响应的例子

4.6.4.1　控制方程

将变形梯度分解为两项积（Lee 分解）

$$\boldsymbol{F}=\boldsymbol{F}^{e}\boldsymbol{F}^{p} \tag{4.61}$$

式中，F^e 为弹性部分；F^p 为非弹性部分。

式（4.61）适于变形过程的任何时间。

将式（4.61）想象为两个连续变换是很方便的，如图 4.17 所示。第一个变换在假定的时间 τ 将初始构型变换为松弛中间构型，其中假设已经发生所有非弹性现象，材料处于应力自由状态，全部非弹性变形通过梯度 F^p 描述。第二个变换，全弹性，使材料从松弛构型变换为最后构型，第二步的变形通过梯度 F^e 描述。

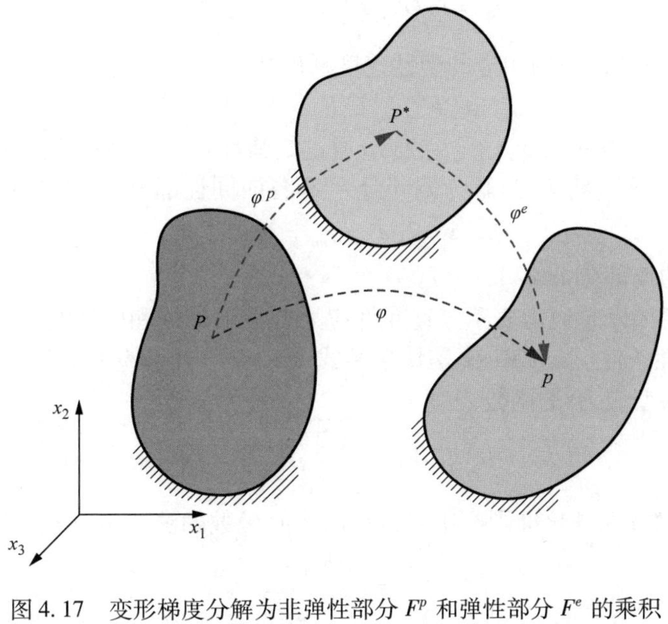

图 4.17　变形梯度分解为非弹性部分 F^p 和弹性部分 F^e 的乘积

根据试验证据，假设塑性变形在常体积下发生是合理的。因此，塑性 Jacobian 比 J^p 可以假设为等于 1

$$J^{p}=\det(\boldsymbol{F}^{p})=1,\ J=\det(\boldsymbol{F})=J^{p}J^{e}=\det(\boldsymbol{F}^{e})=\frac{\rho}{\rho^{0}}>0$$

式（4.61）可以表示为

$$\boldsymbol{F}^{e}=\boldsymbol{F}(\boldsymbol{F}^{p})^{-1}$$

速度梯度 L 分解为两项之和

$$\boldsymbol{L}=\dot{\boldsymbol{F}}(\boldsymbol{F})^{-1}=\dot{\boldsymbol{F}}^{e}(\boldsymbol{F}^{e})^{-1}+\boldsymbol{F}^{e}\dot{\boldsymbol{F}}^{p}(\boldsymbol{F}^{p})^{-1}(\boldsymbol{F}^{e})^{-1}=\boldsymbol{L}^{e}+\boldsymbol{L}^{p} \tag{4.62}$$

为了表征响应，需要知道 F、F^p、σ 和屈服应力 σ_y。Cauchy 应力 σ 取决于

塑性应变或塑性变形梯度 F^p 的进化定律，也取决于硬化准则，由其确定 σ_y。

（1）共轭的应变和应力度量　将变形梯度弹性部分进行极分解

$$\boldsymbol{F}^e = \boldsymbol{R}^e\boldsymbol{U}^e,\ \boldsymbol{C}^e = \boldsymbol{F}^{eT}\boldsymbol{F}^e = (\boldsymbol{U}^e)^2 \tag{4.63}$$

自然引入对数弹性应变（Hencky 张量）$\boldsymbol{\epsilon}^e$

$$\boldsymbol{\epsilon}^e = \log(\boldsymbol{U}^e) = \frac{1}{2}\log\boldsymbol{C}^e$$

对数应变参考中间构型和式（4.63）第一式，确定了刚体旋转 R^e、应力度量$\overline{\sigma}$与该构型一致，定义为

$$\overline{\boldsymbol{\sigma}} = J\boldsymbol{R}^{eT}\boldsymbol{\sigma}\boldsymbol{R}^e$$

两个应力和应变度量是共轭的，即其功等于 σ 和 D^e 的功

$$\overline{\boldsymbol{\sigma}}\boldsymbol{\epsilon}^e = J\boldsymbol{\sigma}\boldsymbol{D}^e,\ \boldsymbol{D}^e = \frac{1}{2}(\boldsymbol{L}^e + \boldsymbol{L}^{eT})$$

由式（4.62），得到相应的塑性速度梯度$\overline{L}^p$

$$\overline{\boldsymbol{L}}^p = (\boldsymbol{F}^e)^{-1}\boldsymbol{L}^p\boldsymbol{F}^e = \dot{\boldsymbol{F}}^p(\boldsymbol{F}^p)^{-1} \tag{4.64}$$

（2）弹性应力 - 应变关系　应力$\overline{\sigma}$通过线弹性各向同性本构关系与弹性对数应变 ε^e 联系，通过将 ε^e 分解为偏部分 e^e 和各向同性部分 ε_m^e，弹性本构关系为

$$\overline{\boldsymbol{s}} = 2\mu\boldsymbol{e}^e,\ \overline{\sigma}_m = 3K\boldsymbol{\epsilon}_m^e$$

式中，$\overline{s}$为$\overline{\sigma}$的偏部分。

超弹性定律以总应力表示，这允许应力的准确描述和应变的适当描述。

（3）塑性条件　von Mises 塑性条件式（4.47）以偏应力 s 表示。等效应力$\overline{\sigma}$表示为中间构型应力$\overline{s}$的函数

$$\overline{\sigma} = \sqrt{\frac{3}{2}\boldsymbol{s}\boldsymbol{s}} = J^{-1}\sqrt{\frac{3}{2}\overline{\boldsymbol{s}}\ \overline{\boldsymbol{s}}},\ \overline{\boldsymbol{s}} = J\boldsymbol{R}^{eT}\boldsymbol{s}\boldsymbol{R}^e$$

（4）塑性应变进化准则　中间构型的屈服函数的法线由下式给出

$$\overline{\boldsymbol{n}} = \sqrt{\frac{3}{2}}\frac{\overline{\boldsymbol{s}}}{J\overline{\sigma}}$$

塑性应变进化方程通过小应变相应方程的通用化得到，塑性应变率通过塑性速度梯度定义，假设零塑性旋转

$$\overline{\boldsymbol{D}}^p = \frac{1}{2}(\overline{\boldsymbol{L}}^p + \overline{\boldsymbol{L}^p}^T) = \overline{\boldsymbol{L}}^p,\ \overline{\boldsymbol{W}}^p = \frac{1}{2}(\overline{\boldsymbol{L}}^p - \overline{\boldsymbol{L}^p}^T) = \boldsymbol{0}$$

流动准则式（4.54）表示为

$$\overline{\boldsymbol{D}}^p = \overline{\boldsymbol{L}}^p = \sqrt{\frac{3}{2}}\dot{\overline{e}}^p\ \overline{\boldsymbol{n}} = \lambda\ \overline{\boldsymbol{s}},\ \dot{\overline{e}}^p = \sqrt{\frac{2}{3}\overline{\boldsymbol{D}}^p\ \overline{\boldsymbol{D}}^p}$$

这与最大塑性耗散原理[10]一致。

4.6.4.2　解方法

MNL 和 UL 中使用的量有所不同：

1）在超弹性定律中，$\bar{\sigma}$代替了 σ。

2）在超弹性定律中，e^e 代替了 ε^e。

3）在流动准则中，$\bar{D}^p$ 代替了 ε^p。

在每个时间步，假设变形梯度 $F(t)$ 的最后值是给定的，解方法由下列步骤组成：

1）试验弹性步的确定。

试验弹性变形梯度

$$\boldsymbol{F}^e(\tau)=\boldsymbol{F}(t)(\boldsymbol{F}^p(t_0))^{-1}$$

弹性极分解

$$\boldsymbol{F}^e(\tau)=\boldsymbol{R}^e(\tau)\boldsymbol{U}^e(\tau)$$

试验弹性对数应变

$$\boldsymbol{\epsilon}^e(\tau)=\log(\boldsymbol{U}^e(\tau))$$

试验 Cauchy 应力（偏和平均应力）

$$\bar{\boldsymbol{s}}(\tau)=2\mu\boldsymbol{e}^e(\tau),\ \bar{\sigma}_{\mathrm{m}}(\tau)=3K\epsilon_{\mathrm{m}}^e(\tau)$$

试验等效有效应力

$$\bar{\sigma}(\tau)=J(t)^{-1}\sqrt{\frac{3}{2}\bar{\boldsymbol{s}}(\tau)\bar{\boldsymbol{s}}(\tau)}$$

2）试验应力状态检验。

如果$\bar{\sigma}(\tau)<\sigma_{\mathrm{y}}(t_0)$，则试验应力状态是弹性的，导致

$$\bar{\sigma}(t)=\bar{\sigma}(\tau),\ \sigma_{\mathrm{y}}(t)=\sigma_{\mathrm{y}}(t_0),\ \boldsymbol{\epsilon}^e(t)=\boldsymbol{\epsilon}^e(\tau),\ \bar{\boldsymbol{\sigma}}(t)=\bar{\boldsymbol{\sigma}}(\tau)$$

Cauchy 应力

$$\boldsymbol{\sigma}(t)=J(t)^{-1}\boldsymbol{R}^e(\tau)\bar{\boldsymbol{\sigma}}(\tau)\boldsymbol{R}^e(\tau)^T$$

返回步骤 1)。

3）塑性步。

数值求解等效应力函数式（4.52），得到中间构型的等效应力和塑性应变

$$f[\bar{\sigma}(\tau)]=a^2[\bar{\sigma}(\tau)]-d^2=0\Rightarrow\bar{\sigma}(t),\ \bar{e}^p(t)$$

因而，顺序计算如下变量：

式（4.49）第一式的塑性乘子

$$\lambda(t)=\frac{3}{2}\frac{\bar{e}^p(t)-\bar{e}^p(t_0)}{J(t)\bar{\sigma}(t)}$$

中间构型的偏应力

$$\bar{\boldsymbol{s}}(t)=\frac{\bar{\boldsymbol{s}}(\tau)}{1+2\mu\lambda(t)}$$

中间构型的总应力

$$\bar{\boldsymbol{\sigma}}(t)=\bar{\boldsymbol{s}}(t)+\frac{1}{3}\mathrm{tr}[\boldsymbol{\sigma}(\tau)]\boldsymbol{I}$$

Cauchy 应力

$$\boldsymbol{\sigma}(t)=J(t)^{-1}\boldsymbol{R}^e(\tau)\bar{\boldsymbol{\sigma}}(t)\boldsymbol{R}^e(\tau)^T$$

通过式（4.64）的积分和应用式（4.65），得到塑性变形梯度

$$\dot{\boldsymbol{F}}^p(\boldsymbol{F}^p)^{-1}=\lambda\bar{\boldsymbol{s}}\Rightarrow\boldsymbol{F}^p(t)=\exp[\lambda(t)\bar{\boldsymbol{s}}(t)]\boldsymbol{F}^p(t_0)$$

最后描述一下解策略的说明。

1）先前的方程也在二维分析中使用，如平面应力或平面应变，假设使用正确简化的本构关系。

2）扩展解法到结构单元是可能的，诸如梁、板和壳，应关注与横向（厚度）维数变化相关的效果。

3）扩展解法到表示黏性和依赖温度行为的材料是可能的，通过 MN 体系描述方法实现。

4）在不可压缩材料的情况下，使用混合方法总是更好的（也是为了离散压力场），在二维和三维中，排除虚假锁止效果的可能性。

4.7　有限元解法

时间 t 的虚功形式平衡方程，对连续位移场是有效的。考虑离散化有限元的物体，除了位移分量外，假设旋转也是独立变量。

连续问题通过对所有独立变量的线性化虚功方程近似，由于近似，TL 和 UL 方法的内功在开始迭代计算不与外功一致，定义为误差

$$\mathrm{Err}_{\mathrm{TL}}^{(1)}=W^0(t)-\int_{V^0}S_{hk}^{(1)}\delta E_{hk}^{(1)}\mathrm{d}V^0 \tag{4.65}$$

$$\mathrm{Err}_{\mathrm{UL}}^{(0)}=W^t(t)-\int_{V^{t(0)}}\sigma_{hk}^{(1)}\delta e_{hk}^{(1)}\mathrm{d}V^t \tag{4.66}$$

式（4.65）和式（4.66）右端项，与式（4.31）和式（4.32）的右端项对应，除了这里它们不是在当前构型中使用适当的应力和应变度量确定。式（4.65）和式（4.66）左端项，表示当前解由线性化导致的不平衡功。

显然，好的解有小的误差。为了减少误差大小，需要采用迭代方法。方程要解几次，通过使用先前迭代的位移计算。

在 TL 方法中，位移方程迭代表示变为

$$\int_{V^0}C_{hkij}^{t(k-1)}\Delta e_{ij}^{(k)}\delta\Delta e_{hk}\mathrm{d}V^0+\int_{V^0}S_{hk}^{(k-1)}(t)\delta\Delta\eta_{hk}^{(k)}\mathrm{d}V^0=W^0(t)-\int_{V^0}S_{hk}^{(k-1)}(t)\delta\Delta e_{hk}^{(k-1)}\mathrm{d}V^0 \tag{4.67}$$

式中，时间 t 的材料切线刚度 C^t_{hkij} 为参考时间 t_0 的未变形构型。

在 UL 方法中，迭代表示变为

$$\int_{V^{t(k-1)}} C^{t(k-1)}_{hkij} \Delta e^{(k)}_{ij} \delta\Delta e_{hk} \mathrm{d}V^t + \int_{V^{t(k-1)}} \sigma^{(k-1)}_{hk}(t)\delta\Delta\eta^{(k)}_{hk} \mathrm{d}V^t$$
$$= W^{t(k-1)}(t) - \int_{V^{t(k-1)}} \sigma^{(k-1)}_{hk}(t)\delta\Delta e^{(k-1)}_{hk} \mathrm{d}V^t \qquad (4.68)$$

式中，时间 t 的材料切线刚度 C^t_{hkij} 为参考时间 t 的当前构型。

在 k 和（$k+1$）迭代之间，位移更新为

$$u^{(k)}_{\mathrm{h}}(t) = u^{(k-1)}_{\mathrm{h}}(t) + \Delta u^{(k)}_{\mathrm{h}}(t),\ u^{(0)}_{\mathrm{h}}(t) = u_{\mathrm{h}}(t_0) \qquad (4.69)$$

式（4.67）或式（4.68）和式（4.69）确定由 Newton - Raphson 方法求解，所有变量在每个迭代步更新，仅在开始迭代时基于前一步结束的结果确定变量。

对于载荷不变化方向有变形的情况，式（4.10）外功的表示能可以由时间 t 确定的载荷值简单计算

$$W^0(t) = \int_{V^0} \rho b_i(t)\delta u_i \mathrm{d}V^0 + \int_{S^0_{\mathrm{f}}} \rho^0 t_i(t)\delta u_i \mathrm{d}S^0 \qquad (4.70)$$

如果使用等参有限元，则惯性可以包含在外功中。因为有恒等式

$$\int_{V^0} \rho^0 \ddot{u}_i(t)\delta u_i \mathrm{d}V^0 = \int_{V^t} \rho^t \ddot{u}_i(t)\delta u_i \mathrm{d}V^t$$

开始时，对于物体的初始构型，质量阵仅计算一次。

当外功是变形函数时，不能使用式（4.70）。因而，通过使用时间 t 的载荷密度和考虑最后计算的体积和面积，可以好的精度近似确定外功。

重要说明：

1）对于有效的积分方法，未知增量位移的效果必须包括在刚度阵中。根据施加的载荷，刚度阵可能是非对称的，引起计算费用的增加。

2）这里讨论的虚功方程，是关于静态或动态计算的，采用隐式积分方法完成。如果动态分析采用显式积分完成，则计算中需要的变量（速度和加速度）在每步的开始计算。显式方法减少了内功的确定，连续力学方程变成

TL

$$\int_{V^0} S_{hk}(t_0)\delta E_{hk} \mathrm{d}V^0 = W^0(t)$$

UL

$$\int_{V^t} \sigma_{hk}(t)\delta e_{hk} \mathrm{d}V^t = W^t(t)$$

材料非线性

$$\int_V \sigma_{hk}(t_0)\delta e_{hk}\mathrm{d}V = W(t)$$

惯性包括在外载荷中。

4.7.1 平衡方程的有限元线性化

线性化虚功方程的推导，这里仅针对 TL 方法式（4.27）详细进行。为了简化，假设外功 W^0 独立于变形

$$\int_{V^0} S_{ij}(t)\delta E_{ij}(t)\mathrm{d}V^0 = W^0(t)$$

用 a_k 表示选择的有限元离散化的一般的节点自由度（位移或旋转），这里将当前时间步记为 $\Delta t = t - t_0$，内功通过 Talor（）泰勒级数表示

$$S_{ij}(t)\delta E_{ij}(t) \approx S_{ij}(t_0)\delta E_{ij}(t_0) + \left.\frac{\partial(S_{ij}\delta E_{ij})}{\partial a_k}\right|_{t_0}\mathrm{d}a_k$$

式中，$\mathrm{d}a_k$ 为 a_k 的变化。

既然变形随 a_l 变化，则

$$\delta E_{ij}(t_0) = \left.\frac{\partial E_{ij}}{\partial a_l}\right|_{t_0}\delta a_l$$

变化是在时间 t_0 的构型相对 a_l 的变化，通过展开式（4.71）的右端项，得

$$\left.\frac{\partial(S_{ij}\delta E_{ij})}{\partial a_k}\right|_{t_0}\mathrm{d}a_k = \left.\frac{\partial S_{ij}}{\partial a_k}\right|_{t_0}\delta E_{ij}(t_0)\mathrm{d}a_k + S_{ij}(t_0)\left.\frac{\partial\delta E_{ij}}{\partial a_k}\right|_{t_0}\mathrm{d}a_k = \tag{4.71}$$

$$\left.\frac{\partial S_{ij}}{\partial E_{rs}}\right|_{t_0}\left.\frac{\partial E_{rs}}{\partial a_k}\right|_{t_0}\left.\frac{\partial E_{ij}}{\partial a_l}\right|_{t_0}\delta a_l\mathrm{d}a_k + S_{ij}(t_0)\frac{\partial}{\partial a_k}\left(\left.\frac{\partial E_{ij}}{\partial a_l}\right|_{t_0}\right)\delta a_l\mathrm{d}a_k$$

$$= \left(C_{ijrs}\left.\frac{\partial E_{rs}}{\partial a_k}\right|_{t_0}\left.\frac{\partial E_{ij}}{\partial a_l}\right|_{t_0} + S_{ij}(t_0)\left.\frac{\partial^2 E_{ij}}{\partial a_k\partial a_l}\right|_{t_0}\right)\delta a_l\mathrm{d}a_k \tag{4.72}$$

C_{ijrs}为时间 t_0 的构型的材料切线刚度阵。最后，Green－Lagarange 张量的一阶和二阶导数表示为

$$\frac{\partial E_{ij}}{\partial a_k} = \frac{1}{2}\left(\frac{\partial u_{i,j}}{\partial a_k} + \frac{\partial u_{j,i}}{\partial a_k} + \frac{\partial u_{n,i}}{\partial a_k}u_{n,j} + u_{n,i}\frac{\partial u_{n,j}}{\partial a_k}\right)$$

$$\frac{\partial^2 E_{ij}}{\partial a_k\partial a_l} = \frac{1}{2}\left(u_{n,i}\frac{\partial^2 u_{n,j}}{\partial a_k\partial a_l} + u_{n,j}\frac{\partial^2 u_{n,i}}{\partial a_k\partial a_l} + \frac{\partial u_{n,i}}{\partial a_k}\frac{\partial u_{n,j}}{\partial a_l} + \frac{\partial u_{n,i}}{\partial a_l}\frac{\partial u_{n,j}}{\partial a_k}\right) \tag{4.73}$$

如果位移插值在节点自由度是线性的，如在固体单元中通常出现的情况，二阶导数变成

$$\frac{\partial^2 E_{ij}}{\partial a_k\partial a_l} = \frac{\partial u_{n,i}}{\partial a_k}\frac{\partial u_{n,j}}{\partial a_l}$$

在式（4.74）中代入式（4.71）和式（4.72），得到 TL 有限元虚功方程

$$\left(\int_{V^0} C_{ijrs}\frac{\partial E_{rs}}{\partial a_k}\frac{\partial E_{ij}}{\partial a_l}\mathrm{d}V^0 + \int_{V^0} S_{ij}\frac{\partial^2 E_{ij}}{\partial a_k \partial a_l}\mathrm{d}V^0\right)\mathrm{d}a_k\delta a_l = W^0(t) - \left(\int_{V^0} S_{ij}\frac{\partial E_{ij}}{\partial a_l}\mathrm{d}V^0\right)\delta a_l \tag{4.74}$$

当离散化涉及等参固体单元时，自由度仅是节点位移，式（4.74）可以另外的方式得到，即由式（4.31）内功的线性化开始。但是，当使用结构有限元时，如梁、板和壳等，涉及旋转自由度，使用式（4.74）总是更好的。事实上，式（4.74）直接包括位移梯度对所有自由度的二阶导数。在 TL 线性化方法式（4.31）中，位移梯度的二阶导数将不会显式出现，但是将包含在方程的右端项中。当位移不是节点变量的线性函数时，既然其对刚度阵有贡献，其作用仍然要考虑。最后，式（4.74）对于混合问题方法的建立特别有用，其中静态变量，如压力出现在未知量中。

对 UL 方法，可以得到类似的关系。

4.7.2　固体单元的矩阵方程

在非线性方法中，控制静态或动态问题矩阵的总装，通常情况下是紧密遵循线性有限元分析的矩阵的总装的。一旦选择了坐标和位移插值函数，虚功原理涉及每个自由度，得到有限元方程。

不同于线性情况，使用等参单元是必要的，等参单元是位移与坐标使用相同的插值函数。实际上，变形构型的坐标是非变形构型坐标与节点位移之和。因此，使用相同的插值函数可以保证一致的解方法。最相关的结果是收敛率，对线性有限元法的有效性，也可以扩展到增量分析。特别是位移对单元边界的相容性，通常在初始构型上实施，也保证在变形构型上。

通过将焦点限制在虚功原理的线性化方程上，坐标和位移的插值产生下面描述的矩阵方程，表达式扩展到迭代方法也是直截了当的。

4.7.2.1　材料非线性

变形和未变形构型之间没有差别，力数组 $F^{\text{int}}(t)$ 为时间 t_0 Cauchy 应力 $\boldsymbol{\sigma}$ 的积分

$$\boldsymbol{F}^{\text{int}}(t_0) = \int_V \boldsymbol{B}_{\mathrm{L}}^T \boldsymbol{\sigma}\mathrm{d}V$$

式中，B_{L} 为联系应变数组线性部分和位移的矩阵；$K(t_0)$ 为时间 t_0 的小应变切线刚度阵，不考虑几何作用

$$\boldsymbol{K}(t_0) = \int_V \boldsymbol{B}_{\mathrm{L}}^T \boldsymbol{C}\boldsymbol{B}_{\mathrm{L}}\mathrm{d}V$$

式中，C 为本构切线刚度。

静态分析

$$\boldsymbol{K}(t_0)\Delta\boldsymbol{U}=\boldsymbol{R}(t)-\boldsymbol{F}^{\text{int}}(t_0)$$

隐式动态分析

$$\boldsymbol{M}\ddot{\boldsymbol{U}}(t)+\boldsymbol{K}(t_0)\Delta\boldsymbol{U}=\boldsymbol{R}(t)-\boldsymbol{F}^{\text{int}}(t_0)$$

显式动态分析

$$\boldsymbol{M}\ddot{\boldsymbol{U}}(t_0)=\boldsymbol{R}(t_0)-\boldsymbol{F}^{\text{int}}(t_0)$$

4.7.2.2　TL 方法

数组 $F^{\text{int}}(t)$ 为时间 t_0 的力与相应的第二 Piola－Kirchhoff 应力矩阵 S，在未变形状态计算

$$\boldsymbol{F}^{\text{int}}(t_0)=\int_{V^0}\boldsymbol{B}_{\text{L}}^{T}\boldsymbol{S}\,\mathrm{d}V^0$$

B_{L} 为相对初始构型的矩阵，联系应变数组线性部分和位移的矩阵。$K_{\text{L}}(t_0)$ 为时间 t_0 相对初始构型的小应变切线刚度阵

$$\boldsymbol{K}_{\text{L}}(t_0)=\int_{V^0}\boldsymbol{B}_{\text{L}}^{T}\boldsymbol{C}\boldsymbol{B}_{\text{L}}\,\mathrm{d}V^0$$

C 为相对初始构型的本构切线刚度；$K_{\text{NL}}(t_0)$ 为几何切线矩阵，说明了切线非线性和初始应力，在非变形构型计算

$$\boldsymbol{K}_{\text{NL}}(t_0)=\int_{V^0}\boldsymbol{B}_{\text{NL}}^{T}\boldsymbol{S}\boldsymbol{B}_{\text{NL}}\,\mathrm{d}V^0$$

B_{NL} 为相对初始构型的联系应变非线性部分和位移的矩阵。

静态分析

$$[\boldsymbol{K}_{\text{L}}(t_0)+\boldsymbol{K}_{\text{NL}}(t_0)]\Delta\boldsymbol{U}=\boldsymbol{R}(t)-\boldsymbol{F}^{\text{int}}(t_0)$$

隐式动态分析

$$\boldsymbol{M}\ddot{\boldsymbol{U}}(t)+[\boldsymbol{K}_{\text{L}}(t_0)+\boldsymbol{K}_{\text{NL}}(t_0)]\Delta\boldsymbol{U}=\boldsymbol{R}(t)-\boldsymbol{F}^{\text{int}}(t_0)$$

显式动态分析

$$\boldsymbol{M}\ddot{\boldsymbol{U}}(t_0)=\boldsymbol{R}(t_0)-\boldsymbol{F}^{\text{int}}(t_0)$$

4.7.2.3　UL 方法

数组 $F^{\text{int}}(t)$ 为时间 t_0 的 Cauchy 应力 $\boldsymbol{\sigma}$ 的贡献，相对时间 t_0 的变形状态计算

$$\boldsymbol{F}^{\text{int}}(t_0)=\int_{V^t}\boldsymbol{B}_{\text{L}}^{T}\boldsymbol{\sigma}\,\mathrm{d}V^t$$

B_{L} 为相对时间 t_0 的联系应变数组线性部分和位移的矩阵；$K_{\text{L}}(t_0)$ 为时间 t_0 的小应变切线刚度阵，相对变形状态计算

$$\boldsymbol{K}_{\text{L}}(t_0)=\int_{V^t}\boldsymbol{B}_{\text{L}}^{T}\boldsymbol{C}\boldsymbol{B}_{\text{L}}\,\mathrm{d}V$$

C 为相对变形构型的本构刚度阵；$K_{\text{NL}}(t_0)$ 为切线刚度阵，说明了几何非线性和初始应力，相对时间 t_0 的变形状态计算

$$\boldsymbol{K}_{\mathrm{NL}}(t_0) = \int_{V^t} \boldsymbol{B}_{\mathrm{NL}}^T \boldsymbol{\sigma} \boldsymbol{B}_{\mathrm{NL}} \mathrm{d}V^t$$

B_{NL}为联系应变非线性部分和位移的矩阵。

静态分析

$$[\boldsymbol{K}_{\mathrm{L}}(t_0) + \boldsymbol{K}_{\mathrm{NL}}(t_0)]\Delta\boldsymbol{U} = \boldsymbol{R}(t) - \boldsymbol{F}^{\mathrm{int}}(t_0)$$

隐式动态分析

$$\boldsymbol{M}\ddot{\boldsymbol{U}}(t) + [\boldsymbol{K}_{\mathrm{L}}(t_0) + \boldsymbol{K}_{\mathrm{NL}}(t_0)]\Delta\boldsymbol{U} = \boldsymbol{R}(t) - \boldsymbol{F}^{\mathrm{int}}(t_0)$$

显式动态分析

$$\boldsymbol{M}\ddot{\boldsymbol{U}}(t_0) = \boldsymbol{R}(t_0) - \boldsymbol{F}^{\mathrm{int}}(t_0)$$

在前面的方程中，M 为质量阵，独立于应变；ΔU 为增量节点位移数组；$\ddot{U}(t_0)$和 $\ddot{U}(t)$分别为时间 t_0 和 t 的节点加速度数组；$R(t_0)$和 $R(t)$分别为时间 t_0 和 t 的节点外载荷数组。

4.8　特殊问题

对于标准静力学和动力学问题的解法，做出两个约束性假设：①通过常规函数描述位移场的相容性；②物体边界的保持性，明确区分位移边界和力边界。当不满足两个假设之一时，要考虑两种新的力学问题。断裂力学处理位移相容性不满足问题，而接触力学处理位移和力边界位置的问题。

4.8.1　非线性断裂力学

断裂力学的内聚方法[21,22]，描述两个初始一致的表面 S^+ 和 S^- 通过裂纹逐渐分离的过程，如图 4.18 所示。属于 S^+ 的每个点 P^+ 在 S^- 有对应的点 P^-。定义一个平均面是可能的，其距离两个初始面等距，静力和运动学量定义在其上。

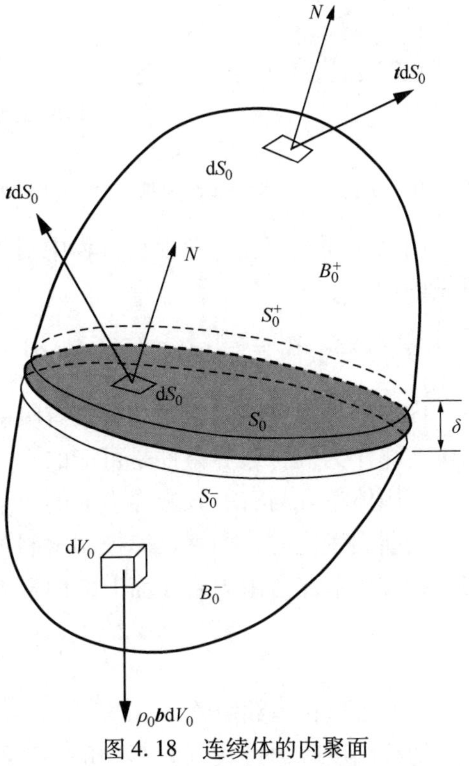

图 4.18　连续体的内聚面

两个表面移动结果为两个点 P^+ 和 P^- 的位移 $\boldsymbol{u}^+$ 和 $\boldsymbol{u}^-$，位移跳跃是差

$$[[\boldsymbol{u}]] = \boldsymbol{u}^+ - \boldsymbol{u}^-$$

两点的分离通过内聚力 t^c 对比，内聚力与位移跳跃通过内聚定律或者界面定律联系，通过响应的逐步软化表征

$$\boldsymbol{t}^c = f[[\boldsymbol{u}]] \tag{4.75}$$

内聚定律要能够描述不同类型的分离，即来自于剪切模态的开口模态。因此，式（4.75）的表示可以变得相当复杂。简化内聚定律分析处理的一种方式，是通过对内聚表面的法向和切向的位移跳跃分量加权定义等效的标量[16,23]。以等效变量表示的内聚定律的一个例子，如图4.19a所示。

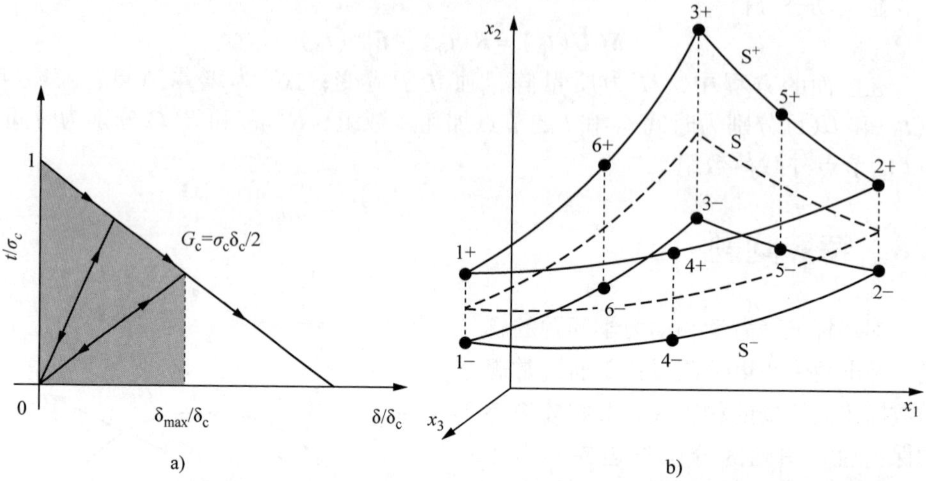

图4.19　（a）不可逆的线性内聚定律，（b）有限元接口，与连续体离散化为二次四面体相容

内聚表面的存在，在虚功方程中引入新的项，即通过内聚力和对应位移跳跃所做的功

$$\int_{V(t)} \boldsymbol{\sigma}_{ij}(t)\delta e_{ij}\mathrm{d}V = \int_{V(t)} \boldsymbol{\rho}(t) b_i(t)\delta u_i \mathrm{d}V + \int_{S_f(t)} t_i(t)\delta u_i \mathrm{d}S + \int_{S_c(t)} t_i^c(t)\delta[[u]]_i \mathrm{d}S$$

内聚模型对有限元应用是特别有吸引力的，通过标准代码的简单改进，应用内聚定律作为混合边界条件是可能的。此外，引入界面有限元也是可能的，由两个相邻固体单元与有一致边界表面的两个表面组成，如图4.19所示。

当断裂发生时，内聚定律控制材料的响应，确定了在内聚表面上的力 t^C 的值。相应的节点力由内聚表面上的内聚力积分确定

$$\boldsymbol{F}^{\text{int}}(t)^{\pm} = \mp \int_{S_0} \boldsymbol{t}_c \boldsymbol{N} \mathrm{d}S_0 \tag{4.76}$$

式中，N 为形状函数矩阵。

切线刚度阵通过式（4.76）的一致线性化计算

$$\boldsymbol{K}(t)^{\pm\pm} = \mp\mp \frac{\partial \boldsymbol{F}^{\text{int}}(t)^{\pm}}{\partial \boldsymbol{x}^{\pm}}$$

如果考虑几何非线性，可能导致切线刚度阵非对称。

4.8.2 接触力学

接触问题的方法，从小应变无摩擦接触到大应变摩擦接触，总是一样的，尽管与数值解相关的难度可能是非常不同的。

当两个或更多物体之间的运动以某种方式约束时，可以观察到它们的接触。不能假设这些物体的所有可能构型，但是几何约束部分或全部阻碍运动。接触涉及物体的边界，如图 4.20 所示，约束作用变成法线和切线的力。

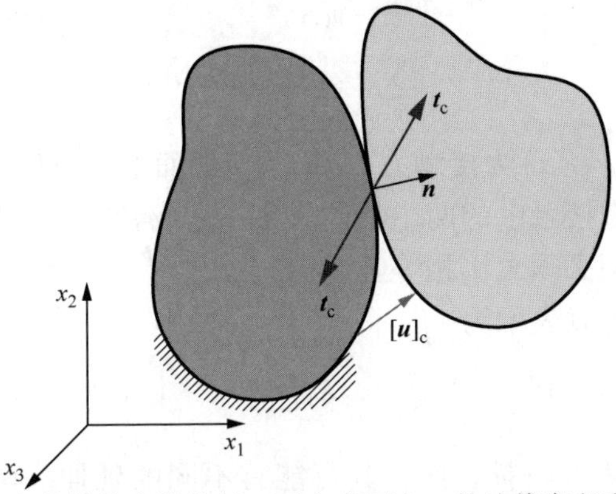

图 4.20 两个物体的光滑接触，两个表面之一的法线定义和接触力 t^c。在接触面上，位移跳跃 $[[u^c]]$ 为零

图 4.21a 给出了所谓 Signorini（西莫里尼）条件，当两个物体接触时，其联系法线相对位移 $u_N = [[u^c]]n$ 与压缩力

$$u_N \geqslant 0,\ T_N \leqslant 0,\ u_N T_N = 0$$

图 4.21 给出了关于切线速度 $\dot{u}_S$ 的条件，其在相对抵抗切线力方向观察，仅当力达到极限时满足 Coulomb（库伦）定律

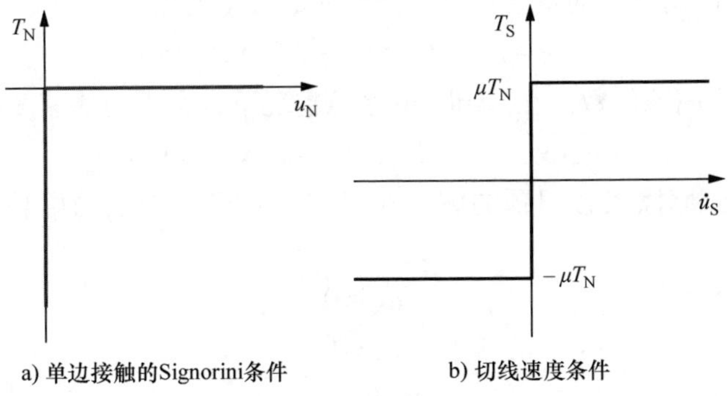

图 4.21 摩擦接触条件

$\dot{u}_S=0$　如果 $|T_S|<\mu|T_N|$，$\text{sign}(\dot{u}_S)=\text{sign}(T_S)$　如果 $|T_S|=\mu|T_N|$

式中，μ 为摩擦系数。

就本质而言，接触是非光滑的，问题的严格处理要求使用非光滑分析[24]。

这里给出一种经典方法，它基于潜在接触的两个表面之间的间隙函数定义，其依赖于光滑接触表面的存在[1]。

对于运动的 N 个物体的系统，虚功原理包括接触力的功表示，以说明所有物体的贡献。平衡方程的弱形式为

$$\sum_{\text{Bodies}}\left\{\int_{V(t)}\sigma_{ij}(t)\delta e_{ij}\mathrm{d}V\right\}=\sum_{\text{Bodies}}\left\{\int_{V(t)}\rho(t)b_i(t)\delta u_i\mathrm{d}V+\int_{S_f(t)}t_i(t)\delta u_i\mathrm{d}S\right\}$$
$$+\sum_{\text{Contacts}}\int_{S_c(t)}t_i^c(t)\delta u_i^c\mathrm{d}S \tag{4.77}$$

式中，S_c 为接触面；$t_i^c(t)$ 为接触力；δu_i^c 为接触面上的虚位移。

为了简化，考虑接触中的两个物体 A 和 B，或者在自接触情况下同一物体的两个部分，接触作用必须大小相等且方向相反，$t^{AB}=-t^{BA}$。用 $S^{AB}(t)$ 表示总接触面积，虚接触功可以表示为

$$\int_{S^A(t)}t_i^{AB}(t)\delta u_i^A\mathrm{d}S+\int_{S^B(t)}t_i^{BA}(t)\delta u_i^B\mathrm{d}S=\int_{S^{AB}(t)}t_i^{AB}(t)\delta[[u_i^{AB}]]\mathrm{d}S$$

接触面总是定义为一对表面，其可能有不同的延伸。两个表面任意之一 A 称为接触物，另一个 B 称为目标。用 n 表示指向目标表面的法线，s 表示与 n 正交的切平面上的单位向量。接触力分解为法线和切线分量

$$T_N=\boldsymbol{t}^{AB}(t)\boldsymbol{n},\ T_S=\boldsymbol{t}^{AB}(t)\boldsymbol{s}$$

n 和 s 在接触面上的泛点 x 上计算。在目标面上，点 $y^*(x,t)$ 等于和接近 x，即

$$\|\boldsymbol{x}-\boldsymbol{y}^*(\boldsymbol{x},t)\|=\min_{y\in S^B}\{\|\boldsymbol{x}-\boldsymbol{y}\|\}$$

x 和 y^* 的距离通过向量 $x-y^*$ 在法线 n 的分量给出

$$u_N=g(\boldsymbol{x},t)=(\boldsymbol{x}-\boldsymbol{y}^*(\boldsymbol{x},t))\boldsymbol{n}$$

g 通常称为间隙函数。在 Coulomb 摩擦情况下，引入切线速度 $\dot{u}_S(x,t)$

$$\dot{u}_S(\boldsymbol{x},t)=[\dot{\boldsymbol{u}}(\boldsymbol{x},t)-\dot{\boldsymbol{u}}(\boldsymbol{y}^*,t)]\boldsymbol{s}$$

因此，得到摩擦接触问题的解。在以式（4.77）表示的虚功方程，考虑如下约束

$$\begin{gathered}u_N\geqslant 0\\ T_N\leqslant 0\\ u_NT_N=0\\ |T_S|\leqslant|T_N|\end{gathered}\tag{4.78}$$

$$\dot{u}_S = 0, \text{如果} |T_S| < \mu |T_N|$$
$$\text{sign}(\dot{u}_S) = \text{sign}(T_S), \text{如果} |T_S| = \mu |T_N|$$

在动力分析中，惯性力要包含在体积力中，也要考虑对加速度和速度的附加运动学条件。通常，采用的典型时间积分方法（梯形准则）是不能够满足接触条件的，因此，在逐步求解过程中，其要单独实施。

文献中提出了许多接触的数值解法，大多数是基于罚函数法或引入 Lagrange 乘子处理接触约束，见文献［1，25，26］的例子。

接触问题通常导致非对称方程系统，如果放弃摩擦的耗散效果，则可以克服这种困难。同样，在无摩擦接触情况，解算法给出的收敛率可能显著降低。即使用一致的方法，收敛能力也可能通过不准确预测步的选择而降低。例如，大步长可能完全失去接触的检测。

基于间隙函数定义的算法，在角点情况下通常是性能不佳的，角点法线是未定的。这种情况下，刚度本质上可能是不一致的并带来数值不稳定性。为了避免这种情况，提出了用于接触面的正则化方法。其中一些方法基于引入光滑的插值方法，定义物体内部点之间的距离（弹子球法），或最后直接使用非光滑力学[25,26]。

4.9 结论

有限元法用于求解工程分析和设计中实际问题建模的数学问题，线性模型可以适用于许多实际力学应用，此时唯一的困难是系统的复杂几何。

在力学中其他常见问题要求采用非线性模型。非线性主要由材料的行为、位移的大小或单边的约束存在引起，这些问题的分析只能应用非线性有限元法解决。

显然，前面部分的介绍忽略了许多要求使用非线性分析的力学问题，例如临界载荷的确定或细长结构中屈曲条件的获得[27]。根据位移的大小，临界载荷可以通过计算刚度阵的特征值（二阶分析）确定，或者在全非线性方法中，通过采用增加载荷的逐步分析确定，后者允许跟踪后临界条件。

此外，本章没有讨论非线性系统迭代解法的数值困难。在临界条件附近，Newton – Raphson 方法可能失效，需要采用替代的求解器，如弧长方法[28]、共轭梯度方法[29]或动态松弛方法[30 – 32]。

最后，有限运动学不可忽略的结果是有限元的几何畸变，这种效应可能显著减少解的精度。因此，为了得到有意义的解，对单元畸变的连续检查可能是必需的。自适应的网格再划分技术能够用新单元片代替畸变单元，正在变得越来越流行和有效[33]。

参考文献

1. K. J. Bathe. *Finite Element Procedures*. Prentice-Hall, New York, 1996.
2. L. E. Malvern. *Introduction to the Mechanics of a Continuous Medium*. Prentice-Hall, Englewood Cliffs, NJ, 1969.
3. Y. C. Fung. *First Course in Continuum Mechanics*. Pearson Education, New York, 1993.
4. A. E. Green and W. Zerna. *Theoretical Elasticity*. Oxford University Press, London, 1968.
5. R. W. Ogden. *Non-linear Elastic Deformations*. Halsted Press, New York, 1984.
6. R. W. Ogden. *Non-linear Elastic Deformations*. Dover Publications, New York, 1997.
7. L. Corradi dell'Acqua. *Meccanica delle Strutture. I. Il Comportamento dei Mezzi Continui*. McGraw-Hill, Milano, 1992.
8. A. E. Green and P. M. Naghdi. A general theory of an elasto-plastic continuum. *Archive for Rational Mechanics and Analysis*, 18:251–281, 1965.
9. A. E. Green and P. M. Naghdi. Some remarks in elastic-plastic deformations at finite strains. *International Journal of Engineering Science*, 9:1219–1229, 1971.
10. J. Lubliner. *Plasticity Theory*. Prentice Hall, Upper Saddle River, NJ, 1998.
11. E. H. Lee. Elastic–plastic deformations at finite strains. *Journal of Applied Mechanics*, 26:1–6, 1969.
12. E. H. Lee. Some comments in elastic-plastic analysis. *International Journal of Solids and Structures*, 17:859–872, 1981.
13. J. C. Simó and M. Ortiz. A unified approach to finite deformation elasto-plastic analysis based on the use of hyperelastic constitutive tensors. *Computer Methods in Applied Mechanics and Engineering*, 49:221–245, 1985.
14. J. C. Simó. Algorithms for static and dynamic multiplicative plasticity that preserve the classical return mapping schemes of the infinitesimal theory. *Computer Methods in Applied Mechanics and Engineering*, 98:41–104, 1992.
15. A. Cuitino and M. Ortiz. A material-independent method for extending stress update algorithms from small-strain plasticity to finite plasticity with multiplicative cinematics. *Engineering Computations*, 9:437–451, 1992.
16. M. Ortiz and L. Stainier. The variational formulation of viscoplastic constitutive updates. *Computer Methods in Applied Mechanics and Engineering*, 171:419–444, 1999.
17. M. Ortiz, R. A. Radovitzky, and E. A. Repetto. The computation of the exponential and logarithmic mapping and their first and second linearization. *International Journal for Numerical Methods in Engineering*, 52:1431–1441, 2001.
18. H. Xiao, O. T. Bruhns, and A. Meyers. Hypo-elasticity model based upon the logarithmic stress rate. *Journal of Elasticity*, 47:51–68, 1997.
19. O. T. Bruhns, H. Xiao, and A. Meyers. Self-consistent Eulerian rate type elastoplasticity models based upon the logarithmic stress rate. *International Journal of Plasticity*, 15:479–420, 1999.
20. H. Xiao and L. S. Chen. Hencky's elasticity model and linear stress–strain relations in isotropic finite hyperelasticity. *Acta Mechanica*, 157:51–60, 2002.
21. D. S. Dugdale. Yielding of steel sheets containing slits. Journal of the Mechanics and Physics of Solids, 8:100–104, 1960.
22. G. I. Barenblatt. The mathematical theory of equilibrium of cracks in brittle fracture. *Advances in Applied Mechanics*, 7:55–129, 1962.
23. G. T. Camacho and M. Ortiz. Computational modelling of impact damage in brittle materials. *International Journal of Solids and Structures*, 33(20–22):2899–2938, 1996.
24. F. H. Clarke. *Optimization and Nonsmooth Analysis*. John Wiley & Sons, New York, 1983.
25. C. Kane, E. A. Repetto, M. Ortiz, and J. E. Marsden. Finite element analysis of nonsmooth contact. *Computer Methods in Applied Mechanics and Engineering*, 180:1–26, 1999.
26. A. Pandolfi, C. Kane, M. Ortiz, and J. E. Marsden. Time discretized variational formulation of nonsmooth frictional contact. *International Journal for Numerical Methods in Engineering*, 53:1801–1829, 2002.

27. S. P. Timoshenko and J. M. Gere. *Theory of Elastic Stability*. McGraw-Hill, New York, 1961.
28. E. Riks. An incremental approach to the solution of snapping and buckling problems. *International Journal of Solids and Structures*, 15:529–551, 1979.
29. M. R. Estenes and E. Stiefel. Methods of conjugate gradients for solving linear systems. *Journal of Research of the National Bureau of Standards*, 19:410–436, 1952.
30. J. R. H. Otter. Computations for prestressed concrete reactor pressure vessels using dynamic relaxation. Nuclear and Structural Engineering, 1:61–75, 1965.
31. J. R. H. Otter. Dynamic relaxation. *Proceedings of the Institution of Civil Engineers*, 35:723–750, 1966.
32. D. R. Oakley and N. F. Knight, Jr. Adaptive dynamic relaxation algorithm for non-linear hyperelastic structures. *Computer Methods in Applied Mechanics and Engineering*, 126:67–89, 1995.
33. T. Strouboulis, K. Copps, and I. Babuska. The generalized finite element method. *Computer Methods in Applied Mechanics and Engineering*, 190:4081–4193, 2001.

第5章 非线性车辆动力学

Hans True

5.1 引言

通常，车辆系统动力学所有运动和本构的关系是非线性的。因此，这些系统的模型导致非线性动态系统，要对其性质和演化进行研究。

含有元件是车辆动态系统的特征，要耗散能量。因此，本章仅考虑耗散和非保守系统。

在车辆系统动力学中，动态问题最经常的做法是首先找到静态，其次寻找其他稳态，第三确定其稳定性，最后确定车辆在稳态之间变化发生的行为，例如制动车辆或拐入弯道。因此，基础问题是找到静止和其他稳态。非线性动态问题的分析必须总是开始于搜寻所有稳态，依赖于问题的参数和全部非线性问题的解。在合适的框架中，通常至少可以容易找到一个静态，但是必须经常使用数值方法，数值方法应用将在5.8部分讨论。如果存在多稳态，则幸运的是，当问题的一个控制参数变化时，它们通过所谓的分岔或从其他稳态分支分离形成。这个事实提供了找到多稳态的一种可能，通过跟踪已经找到的稳态解，变化控制参数值，其中分岔发生，然后由分岔依赖控制参数变换以便跟踪新的解。因此，解非线性动态问题解的基本步骤，由在足够大参数间隔内找到至少一个静态解和确定依赖参数的稳定性组成，然后找到分岔点，其中将找到不同的稳态解。新的解及其稳定性之后必须依赖控制参数，新的解可能产生新分岔点，也必须找到这些点，从这些新分岔点开始遍历整个过程。不幸的是无法保证所有稳态解以这种方式确定，但是经验表明这种方法是非常有效的。好的工程技巧还是需要判断是否找到所有可能的状态，或者必须使用其他策略以便找到可能失掉的稳态。

直到20世纪60年代，数学仅允许确定某些非线性问题解的某些性质。通常，除最简单的非线性问题外，不可能计算任何解。各种所谓渐进方法以级数展开表示解，这对于找到近似解通常是非常有效的，但是解的有效性受到限制。只有现代计算机允许我们找到复杂非线性问题的解，这些解对所有参数的值和在全部感兴趣的状态变量范围内是有效的。

动态问题解的重要性质是其解的稳定性，给定解稳定性研究导致线性问题大部分实数特征值的确定。早期非线性动态问题的经验表明，当初始解失去其稳定性时——如果其不放大，则系统趋向于不同的运动。因此，工程师和物理学家称这种新运动为不稳定性，其是要避免的。如果新的运动是可测量的和可见的，则其也必须是稳定的。它只是非线性问题的另一个稳定解，其确定是非线性问题多解存在的一个问题。在这种情况下，使用术语“不稳定性”令人误解。首先，因为称为不稳定性的运动是稳定的，而且因为解的计算不是稳定性的数学问题，而是一个存在的问题。

非线性动态问题可以有几种不同的稳定的稳态解，即使其是耗散的也一样。多稳态解的例子，如图 5.1 所示。每个多稳态解是通过其初始条件集合唯一确定的，这意味着可以将初始条件集合与非线性动态问题稳定的稳态解进行唯一联系。这样的初始条件集合称为吸引盆。与此相反，线性耗散动态系统的解总是趋向独立于初始条件的唯一解。这一事实有重要的影响，如果动态问题有多个稳定的稳态，而且在真实世界中相应的实际车辆受到不受控制的初始条件影响，则车辆趋向任何稳定的稳态就存在有限概率。换言之，当某些耗散问题同时存在稳定的稳态解，则车辆在有限干扰下是不稳定的。

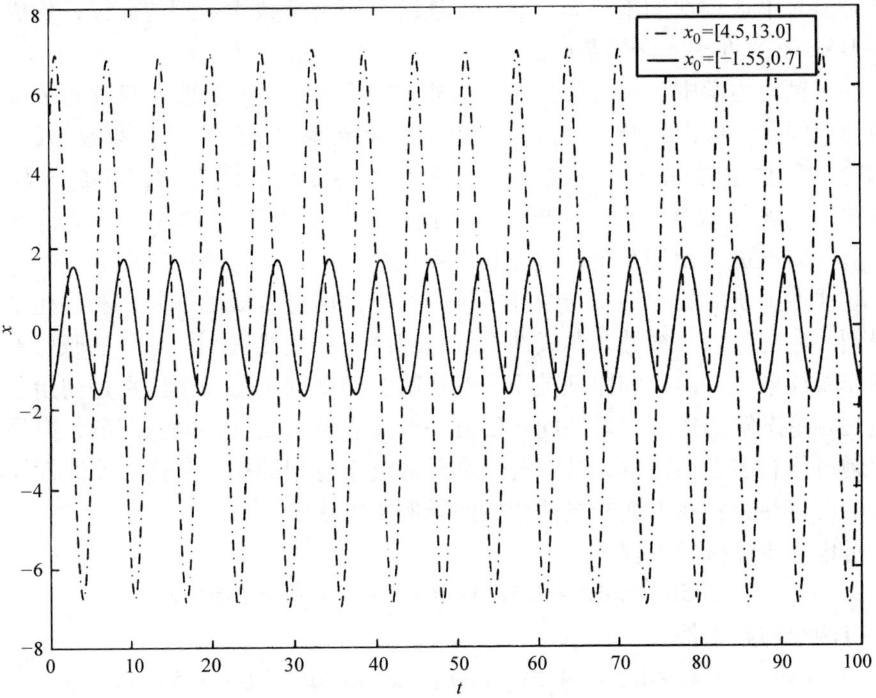

图 5.1　初值问题的两个解

非线性力学处理过程的表述或建模，而非线性动力学是数学学科。因此，两者主题是不同的，本章将处理非线性和确定动力学。有关随机动力学的基本信息，将在5.6节说明。在非线性动力学中，与稳定性相比解的存在是主要的分析议题，即稳定性是第二位的。

后面将引入状态空间和轨迹的概念，因为其导致动态问题解的可视化、唯一性（或缺乏同样性）和稳定性；也将提出非线性算子（问题）允许线性化的条件，说明线性化问题的解如何可以给出有关非线性问题局部性质的有价值信息；将定义和检查静态和其他稳态解、其稳定性和分岔；最后将描述线性系统不能存在的解性质，诸如混沌，将简短讨论其效果。

5.2 车辆动力学问题的描述

理论车辆动力学问题通过非线性动力多体问题描述，滚动的车轮－地面接触以及较少应用的滑动接触是车辆动态系统的最重要特征，这些接触的本构定律是非线性的。在多体系统中，单个物体是互相连接的，一些连接，如弹簧和阻尼器等遵循非线性本构定律。导向引入约束，通常通过代数或超越方程描述。因此，车辆动力学问题通常必须描述为微分－代数方程系统（DAE）。减速带和干摩擦接触是引入不连续性的重要非线性，不连续性违反了数学定理的假设，构成了用于解DAE系统许多方法的基础。

在车辆动力学中，问题分析经常描述为时间t作为一个独立变量的常微分方程的初值问题。可以组合微分方程系统表示确定运动学约束的代数或超越方程，例如轮对和轨道之间的几何接触。约束方程通常是非线性的，其必须与作为DAE的一个系统微分方程一起求解。然而，偏微分方程或具有时间延迟方程的边界值问题也进入动态系统，但是其将不在这个简短的综述中考虑。

非线性系统的数学性质与线性系统的数学性质有本质的不同，非线性系统必须得到相应的处理。线性和非线性系统之间的一个重要区别，是叠加原理不能应用到非线性系统，而叠加原理是积分变换解法的基础；另一个区别是初始条件对初值问题稳态解的作用。线性问题仅有一个独立于初始条件的稳态解，但是非线性问题可能有多个稳态解，其中每个都只取决于应用的初始条件。非线性问题多稳态解的存在，将在下面非线性初值问题例子中演示[1]。

考虑非线性微分方程

$$2.56\mathrm{d}^2x/\mathrm{d}t^2+0.32\mathrm{d}x/\mathrm{d}t+x+0.05x^3=2.50\cos t$$

有两个初始条件

$$t=0,\ (x,\mathrm{d}x/\mathrm{d}t)=(4.5,13.0)\text{和}(x,\ \mathrm{d}x/\mathrm{d}t)=(-1.55,\ 0.70)$$

初值问题容易采用MATLAB求解，结果如图5.1所示。易于看出，两种情况的激励是幅值 2.50 的周期函数，系统存在阻尼，除了预期的幅值小于 2 的稳态解外，该微分方程还存在一个稳态大幅值的解。这是同时存在稳定的稳态解的一个例子，称为吸引子，这个术语将在以后定义。当没有 x^3 项求解相应的线性问题时，对于两种初始条件的集合，存在一个和同样低幅值的稳态周期解。

具有两个吸引子的动态系统，称为双稳定。如果超过两个吸引子，则称为多稳定。

此外，在非线性动力学中振荡频率依赖于幅值。因此，必须重新考虑和修正诸如线性理论中使用的共振概念。

车辆动力学问题依赖于参数，参数的例子是轮距、依赖天气的摩擦系数和车速。

系统状态定义为适当坐标系中车辆每个部件的位置和速度的集合，位置和速度在动态系统中处理为以时间 t 为自变量的因变量。状态空间的维数 N 等于动态系统因变量的个数，相应的数学问题包括找到系统在外部作用下作为时间的函数和依赖参数的状态。在 5.3 部分，将通过参数都是常数的假设说明。

如果时间 t 不显式进入动态系统，则系统称为自治的。如果时间 t 显式进入动态系统或者参数依赖于时间，则系统称为非自治的。通过引入时间 t 作为附加的因变量，状态方程 $\mathrm{d}t/\mathrm{d}\tau=1$ 和考虑 τ 为新的独立时间的变量，N 维非自治动态系统可以转化为（$N+1$）维自治系统。因此，下面将仅考虑自治系统，如果参数依赖于动态系统的状态，则参数将产生附加的非线性。

为了简化非线性动态问题，系统可以在一定范围内理想化。最简化的假设是所有参数独立于系统状态，但是对于所有实际机械系统其可能是错的。然而，在许多情况下，可能找到作用间隔，其中实际的某些参数，在给定小误差内保持常数。这可能发生在减振器的例子中，在感兴趣的问题中，在小的速度间隔内减振器作用是有限的，以至于可以忽略其非线性特性。这种简化在理论模型中是必需的，然而也要谨慎使用，因为它们可能定性和/或定量改变问题的解，可能失去解的重要性质。

5.3 具有常参数的非线性自治动态系统的几何

5.3.1 一些定义

非线性动态系统的几何理论，提供了理解这些系统行为的方式。动态系统是一阶常微分方程的系统，通常是与定义系统约束的代数或超越方程相联系的系统。因变量 x_i，$i=1, 2, \cdots, N$ 称为状态变量，它们都是实数，x 是 N 维矢量 $x=\{x_i\}$，$i=1, 2, \cdots, N$。时间 t 是自变量，$\mathrm{d}x_i/\mathrm{d}t$ 用 $\dot{x}_i$ 表示，相应的 $\mathrm{d}x/\mathrm{d}t$ 用

$\dot{x}$表示。$\lambda=\{\lambda_j\}$，$j=1, 2, \cdots, M$，表示 M 个实值参数组成的集合。然后，一个依赖参数的非线性动态系统可以表示为如下形式

$$\dot{\boldsymbol{x}}=\boldsymbol{F}(\boldsymbol{x};\ \boldsymbol{\lambda}) \tag{5.1}$$

式中，F 为 N 维实值足够光滑的非线性矢量函数，N 依赖于变量 x_i。

通过函数，意味着其表示的函数值由变量唯一确定。如果不保证唯一性，就谈到了关系。关系的例子是 $f=\pm\sqrt{x}$，因为对于每个 x 的正值存在两个 f 的实值。当处理函数时，所有可能的变量 x_i 值的集合，称为函数 F 的定义域；对应假定变量的所有可能变化的函数值的集合，称为函数 F 的范围。

机械系统的自由度（DOF）数 K，等于系统的广义坐标数。数学上，机械系统通常建模为对应因变量 q_i 的 K 个二阶常微分方程系统。然而，简单的替换 $q_i=x_{2i-1}$ 和 $\dot{q}_i=x_{2i}$，$i=1, 2, \cdots, K$，K 个二阶常微分方程将转换为 $2K$ 个一阶微分方程的动态系统，然后设置 N 等于 $2K$。

引入由状态变量 x_i 作为坐标的 Cartesian（笛卡儿）坐标系，系统将是 N 维的，称为状态空间或相空间。在状态空间内，给定 λ_j 的参数值，可以绘制出 $x_i(t)$ 的值满足式（5.1）的曲线，称为轨迹或积分曲线，其为由式（5.1）定义的初值问题解的状态空间几何表示。t 是曲线参数，与每个轨迹相联系，表示时间增加时系统状态如何变化的方向。完全的图形称为系统的相图，状态空间的称为像点，通过像点的轨迹通常称为相轨迹，以便区别真实世界中运动的轨迹，用 $q(t)$ 表示。像点的速度称为相速度，以便不与系统中部件的实际速度混淆。在自治系统中，$\dot{x}=F(x;\ \lambda)$，F 足够光滑，轨迹不能彼此交叉，意味着在轨迹上的系统运动通过轨迹上的任何点唯一确定。平衡点是不随时间变化的像点，因此其相轨迹仅是一个点，对应于状态空间中的静态和动态系统的静态解。轨迹斜率未定义的点，称为奇点，所有其他点称为正常点，平衡点是奇点。

既然周期解总是通过其周期 T 返回任何给定的状态，因此周期解的轨迹一定是封闭曲线。

就小体积被一簇轨迹约束而言，耗散自治系统在状态空间是收缩的，位于 t_0 和 $t_0+\mathrm{d}t$ 之间。随着 t 的增长，沿着轨迹簇移动时，其将减少，如图 5.2 的例子所示。

5.3.2 稳定性概念

现在将引入四个最重要的稳定性概念。首先，定义平衡点或静态解的稳定性。设

$$\dot{\boldsymbol{x}}=\boldsymbol{F}(\boldsymbol{x};\ \boldsymbol{\lambda}) \tag{5.1}$$

平衡点 0，意味着

$$\boldsymbol{F}(\boldsymbol{0};\ \boldsymbol{\lambda})=\boldsymbol{0}$$

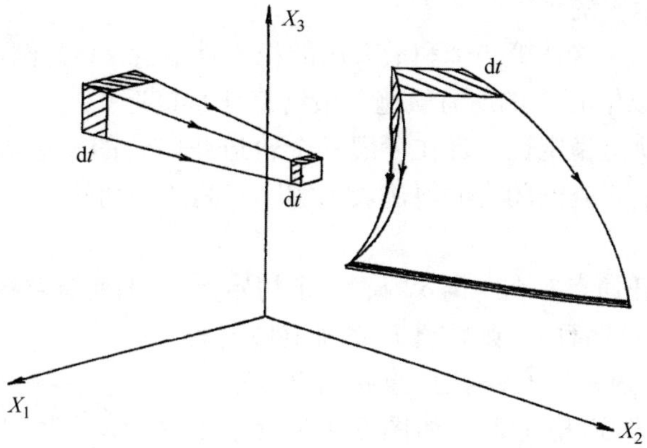

图 5.2　状态空间内耗散自治系统轨迹的例子

简单的坐标变换，将使状态空间任何点变换到 0。

对于平衡点，将首先定义局部稳定性或 Lyapunov（李雅普诺夫）稳定性。

定义 5.1

如果对于所有 $\varepsilon>0$，有 $\delta>0$（对于每个 δ，相应有一个 ε），以至于对于所有 t，当 $\|a\|<\delta$，有 $\|x(t)\|<\varepsilon$。其中，a 指初始条件，$\|\ \|$ 指所谓合适的范数（或度量）。则点 0 是局部稳定的或 Lyapunov 稳定的。

该定义说明，轨迹始于半径为 δ 的球内（区域不一定是球形的），其中心在 0，其将绝不离开半径为 ε 和中心在 0 的球（区域不一定是球形的），如图 5.3 所示。

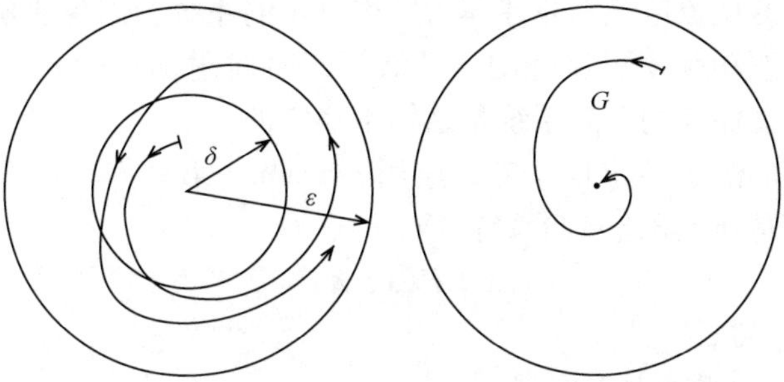

a) 局部稳定　　b) 渐近稳定

图 5.3　靠近平衡点 0 的轨迹

定义 5.2

如果 0 是局部稳定的，对于始于区域 G 的所有轨迹，其包含 0，并且遵循下面附加的关系

$$\|\boldsymbol{x}(t)\|\rightarrow 0,\ t\rightarrow\infty$$

则0是渐进稳定的。

对于耗散系统，这是第二个和最有用的稳定性概念。0是渐进稳定的，说明如果始于区域 G 或中心 G 的所有轨迹，最终将任意接近0。

下面，定义轨道稳定性。现在考虑一个轨道或闭合的轨迹 H 和饶 H 的半径为 ε 的管，记住状态空间闭合的轨迹表示实际空间的周期解。

定义5.3

如果在 H 上任何点 a 在距离 δ 内、始于初始点 a^* 的所有路径，对于 $t\to\infty$ 永久保持在半径为 ε 的管内，则轨道 H 是轨道稳定的。

对于 $t\to\infty$，如果所有路径任意接近于 H，则轨道 H 是渐进轨道稳定的，如图5.4所示。这个定义能够扩展到动态系统的其他稳态解。

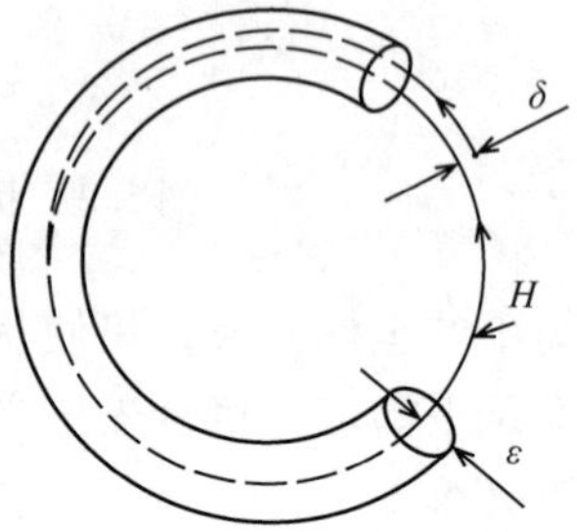

图5.4　渐近轨道稳定的轨迹

不是（局部或轨道）稳定的点或路径是不稳定的，其在无穷小干扰下是不稳定的。

先前提到的所有稳定性概念，是指关于初始条件的干扰的稳定性。将要使用的最新的稳定性概念，是指对矢量函数的干扰，即

$$\boldsymbol{F}(\boldsymbol{x};\ \boldsymbol{\lambda})$$

因此，最后定义结构稳定性。

定义5.4

如果小的矢量函数干扰 $F(x;\ \lambda)$ 导致等效的相图，则动态系统是结构稳定的。

一个可观测的现象应该总是建模为结构稳定的系统，因为建模时小的误差和在实际系统中的波动是不可避免的。既然任何时候附加小的耗散将定量改变相图，根据这个定义保守的动态系统是结构不稳定的。

对于平衡点的渐进稳定性研究，应用 Lyapunov 第一方法。不失一般性，将再次假设平衡点是0。给定自治系统

$$\dot{\boldsymbol{x}}=\boldsymbol{F}(\boldsymbol{x};\ \boldsymbol{\lambda}) \tag{5.1}$$

有 $F(0;\ \lambda)=0$。

假设 Jacobian（雅各比）为

$$\boldsymbol{J}=\left[\frac{\partial f_i}{\partial x_j}\right],\ i,j=1,2,\cdots,N$$

在 $x=0$，存在和给定 J_0 阵。然后将式（5.1）表示为如下形式

$$\dot{\boldsymbol{x}}=\boldsymbol{F}(\boldsymbol{x};\ \boldsymbol{\lambda})=\boldsymbol{J}_0\boldsymbol{x}+\boldsymbol{G}(\boldsymbol{x};\ \boldsymbol{\lambda}),\ \boldsymbol{J}_0=\boldsymbol{J}_0(\boldsymbol{\lambda})$$

方程

$$\dot{\boldsymbol{x}}=\boldsymbol{J}_0\boldsymbol{x} \tag{5.2}$$

是式（5.1）绕 0 的线性化，$G(x;\lambda)$是剩余部分，包含所有非线性贡献。

定理 5.1

设 0 是 $\dot{x}=F(x;\lambda)$的一个平衡点，有

1）如果 J_0 有既不是零也不是纯虚数的特征值。

2）对于 $\|x\|\to 0$，$\|G(x;\lambda)\|/\|x\|\to 0$。

则 0 为渐进稳定的充分必要条件是，$\dot{x}=J_0x$ 的所有解是局部稳定的。

换言之，上面条件说明，线性系统在 0 的一定邻域内确定了整个非线性系统的稳定性。车辆动态系统是耗散系统，因此当 J_0 的所有特征值有非负的实部时，$\dot{x}=J_0x$ 的局部稳定性得到保证。在定义 5.1 中，δ 可以非常小，在定理 5.1 中，条件 2）可以仅在 0 的非常小邻域内满足。因此，在这个意义上，稳定性是局部的意味着平凡解的稳定性，$x=0$ 仅在极小的干扰下保证，同样的限制也适于线性稳定性分析。

为了线性化动态系统，必须通过函数确定，以便保证线性化周围点的唯一性。当函数绕该点以系列扩展形成扩展点，当变量达到扩展点时，线性系统必须是最低阶的贡献，否则，非线性项绕着扩展点主导函数的行为。

因此，扩展的线性项系数必须是有限的和非零的。例如，当 $F(x;\lambda)=\pm\sqrt{x}$，x^2 或 $\cos x$ 时，式（5.1）中的 $F(x;\lambda)$不能绕着 0 线性化。

5.3.3　平衡解

现在考虑耗散和自治问题的平衡点和循环，参数固定，且

$$\dot{\boldsymbol{x}}=\boldsymbol{F}(\boldsymbol{x}) \tag{5.3}$$

5.3.3.1　平衡点

仅考虑满足定理 5.1 的平衡点。如果 Jacobian 特征值是实数，则平衡点及其稳定性通过特征值的符号表征；如果特征值是复数，则平衡点及其稳定性通过特征值实部的符号表征。既然假设状态变量以及矢量函数 $F(x;\lambda)$是实数，则复数特征值总是作为复数共轭对出现。如果所有特征值是实数且具有相同符号，则平衡点称为节点或结点。如果所有特征值是负的，则节点是渐进稳定的，否则是非稳定的。如果某些特征值是复数，则平衡点称为螺旋点或焦点，并且如果所有特征值的实部是负的，则螺旋点是稳定的。应注意相应的特征矢量跨度方向，在节点行为的情况或在螺旋行为的平面情况，如图 5.5 所示。在三维或更高维的状态空间中，平衡点可能有沿某个方向的节点性质和在某些表面的螺旋性质。

如果特征值的实部有不同的符号，则平衡点是鞍点或只是一个鞍。既然属于特征值有正实部的特征矢量是排斥的方向，鞍点总是不稳定的，如图 5.6 所示。注意平衡点本身是轨迹，它只是由点组成。达到稳定平衡点的轨迹将仅在任何有限时间任意接近其，但绝不会达到它，因而自治系统的轨迹不能彼此交叉的定理

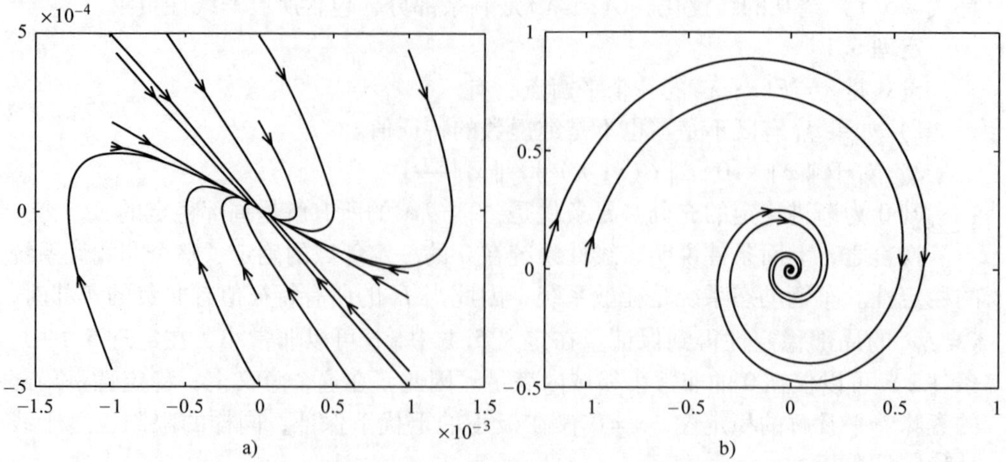

图 5.5　稳定节点（a）和稳定螺旋点（b），如果轨迹上的运动方向是相反的，则平衡点是不稳定的

还是正确的。

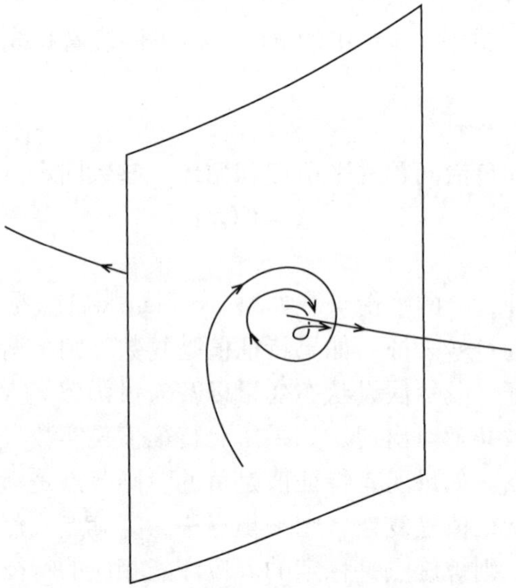

图 5.6　三维状态空间中鞍的例子，所有鞍点总是不稳定的，状态平面中的鞍如图 5.7 所示

轨迹上接近稳定平衡点的所有点集合，称为特定平衡点的吸引盆。当几个稳定的平衡点同时存在时，特别重要的是确定它们每一个的吸引盆。既然一个或更多平衡点可能是不希望的状态，如图 5.7 所示，因此，应当避免导致不希望状态的初始值。

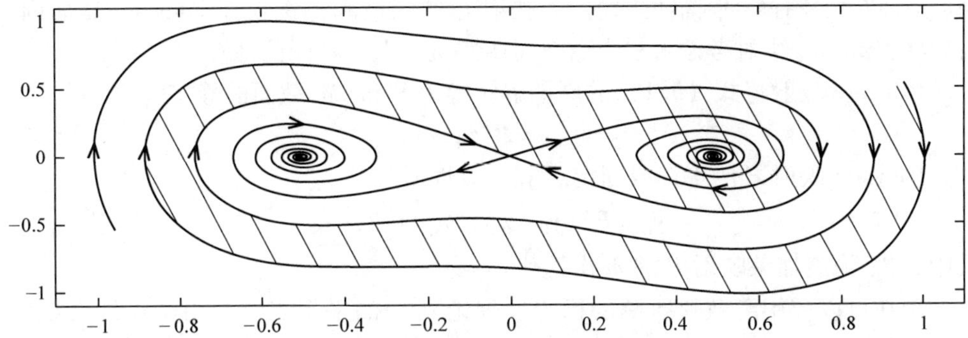

图 5.7　由 $x=0$ 的鞍分离的两个稳定螺旋，进入的渐近轨迹分离两个螺旋的吸引域，注意鞍出现在状态平面中（与图 5.6 比较）

5.3.3.2　循环

循环是周期运动的状态空间表示，由于周期性，其在状态空间中是封闭曲线。在详细考虑循环前，引入离散映射或只是映射的概念是便利的，其是动态系统式（5.1）的离散等效。

以下列形式表示方程

$$\boldsymbol{y}_{n+1}=\boldsymbol{F}(\boldsymbol{y}_n;\ \boldsymbol{\lambda}),\ n=1,2,\cdots$$

通过映射函数 F，将 n 步矢量 y_n 映射为（$n+1$）步矢量 y_{n+1}。F 是 N 维实值足够光滑的 N 个变量的非线性矢量函数

$$y_n^i,\ i=1,2,\cdots,N$$

当研究周期或其他周期性运动的动力学时，将使用 Poincare（庞加莱）映射。在状态空间引入一个平面，其与轨迹以横向相交的方式定位，即在任何点其都不是轨迹的切线平面，如图 5.8 所示。这样的平面称为 Poincare 截面，循环将与 Poincare 截面相交至少两次。但是，现在选择仅考虑一个交叉点 y_0，从 y_0 跟随循环以所有方式绕着轨迹直到在同样方向再次交于 Poincare 截面，称为点 y_1，它是 y_0 在庞加莱映射 P 下的相。P 因而取点 y_0 进入 y_1，在循环情况下通常 y_1

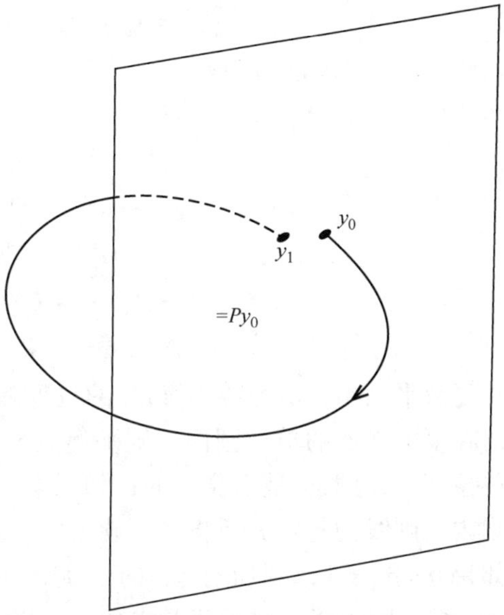

图 5.8　Poincare 映射

与 y_0 一致，P 将减少到单位映射 I。映射 P 的区域和范围仅在 Poincare 截面内，可以将 Poincare 映射考虑为一个点在周期性轨迹上的频闪图像。

Poincare 映射将式（5.1）的周期解转换为 Poincare 截面的静态解

$$\boldsymbol{y}_{n+1} = \boldsymbol{P}(\boldsymbol{y}_n;\ \boldsymbol{\lambda}) \tag{5.4}$$

Poincare 映射 P 的平衡或固定点 y_0，有性质

$$\boldsymbol{y}_0 = \boldsymbol{P}^m(\boldsymbol{y}_0;\ \boldsymbol{\lambda}),\ m = 1, 2, \cdots$$

式中，P^m 为庞加莱映射 P 的 m 次迭代。

现在可以应用离散映射解的稳定性理论到 P 的平衡点。与用于连续系统的理论类似，P 的线性化 P_{y} 在平衡点计算和评估，然后相应的线性映射是

$$\boldsymbol{y}_{n+1} = \boldsymbol{C}\boldsymbol{y}_n \tag{5.5}$$

式中，矩阵 C 的元素为在平衡点确定的 P_{y} 的元素。

现在引入线性变换

$$\boldsymbol{y} = \boldsymbol{A}\boldsymbol{z}$$

由式（5.5）得

$$\boldsymbol{A}\boldsymbol{z}_{k+1} = \boldsymbol{C}\boldsymbol{A}\boldsymbol{z}_k$$

假设 A 是非奇异的，用 A^{-1} 左乘上式得

$$\boldsymbol{z}_{k+1} = \boldsymbol{M}\boldsymbol{z}_k,\ \boldsymbol{M} = \boldsymbol{A}^{-1}\boldsymbol{C}\boldsymbol{A} \tag{5.6}$$

选择 A 以便 M 有 Jordan（约旦）的规范形式，如果 C 的特征值 ρ_m 是不同的，则 M 是有全部 ρ_1、ρ_2、…、ρ_{N} 的对角阵，式（5.6）的 k 次迭代可以重新表示为

$$z_{k+1}^{(m)} = \rho_m z_k^{(m)},\ m = 1, 2, \cdots, N$$

式中，$z^{(m)}$ 为 z 的 m 阶分量。

对于 $k \to 0$，由式（5.6）有

$$\begin{aligned}
&z_k^{(m)} \to 0 \quad 若 |\rho_m| < 1\\
&z_k^{(m)} \to \infty \quad 若 |\rho_m| > 1\\
&z_k^{(m)} = z_0^{(m)} \quad 若 \rho_m = 1\\
&z_{2k+1}^{(m)} = -z_0^{(m)} \quad 且\\
&z_{2k}^{(m)} = z_0^{(m)} \quad 若 \rho_m = -1
\end{aligned}$$

在复数平面中，C 的特征值 ρ_m 的位置确定了平衡点 y_0 的稳定性。如果 C 的特征值在复数平面的单位圆内，则平衡点 y_0 是渐进稳定的；如果至少一个特征值在单位圆外，则 y_0 是不稳定的；如果至少一个特征值在单位圆上，其他都在单位圆内，则线性稳定分析将是不确定的。

如果 $0 < \rho_m < 1$，则所有 ρ_m 的干扰将单调衰减；如果至少一个特征值 ρ_k，$-1 < \rho_k < 0$，则干扰将以振荡形式衰减，这种行为称为翻转；如果至少一个特征

值为复数，则干扰将绕平衡点旋转，而其衰减或增长取决于特征值是否在复数平面中的单位圆内。如果所有 C 的特征值在复数平面中的单位圆内[4,6]，则循环是轨道渐进稳定的。

如前所述，状态空间轨迹上接近稳态循环的所有点，称为特殊循环的吸引盆。稳定的稳态解称为吸引子，其可以是一个点、一个循环、高维甚至分数维的结构。一个不稳定的静态周期解，更经常称为鞍循环。当几个吸引子同时存在时，希望为其每一个确定吸引盆，以便防止由初始条件引起不希望的结果，导致不希望的一个吸引子。

如前说明的所有关于循环稳定性计算，仅用于帮助读者理解状态空间和 Poincare 映射中循环之间的概念和关系，其并不是非线性问题周期解稳定性分析的处方。原因是作者从没有看到任何非线性动态系统

$$\dot{\boldsymbol{x}} = \boldsymbol{F}(\boldsymbol{x};\ \boldsymbol{\lambda})$$

有周期解，而相应的 Poincare 映射

$$\boldsymbol{y}_{n+1} = \boldsymbol{P}(\boldsymbol{y}_n;\ \boldsymbol{\lambda}),\ n = 1,\ 2,\ \cdots$$

可以显式确定。相反，Floquet（弗洛凯）理论通常直接应用于式（5.1）的连续问题。然而，这里展示的早期方法适于动态问题已知周期解的数值分析。

给定式（5.1）的一个周期解 $x_0(t,\ T_0)$ 和已知周期 T_0，选择 t 的一个值，用 t_0 表示，计算 $x_0(t_0,\ T_0)$。在状态空间中，放置包含 $x_0(t_0,\ T_0)$ 的横向于轨迹 $x_0(t_0,\ T_0)$ 的平面 S，在 S 内对 $x_0(t_0,\ T_0)$ 增加小的干扰 y，以使 $x_0(t_0,\ T_0)$ 和 $x_0(t_0,\ T_0)+y$ 位于 S。计算 $x_0(t_0,\ T_0)$ 和 $x_0(t_0,\ T_0)+y$ 之间的距离 $d_0 = \| y \|$，由初值 $x_0 + y$ 积分动态问题式（5.1）一个或两个周期 T_0，得到在 H 的另一个点 $x_1 = x_0(t_0,\ T_0) + z$，计算 $x_0(t_0,\ T_0)$ 和 $x_0(t_0,\ T_0)+z$ 之间的距离 $d_1 = \| z \|$。最后，计算比值 $\rho = d_1/d_0$。如果 $\rho < 1$，则周期解 $x_0(t_0,\ T_0)$ 是渐进轨道稳定的，否则，其是不稳定的。

总之，注意通过几个周期表征周期解在非线性动态系统中也是可能的，它们称为多周期解。在所有周期是相称的情况，即在每对周期之间的比值是有理数的情况，则产生的运动是周期的。如果不是这种情况，则产生的运动是拟周期的。

5.3.3.3 混沌

确定性非线性动态系统可以表现为无规律，是众所周知的事实。这里要明确区分随机运动，当动态系统的不确定性表现为概率关系或概率的状态变量，这样的过程称为随机，这样的系统不在这里考虑。

在确定系统中，不规律行为类型是另一种性质，称为混沌。存在混沌吸引子和混沌反射极两种形式，前者也称为奇吸引子。既然只有吸引子能在实际生活中观察到，将只需要描述它。存在混沌运动的第三种重要形式——混沌瞬变，将在后面简要讨论。

混沌运动是复发性的，但其既不是周期的，也不是拟周期的。既然其是复发性的而不是周期的，混沌运动的轨迹将回到其早期经过点的附近，但不会接近任何点。而且，在混沌吸引子上的所有轨迹是轨道不稳定的。像鞍循环一样，它们彼此排斥，以便容纳有界域内的所有轨迹簇，回注机理必须在动态过程中起作用。回注机理取轨迹簇，折叠它们回到其他轨迹，但彼此还不接触。在混沌动力学中，这个作用是混合的原因。因此，在三维状态空间中，吸引子由许多轨迹嵌入其中的无穷小薄层组成，是可以通过分数维数学概念描述的结构。这些层分离但彼此接近，以至于吸引子好像在三维状态空间中的二维。

在图5.2右边，一个轨迹组合的例子，彼此在表面中排斥和在表面的法线方向上收缩，这个作用对混沌是典型的。由于耗散，状态空间中的体积元素必须随时间减小，如前所述，但是这个性质并不阻止成长，如图5.9所示。仅需要将两个分开的“翼”折叠到彼此的顶部，绕圆柱面弯曲整个结构以便得到一个简单混沌吸引子的结构图像，如图5.9所示。其给出了最简单和著名的混沌吸引子，所谓Rossler（罗斯勒）吸引子

$$\dot{x} = -y - z;\ \dot{y} = x + 0.398y;\ \dot{z} = 2 + z(x - 4)$$

因为折叠作用，自治系统中的混沌仅存在于三维或更高维系统。根据Thompson（汤普森）和Stewart（斯图尔特）的研究，混沌吸引子简要描述为状态空间有界区域的长期轨迹的稳定结构，其折叠轨迹簇回本身，导致临近状态的混合和散布。

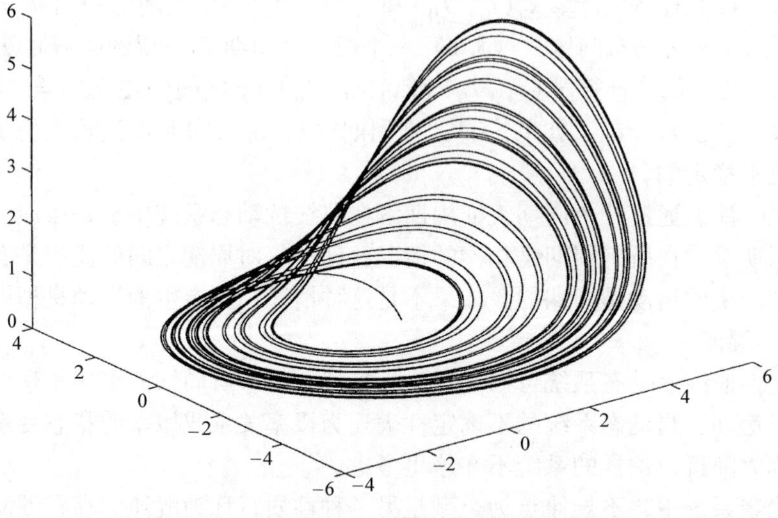

图5.9　Rossler混沌吸引子，其为动态系统的稳态解

当混沌在非线性动态系统形成时——在实际生活环境或数值仿真中——第一

个迹象好像是一个或更多系统部件的不规律的振荡行为。混沌运动的标志是其对初始条件变化的敏感性，但也存在其他的标志。根据 Moon（莫恩）的研究[2]，下面的性质表征混沌。

1）当运动通过单一频率产生［通过快速 Fourier（傅里叶）变换 FFT 度量］时，具有 Fourier 变换的宽谱。

2）在状态空间的分数维性质，这指混沌吸引子（通过 Poincare 映射或分数维度量）。

3）运动的复杂性（通过 Lyapunov 指数度量），见非线性动力学著作[1-9]。

当怀疑一个运动是混沌时，第一个试验是观察运动分量的时间序列。然后，观察相图和是否至少有一个 Poincare 截面，如图 5.10 所示。下一步，如果可能，稍微改变初始条件重复这个过程，当初始条件变化时，如果状态变量的值在长时间过程的范围内变化，则其是混沌的。通过计算吸引子分数维的度量或者——作者自己的爱好——计算最大的 Lyapunov 指数，可以定量确定混乱度，如果一系列最大 Lyapunov 指数计算收敛于正值，则运动是混沌的。

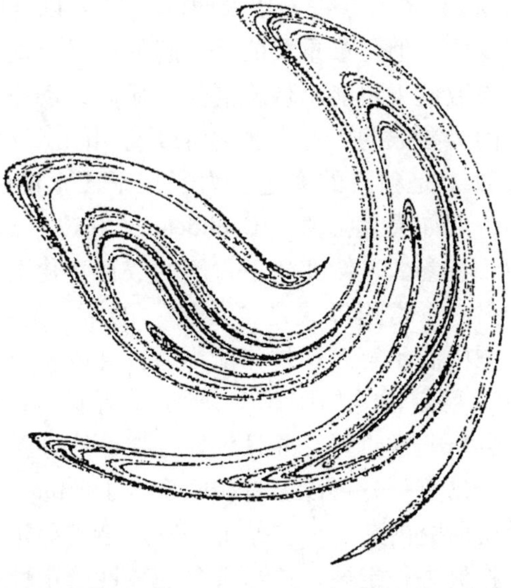

图 5.10　Ueda（上田）混沌吸引子的 Poincare 截面图，带状结构是典型的混沌

当动力学是混沌的和存在多个吸引子，则吸引盆的边界或盆本身可能是分数维的。其结果是在吸引盆中存在一个点 X_n 具有这样的性质，即在其他吸引盆中在 X_n 的附近至少存在一个点。换言之，当一个吸引域的边界或域本身是分数维的，则动态问题的试验研究通常是不可预测的。

通过定义瞬态混沌，对混沌的简短介绍进行总结。看起来混沌的运动，出现和表现混沌吸引子的特征。但是，其最终成为规则运动或混沌吸引子。当多个吸引子在状态空间存在时，这经常发生。必须小心处理具有混沌瞬态的动态系统，瞬态通常随着不断衰减的振荡衰变成规则的运动。但是已经发现了一些情况，混沌瞬态有振幅，瞬态达到比吸引子更大的振幅。这样的混沌瞬态可以是动态系统中灾难形成的原因，Pascal（帕斯卡）调查了两轴货运车混沌运动导致的脱轨[10]。

通常，当一个或几个参数增长时，考虑混沌是依赖参数的系统动力学的最终发展。然而，在混沌系统中，模式可能通过动态系统的再组织以清晰结构发生。Maicz（梅茨）等[11]处理了铁路车辆动力学的例子。

5.4 参数依赖系统和分岔

这里将集中研究仅有一个参数 λ 变化的系统，该参数称为可控参数。在车辆动态问题中，速度 V 是这样的参数，非线性动态问题

$$\dot{\boldsymbol{x}} = \boldsymbol{F}(\boldsymbol{x};\ \boldsymbol{\lambda}) \tag{5.1}$$

然后，其解 $x(t;\ \lambda)$ 将依赖参数 λ 以及时间。当 λ 以连续方式变化时，由前面的假设解也将连续变化。但是最重要的是，解的数目可能变化。即除了已知的解外，其他解在某些参数值下可能出现或消失。显然，动态系统在这样的参数值下不是结构稳定的，因为参数的无穷小变化将改变相图。这些特性将以参数状态空间图描述，其中参数 λ 是独立的变量。为了在平面上能够表示图，状态空间的状态通过法线描述，例如最大幅值或 Euclidean（欧拉）法线。

非线性动力学中，在参数连续变化下，解的数目变化通常通过现有解的分支或分岔发生。分岔的另一个常用形式是“旋转”的解，即参数增量符号的改变以便在参数状态空间图中满足解。这种分岔称为折叠或鞍点分岔，因为当其绕着折叠运动时，解将改变稳定性，如图 5.11 所示。所有这些变化称为局部分岔，它们对系统动力学的分析非常重要，并且仅发生在非线性系统中。它们通常有分岔发生的参数值——分岔点——可以通过相联系的 Jacobian 参数依赖的特征值分析发现。下面将假设要研究的解——初始解——是渐进稳定的开始。在所有情况下，初始解在分岔点将失去稳定性，这与著名的线性稳定性理论相联系。

也能引入分岔的结构稳定性。然而，这个术语几乎从来没有使用。相反，分岔是通用的，即当动态系统的小变化不改变分岔的性质时，其是常发生的。

在一个控制参数下，平衡点仅有两种通用的分岔。当 Jacobian 的最大特征值变为正时，一种分岔是前面提到的鞍点，另一种是 Hopf（霍普夫）分岔，以首先描述其的数学家命名，是周期解的分岔，如图 5.11 所示。在那种情况下，Jacobian 的复数共轭特征值对在复数平面的虚轴相交进入正的实数半平面。在车辆动力学中，这两种分岔是常见的。

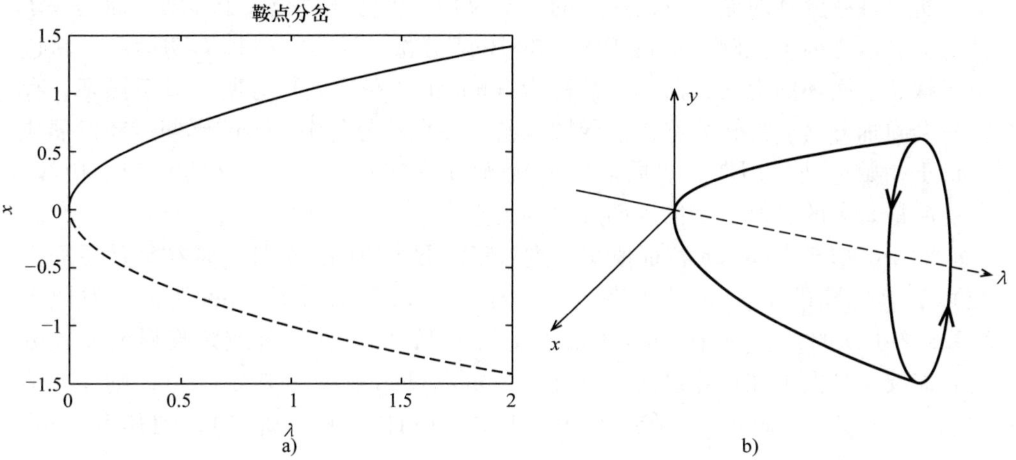

图 5.11　鞍点分岔（a）和 Hopf（霍普夫）分岔（b），实线表示稳定解，虚线表示不稳定解

如果允许更多同时作用的控制参数，则两个附加的通用分岔是可能的，它们是跨临界分岔和叉式分岔或称为对称中断分岔，当其在系统中以某种对称方式发生时，如图 5.12 所示。在这两种情况下，当 λ 增长通过分岔点时，最大的 Jacobian 特征值变成正的，为了将它们与鞍点分岔区别，规格化形式[6] 的计算是必需的。今天，中心流形减少和规格化形式在局部分岔分析中是常用的。中心流形减少定理说明 N 维动态系统绕通用分岔的动态行为变化，可以通过在一条曲线或参数状态空间的 2 维表面的动态行为变化描述。这种曲线或表面称为中心流形，见 5.5 部分。这个重要的定理保证由一个或两个 Jacobian 特征值在复数平面与虚轴交叉表征的分岔，是在任何 N 维耗散动态系统中找到的唯一的通用分岔。规格化形式是需要表征解的幅值对靠近分岔点的参数非线性依赖性最简单的可能表示。

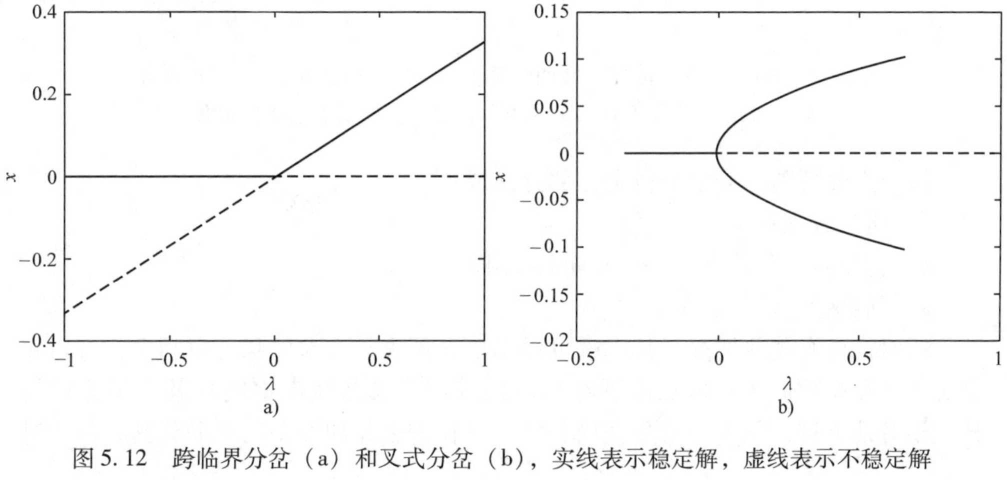

图 5.12　跨临界分岔（a）和叉式分岔（b），实线表示稳定解，虚线表示不稳定解

所有这些分岔对循环也是通用的，不仅是一个特征值交叉于虚轴，而是一个特征值必须逃离单位圆。来自于循环的Hopf分岔，通常产生拟周期运动。轨迹位于状态空间环面上的分岔，通常称为Naimark（奈马克）分岔。对于循环，存在一个附加分岔、翻转分岔或倍周期分岔、在翻转分岔中，新的周期运动发展成两倍于初始运动的周期。双周期解的轨迹图是Mobius（莫比乌斯）带的边缘，向混沌最著名的过渡，是倍周期分岔的无限序列。

对于类似于Jacobian特征值交叉进入正实数半空间的循环，是在复数平面内交叉于单位圆的Floquet（弗洛凯）乘子。动态系统的Floquet乘子，类似于5.3.3.2引入的ρ_m。如果Floquet乘子交叉于1，则存在折叠或跨临界或叉式分岔，需要再一次附加计算以便确定类型；如果Floquet乘子交叉于-1，则存在倍周期分岔；如果Floquet乘子交叉于任何地方（排除一些特殊点），则其为Naimark分岔。

从平衡点而言，存在分岔解的稳定性条件——或新的分支。对于Hopf分岔，如图5.13所示。

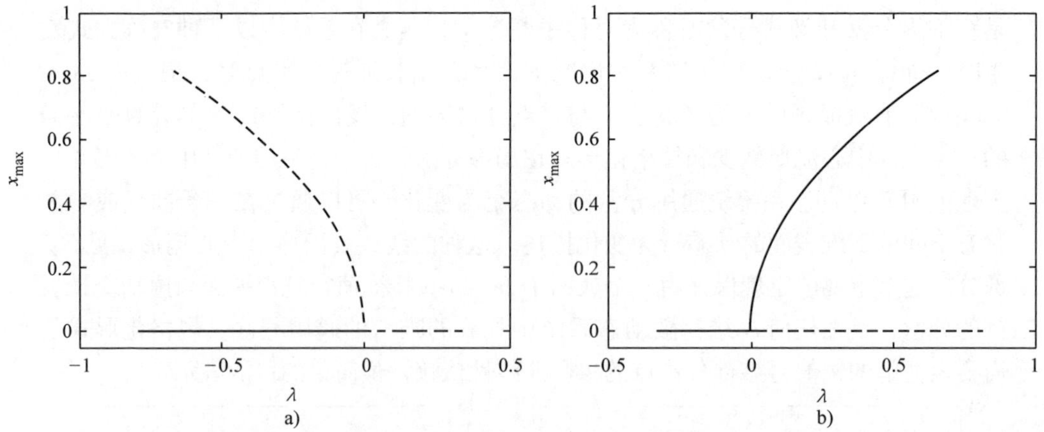

图5.13　亚临界Hopf分岔，周期解是不稳定的（a），超临界Hopf分岔，周期解是稳定的（b），实线表示稳定解，虚线表示不稳定解

作为主要规则，分岔分析由三部分组成：

1）所有分支的确定。

2）初始解对分岔点另一边稳定性的确定。

3）新解稳定性的确定。

然而，也有其他情况，其中解可以出现或消失。在参数状态空间中，考虑跟随某个解和参数值达到鞍点出现在远离跟踪解在参数状态空间的某个地方的情况，相对某个解，鞍点分岔是全局分岔。存在许多其他类型的全局分岔，由于其

性质不能通过“局部方法”研究，例如在参数状态空间中不能绕着已知点线性化。进一步的内容，请参考一些非线性动力学著作[1-9]。

考虑到内容的完整性，还要提到环形面作为状态空间其他平衡点集合的例子。拟周期函数和多周期函数都位于适当状态空间的环形面上，进一步关于其性质和与其联系的分岔的内容，请参考非线性动力学文献。

5.5 中心流形减少定理

中心流形减少定理，是连接先前结果和通常具有高自由度数车辆动态系统的数学基础。该定理基本说明了通常在高维参数状态空间中可能遇到的所有分岔，其已经在5.4节中描述。然而，该定理证明仅适用于微分方程系统，仅对平衡点和有限循环是有效的，而且动态系统也必须满足光滑的某些条件。但是，车辆动态系统很少满足这些条件的任何一个，而且车辆动态系统通常描述为微分－代数系统，该系统很少是光滑的。因此，5.7节将简短描述某些不连续性，如冲击和黏滑的干摩擦可能对分岔的作用。

5.6 随机动力学和噪声的影响

车辆动态模型和数据中的随机因素，代表未控制的环境冲击、热波动或隐藏的内动力学。与线性系统形成鲜明对比或与接近平衡的系统相比，非线性动力学的噪声和波动对系统行为可能具有更至关重要的影响，导致罕见的结果，但大多数情况导致脱离局部稳定状态，如在车辆动态问题中发现的双稳定或多稳定参数区域一样；固有非线性的引导作用也可能影响系统。如在许多模型和应用中讨论的那样，两者的作用通过噪声引起信号和阶放大，或由于非平衡波动的存在导致指向运动的出现。其可以被建设性应用，以可控制方式加强非线性特性，导致阶行为、信号放大或确定性响应。传统关于噪声的观点，由接近平衡的线性系统动力学研究而指引。在这种情况下，噪声引入无序，对诸如系统对称性等时间和空间类型带来破坏。因此，大多数应用存在最小化噪声作用的尝试。

在车辆动态系统的数学模型中，通过增加具有特定谱性质的摄动，或者通过驱动力和/或具有概率分布的参数表示，可以对噪声建模。然后，解的参数依赖性将通过概率分布表示，其发生在未知参数是动态问题的一部分中。为了在状态空间问题中估计它们，未知参数通常包含在状态变量中，必须应用特殊的方法用于状态估计。产生的状态空间模型通常是非线性模型，然后扩展Kalman（卡尔曼）滤波更常用于状态估计。所有这些情况导致随机微分方程系统，对于随机微分方程的解，读者请参考文献，见Øksendal[12]。

对于该问题的一般信息，下面的文献可能是有价值的：欧洲科学基金（ESF）设立“随机动力学：基础和应用（STOCHDYN）”的基金计划，在2008年5月结束。

当先前考虑的动态系统受到噪声影响时，某些分岔可能改变性质。两个通用的分岔：鞍点和Hopf被保留，但是表征Hopf分岔的曲线被变化，以至于过渡到周期状态发生在相应确定系统的分岔点附近。一个例子如图5.14所示，图5.14中的分岔图实际上演示了干摩擦侧向阻尼对铁路轮对动力学的影响。通常，噪声将以图5.14所示的同样方式改变和消除超临界Hopf分岔。

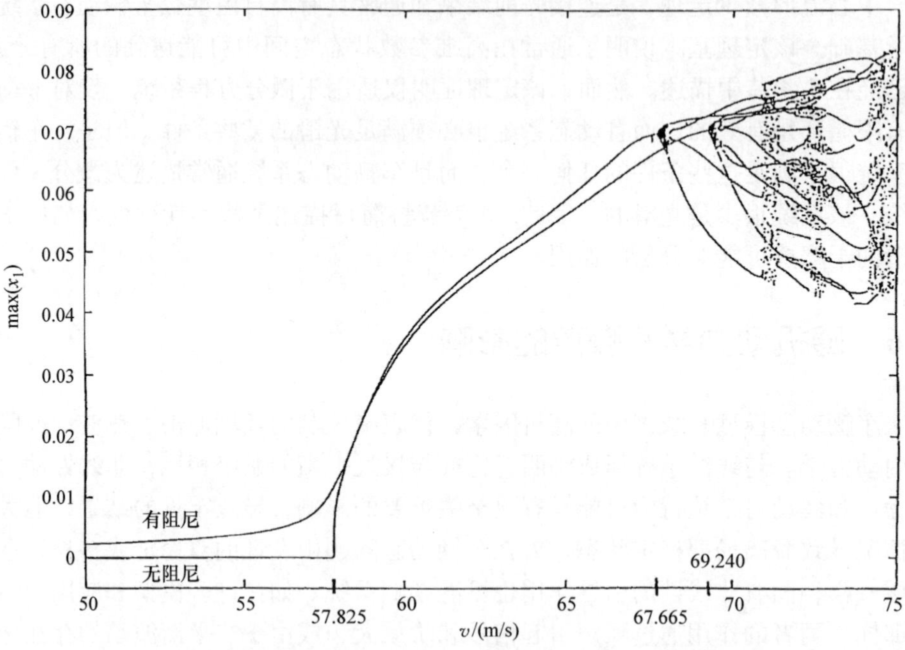

图5.14　轮对模型无阻尼和有非光滑摩擦阻尼的两个分岔图

在增加噪声下，超临界的叉式分岔分解为一个分支，没有分岔点，在相应没有噪声系统的分岔点附近有鞍点分岔。在这个附近，系统在产生的两个稳定分支间可能翻转，取决于噪声水平，如图5.15所示。在增加噪声下，跨临界的分岔以两种方式分解，一个分解成稳定分支和非稳定分支，都没有分岔点。这意味着分岔消失，如图5.16所示。在相应无噪声系统的分岔点附近，如果噪声水平足够高，稳定系统可能渐渐疏远分支。第二种可能性是在相应无噪声系统附近分解成两个鞍点分岔，如图5.17所示。在这种情况下，注意噪声从连续的分岔到危险的分岔改变初始跨临界分岔。在相应无噪声系统的分岔点附近，后分岔响应跳跃到远处的吸引子，可能受到限制或不受限制，不受限制的响应有灾难性的结果。当控制参数的变化方向相反时，导致滞后，典型的受限制响应将保留在新吸引子的路径上。

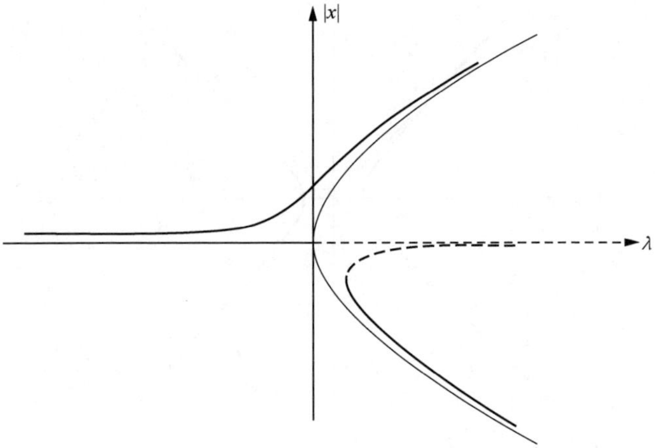

图5.15 在噪声影响下叉式分岔分解的第一个例子，实线表示稳定解，虚线表示不稳定解，细线和曲线表示初始叉式分岔，位于参数－状态图的原点

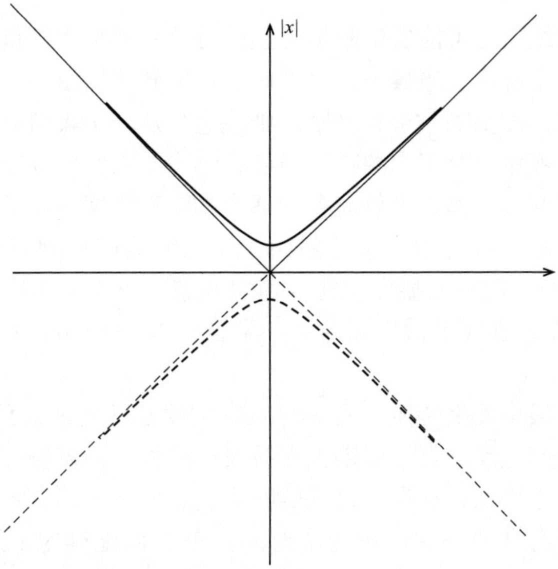

图5.16 在噪声影响下跨临界分岔分解的第一个例子，实线表示稳定解，虚线表示不稳定解，细线和曲线表示初始叉式分岔，位于参数－状态图的原点

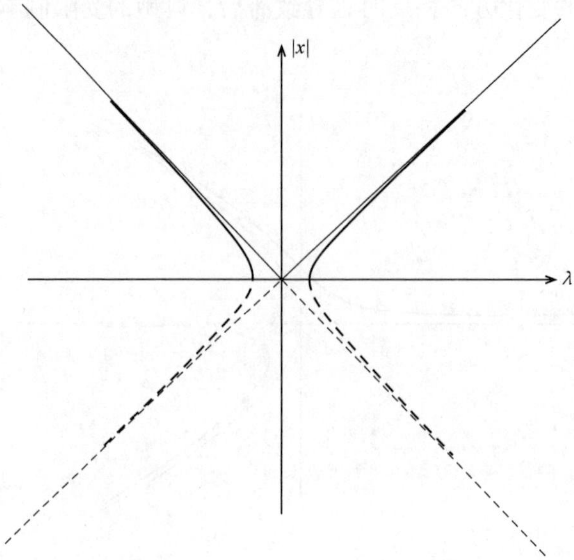

图5.17　在噪声影响下跨临界分岔分解的第二个例子，实线表示稳定解，虚线表示不稳定解，细线和曲线表示初始叉式分岔，位于参数-状态图的原点

在随机动态系统中，可能发生附加类型的分岔。其称为随机共振，经常发生在有噪声的双稳定系统中。当噪声水平低时，运动轨迹保留在一个吸引盆中。如果噪声水平足够大，发生瞬时奇异激励，则轨迹将从一个吸引盆跳跃到另一个吸引盆，然后保留在那里。对于大的噪声强度，动力学由噪声控制——在车辆动力应用中不希望的情况。然而，也可能存在适当的噪声强度促使动态系统在吸引盆之间翻转，但不控制系统的动力学。因而，当系统响应受到周期和宽带随机力（噪声）组合作用时，随机共振发生在双稳定动态系统中。然后，两个力的组合可能合作/竞争使系统在吸引盆之间转换，来自于 Gammaitoni（加马伊托尼）等的例子[14]，如图 5.18 所示。

当噪声小时，很少发生转换，系统的响应主要是随机的，没有显著的周期。当噪声很强时，周期运动的每个周期大多数发生转换，系统响应不表现特征的周期性。然而，对应于周期运动存在最优的噪声值，以至于动态系统几乎在每个周期进行转换。这样有利的条件通过两个时间尺度的匹配确定：周期运动的周期（确定性时间尺度）和 Kramers（克雷默斯）率（即由噪声单独产生的平均转换率的逆：随机时间尺度），即术语随机共振。随机共振的全面概述，参见 Gammaitoni 等的著作[14]。

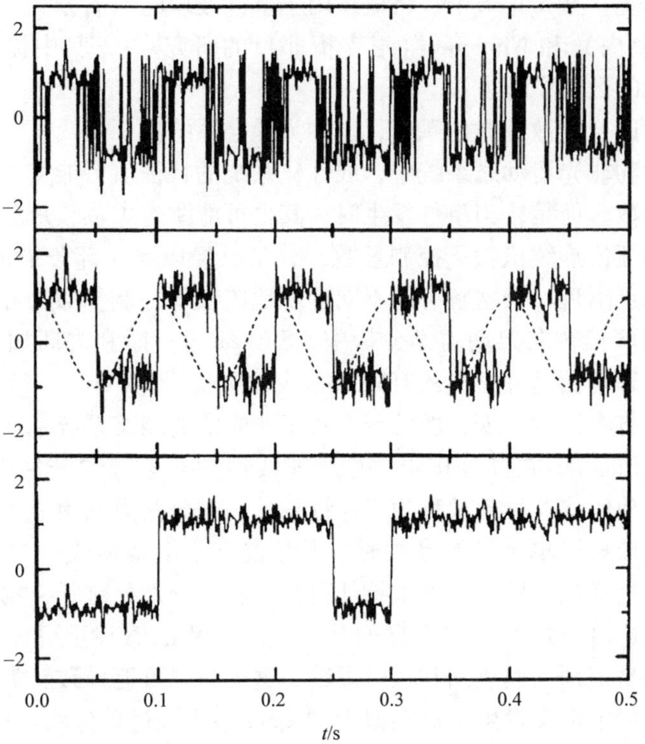

图 5.18　双稳定系统中输入/输出同步的一个例子，噪声强度从底部到顶部以恒定频率增加，虚曲线表示输入信号

5.7　非光滑系统

用于状态空间中非光滑系统分析的新概念是重要的，这里将引入，非光滑系统可能的一些分岔，这里也将简短研究。

在非光滑动态系统中，状态空间中不连续性的位置，必须通过附加函数 $h_i(x_j)=0$，$i=1, 2, \cdots, M$；$j=1, 2, \cdots, N-1$ 定义，其中 M 为不连续性总数，N 为状态空间维数。在 N 维车辆动态问题中，函数 $h_i(x_j)=0$ 定义了超曲面，其每个将状态空间分离成两个子空间。超曲面是所谓的转换边界，通常彼此相交。状态平面（x_1，x_2）中最简单的例子，是在 $x_1=0$ 的弹性冲击。当状态平面中的轨迹在点（0，x_2）碰到线 $x_1=0$ 时，速度 x_2 变化符号，轨迹将从点（0，$-x_2$）继续，外出的轨迹将回到其起源的倾斜半平面，具有与进入的轨迹相反的符号。每当状态空间的轨迹碰到转换边界时，一个事件发生。转换边界在状态空间可以分成两个区域，动态系统有不同的自由度。具有这样转换边界的系统，称为结构变化系统。在5.9节中，将概述用于事件处理的数值方法。进一步的材料可见Leine（莱内）和Nijmeijer（尼吉梅耶）的研究[15]，其中提出了用于解非光滑动态系统的数值积分方法。

具有连续以及离散性质的系统，也称为混合系统。

在非线性和非光滑动态系统中，线性化系统的特征值可能交于虚轴，其连续依赖于控制参数。但是，当事件发生时，其也可能跳过虚轴，从负到正的实数半空间。假设特征值连续依赖于控制参数，分岔已经以5.4部分描述的方式产生。但是，在分岔点附近，分岔解可能不同程度地依赖于控制参数。在哥本哈根S-火车的标准的单轴转向架动力学分析中，Slivsgaard（斯利夫斯加德）发现了分岔稳定，周期解初始随分岔点的有限斜率线性生长[16]。True（特鲁）演示了一个简单例子，将在以后呈现，新的行为对于非光滑的动态系统是通用的[17]。

Leine和Nijmeijer在其著作中讨论了非线性动态系统的分岔[15]，其中特征值跳过虚轴，他们将这种现象称为不连续分岔。在分岔点的附近，当线性化系统的特征值连线依赖于单个控制参数时，通常仅有一个实值或一对复数共轭特征值，将一次通过虚轴。然而，如果特征值在不连续分岔处跳跃，则更多特征值可能同时跳过，这可能招致不同类型的分岔，一些特征值甚至可能再次跳回。因此，根本不容易识别它们跳回和跳过虚轴。这种情况可能导致新类型的分岔，类似的情况在映射中也会发生，这类似于Floquet乘子跳过单位圆。进一步的内容，请参考Leine和Nijmeijer的著作[15]。

Leine和Nijmeijer也讨论了非光滑系统的光滑近似产生的分岔[15]，他们在简单的分析例子演示说明，光滑可能改变分岔特性。这个性质使得针对“车辆动力学在多大程度上可以是非光滑”进行了讨论。在产生冲击接触时，冲击应该建模为有瞬时无穷大接触力的理想弹性模型——可能有恢复系数——或者接触力扩展到有限时间间隔动态定律更好建模？两者情况都是非解析的，因为在系统中引入了非连续性，但是非连续性不是一样强。第一种情况下，速度一阶导数—存在有限跳跃；而第二种情况下，速度连续变化，加速度—二阶导数—跳跃，第二种情况是比第一种情况弱的非光滑性。这里不讨论建模方面，而是回到5.8节的议题。

继续简要引入两个非光滑系统简单分岔的例子。第一个例子是5.4节的鞍点分岔的非光滑情况，取自Leine和Nijmeijer的著作。考入如下非光滑系统

$$\frac{\mathrm{d}x}{\mathrm{d}t}=\lambda-|x|$$

其存在两个准确的平衡解，但是仅对于$\lambda>0$：$x=-\lambda$和$x=\lambda$。这就产生了分岔图，如图5.19所示，应该与图5.11a比较。

比较两个图时，发现稳定和不稳定解在分岔点相交为有限角。当系统为非光

滑时，解线性依赖于控制参数 λ，这与图 5.11a 的经典鞍点分岔形成对比。两个分支的稳定性分析说明，光滑和非光滑两种情况的稳定性质是一样的。

另一个例子是经典 Hopf 分岔的非光滑情况，如图 5.11b 所示。True 考虑其系统为

$$\dot{x}=y$$

$$\dot{y}=-(k\sqrt{x^2+y^2}-\lambda)y-x,\ k\neq 0$$

通过变换引入极坐标

$$x=r\cos v,\ y=r\sin v$$

同时得到

$$\dot{r}=(\lambda-kr)r\sin^2 v$$

$$\dot{v}=(\lambda-kr)\cos v\sin v-1$$

这个系统解为 $r=0$ 和 $r=\lambda/k$。

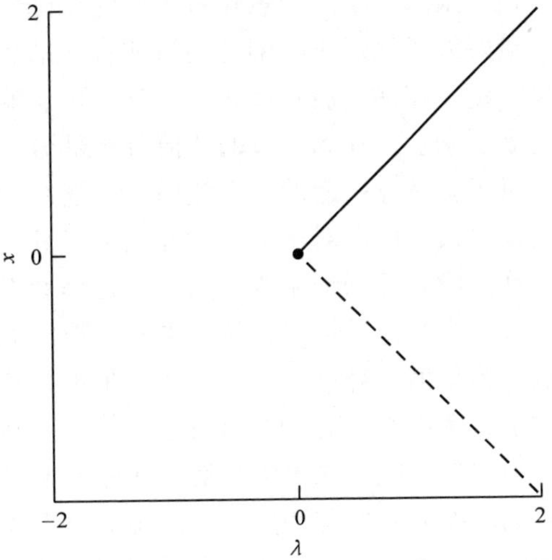

图 5.19　鞍点分岔的不连续

简单的分岔分析产生分岔图，如图 5.20 所示。其中，可以看出分岔周期解 $r=\lambda/k$ 的分支线性偏离了静态解 $r=0$，与经典 Hopf 分岔相比，存在有限角。三个分支的稳定性分析表明——如同前面的例子——光滑和非光滑情况的稳定性质是一样的。在两种情况下，渐进稳定的静态解在分岔点右端变成不稳定的。对于控制参数 λ 的正值，周期解存在，则它是稳定的，否则，它是不稳定的。

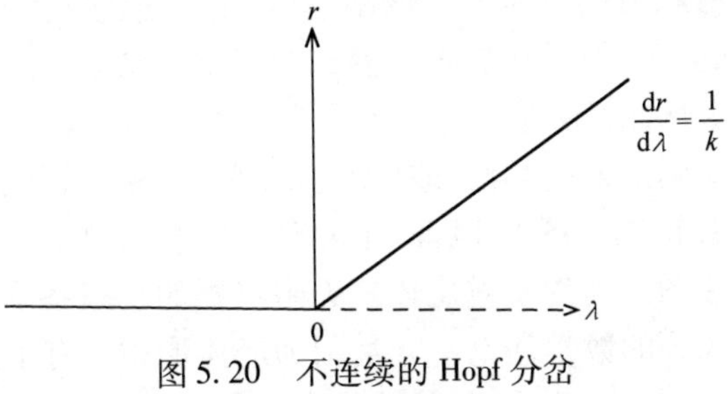

图 5.20　不连续的 Hopf 分岔

干摩擦接触引起的冲击和黏滑，是车辆动力学中最经常发生的非光滑的两个来源。在非线性动态系统中，重复的冲击通常考虑为产生混沌，这在试验和数值仿真中有很多证据。当混沌通过重复冲击产生时，重要的是想到混沌的特性。来自于混沌吸引子轨迹的无穷小扰动，在以后的某个时间点将发展成为与初始吸引子值有大的分离，这在混沌中是著名的对初始条件灵敏性效应。然而，分离值将位于同样混沌吸引子的另一个轨迹上。既然测试的不确定性以及数值仿真的误差

范围是有限的，实际中意味着不可能跟随混沌吸引子的轨迹。在任何情况下，希望的最好方式是通过精细的测试或合适的数值算法预测混沌吸引子。因此，冲击本身的建模在冲击后对通用动力学有可忽略的作用——只要动力学停留在同样的混沌吸引子上。在5.8节的数值分析部分，将会再说明这个问题。

对于干摩擦引起的黏滑建模，上述结论也是适用的。但是，在这种情况下，必须较谨慎运用。对于动力学，黏滑有其他的重要结果，黏滑将打破系统中的某些对称。没有证据证明这一点，但是作者发现，他的合作者和他分析的所有车辆动态系统中是这种情况，从而更可能形成混沌。黏滑也可能在状态空间中改变稳态点成为集值的静态区域，更通常是平衡点成为集值的平衡区域。作为静态区域的例子，考虑在具有干摩擦阻尼的悬架上装载车体的滚动铁路轮对。在直线轨道上，阻尼器可能在位置中黏滑，让轮对有非零的侧向位移。这种状态是稳定的，稳定的静态侧向位移和静态横摆角的全部集合，通常取决于车辆的速度。在单个滚动轮对的情况，稳定的静态区域在参数状态空间中将组成3维超曲面。光滑系统的分岔理论必须修改动态系统，以使其具有这些性质。然而，在不同的条件下，这样的轮对可能振荡和在状态空间中达到几个不同循环之一的平衡，其每一个取决于初始条件，这些循环在参数状态空间中构成平衡区域。

Leine 和 Nijmeijer 也讨论了干摩擦问题[15]。在车辆动力学中，摩擦阻尼特殊作用的其他例子可以在后续的章节中找到。

Hoffmann（霍夫曼）等[18]通过数值仿真，调查了使用 UIC 标准悬架的两轴货车的动力学。UIC 悬架通过连接承载车体，连接元件间的接触表面存在滚动干摩擦。Hoffmann 等计算了分岔图，其有滞后环。计算采用对称初始条件开始，例如轮对的侧向位移和横摆角为零。该动态问题有稳定的静态解，绕滞后环后，稳定的静态解不回到零，但是在稳定的静态非零解处结束，结果如图5.21所示。

True 和 Asmund 调查了铁路货车下单一轮对的数值模型[13]，模型被简化只用于演示侧向干摩擦阻尼器与黏滑和蠕变力的耦合作用。因此，轮轨几何的运动学线性化，轮子没有轮缘，图5.14取自文献［13］，说明了无阻尼器和有干摩擦阻尼器的轮对分岔图之间的有趣比较。无阻尼器的动态系统可以简化到一组微分方程，应用5.4部分的数学理论，分岔图为经典形式，有平凡解，渐进稳定到 Hopf 分岔点。其中，产生超临界和渐进稳定的周期解分支。在分岔点，静态平凡解失去稳定性。对于较高的速度，渐进稳定的周期解经过对称断裂分岔和一系列——看起来像——倍周期分岔，其导致混沌行为。有干摩擦阻尼器，图显著变化。有摩擦阻尼器，平凡解不再是渐进稳定的。现在发现一组稳定的对称有振幅的周期解，其随速度缓慢增长，依赖于初始条件。现在存在有不同振幅的全范围的稳定的周期解，只有一个如图5.14所示。其振幅随速度增长更快，接近无阻尼转向架的分岔点，它在有噪声非线性系统中是著名的一种方式，Hopf 分岔

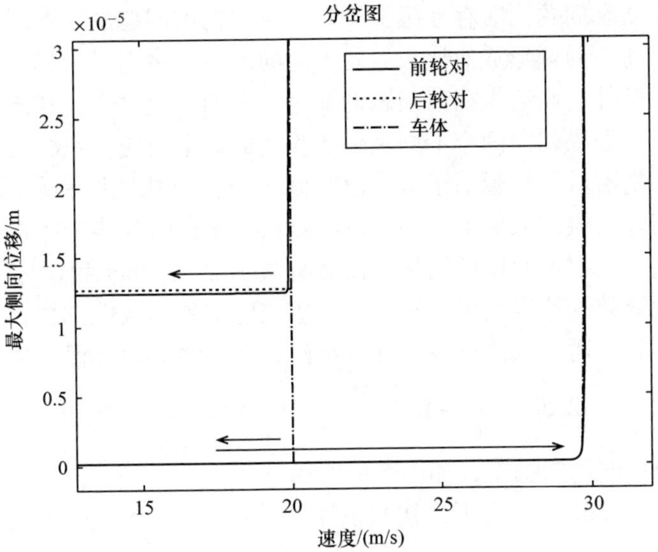

图 5.21 悬架中有干摩擦的货车模型中开放的滞后环，验证了稳态静态区域的存在消失。

Leine 和 Nijmeijer 关于“讨论和结论”写了两章[15]。这里将尽量浓缩与车辆动力学最重要的分岔有关的结论。对于更深度的讨论，读者请参考文献 [15] 和综述论文 [19]。

非光滑动态系统中存在光滑动态系统没有的分岔类型，关于分岔的数学定理几乎都基于某些光滑假设。因此，关于分岔存在的结论必须取自于对分岔图的检查，不幸的是通过数值通常不能够找到不稳定的解分支。因此，计算的分岔图将是不完全的。Leine 和 Nijmeijer 分析了非光滑系统静态解分岔的例子[15]，通过分析计算发现 Jacobian 的一个特征值交叉于虚轴，然而不存在交叉是通常的非光滑系统中分岔必需条件的数学证据。在车辆动态系统数值调查中，发现光滑系统中已知的特征值交叉，也发生在非光滑系统中；源自于静态解以及有限循环的分岔是真实的，更多的信息见综述论文 [19]。

最后结论是，必须计算分岔图，以便确定车辆动态问题的分岔点。这导致下面部分将描述的简单数值方法，用于确定通用的非线性动态问题的稳定分支。

5.8 车辆动态系统的数值分析

5.8.1 光滑问题的数值解

本部分将简短调查车辆动态问题的数值解，特别要关注到同时存在吸引子和非光滑的问题。将演示这样的问题必须如何处理，以便得到可靠的动态结果。

当非线性动态问题同时存在吸引子时，特定初值问题的平衡解依赖于初始条件。这与线性动态问题形成对比，后者不能同时存在吸引子。另一方面，假如满足某些连续性条件，则给定初值问题的解是唯一的。换言之，状态空间的轨迹唯一确定。然而，如果朝向两个不同吸引子收敛的两个轨迹，在状态空间的某个部分足够接近，则沿着一个吸引子的数值时间步积分可能跳跃和跟随其他吸引子，这导致初值问题错误的数值解。跳跃可能是误差限或时间步选择得不好，但是也可能是使用错误的数值程序的结果。以后将演示显式 Euler 程序应用于简单的非线性初值问题导致的错误结果，它从来不应该应用到非线性方程。

在 5.2 部分，通过数值求解了有两对初始条件的下列方程

$$2.56\mathrm{d}^2\frac{x}{\mathrm{d}t^2}+0.32\frac{\mathrm{d}x}{\mathrm{d}t}+x+0.05x^3=2.5\cos t \tag{5.7}$$

发现两个不同的吸引子，如图 5.1 所示。

现在考虑式（5.7），有下列初始条件

$$x(0)=3.75,\ \frac{\mathrm{d}x}{\mathrm{d}t(0)}=0.75 \tag{5.8}$$

首先，用 MAPLE9.5 中的 ode45 解式（5.7）和式（5.8），瞬态分析达到正确的吸引子，有属于初始条件式（5.8）的小振幅，结果如图 5.22 所示。

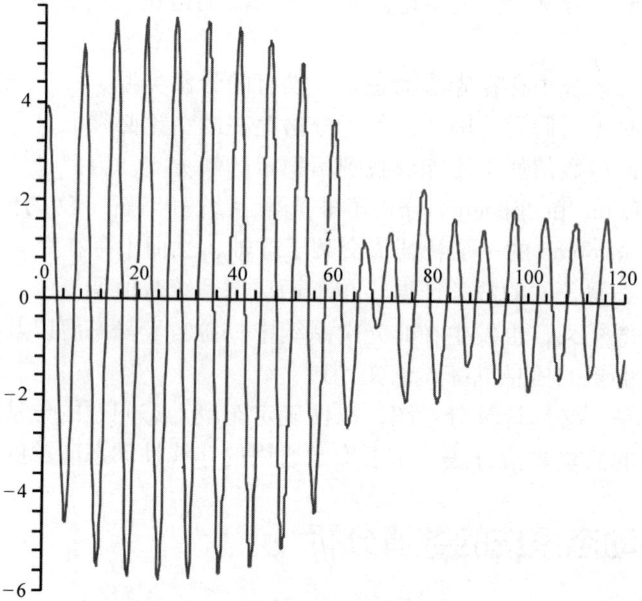

图 5.22　应用 Runge – Kutta45 程序得到初值问题式(5.7) + 式(5.8)的数值解，瞬态分析达到正确的吸引子

下一步，采用显式 Euler 程序——也来自 MAPLE9.5 解式（5.7）和式（5.8），结果如图 5.23 所示。由图可以清楚看出，这种情况的瞬态分析接近其他——不正确的——吸引子。

显式 Euler 程序非常受欢迎，因为其运行快。只要没有其他解或来自于试验的测试结果存在，Euler 解法将是可接受的。但是它是非常危险的，显式 Euler 程序不应该用于非线性动态问题的数值解。

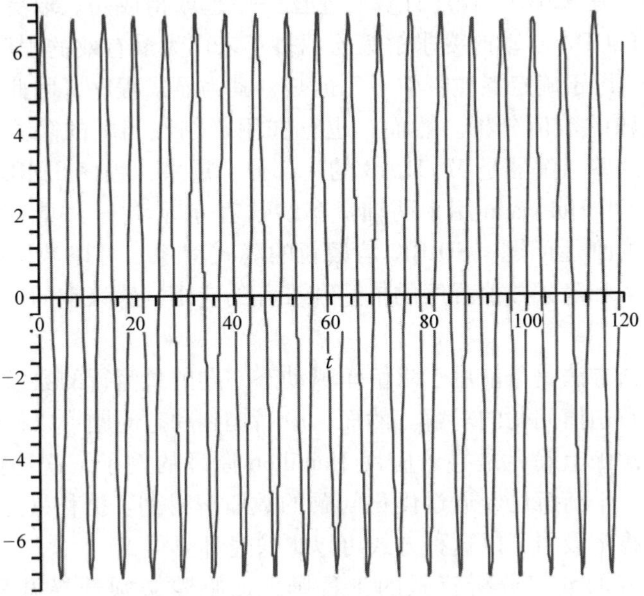

图 5.23　应用显式 Euler 程序得到初值问题式(5.7)＋式(5.8)的数值解，瞬态分析得到错误的吸引子

这个简单的例子说明，当选择数值求解器用于给定的非线性动态问题，必须要小心。

Grag（加格）和 Dukkipati（杜基帕迪）讨论和演示了使用显式和隐式程序用于线性以及非线性动态问题的数值解法[20]，试验选择了同时用于线性和非线性动态问题的程序。他们比较了 CPU 时间、稳定性及其例子中的人工阻尼。在显式程序中，下一步 x_{n+1} 仅显式依赖已知量。Garg 和 Dukkipati 的非线性例子[20]有滚动轮对，显式求解器要么不稳定要么需要引入人工阻尼，显式求解器不足以分析所谓刚性问题。通常，所谓问题是刚性的，是指解包含慢和非常快的两个过程。快过程随时间衰变非常快，因此需要非常短的步长，以便使显式求解器求得数值解。而且，当应用于刚性问题时，显式求解器经常变得不稳定。为了维持稳定性，步长再次需要非常小。在隐式程序中，依赖是隐式的，因此下一步要通过方程解的计算实现。既然车辆动态问题是非线性的，对应的方程也将是非线性的，这意味着非线性方程必须数值解，对于每个时间步，例如由预测-纠正方法完成。车辆动力学隐式方法的优点，在于其可以安全用于解刚性问题，每个变化的步长都有自动控制。车辆动态问题以及实际试验的数值仿真，通常是刚性问题。因此，推荐隐式程序用于这些初值问题的数值解。

Rill（里尔）应用隐式 Euler 程序求解车辆动态问题取得成功[21]。True 与其合作者最经常使用 LSODA 程序计算分岔图——也取得成功。取决于问题是刚性或非刚性的，LSODA 自动改变求解策略。多年来作为最有效的程序 Runge - Kutta 求解器 ode45 用于确定混沌吸引子。但是，其为显式程序，因此，不推荐其用于车辆动态问题的数值分析。然而，也存在用于刚性问题的隐式 Runge - Kutta 求解器，所有这些求解器是 MATLAB 的一部分。近来，程序 SDIRK[22] 基于文献［23］的理论，由 Hoffmann 用于两轴货车的数值分析[24]——具有滚动、黏滑干摩擦和缓冲器的刚性问题。SDIRK 是最新的隐式程序，可以从网络上下载。详细的时间步显式和隐式数值程序的描述和推荐的应用，感兴趣的读者请参考相关文献[25,26]。

时间步数值方法是目前用于求解车辆动态问题的最流行的数值方法，因为其本身就自然导致初值问题的求解。然而，应当提到动态问题可以描述为各种变分问题，其中，泛函上确界是寻求应用 Hamilton 原理的例子，这种描述导致数学中的优化问题，平衡解已经通过优化问题的数值解得到。据称（口述信息），车辆分岔图中的稳定吸引子以这种方式可以更快速计算得到。

对于没有好的数值分析背景的工程师，面临着必须选择微分方程求解器（DE 求解器）的问题。当应用于给定的动态问题时，虽然数值求解器可能给出一个解，但是这不能保证解是正确的解。强烈推荐工程师应用两种不同的和公认的程序用于问题求解——至少一开始就这样。如果一个求解器的结果显著不同于另一个求解器的结果，可以得出至少一个求解器在这种情况下是不好的结论。另一方面，即使两个结果彼此已知，也不能确信结果是正确的。

5.8.2　不连续性的数值解

当车辆动态问题是不光滑时，动态问题必须补充函数 $h_i(x_j)=0$，其定义了状态空间中不连续性的位置。函数是状态空间中的超曲面，见 5.7 部分。通过词“不连续性”，不仅应理解为函数本身的不连续性（零阶不连续性），而且也应理解为更高阶导数的不连续性（高价不连续性）。超曲面是所谓的切换边界，作为例子，现在考虑有一个切换边界 $h(x_j)=0$，$j=1$，2，…，$N-1$ 的动态问题，其中 N 为状态空间维数。该问题易于推广到有更多切换边界的问题，只要能够一次处理它们。由切换边界分开的两个区域，问题是光滑的，因此以通常的方式解初值问题。此外，还需考虑靠近点 P 的部位，其解碰到切换边界，点 P 称为过渡点。

当积分动态问题在一个区域作为初值问题时，动态问题是光滑的，只要轨迹交叉于切换边界时，必须停止积分。切换边界仅以因变量 $x_j(t)$ 的术语定义，因此必须连续检查在时间 t_0 轨迹交叉切换边界的解方法。然后需要重建解方法，以便迭代确定轨迹碰到或触及切换边界的时间 T。T 仅能通过在一定误差限内的数值求解得到，但是其应当尽可能精确确定。如果使用隐式求解器，可以通过 Newton - Raphson 方法使用插值确定 T。绕着事件的两个解点之间线性插值，可以直接得出初始估计。现在，可以找到过渡点 P，其通过值 $x_j(T)=0$，$j=1，2，\cdots，N$ 确定。

在非光滑动态问题的数学描述中，必须定义在切换边界发生的事件。与切换边界的碰撞以及在哪里发生的情况，称为事件。作为事件的例子，可以提到一个状态变量——如 x_k——在时间 T 的一阶导数的跳跃 Δv。

然后，使用在过渡点 P 找到的端部状态变量，建立时间 T 的新初值问题，通过事件规则进行调整，完成新初值问题的积分。在给定的例子中，取时间 T 的所有端部状态变量，仅对时间 T 的 x_k 一阶导数增加给定的跳跃 Δv。通过时间 T 的新初值组合相关区域光滑问题的描述，然后给定动态问题的连续。在现在的例子中，相关区域是切换边界的另一边——第二个区域，然后在该区域继续积分。

作为例子，这里调查在铁路货车上使用的轮对动力学，它在 Garg 和 Dukkipati 的著作中提出[20]。系统如图 5.24 所示，其中轮对沿轨道运动。

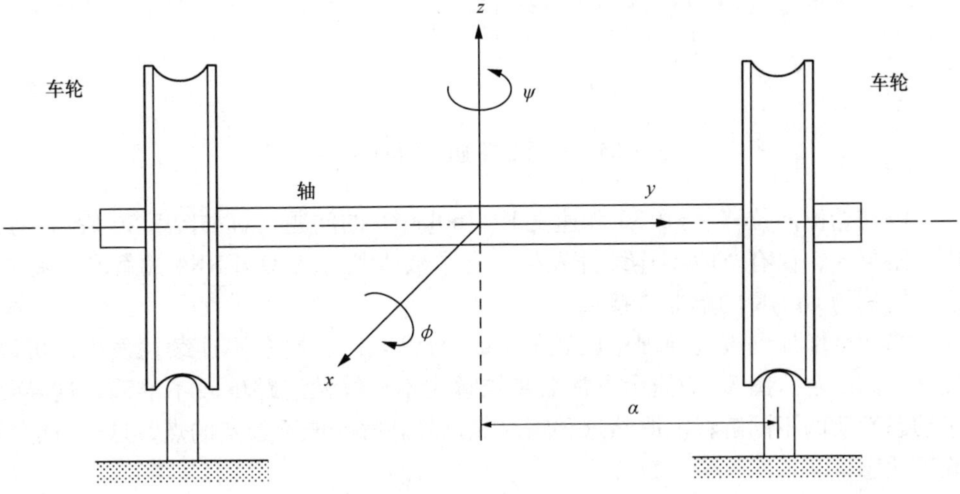

图 5.24　轮对模型

侧向位移和横摆角的非线性运动方程，不同力学参数的值，可以在著作中找到[20]。

轮对滚动半径差的变化（r_L-r_R）/2 与侧向位移的关系，如图5.25所示。

对于不同的实体，常数 c_1 和 c_2 如下所示，在试验中距离 $\delta=0.35$。

变量	c_1	c_2
Δ_1	0	18
Δ_2	0	18
Δ_L	0.15	22
$\frac{r_L-r_R}{2}$	0.05	10

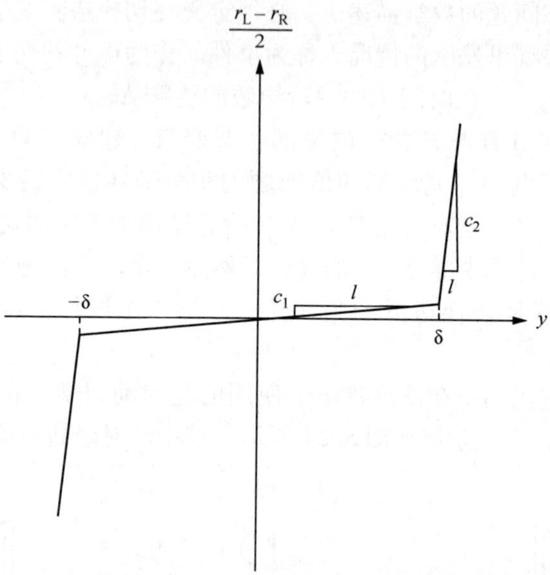

图5.25　不同变量随侧向位移的变化

解初始侧向位移 $y=0.36$ 和速度 $V=160$km/h 的问题，解如图5.26所示。其中，阻尼大，仅有一段不连续性发生，有常数步长称为ONERK4的解和追踪不连续性称为GERK的解非常接近。

当速度增加到接近纯理论问题的Hopf分岔点时，更多不连续性发生，可以发现不同的解。图5.27演示了常数步长解比不连续性追踪解较不准确，这导致了动态性质的不同解释。既然这种情况靠近静态解变成不稳定的点，这也可能是临界状态。

这里总结一下车辆动态问题中由不连续性的不同数值处理得到的经验。处理不连续性最简单的方式是忽略不连续性和积分通过它，就好像其不存在一样，人

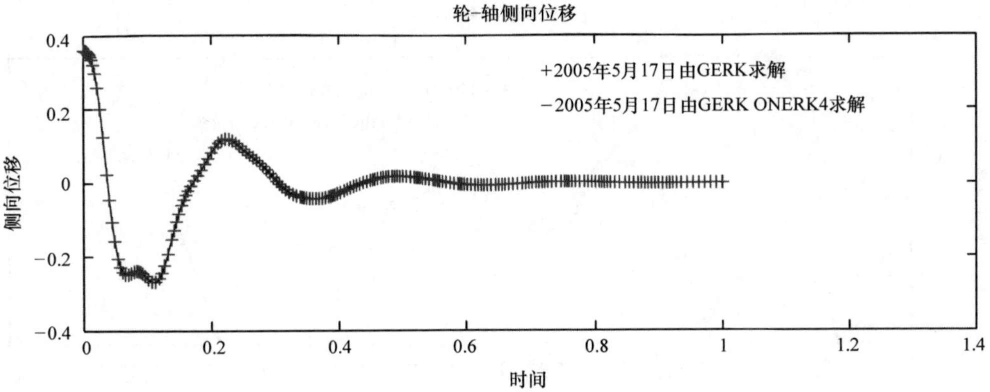

a)

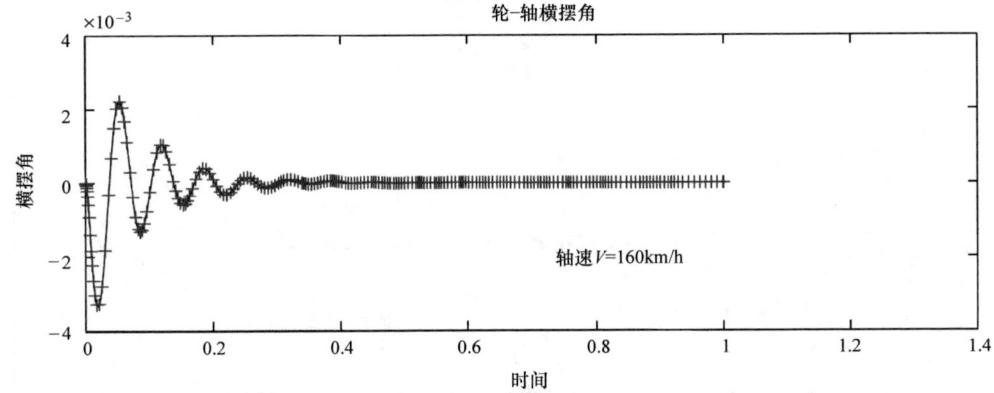

b)

图 5.26　$V=160\text{km/h}$ 的轮对动力学解

们希望数值程序的光滑性质会自动处理具有不连续性的问题。如果不连续性是在动态问题函数的二阶或更高阶，这种策略可能起作用，也可用于其他情况。通常的态度是，只要数值积分得到一个解，则解是“正确解”。这很少是真的，正如在前面例子中演示的那样。以这种方式找到的解，甚至可能在数量级上都是错误的，可能全部失去混沌动态行为，Xia 和 True 演示了这一点[27]。最后，但是并非最不重要的是，数值求解器可能花费许多 CPU 时间以使积分通过不连续性，同时并不知道对光滑函数导致的数值近似。

光滑函数产生的问题，导致处理不连续性的第二种方法。在每个和每种情况都规定光滑函数，然后，至少知道数值程序如何处理不连续性，CPU 时间将减少。光滑函数必须以最可能的方式对物理实际建模，许多人宣称这种方法是最优的方法，因为其建模与物理实际接近。然而，这种方法的问题是，好的数学模型并不总是已知的。在 True 和 Asmund[13]、True 和 Trzepacz[28]的工作中，应用了钢或铸铁表面之间的平面接触黏滑干摩擦的光滑模型，正如从问题的特性可以预

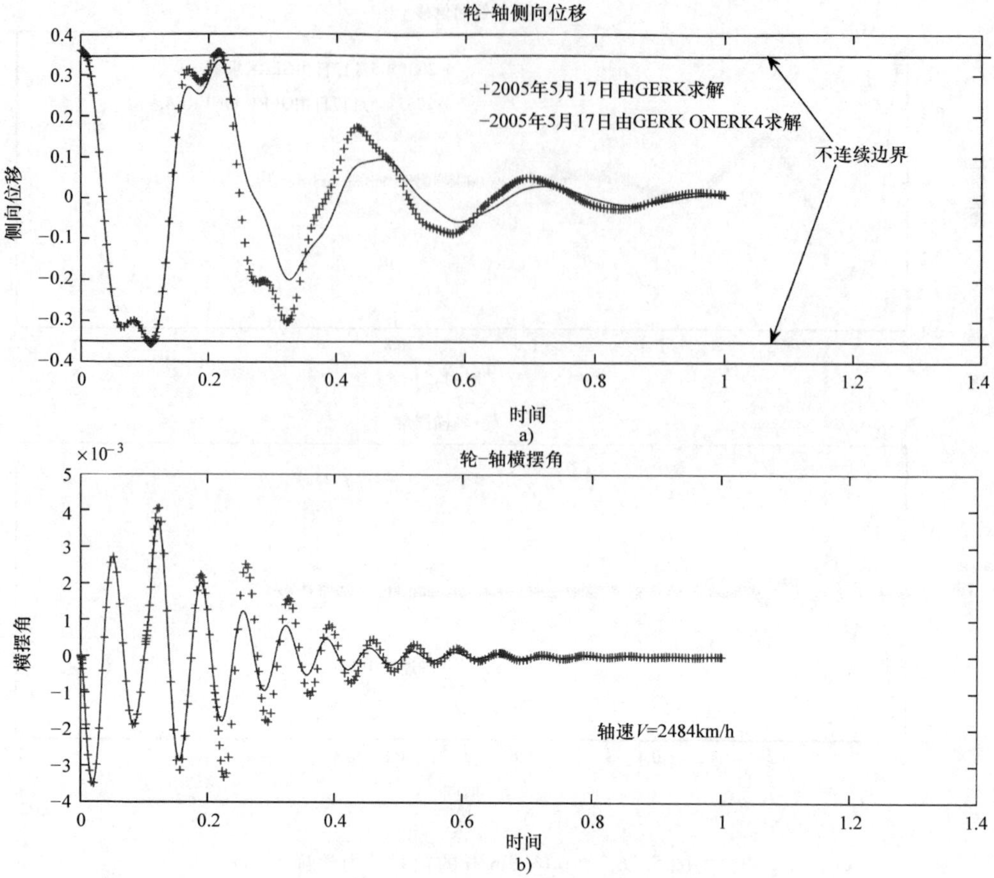

图 5.27　$V=2484\text{km/h}$ 的轮对动力学解

料，数值动态分析的结果包含很多混沌动力学。在 True 和 Trzepacz[28] 的工作中，没有用光滑函数建模冲击。然而，进行了理想运动学模型和弹性冲击力模型之间的比较。正如所预料的，结果不同。但是，两个结果位于同样的混沌吸引子，仅是后一个模型能够估计产生的接触力。在积分过程中，True 和 Trzepacz[28] 使用常数步长。仅是在动态模型的情况，插值以便准确地确定冲击的位置。在运动学情况，逆转时间通过简单计算运动部件的位置找到。当运动部件“进入”到静止的部件，运动部件的速度是翻转的。只要步长足够小，这种近似就得到了满意的动力学结果。在动态模型中，CPU 时间用于积分以通过暴露的冲击。然而，有趣的是两种情况下系统的动力学具有同样的混沌。这种情况在 5.7 部分针对冲击建模的关系讨论过，鲁棒动力学在这种情况下与混沌动力学紧密相关，然而不能保证鲁棒性，两种情况的动力学可以不同。

第三种——正确的——数值处理不连续性的方法，是尽可能准确追踪过渡点，过渡点是状态空间中轨迹碰到切换边界的点。然后在该点停止动态问题的时间积分，应用过渡准则，在切换边界的相应边继续动态问题的时间积分，这是处理非光滑问题最安全和最准确的方法。花费在确定过渡点的额外 CPU 时间，通过没有花费在由非常小时间步沿着陡峭的梯度通过不连续性动态问题的积分所平衡。这是 5.7 部分呈现结果的逻辑数值应用。Hoffmann[24] 成功使用该方法，以便调查两轴货车动力学的困难问题。他的模型含有在悬架中的滚动和滑动摩擦以及在轴箱和它们导轨之间可能的冲击。

在数值分析中，缺乏对不连续性的适当考虑，通常导致对计算结果的定性性质错误。重要的是识别非线性动态系统中同时存在的吸引子，当吸引子通过不同振幅表征时，必要性是明显的。如果吸引子有几乎同样的振幅和仅有定性的不同，其可能是较不明显的。然而，如果——如同文献［13，27，28］中——一个吸引子是混沌吸引子，则必须谨慎行事，参考 5.3 部分后面的混沌瞬态的讨论。同时存在混沌吸引子，通常产生剧烈振荡的瞬态运动，有危险的高振幅，这发生在瞬态临近吸引子以及混沌吸引子与非混沌吸引子同时存在的情况。因此，识别非线性动态问题的所有混沌吸引子是非常重要的，瞬态可能导致物理世界中的事故。

5.8.3　数值计算车辆动态问题稳定分支的一种方法

为了找到稳定分支——吸引子——针对车辆动态问题，使用参数状态空间的路径跟踪方法。对于动态问题 $X(t)$，在控制参数确定值下，针对速度 V，给出稳定的平衡解。然后知道时间 t_0 的解，储存状态变量 $X(t_0)$，其称为端部值。逐步完成路径追踪，在每一步，采用小增量增加或减少速度 V。采用前一步的端部值，作为新一步的初始值计算导致动态问题的平衡解。根据需要可以进行很多步，当积分的瞬态达到另一个对应于参数 V 的确定值 V_0 稳定解时，过程结束。V_0 是刚经过的靠近分岔点，其可以通过参数 V 的插值确定。以这种方法，可以追踪或跟随动态问题的解，能够在参数状态空间中找到分岔点。在分岔点，注意转换到新的稳定分支和依赖 V 跟随它们。强烈推荐计算动态问题的特征值，围绕稳定的平衡解进行线性化，找到通过分岔点其随参数的变化，计算对发现分岔的性质是有价值的验证。对于来自稳定静态解的周期解的分岔，两个复数共轭的特征值应在分岔点从负到正的实数平面通过虚轴。

方法的成功，基于问题的至少一个稳定解（分支）的分岔是已知先验的和可以找到稳定分支的假设。必须强调的是，并不能保证所有动态问题的所有稳定分支可以同样的方法找到。在车辆动力学中，目标是要设计车辆使其沿着给定的路径光滑行驶。因此，将做出基本假设，要研究的车辆动力模型在一定的车速下在适当的运动坐标系中有已知的静态解。在车辆动力学中，速度 V 是合适的控制参数，在大多数情况下，适当的坐标系是以常速度 $V>0$ 沿着车辆路径运动的坐标系。然后，好的车辆动态模型对于足够小的速度 $V>0$ 的值，有小的稳定解，即所有 $x_j(t)\equiv 0$，其可以用作初始解。

路径跟踪方法可以通过应用斜坡方法加速和自动化。在动态系统中，控制参数 V 被用缓慢变化单调增长或减少的时间函数 $V(t)$ 代替。在斜坡方法中，开始动态问题积分通常应用已知的端部值，积分到适当的结束时间 T，以便 $[V(0), V(T)]$ 包含设计车辆速度范围。如果分岔出现，重复过程只要有确定所有吸引子的必要性。实际的分岔图将由斜坡函数很好近似。但是该方法超越分岔点，可能失去一个或更多接近的分岔点，必须向后计算分岔点才能有较高的精度。

对于存在超过一个稳定平衡解（同时存在吸引子）的动态问题，车辆动态问题的最小参数值 V_c 是临界速度。重要的是认识到确定临界速度通常导致数学存在问题。在铁路动态问题中，通常存在渐进稳定的周期解，对于比静态解失去稳定性速度更低的速度，还同时存在渐进稳定静态解。然后，周期解是不稳定分支亚临界分岔的结果，在鞍点分岔获得稳定性。既然还不可能应用路径跟踪代数－微分动态系统的非稳定周期解，必须使用不同的策略确定临界速度[32－34]。

V_c 的计算可以按照三个步骤完成。

1）将已知的稳态解代入车辆动态问题，增加速度 V，解初值有非常小扰动的初值问题，例如对于轴的侧向位移 0.1mm 和所有其他初值等于 0。然后，找到较高速度值对应的稳态解。对于越来越高的速度值重复上述步骤，直到初值问题的解不再是已知的稳态解和当瞬态消失时停止计算，储存所有状态变量 X_{e1} 的端部值。现在跟踪在参数状态空间中的已知稳态解，直到其失去稳定性。既然已知的稳态解现在是不稳定的，数值解收敛到状态空间中最近的渐进稳定的周期解——新的吸引子。

2）现在通过减少速度跟踪周期解，直到其不复存在。减少速度一点，用端部值 X_{e1} 作为已知的初始条件解车辆动态问题。当瞬态消失时，停止积分过程，储存新的端部值 X_{e2}。现在计算周期吸引子上的另一个点，对于越来越低的速度值重复上述步骤，直到周期解不复存在。然后就通过周期吸引子的鞍点分岔点，因此接近理论临界速度。

3）现在可以确定鞍点分岔点，即通过参数 V 的插值或通过 Newton－Raphson 方法以希望的精度得到理论临界速度 V_c。

其他作者也建议了用于计算临界速度的方法，这些方法在 True 的重要工作中讨论[29]。

不推荐仅基于 Jacobian 的连续算法，因为已经知道了全部非线性动态问题的解。当应用隐式数值求解器时，在每个时间步将计算和自动更新 Jacobian。

存在几个好的商业化车辆动态模拟程序。当潜在的用户必须选择程序时，针对程序的性能和本节所列的要求，必须要测试程序的性能。程序必须至少包含两个用于非线性问题解的公认的隐式求解器，用户必须能够控制数值参数，诸如步长——常数或变步长和误差限，当然禁止使用显式 Euler 程序。

如果处理不当，由数值结果得出的动态性质解释可能远不同于实际系统的性质。

当选择数值工具时，正如小心建模一样，选择代码也要小心谨慎，最重要的是影响动态行为的性质，如不连续性解释是适当的。

5.9 车辆系统动力学指南

由于与支撑地面的非线性耦合，由整个车辆－地面系统动力学分离出车辆性质和支撑性质引起的作用基本上是不可能的。仿真时地面与轮轨和车轮之间的接触力是重要的和未知的，不仅因为其作为动态车辆模型的输入，而且还因为其对于车辆设计和支撑结构恶化是重要的。然而，在这个意义上幸运的是，车辆对地面动态反馈的影响比瞬时车辆脱离地面的作用有更大的时间尺度。因此，在短期车辆动力学建模时，可以忽略反馈。

然而，如果系统中某些部件的动力学是已知的，可以进行推论并对整个系统动力学有较好的理解。因此，应该首先研究车辆模型的动态性质。全面非线性车辆动态模型的研究，开始于分岔图的数值计算，用于描述车辆沿直线行驶在理想的支撑上，见 5. 8. 3 部分。针对所有相关轮胎品牌或接触几何和相关附着系数的选择，需要完成计算。选择速度作为控制参数，而在每次运行时所有其他参数保持常数，必须找到参数状态空间中的相关吸引子和确定临界速度。下一步，对于弧上有选择半径的准静态曲线继续研究分岔图进行数值计算。再一次选择速度作为控制参数，在曲线上通常找到较低的临界速度，其通常比通过沿直线确定找到的结果有大的半径。

当吸引子已知时，在不平路面上、过渡曲线、岔道和其他瞬态响应重要的场合，准备进行车辆动力学数值仿真。这些仿真也作为验证动态模型的基础，与路面测试结果进行对比，这可能产生了大量非线性运动变化的类型。Christiansen（克里斯蒂安森）在其硕士论文中[30]调查了在蜿蜒的轨道上 Cooperrider（库珀里德）转向架[31]的动力学，依赖于右和左轨道的蜿蜒函数振幅之间的相位差，Christiansen 发现来自于文献的许多已知的非线性现象——但是只有当速度大于临界速度时才会这样，这些现象是车辆蛇行运动模态交互的明显结果。既然今天大多数铁路货运车辆通常以超临界速度运行，当建模和研究其动力学时，必须特别小心。

在研究的每一步，重要的是注意数字。在建立理论模型上花费了如此多的努力后，许多研究者好像相信做过的工作。在这个节点上，需要的不只是数值求解器，其可以在网上找到或合并进商业化仿真程序中——通常没有求解器类型及其参数的任何信息。选择数值工具时，推荐要以类似于在建模上花费的投资与精力进行细心选择。最重要的是诸如不连续性的性质影响动态行为的合理解释，见5.8.2部分。

当然，允许对非线性系统的解进行近似，例如通过非线性特征或动态系统某些项进行线性化。如果要线性化整个动态系统，重要的是知道稳定解的算子，即将要线性化的稳定分支。也必须要调查是否允许线性化，见5.3.3部分，Jaobian比 $J=[\partial f_i/\partial x_j]$，$i, j=1,2,\cdots,N$ 必须存在，如果考虑平凡解，余项 $G(x;\ \lambda)$ 对于 $\|x\|\to 0$ 必须满足 $\|G(x;\ \lambda)\|/\|x\|\to 0$。因此，重要的是首先知道整个非线性算子及其分岔图，线性化算子可以对车辆模型的某些性质产生有价值的信息。例如，特征值将说明车辆动态系统中的特征频率、其衰减和潜在的共振。

当车辆系统非线性动力学分析采用准确的多体系统理论模型完成时，其由很好定义和动力学验证的元素组成，考虑了系统的非线性本质，计算由受过良好教育的人员使用软件在现代计算机系统上完成，通过软件仔细选择适于特定动态问题的本质。结果将如此准确，以至于未来的仿真可以作为某些车辆性能要求的文件，甚至作为安全说明的一部分。这将给制造商、国家安全委员会和大型用户组织——如铁路公司——提供强大和可靠的工具，用于在真实和非真实运行条件下设计和试验车辆系统，模型也是用于事故调查的有价值工具。与其他替代方法相比，这些理论分析的优点是具有更低的成本，对于设计参数和运行条件具有灵活性，在许多情况下产生更快的结果。

致谢

作者感谢 Rainet Denmark（丹麦铁路网）和 Banverket Sweden（瑞典铁路管理局）及其经费资助，感谢 Per Grove Thomsen 和 Mark Hoffmann 阅读了手稿并提出了有价值的评述。

参 考 文 献

1. Thompson, J. M. T. and Stewart, H. B. *Nonlinear Dynamics and Chaos*, John Wiley & Sons, New York, 1986.
2. Moon, F. C. *Chaotic and Fractal Dynamics*, John Wiley & Sons, New York, 1992.
3. Guckenheimer, J. and Holmes, P. *Nonlinear Oscillations, Dynamical Systems, and Bifurcations of Vector Fields*, Springer Verlag, Berlin, Germany, 1983.
4. Jordan, D. W. and Smith, P. *Nonlinear Ordinary Differential Equations*, Clarendon Press, Oxford, U.K., 1988.

5. Marek, M. and Schreiber, I. *Chaotic Behaviour of Deterministic Dissipative Systems*, Cambridge University Press, Cambridge, U.K., 1991.
6. Nayfeh, A. H. and Balachandran, B. *Applied Nonlinear Dynamics*, John Wiley & Sons, New York, 1995.
7. Ott, E. *Chaos in Dynamical Systems*, Cambridge University Press, Cambridge, U.K., 1993.
8. Wiggins, S. *Introduction to Applied Nonlinear Dynamical Systems and Chaos*, Springer Verlag, Berlin, Germany, 1990.
9. Wiggins, S. *Global Bifurcations and Chaos*, Springer Verlag, Berlin, Germany, 1988.
10. Pascal, J.-P. Oscillations and chaotic behaviour of unstable railway wagons over large distances, *Chaos, Solitons and Fractals*, 5, 1995, 9, 1725–1753.
11. Maicz, D., Mittermayr, P., Presle, G., and Stephanides, J. Muster im chaotischen dynamischen System Eisenbahn—Bildung von Strukturen, ZEVrail Glasers Annalen, 132, Tagungsband SFT Graz 2008, 2008, pp. 190–201.
12. Øksendal, B. *Stochastic Differential Equations—An Introduction with Applications*, Springer Verlag, Berlin, Germany, 1989.
13. True, H. and Asmund R. The dynamics of a railway freight wagon wheelset with dry friction damping, *Vehicle System Dynamics*, 38, 2002, 2, 149–163.
14. Gammaitoni, L., Hänggi, P., Jung, P., and Marchesoni, F. Stochastic resonance, *Reviews of Modern Physics*, 70, 1998, 1, 223–287.
15. Leine, R. I. and Nijmeijer, H. *Dynamics and Bifurcations of Non-Smooth Systems*, Springer Verlag, Berlin, Germany, 2004.
16. Slivsgaard, E. C. On the interaction between wheels and rails in railway dynamics, Ph.D. Thesis, IMM, The Danish Technical University, Kgs, Lyngby, Denmark, 1995.
17. True, H. *On a new Phenomenon in Bifurcations of Periodic Orbits, Dynamics, Bifurcation and Symmetry, New Trends and New Tools*, September 3–9, 1993. Kluwer Academic Publishers, Dordrecht, the Netherlands, 1994, pp. 327–331.
18. Hoffmann, M., Petersen, D. E., and True, H. On the dynamics of a railway freight wagon with UIC Standard Suspension, *Proceedings of the 7th Conference on Dynamical Systems—Theory and Applications*, Technical University of Łódz, Łódz, Poland, Vol. 1, December 8–11, 2003, pp. 135–160.
19. di Bernardo, M., Budd, C., Champneys, A. R., Kowalczyk, P., Nordmark, A., Olivar, G., and Piiroinen, P. T. Bifurcations in non-smooth dynamical systems, *SIAM Review*, 50, 2008, 629–701.
20. Garg, V. K. and Dukkipati, R. V., *Dynamics of Railway Vehicle Systems*, Academic Press, Toronto–Orlando–San Diego–New York–London–Montreal–Sydney–Tokyo, 1984.
21. Rill, G. A modified implicit EULER algorithm for solving vehicle dynamic equations, *Multibody System Dynamics*, 15, 2006, 2, 1–24.
22. Nørsett, W. A. and Thomsen, P. G. Imbedded SDIRK-methods of basic order three, *BIT*, 1984, 24, 634–646.
23. Alexander, R. Design and implementation of DIRK integrators for stiff systems, *Applied Numerical Mathematics*, 2003, 46, 1–17.
24. Hoffmann, M. On the dynamics of European two-axle railway freight wagons, *Nonlinear Dynamics*, 52, 2008, 301–311.
25. Lambert, J. D. *Computational Methods in Ordinary Differential Equations*, John Wiley & Sons, New York, 1972.
26. Öderlind, G. The automatic control of numerical integration, *CWI Quarterly*, 1998, 11, 1, 55–74.
27. Xia, F. and True, H. On the dynamics of the three-piece-freight truck, RTD-Vol. 25, *IEEE/ASME Joint Rail Conference*, Chicago, IL, American Society of Mechanical Engineers, United Engineering Center, New York, April 22–24, 2003, pp. 149–159.
28. True, H. and Trzepacz, L. The dynamics of a railway freight wagon wheelset with dry friction damping in the suspension, *Proceedings of the 18th IAVSD Symposium on Vehicle System Dynamics*, 2003, The Dynamics of Vehicles on Roads and Tracks, Taylor & Francis Group, London, U.K., 2004, pp. 587–596.
29. True, H. Multiple attractors and critical parameters and how to find them numerically: The right, the wrong and the gambling way, *Vehicle System Dynamics: International Journal of Vehicle Mechanics and Mobility*, 51, 2013, 3, 443–459.
30. Christiansen, L. E. The dynamics of a railway vehicle on a disturbed track, M.Sc. Thesis, Department of Physics, The Danish Technical University, 2001. http://orbit.dtu.dk/getResource?recordId=222571&objectId=1&versionId=1

31. Cooperrider, N. K. The hunting behavior of conventional railway trucks, *ASME Journal of Engineering and Industry*, 94, 1972, 752–762.
32. True, H. Does a critical speed for railroad vehicles exist? RTD-Vol. 7, *Proceedings of the 1994 ASME/IEEE Joint Railroad Conference*, Chicago, IL, American Society of Mechanical Engineers, United Engineering Center, New York, March 22–24, 1994, pp. 125–131.
33. True, H. On the theory of nonlinear dynamics and its applications in vehicle systems dynamics, *Vehicle System Dynamics*, 31, 1999, 5–6, 393–421.
34. True, H. Nichtlineare Schienenfahrzeugdynamik, neue Grundlagen, Methoden und Ergebnisse, ZEVrail Glasers Annalen, 128, 2004, 11–12, 526–537.

第6章　控制与识别

Stefan Jakubek 和 Matin Kozek

6.1　状态模型

6.1.1　引言

动态系统状态空间表示可通过一阶微分方程系统给出。代替 n 阶线性或非线性微分方程作为输入/输出的表示，可得到 n 个一阶线性或非线性耦合微分方程。

6.1.2　线性动态系统的状态表示

线性动态系统的状态表示，通常由状态微分方程

$$\dot{\boldsymbol{x}} = \boldsymbol{A}\boldsymbol{x} + \boldsymbol{B}\boldsymbol{u} + \boldsymbol{E}\boldsymbol{z};\ \boldsymbol{x}(t_0) = \boldsymbol{x}_0 \tag{6.1}$$

与代数输出方程组成

$$\boldsymbol{y} = \boldsymbol{C}\boldsymbol{x} + \boldsymbol{D}\boldsymbol{u} + \boldsymbol{F}\boldsymbol{z} \tag{6.2}$$

式（6.1）和式（6.2）中的变量定义如下。

$\boldsymbol{x}$：$(n\times1)$	状态向量
$\boldsymbol{u}$：$(r\times1)$	输入向量
$\boldsymbol{y}$：$(m\times1)$	预测向量
$\boldsymbol{z}$：$(q\times1)$	扰动向量
$\boldsymbol{A}$：$(n\times n)$	系统矩阵
$\boldsymbol{B}$：$(n\times r)$	输入矩阵
$\boldsymbol{C}$：$(m\times n)$	输出矩阵
$\boldsymbol{D}$：$(m\times r)$	直接馈通矩阵
$\boldsymbol{E}$：$(n\times q)$	系统扰动矩阵
$\boldsymbol{F}$：$(m\times q)$	输出扰动矩阵

扰动可以通过其特性进一步区分：

1）过程故障：其影响状态微分方程，因而对状态向量有直接影响，通过矩阵 E 描述。典型的例子是在车辆上由未知的风作用力、由磨损增加的轴承摩擦、

由低压轮胎或路面不平激励增加的阻力。

2）测量故障：其仅影响输出方程，因而通过矩阵 F 描述。实际中，它们经常因传感器噪声、漂移、补偿或传感器故障而产生。

式（6.1）和式（6.2）可以通过框图描述，如图6.1所示。

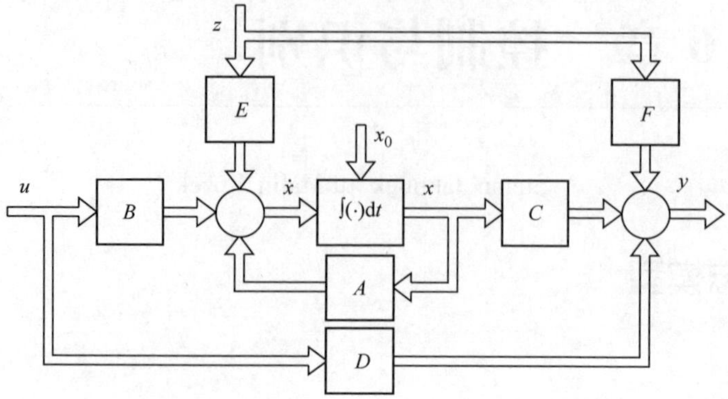

图6.1　多输入－多输出（MIMO）系统的状态空间表示

例子6.1

用于仿真与控制设计的线性单轨车辆模型。

单轨型是简单的线性车辆模型，常用于侧向和横摆动力学的分析和控制设计。将每轴的车轮集中考虑在车辆的中心，忽略侧倾、俯仰和起伏运动，如图6.2所示。

主要的变量和几何参数为

δ	转向角
β	质心（CG）的底盘侧偏角
v_x，v_y	质心 x/y 方向的速度分量
v_c	质心速度向量的大小
a_y	质心 y 方向加速度
v_V，v_H	车轮－地面接触点的速度向量
F_{xV}，F_{xH}	车轮切向力
F_{uV}，F_{yH}	车轮侧向力
α_V，α_H	前后车轮的侧偏角
M	外加的扰动力矩或控制力矩
$\dot{\psi}$，$\ddot{\psi}$	横摆角速度和角加速度
l_H，l_V	质心到后（前）轴距离
l	轴距
m，I_c	车辆质量和横摆惯量

线性化的运动方程由下面的假设建立：

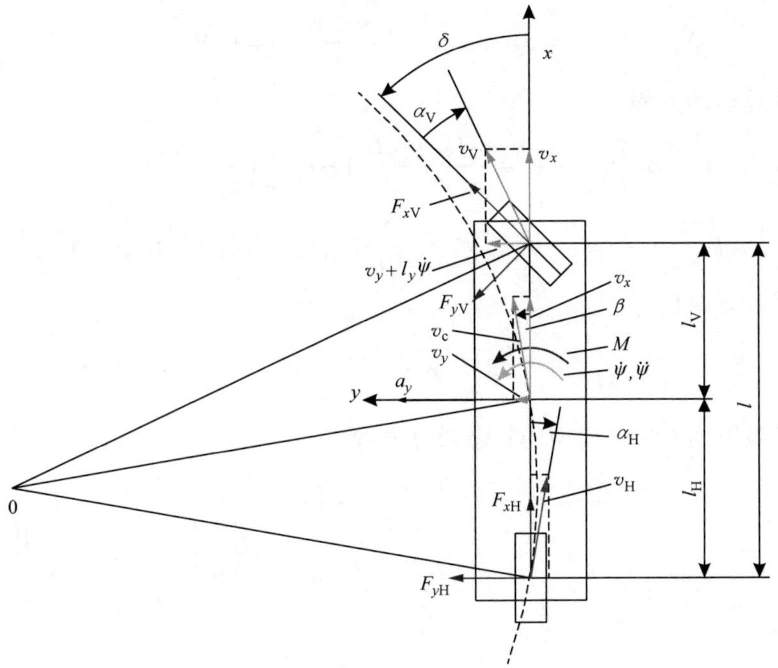

图6.2　单轨模型：运动学、力和几何

1）小的侧偏角和转向角。

2）忽略车轮和底盘相对运动的惯性作用。

3）运行速度 v_x 保持常数。

4）侧向轮胎力特性以线性形式 $F_{yV}=k_V\alpha_V$、$F_{yH}=k_H\alpha_H$ 表示。

5）忽略空气力和力矩的可变性。

6）不同制动力对单轮的作用，例如在 ESP 的交互中，通过控制力矩 M 建模。

运动方程由式（6.3）~式(6.5）给出，其中 $l_V^*=l_V$，$l_H^*=-l_H$。

x 方向的动量平衡：

$$m(-\dot{\psi}v_y)=\sum_{i=V,H}(F_{xi}\cos\delta_i-F_{yi}\sin\delta_i) \tag{6.3}$$

y 方向的动量平衡：

$$m(\dot{v}_y+\dot{\psi}v_x)=\sum_{i=V,H}(F_{xi}\sin\delta_i+F_{yi}\cos\delta_i) \tag{6.4}$$

角动量平衡：

$$I_c\ddot{\psi}=\sum_{i=V,H}l_i^*(F_{xi}\sin\delta_i+F_{yi}\cos\delta_i)+M \tag{6.5}$$

在本例中，后轮转向角设置为 $\delta_H=0$，侧偏角 α_i 通过图6.2确定。

$$\alpha_i = \delta_i - \arctan\left(\frac{v_y + l_i^* \dot{\psi}}{v_x}\right), i = V, H \tag{6.6}$$

线性化运动方程为

$$\dot{v}_y = \dot{\psi}\frac{1}{m}\left(-v_x m - \frac{k_V l_V}{v_x} + \frac{k_H l_H}{v_x}\right) - v_y \frac{1}{m}\left(\frac{k_V}{v_x} + \frac{k_H}{v_x}\right) + \frac{k_V}{m}\delta \tag{6.7}$$

$$\ddot{\psi} = \dot{\psi}\frac{1}{I_c v_x}(-l_V^2 k_V - l_H^2 k_H) + v_y \frac{1}{I_c v_x}(l_H k_H - l_V k_V) + M\frac{1}{I_c} + \delta\frac{l_V k_V}{I_c} \tag{6.8}$$

选择状态向量为

$$\boldsymbol{x} = \begin{bmatrix} v_y \\ \dot{\psi} \end{bmatrix} \tag{6.9}$$

这导致下面的单轨模型的状态微分方程

$$\begin{bmatrix} \dot{v}_y \\ \ddot{\psi} \end{bmatrix} = \begin{bmatrix} \dfrac{-(k_H + k_V)}{m v_x} & \dfrac{(-v_x^2 m - k_V l_V + k_H l_H)}{m v_x} \\ \dfrac{(l_H k_H - l_V k_V)}{I_c v_x} & \dfrac{(-l_V^2 k_V - l_H^2 k_H)}{I_c v_x} \end{bmatrix} \begin{bmatrix} v_y \\ \dot{\psi} \end{bmatrix} + \begin{bmatrix} \dfrac{k_V}{m} & 0 \\ \dfrac{l_V k_V}{I_c} & \dfrac{1}{I_c} \end{bmatrix} \begin{bmatrix} \delta \\ M \end{bmatrix} \tag{6.10}$$

与状态微分方程式（6.1）相比，输出方程式（6.2）是通过用户感兴趣的量而不是通过物理方程确定的。在实际车辆控制中，例如 ESP 系统中，质心侧偏角 β 具有特殊的意义。由图 6.2 可知，$\beta = v_y / v_x$ 是明显的，这导致下面的输出方程

$$y(t) = \begin{bmatrix} \dfrac{1}{v_x} & 0 \end{bmatrix} \boldsymbol{x}(t) + [\boldsymbol{0}] u(t) \tag{6.11}$$

给出如下参数：

m	1300kg	I_c	$1300\text{kg}\cdot\text{m}^2$
l_V	1.9m	l_H	0.8m
v_x	19m/s	k_H	$1.4\times10^5\text{N}$
k_V	$5.9\times10^4\text{N}$	g	9.81m/s^2

产生的矩阵 A、B 和 C 为

$$\boldsymbol{A} = \begin{bmatrix} -8.0713 & -19.0000 \\ 0 & -12.2683 \end{bmatrix}, \boldsymbol{B} = \begin{bmatrix} 45.43 & 0 \\ 86.33 & 7.6923\times10^{-4} \end{bmatrix}, \boldsymbol{C} = [0.0526 \quad 0] \tag{6.12}$$

6.1.3 状态空间系统变换

对于给定的物理系统，状态向量的选择不是唯一的。通常，同样的系统会有

许多甚至无限的状态表示。从一个状态向量 x 到另一个状态向量 $\hat{x}$ 的过渡，可以通过非奇异的 $n\times n$ 变换阵 T 表示

$$\boldsymbol{x}=\boldsymbol{T}\hat{\boldsymbol{x}}\text{或}\hat{\boldsymbol{x}}=\boldsymbol{T}^{-1}\boldsymbol{x} \tag{6.13}$$

将 $x=T\hat{x}$ 代入状态微分方程式（6.1）和输出方程式（6.2），得

$$\boldsymbol{T}\dot{\hat{\boldsymbol{x}}}=\boldsymbol{A}\boldsymbol{T}\hat{\boldsymbol{x}}+\boldsymbol{B}\boldsymbol{u}+\boldsymbol{E}\boldsymbol{z}$$

$$\boldsymbol{y}=\boldsymbol{C}\boldsymbol{T}\hat{\boldsymbol{x}}+\boldsymbol{D}\boldsymbol{u}+\boldsymbol{F}\boldsymbol{z}$$

状态微分方程变换为

$$\dot{\hat{\boldsymbol{x}}}=\boldsymbol{T}^{-1}\boldsymbol{A}\boldsymbol{T}\hat{\boldsymbol{x}}+\boldsymbol{T}^{-1}\boldsymbol{B}\boldsymbol{u}+\boldsymbol{T}^{-1}\boldsymbol{E}\boldsymbol{z}$$

引入下述关系

$$\hat{\boldsymbol{A}}=\boldsymbol{T}^{-1}\boldsymbol{A}\boldsymbol{T},\hat{\boldsymbol{B}}=\boldsymbol{T}^{-1}\boldsymbol{B},\hat{\boldsymbol{E}}=\boldsymbol{T}^{-1}\boldsymbol{E},\hat{\boldsymbol{C}}=\boldsymbol{C}\boldsymbol{T},\hat{\boldsymbol{D}}=\boldsymbol{D},\hat{\boldsymbol{F}}=\boldsymbol{F} \tag{6.14}$$

得到变换的系统

$$\dot{\hat{\boldsymbol{x}}}=\hat{\boldsymbol{A}}\hat{\boldsymbol{x}}+\hat{\boldsymbol{B}}\boldsymbol{u}+\hat{\boldsymbol{E}}\boldsymbol{z};\hat{\boldsymbol{x}}(t_0)=\hat{\boldsymbol{x}}_0 \tag{6.15}$$

$$\boldsymbol{y}=\hat{\boldsymbol{C}}\hat{\boldsymbol{x}}+\hat{\boldsymbol{D}}\boldsymbol{u}+\hat{\boldsymbol{F}}\boldsymbol{z} \tag{6.16}$$

状态变换的重要性质为：

1）相对于描述的变换，矩阵 A 的行列式值是不变的，即 $|A|=|T^{-1}AT|$。

2）相对于给定的变换，A 的特征值也是不变量的，即 $|sI-A|=|sI-T^{-1}AT|$。

6.1.4 传递函数矩阵

状态空间表示式（6.1）和式（6.2）可以唯一地变换为传递函数。反变换，例如从传递函数到状态系统的变换也是可能的，然而，变换结果不是唯一的，如式（6.3）。让 $x_0=0$，状态微分方程和输出方程的 Laplace（拉普拉斯）变换为

$$s\boldsymbol{X}(s)=\boldsymbol{A}\boldsymbol{x}(s)+\boldsymbol{B}\boldsymbol{U}(s)+\boldsymbol{E}\boldsymbol{Z}(s) \tag{6.17}$$

$$\boldsymbol{Y}(s)=\boldsymbol{C}\boldsymbol{X}(s)+\boldsymbol{D}\boldsymbol{U}(s)+\boldsymbol{F}\boldsymbol{Z}(s) \tag{6.18}$$

对于 $X(s)$，解式（6.18）得 $X(s)=(sI-A)^{-1}BU(s)+(sI-A)^{-1}EZ(s)$，矩阵 $\Phi(s)=(sI-A)^{-1}$ 称为转移矩阵。将 $X(s)$ 代入式（6.18），有

$$\boldsymbol{Y}(s)=[\boldsymbol{C}(s\boldsymbol{I}-\boldsymbol{A})^{-1}\boldsymbol{B}+\boldsymbol{D}]\boldsymbol{U}(s)+[\boldsymbol{C}(s\boldsymbol{I}-\boldsymbol{A})^{-1}\boldsymbol{E}+\boldsymbol{F}]\boldsymbol{Z}(s) \tag{6.19}$$

因此，$m\times r$ 的传递函数矩阵 $G_{SU}(s)=Y(s)/U(s)$ 和 $m\times q$ 的传递函数矩阵 $G_{SZ}(s)=Y(s)/Z(s)$ 由式（6.20）和式（6.21）给出

$$\boldsymbol{G}_{SU}(s)=\boldsymbol{C}(s\boldsymbol{I}-\boldsymbol{A})^{-1}\boldsymbol{B}+\boldsymbol{D} \tag{6.20}$$

$$\boldsymbol{G}_{SZ}(s)=\boldsymbol{C}(s\boldsymbol{I}-\boldsymbol{A})^{-1}\boldsymbol{E}+\boldsymbol{F} \tag{6.21}$$

例子 6.2

考虑下面的状态空间系统

$$\boldsymbol{A}=\begin{bmatrix}-5 & 2\\ -6 & 2\end{bmatrix},\boldsymbol{B}=\begin{bmatrix}2\\ 2\end{bmatrix},\boldsymbol{B}=[1 \quad -1],\boldsymbol{D}=0,\boldsymbol{E}=\begin{bmatrix}1\\ 0\end{bmatrix},\boldsymbol{F}=0$$

转移矩阵为

$$\boldsymbol{\Phi}(s)=(s\boldsymbol{I}-\boldsymbol{A})^{-1}=\begin{bmatrix}s+5 & -2\\ 6 & s-2\end{bmatrix}^{-1}=\begin{bmatrix}\dfrac{s-2}{(s+1)(s+2)} & \dfrac{2}{(s+1)(s+2)}\\ \dfrac{-6}{(s+1)(s+2)} & \dfrac{s+5}{(s+1)(s+2)}\end{bmatrix}$$

由式（6.20）得到（标量的）传递函数 $G_{SU}(s)$

$$G_{SU}(s)=[1\quad -1]\begin{bmatrix}\dfrac{s-2}{(s+1)(s+2)} & \dfrac{2}{(s+1)(s+2)}\\ \dfrac{-6}{(s+1)(s+2)} & \dfrac{s+5}{(s+1)(s+2)}\end{bmatrix}\begin{bmatrix}2\\2\end{bmatrix}=\frac{2}{(s+1)(s+2)}$$

由式（6.21）得到（标量的）转移函数 $G_{SZ}(s)$

$$G_{sz}(s)=[1\quad -1]\begin{bmatrix}\dfrac{s-2}{(s+1)(s+2)} & \dfrac{2}{(s+1)(s+2)}\\ \dfrac{-6}{(s+1)(s+2)} & \dfrac{s+5}{(s+1)(s+2)}\end{bmatrix}\begin{bmatrix}1\\0\end{bmatrix}=\frac{s+4}{(s+1)(s+2)}$$

6.1.5　LTI 系统稳定性

状态空间系统稳定性，通过其状态微分方程的齐次部分确定

$$\dot{\boldsymbol{x}}=\boldsymbol{A}\boldsymbol{x} \tag{6.22}$$

稳定性通过矩阵 A 的特征值确定，它们由特征多项式 $P(\lambda)$ 的根给出

$$P(\lambda)=|\lambda\boldsymbol{I}-\boldsymbol{A}|=a_n\lambda^n+a_{n-1}\lambda^{n-1}+\cdots+a_2\lambda^2+a_1\lambda+a_0 \tag{6.23}$$

定理 6.1

如果 A 的所有特征值的实部是负的，则式（6.22）的 LTI 系统是渐进稳定的。

定理 6.2

除了一个虚部耦合或一个特征值等于零外，如果 A 的所有特征值的实部是负的，则式（6.22）的 LTI 系统是临界稳定的。

定理 6.3

如果 A 的所有特征值的实部是正的，或者 A 的特征值大于 1 且位于虚轴上，则式（6.22）的 LTI 系统是不稳定的。

6.1.6　可控性和可观测性

6.1.6.1　可控性

定义 6.1

LTI 系统

$$\dot{\boldsymbol{x}}=\boldsymbol{A}\boldsymbol{x}+\boldsymbol{B}\boldsymbol{u};\boldsymbol{x}(t_0)=\boldsymbol{x}_0 \tag{6.24}$$

在有限时间间隔 $t_0 \leqslant t \leqslant t_1$ 内，如果存在一个非约束的控制输入 $u(t)$ 使任何初始状态 $x(t_0)$ 变换到任意状态 $x(t)$，则 LTI 系统是全状态可控的。

备注

1）上述定义也意味着，状态向量 x 的每个分量直接或间接受输入 $u(t)$ 影响。

2）上述可控性定义，不要求对于 $t > t_1$，$x(t) = x(t_1)$。

全可控性仅依赖于系统矩阵 A 和输入矩阵 B，可以可控性矩阵 Q_c 形式表示。

定义 6.2

如果系统 $n \times nr$ 可控性矩阵 Q_c 具有满秩 n，即

$$\operatorname{rank}(\boldsymbol{Q}_c) = \operatorname{rank}([\boldsymbol{B}, \boldsymbol{AB}, \boldsymbol{A}^2\boldsymbol{B}, \cdots, \boldsymbol{A}^{n-1}\boldsymbol{B}]) = n \tag{6.25}$$

则式（6.24）是全状态可控的。

例子 6.3

考虑下面两个系统。

情况 1

$$\dot{\boldsymbol{x}} = \begin{bmatrix} -5 & 2 \\ -6 & 2 \end{bmatrix} \boldsymbol{x} + \begin{bmatrix} 2 \\ 2 \end{bmatrix} u$$

情况 2

$$\dot{\boldsymbol{x}} = \begin{bmatrix} -5 & 2 \\ -6 & 2 \end{bmatrix} \boldsymbol{x} + \begin{bmatrix} 2 \\ 4 \end{bmatrix} u$$

在情况 1，可控矩阵的秩为 2，说明它是全可控的。而在情况 2，秩$(Q_c) = 1$，说明存在一个不可控的子空间，即状态空间一个区域不能由控制输入 $u(T)$ 到达。

6.1.6.2　可观测性

定义 6.3

LTI 系统

$$\dot{\boldsymbol{x}} = \boldsymbol{Ax} + \boldsymbol{Bu}; \boldsymbol{x}(t_0) = \boldsymbol{x}_0 \tag{6.26}$$

$$\boldsymbol{y} = \boldsymbol{Cx} + \boldsymbol{Du} \tag{6.27}$$

在有限时间间隔 $t_0 \leqslant t \leqslant t_1$ 内，如果任何初始状态 $x(t_0)$ 可以由输入 $u(t)$ 和输出 $y(t)$ 确定，则 LTI 系统是全状态可观测的。

备注

1）上述定义意味着，状态向量 x 的每个分量影响输出 y。

2）全可观测性仅依赖于系统矩阵 A 和输出矩阵 C，可以可观测性矩阵 Q_0 形式表示。

定理 6.4

如果 $mn \times n$ 可观测性矩阵 Q_0 具有满秩 n，即

$$\operatorname{rank}(\boldsymbol{Q}_B) = \operatorname{rank}\left(\begin{bmatrix} \boldsymbol{C} \\ \boldsymbol{CA} \\ \vdots \\ \boldsymbol{CA}^{n-1} \end{bmatrix}\right) = n \tag{6.28}$$

则系统的式（6.26）和式（6.27）是全状态可观测的。

6.2 状态反馈控制设计

6.2.1 基于极点配置的状态反馈

图6.3给出了通过状态反馈控制器控制的单输入单输出系统框图，系统有下列状态空间表示

$$\dot{\boldsymbol{x}} = \boldsymbol{Ax} + \boldsymbol{b}u + \boldsymbol{E}z;\boldsymbol{x}_0 = 0 \tag{6.29}$$

$$y = \boldsymbol{c}^{\mathrm{T}}\boldsymbol{x} + du \tag{6.30}$$

给出的状态反馈控制器的控制律为

$$u = K_{\mathrm{w}}w - \boldsymbol{k}^{\mathrm{T}}\boldsymbol{x} \tag{6.31}$$

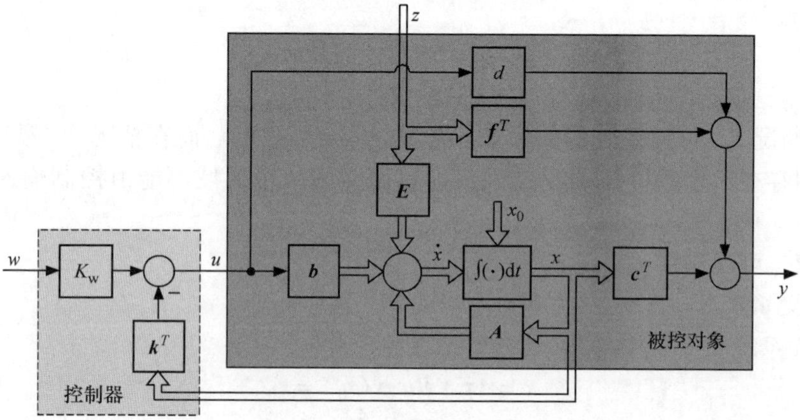

图6.3　状态反馈控制

全状态反馈设计常依赖于极点配置技术。如果被控对象式（6.29）是全状态控制的，参考6.1.6部分，则通过选择闭环的n个特征值，反馈增益$k^{\mathrm{T}} = [k_1, k_2, \cdots, k_n]$的$n$个分量可以唯一确定，增益$K_{\mathrm{w}}$用于保证闭环稳态增益。

通过将控制律式（6.31）代入式（6.29）和式（6.30），得到闭环的状态空间表示

$$\dot{\boldsymbol{x}} = (\boldsymbol{A} - \boldsymbol{bk}^{\mathrm{T}})\boldsymbol{x} + \boldsymbol{b}K_{\mathrm{w}}w + \boldsymbol{E}z \tag{6.32}$$

$$y = (c^{\mathrm{T}} - d\boldsymbol{k}^{\mathrm{T}})\boldsymbol{x} + dK_{\mathrm{w}}w + \boldsymbol{f}^{\mathrm{T}}z \tag{6.33}$$

6.2.1.1　通过系数比较的极点配置

确定状态反馈增益 k^T 的直观方法，是通过比较闭环系统特征多项式的系数与希望的多项式系数。由式（6.32），生成闭环系统特征多项式

$$P_k(s,\boldsymbol{k}^T)=\det[s\boldsymbol{I}-(\boldsymbol{A}-\boldsymbol{b}\boldsymbol{k}^T)] \tag{6.34}$$

式（6.34）的系数与希望的多项式 $P(s)$ 比较，生成用于 k^T 的 n 个分量的 n 个方程

$$P(s)=(s-\lambda_1)(s-\lambda_2)\cdots(s-\lambda_n) \tag{6.35}$$

$P(s)$ 的根 λ_i 由闭环阶跃响应的动态指标，通常如最大超调量 e_m、上升时间 T_r 和稳定时间 T_s 确定。

6.2.1.1.1　增益 K_w 的确定

由闭环稳态增益等于使输出 y 正确跟踪参考输入 w 增益的要求，确定增益 K_w。

在式（6.32）中，让 $\dot{x}=0$ 和 $z=0$，产生

$$\boldsymbol{x}_\infty=(\boldsymbol{b}\boldsymbol{k}^T-\boldsymbol{A})^{-1}\boldsymbol{b}\boldsymbol{K}_w w_\infty \tag{6.36}$$

式中，∞ 为稳态。

将式（6.36）代入式（6.33），有

$$y_\infty=(c^T-d\boldsymbol{k}^T)\boldsymbol{x}_\infty+dK_w w_\infty=[(\boldsymbol{c}^T-d\boldsymbol{K}^T)(\boldsymbol{b}\boldsymbol{k}^T-\boldsymbol{A})^{-1}\boldsymbol{b}+d]\boldsymbol{K}_w w_\infty$$

既然 $y_\infty=w_\infty$，K_w 必须满足

$$K_w=[(\boldsymbol{c}^T-d\boldsymbol{k}^T)(\boldsymbol{b}\boldsymbol{k}^T-\boldsymbol{A})^{-1}\boldsymbol{b}+d]^{-1} \tag{6.37}$$

例子 6.4

考虑例子 6.1 中的单轨模型。

作为控制输入，选择横摆力矩 M。在实际中，M 通过选择的单轮制动施加。对于闭环，选择 $\omega_n=18$ 的自然频率和阻尼常数 $\xi=0.8$。这相应于 $p_{1,2}=-14.4\pm10.8i$ 的特征对和希望的多项式 P_{des}

$$P_{des}=s^2+28.8s+324 \tag{6.38}$$

对于闭环得特征多项式，得到

$$P(s)=s^2+s(20.3396+7.692\times10^{-4}k_2)+(99.0208+0.0062k_2-0.0146k_1) \tag{6.39}$$

对产生的系数进行比较

$$s^2:1=1$$

$$s^1:20.3396+7.692\times10^{-4}k_2=28.8$$

$$s^0:99.0208+0.0062k_2-0.0146k_1=324$$

$$\begin{bmatrix}k_1\\k_2\end{bmatrix}=10^4\times\begin{bmatrix}-1.0721\\1.0999\end{bmatrix} \tag{6.40}$$

由式（6.37）计算增益 K_w

$$K_w = -4.2120 \times 10^5 \tag{6.41}$$

图6.4和图6.5给出了有无设计控制器的质心轨迹，选择 $v_y = 0\text{m/s}^{-2}$ 和 $\dot{\psi} = -2\text{s}^{-1}$。此外，在1.5s后，驾驶人通过适当选择 δ 启动了左向曲线。由于高的初始横摆角速度，显然车辆顺时针过多转向。没有控制器的作用，图6.4给出的不希望状态没有结束。而图6.5中车辆可以很好地跟随驾驶人的意图向左转向。

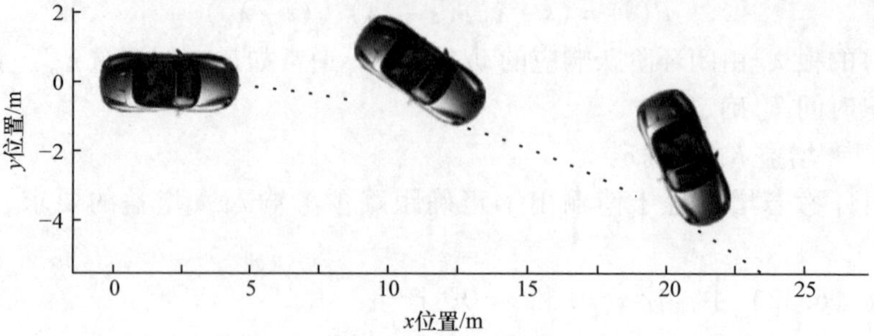

图6.4 无状态反馈控制的质心轨迹

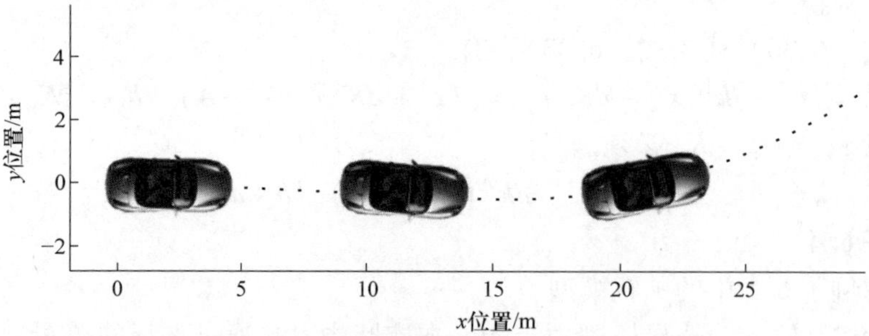

图6.5 有状态反馈控制的质心轨迹

6.2.1.2 通过特征结构分配的极点配置

通过系数比较的极点配置，仅对单输入系统给出唯一的结果。另一个易于在计算机程序中实现的方法，是直接特征结构分配。

这种方法直接观察闭环式（6.32）的系统矩阵 $A - bk^T$ 的特征值方程

$$(\boldsymbol{A} - \boldsymbol{b}\boldsymbol{k}^T)\boldsymbol{u}_i = \lambda_i \boldsymbol{u}_i \tag{6.42}$$

重新安排这个方程，产生

$$(\boldsymbol{A} - \lambda_i \boldsymbol{I})\boldsymbol{u}_i = \boldsymbol{b}\boldsymbol{k}^T\boldsymbol{u}_i \Rightarrow \boldsymbol{u}_i \underbrace{(\boldsymbol{A} - \lambda_i \boldsymbol{I})^{-1}\boldsymbol{b}}_{\boldsymbol{S}(\lambda_i)} \underbrace{\boldsymbol{k}^T\boldsymbol{u}_i}_{\boldsymbol{Z}_i} \tag{6.43}$$

在选择特征值 λ_i 后，响应的特征向量 u_i 由式（6.43）得到。对于单输入系统，z_i 是标量，不失一般性，可以选择 $z_i = 1$，这导致

$$\boldsymbol{u}_i = \boldsymbol{S}(\lambda_i) \tag{6.44}$$

由式（6.44）的 u_i 和 $z_i = 1$，进一步得到用于确定反馈增益 k^T 的方程

$$\boldsymbol{k}^{\mathrm{T}}\boldsymbol{u}_i = 1 \tag{6.45}$$

如果 n 个特征值 $\lambda_1 \cdots \lambda_n$ 以前面描述的方式选择，则用于实际确定 k^{T} 的完全矩阵方程，可以通过组合式（6.45）的所有方程来创建

$$\boldsymbol{k}^{\mathrm{T}}[\boldsymbol{u}_1 \quad \cdots \quad \boldsymbol{u}_n] = [1 \quad \cdots \quad 1] \Rightarrow \boldsymbol{k}^{\mathrm{T}} = [1 \quad \cdots \quad 1][\boldsymbol{u}_1 \quad \cdots \quad \boldsymbol{u}_n]^{-1} \tag{6.46}$$

1）对于复共轭对，式（6.43）分成实部和虚部，因而转换为确定反馈增益的两个方程。

2）将开环系统的特征值赋给闭环系统是不可能的，因为这种情况下 $S(\lambda)$ 不存在。

3）如果特征向量矩阵 $[u_1 \cdots u_n]$ 是非奇异的，则式（6.46）的逆能够唯一确定，这个矩阵条件可以隐式影响特征值的选择。

4）在多输入情况下，式（6.43）中的 z_i 如同控制输入一样有许多元素。这给出了特征向量 u_i 的额外设计自由，即使选择特征值 λ_i 后也一样。这种自由常用于保证特征向量矩阵的适当条件，相关方法的介绍在文献［12］中给出。

6.2.1.3 状态反馈与控制误差积分

拒绝未知扰动的常用方法，是附加控制误差积分。对于有一个控制变量的单输入系统，控制律为

$$u = -\boldsymbol{k}^{\mathrm{T}}\boldsymbol{x} + K\int_0^t (w - y)\,\mathrm{d}t \tag{6.47}$$

系统表示通过下式给出

$$\dot{\boldsymbol{x}} = \boldsymbol{A}\boldsymbol{x} + \boldsymbol{b}u + \boldsymbol{E}z \tag{6.48}$$

$$y = \boldsymbol{c}^{\mathrm{T}}\boldsymbol{x} + du + \boldsymbol{f}^{\mathrm{T}}z \tag{6.49}$$

为了在状态反馈概念下积分式（6.47），定义附加的状态变量 $p(t)$

$$p(t) = \int_0^t (y(\tau) - w(\tau))\,\mathrm{d}\tau \tag{6.50}$$

微分 $p(t)$ 并将其代入式（6.49）的输出方程，有

$$\dot{p}(t) = y(t) - w(t) = \boldsymbol{c}^{\mathrm{T}}\boldsymbol{x} + du + \boldsymbol{f}^{\mathrm{T}}\boldsymbol{z} - w \tag{6.51}$$

下一步，组合式（6.48）和式（6.51）成为增广的状态系统

$$\begin{bmatrix} \dot{\boldsymbol{x}} \\ \dot{p} \end{bmatrix} = \begin{bmatrix} \boldsymbol{A} & \boldsymbol{0} \\ c^{\mathrm{T}} & 0 \end{bmatrix} \begin{bmatrix} \boldsymbol{x} \\ p \end{bmatrix} + \begin{bmatrix} \boldsymbol{b} \\ d \end{bmatrix} u + \begin{bmatrix} \boldsymbol{E} & \boldsymbol{0} \\ f^{\mathrm{T}} & -1 \end{bmatrix} \begin{bmatrix} z \\ w \end{bmatrix} \tag{6.52}$$

给出增广状态变量 $\hat{x} = [x^{\mathrm{T}} \quad p]^{\mathrm{T}}$，式（6.47）的控制律为

$$u(t) = -\hat{\boldsymbol{k}}^{\mathrm{T}}\hat{\boldsymbol{x}}(t), \hat{\boldsymbol{k}}^{\mathrm{T}} = [\boldsymbol{k}^{\mathrm{T}} \quad K] \tag{6.53}$$

应用 6.2.1.1 部分和 6.2.1.2 部分的技术，增广的反馈增益向量 $\hat{k}^{\mathrm{T}}$ 现在可以由增广系统式（6.52）确定。再一次，全状态反馈要求式（6.53）为全状态

可控的。如果原来系统式（6.48）是全状态反馈的，需要附加矩阵

$$\boldsymbol{G}=\begin{bmatrix}\boldsymbol{A} & \boldsymbol{b}\\ c^{\mathrm{T}} & d\end{bmatrix} \tag{6.54}$$

是满秩的才能保证式（6.53）是全状态可控的。

将式6.53）代入式（6.52）中，给出闭环的状态空间表示

$$\begin{bmatrix}\dot{\boldsymbol{x}}\\ \dot{p}\end{bmatrix}=\begin{bmatrix}\boldsymbol{A} & -\boldsymbol{b}\boldsymbol{k}^{\mathrm{T}} & -K\boldsymbol{b}\\ \boldsymbol{c}^{\mathrm{T}} & -d\boldsymbol{k}^{\mathrm{T}} & -dK\end{bmatrix}\begin{bmatrix}\boldsymbol{x}\\ p\end{bmatrix}+\begin{bmatrix}\boldsymbol{E} & \boldsymbol{0}\\ \boldsymbol{f}^{\mathrm{T}} & -1\end{bmatrix}\begin{bmatrix}z\\ w\end{bmatrix} \tag{6.55}$$

闭环系统的传递函数矩阵是

$$\boldsymbol{z}=\boldsymbol{0}:G_{\mathrm{w}}(s)=[(c^{\mathrm{T}}-d\boldsymbol{k}^{\mathrm{T}})-dK]\boldsymbol{\Phi}(s)\begin{bmatrix}\boldsymbol{0}\\ -1\end{bmatrix} \tag{6.56}$$

$$w=0:\boldsymbol{G}_{\mathrm{z}}(s)=[(\boldsymbol{c}^{\mathrm{T}}-d\boldsymbol{k}^{\mathrm{T}})-dK]\boldsymbol{\Phi}(s)\begin{bmatrix}\boldsymbol{E}\\ \boldsymbol{f}^{\mathrm{T}}\end{bmatrix}+\boldsymbol{f}^{\mathrm{T}} \tag{6.57}$$

其中

$$\boldsymbol{\Phi}(s)=\begin{bmatrix}(s\boldsymbol{I}-\boldsymbol{A}+\boldsymbol{b}\boldsymbol{k}^{\mathrm{T}}) & K\boldsymbol{b}\\ (d\boldsymbol{k}^{\mathrm{T}}-\boldsymbol{c}^{\mathrm{T}}) & s+dK\end{bmatrix}^{-1}$$

例子 6.5

考虑下面的系统

$$\dot{\boldsymbol{x}}=\begin{bmatrix}-1 & 1\\ 2 & -2\end{bmatrix}\boldsymbol{x}+\begin{bmatrix}0 & 25\\ 0 & \end{bmatrix}u+\begin{bmatrix}-1 & 0\\ 0 & -2\end{bmatrix}z$$

$$y=[0\quad 1]\ \boldsymbol{x}$$

需要设计有控制误差积分的状态反馈控制器，闭环极点位于 $s_{1,2}=-2\pm j_2$ 和 $s_3=-10$。

首先，要检查增广系统式（6.52）的全状态可控性

$$\mathrm{rank}([\boldsymbol{b}\quad \boldsymbol{A}\boldsymbol{b}])=2,\mathrm{rank}\left(\begin{bmatrix}\boldsymbol{A} & \boldsymbol{b}\\ \boldsymbol{c}^{\mathrm{T}} & 0\end{bmatrix}\right)=3$$

闭环系统的特征多项式是

$$P_k(s,\boldsymbol{k}^{\mathrm{T}},K)=\det[s\boldsymbol{I}-\hat{\boldsymbol{A}}+\hat{\boldsymbol{b}}[\boldsymbol{k}^{\mathrm{T}}\quad K]]=\begin{vmatrix}s+1+0.25k_1 & -1+0.25k_2 & 0.25K\\ -2 & s+2 & 0\\ 0 & -1 & s\end{vmatrix}=$$

$$=s^3+(3+0.25k_1)s^2+(0.5k_1+0.5k_2)s+0.5K$$

希望的多项式 $P(s)$ 是

$$P(s)=(s^2+4s+8)(s+10)=s^3+14s^2+48s+80$$

比较系数得到

$$3+0.25k_1=14\quad k_1=44$$

$$0.5k_1 + 0.5k_2 = 48 \Rightarrow k_2 = 52 \Rightarrow u = -[44 \quad 52]\boldsymbol{x} + 160\int(w-y)\mathrm{d}t$$

$$0.5K = 80 \quad K = 160$$

式（6.55）~式(6.57）给出传递函数矩阵

$$G_{\mathrm{w}}(s) = [(\boldsymbol{c}^{\mathrm{T}} - d\boldsymbol{k}^{\mathrm{T}}) - dK]\boldsymbol{\Phi}(s)\begin{bmatrix}0\\0\\-1\end{bmatrix} = \frac{80}{s^3+14s^2+48s+80}$$

$$\boldsymbol{G}_{\mathrm{z}}(s) = [(\boldsymbol{c}^{\mathrm{T}} - d\boldsymbol{k}^{\mathrm{T}}) - dK]\boldsymbol{\Phi}(s)\begin{bmatrix}\boldsymbol{E}\\\boldsymbol{f}^{\mathrm{T}}\end{bmatrix} = \boldsymbol{f}^{\mathrm{T}} = \left[\frac{-2s}{s^3+14s^2+48s+80} \quad \frac{-2s(s+12)}{s^3+14s^2+48s+80}\right]$$

显然，$G_{\mathrm{w}}(s)$有稳态增益1，而$G_{\mathrm{z}}(s)$的元素有全局微分行为。

6.2.2 采用观测器的状态估计

在前面，假设状态向量$x(t)$的所有元素是可以获得的。然而，在大多数应用中，并非如此。通常，状态向量的一些元素根本是不可测的。在这些状况下，状态向量$x(t)$的估计$\hat{x}$，是通过所谓的Luenberger（龙伯格）状态观测器计算的。它的假设来自系统的一些测试，是可以实现的，可以组合在测量向量$m(t)$中，因而动态系统描述为

$$\dot{\boldsymbol{x}} = \boldsymbol{A}\boldsymbol{x} + \boldsymbol{B}\boldsymbol{u} \tag{6.58}$$

$$\boldsymbol{m} = \boldsymbol{C}^*\boldsymbol{x} + \boldsymbol{D}^*\boldsymbol{u} \tag{6.59}$$

给出的全Luenberger观测器为

$$\dot{\hat{\boldsymbol{x}}} = \boldsymbol{A}\hat{\boldsymbol{x}} + \boldsymbol{B}\boldsymbol{u} + \boldsymbol{H}(m - \boldsymbol{C}^*\hat{\boldsymbol{x}} - \boldsymbol{D}^*\boldsymbol{u}) \tag{6.60}$$

式中，$\hat{x}$为状态向量估计；H为观测增益矩阵。

显然，Luenberger观测器本身就是一个状态空间系统，采用$\hat{x}$为状态向量，$u(t)$和$m(t)$作为输入。重建误差通过$\tilde{x} = x - \hat{x}$给出，$\tilde{x}(t)$的动态行为通过式(6.58)减式(6.60)得到

$$\dot{\tilde{\boldsymbol{x}}} = (\boldsymbol{A} - \boldsymbol{H}\boldsymbol{C}^*)\tilde{\boldsymbol{x}} \tag{6.61}$$

如果系统式（6.58）和式（6.59）是全状态观测的，则观测器系统矩阵$A - HC^*$的极点可以通过观测器增益矩阵H适当选择任意配置，除了A的极点。

采用极点配置的观测器设计

1. 通过系数比较的观测器设计

如果测量向量m仅包含一个元素，则观测器增益矩阵可以通过系数比较确定。系统式（6.61）的特征多项式为

$$P_{\mathrm{B}}(s,\boldsymbol{H}) = \det(s\boldsymbol{I} - \boldsymbol{A} + \boldsymbol{H}\boldsymbol{C}^*) \tag{6.62}$$

通过与希望的多项式比较，$A - HC^*$的n个特征值通过$1 \times n$观测器增益H

的元素确定

$$P_B(s)=(s-\lambda_{B1})(s-\lambda_{B2})\cdots(s-\lambda_{Bn}) \tag{6.63}$$

观测器极点通常应该显著快于闭环的极点，见例子6.6。

2. 通过特征结构分配的观测器设计

特征结构分配的目标在于，对观测器系统矩阵 $F=A-HC^*$ 分配特征值和特征向量。这里，选择下面的方法

$$\boldsymbol{u}_i^{\mathrm{T}}(\boldsymbol{A}-\boldsymbol{H}\boldsymbol{C}^*)=\boldsymbol{u}_i^{\mathrm{T}}\lambda_i \tag{6.64}$$

在式（6.64）中。u_i^{T} 是 $A-HC^*$ 的左特征向量。取式（6.64）的转置，有

$$(\boldsymbol{A}^{\mathrm{T}}-\boldsymbol{C}^{*\mathrm{T}}\boldsymbol{H}^{\mathrm{T}})\boldsymbol{u}_i=\boldsymbol{u}_i\lambda_i \tag{6.65}$$

式（6.65）形式上像式（6.42）的特征值方程，比较式（6.42）和式（6.65）的相应项表明，在状态反馈控制和观测之间有二元性，这种二元性在下表中突出显示：

控制器	观测器
A	A^{T}
B	$C^{*\mathrm{T}}$
K	H^{T}

使用这些信息，来自6.2.1.2部分的结果几乎可以直接用于观测器设计。

3. 分离原理

图6.6给出了状态反馈控制环的框图，在控制律中，实际状态向量 x 使用其估计 $\hat{x}$

$$u=K_w w-\boldsymbol{k}^{\mathrm{T}}\hat{\boldsymbol{x}} \tag{6.66}$$

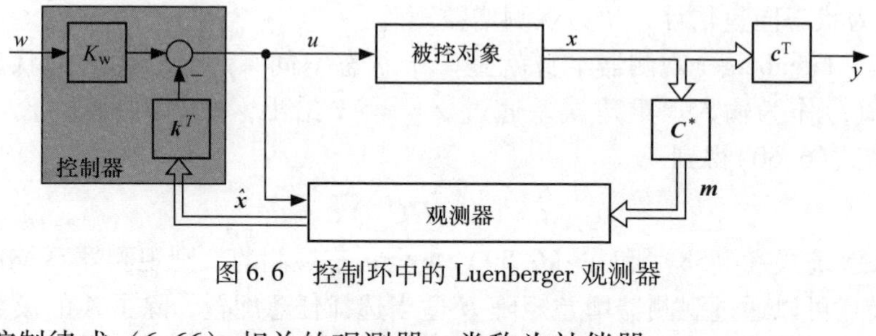

图6.6 控制环中的Luenberger观测器

与控制律式（6.66）相关的观测器，常称为补偿器。

要回答的一个重要问题是，如果应用式（6.66）的控制律，闭环系统如何表现。既然 $\hat{x}$ 仅是 x 的一个估计，对产生的闭环稳定性进行怀疑是有道理的。

对这个问题的回答，由分离原理给出。

定理6.5

分离原理

如果考虑的系统是全状态可控的和全状态可观测的，则闭环式（6.32）的极点和观测器式（6.61）的极点可以独立分配，然后具有控制律式（6.66）的闭环极点是控制器极点和观测器极点的组合。系统的特征方程为

$$\det[s\boldsymbol{I}-(\boldsymbol{A}-\boldsymbol{bk}^{\mathrm{T}})]\cdot\det[s\boldsymbol{I}-(\boldsymbol{A}-\boldsymbol{HC}^{*})]=0 \tag{6.67}$$

例子 6.6

考虑下面系统

$$\dot{\boldsymbol{x}}=\begin{bmatrix}-1 & 1\\ 2 & -2\end{bmatrix}\boldsymbol{x}+\begin{bmatrix}0.25\\ 0\end{bmatrix}u+\begin{bmatrix}-1 & 0\\ 0 & -2\end{bmatrix}z\ ,\ y=[0\quad 1]\boldsymbol{x}$$

基于输出 $y(t)$，观测器要设计两个实数极点在 -20（$\lambda_{B1}=\lambda_{B2}=-20$）。可观测矩阵的秩是 2，全状态观测性可以用 $y(t)$ 达到。观测器系统矩阵为

$$\boldsymbol{A}-\boldsymbol{hc}^{\mathrm{T}}=\begin{bmatrix}-1 & 1\\ 2 & -2\end{bmatrix}-\begin{bmatrix}h_1\\ h_2\end{bmatrix}[0\quad 1]=\begin{bmatrix}-1 & 1 & -h_1\\ 2 & -2 & -h_2\end{bmatrix}$$

因而，观测器的特征多项式是

$$P_{\mathrm{B}}(s,\boldsymbol{h})=\det(s\boldsymbol{I}-\boldsymbol{A}+\boldsymbol{hc}^{\mathrm{T}})=\left|\begin{matrix}s+1 & h_1-1\\ -2 & s+2+h_2\end{matrix}\right]=s^2+(h_2+3)s+h_2+2h_1$$

对应 $\lambda_{B1}=\lambda_{B2}=-20$ 的希望多项式是

$$P_{\mathrm{B}}(s)=s^2+40s+400$$

系数比较产生 $h^{\mathrm{T}}=[181.5\quad 37]$。

由式（6.60），导出观测器方程为

$$\dot{\hat{x}}=\boldsymbol{A}\hat{x}+\boldsymbol{b}u+\boldsymbol{H}(m-\boldsymbol{C}^{*}\hat{\boldsymbol{x}})=\begin{bmatrix}-1 & 1\\ 2 & -2\end{bmatrix}\hat{\boldsymbol{x}}+\begin{bmatrix}0.25\\ 0\end{bmatrix}u+\begin{bmatrix}181.5\\ 37\end{bmatrix}[0\quad 1](\boldsymbol{x}-\hat{\boldsymbol{x}})$$

$$\dot{\hat{\boldsymbol{x}}}=\begin{bmatrix}-1 & 1\\ 2 & -2\end{bmatrix}\hat{\boldsymbol{x}}+\begin{bmatrix}0 & 25\\ 0 & \end{bmatrix}u+\begin{bmatrix}181.5\\ 37\end{bmatrix}(x_2-\hat{x}_2)$$

例子 6.7

再次使用例子 6.1 的单轨模型。

式（6.12）的矩阵 A 和 B 是

$$\boldsymbol{A}=\begin{bmatrix}-8.0713 & -19.0000\\ 0 & -12.2683\end{bmatrix},\boldsymbol{b}=\begin{bmatrix}45.43 & 0\\ 86.33 & 7.6923\times10^{-4}\end{bmatrix},\boldsymbol{c}=\begin{bmatrix}0.0526\\ 0\end{bmatrix} \tag{6.68}$$

假设横摆角速度 $\dot{\psi}$ 和侧向加速度 $\dot{v}$ 可以通过测试得到。在这种情况下，测量向量含有状态导数

$$\boldsymbol{m}=\begin{bmatrix}x_2\\ \dot{x}_1\end{bmatrix}=\begin{bmatrix}\dot{\psi}\\ \dot{v}_y\end{bmatrix}=\begin{bmatrix}0 & 1\\ 0 & 0\end{bmatrix}\boldsymbol{x}+\begin{bmatrix}0 & 0\\ 1 & 0\end{bmatrix}\dot{\boldsymbol{x}}=\begin{bmatrix}0 & 1\\ 0 & 0\end{bmatrix}\boldsymbol{x}+\begin{bmatrix}0 & 0\\ 1 & 0\end{bmatrix}(\boldsymbol{Ax}+\boldsymbol{Bu}) \tag{6.69}$$

使用 A 和 B 的第一行向量，产生

$$\begin{bmatrix} m_1 \\ m_2 \end{bmatrix} = \begin{bmatrix} 0 & 1 \\ a_{11} & a_{12} \end{bmatrix}\begin{bmatrix} x_1 \\ x_2 \end{bmatrix} + \begin{bmatrix} 0 & 0 \\ b_{11} & b_{12} \end{bmatrix}\begin{bmatrix} u_1 \\ u_2 \end{bmatrix} \tag{6.70}$$

以矩阵记号表示

$$\boldsymbol{m} = \boldsymbol{C}^* x + \boldsymbol{D}^* u \tag{6.71}$$

在给定的例子中，产生的 C^* 和 D^* 为

$$\boldsymbol{C}^* = \begin{bmatrix} 0 & 1 \\ -8.0713 & -19 \end{bmatrix}; \boldsymbol{D}^* = \begin{bmatrix} 0 & 0 \\ 45.4382 & 0 \end{bmatrix} \tag{6.72}$$

既然观测器极点应该比闭环观测器的极点更快，选择它们为 $\lambda_{1,2} = -30, -31$。

在现在的例子中，m 中的观测数目等于状态数目，以便在确定增益矩阵 H 的元素时，能够应用下面的策略。

选择闭环观测器矩阵 $A - HC^*$，以便解耦估计误差，即

$$\boldsymbol{A} - \boldsymbol{HC}^* = \begin{bmatrix} \lambda_1 & 0 \\ 0 & \lambda_2 \end{bmatrix}$$

解 H，有

$$\boldsymbol{H} = \left(\boldsymbol{A} - \begin{bmatrix} \lambda_1 & 0 \\ 0 & \lambda_2 \end{bmatrix}\right)(C^*)^{-1} \tag{6.73}$$

对于常规的 $n \times n$ 矩阵，式（6.73）的 C^* 产生 H 的唯一解

$$\boldsymbol{H} = \begin{bmatrix} -70.6209 & -2.7169 \\ 18.7317 & 0 \end{bmatrix} \tag{6.74}$$

图 6.7 和图 6.8 给出了状态估计 $\hat{v}_y$ 和 $\hat{\dot{\psi}}$ 与真实值比较的时间历程。为了比较，对应有极点 $\lambda_{1,\text{show}}$，$\lambda_{2,\text{show}} = 14.5$，$-15$ 的较慢观测器，也给出了它的估计 $\hat{v}_{y,\text{show}}$ 和 $\hat{\dot{\psi}}_{\text{show}}$。

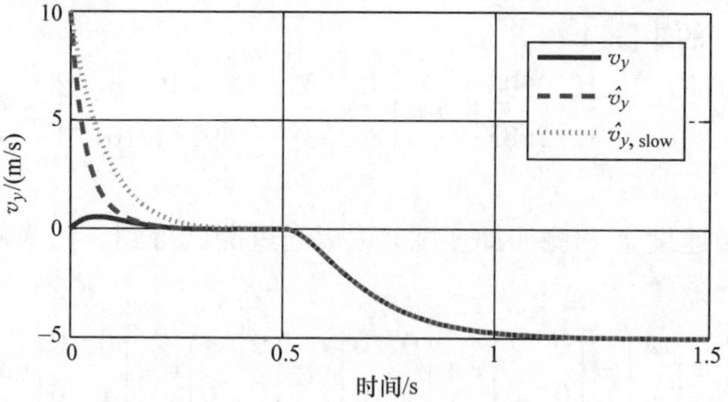

图 6.7　v_y、$\hat{v}_y$ 和 $\hat{v}_{y,\text{show}}$ 的时间历程

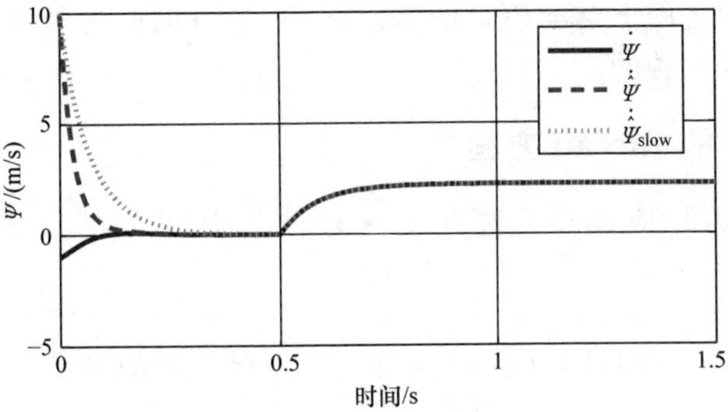

图 6.8 $\dot{\psi}$、$\dot{\hat{\psi}}$ 和 $\dot{\hat{\psi}}_{show}$ 的时间历程

6.3 最优控制

最优控制系统设计是控制工程的重要特征。许多不同领域的控制系统都是基于性能准则设计的，典型的例子如下。

1）不同种类移动的方式。

2）根据太阳进行天文定位。

3）基金管理。

早期例子中控制动作的目标，在于最大化某种效益或最小化成本。

本章提出用于线性状态空间的最优控制概念，得到的控制原理称为线性二次调节器（LQR）控制。

6.3.1 Riccati 方程

给定线性状态空间表示

$$\dot{\boldsymbol{x}} = \boldsymbol{A}\boldsymbol{x} + \boldsymbol{B}\boldsymbol{u} \quad \boldsymbol{x}(t=0) = \boldsymbol{x}_0 \tag{6.75}$$

下面的成本函数将在时间范围 T 最小化

$$V(\boldsymbol{x}(0), \boldsymbol{u}(\cdot)) = \int_0^T \frac{1}{2}(\boldsymbol{x}^{\mathrm{T}}\boldsymbol{Q}\boldsymbol{x} + \boldsymbol{u}^{\mathrm{T}}\boldsymbol{R}\boldsymbol{u})\mathrm{d}t + \frac{1}{2}\boldsymbol{x}(T)^{\mathrm{T}}\boldsymbol{G}\boldsymbol{x}(T) \tag{6.76}$$

加权矩阵 Q、R 和 G 必须是对称和（半）正定的。选择成本函数式（6.76）的优点在于，最小化导致线性状态反馈控制律的形式为 $u(t)=K(t)x(t)$。

式（6.75）的系统由式（6.76）最小化而来，通过下面的控制律完成

$$\boldsymbol{u}(t) = -\boldsymbol{R}^{-1}\boldsymbol{B}^{\mathrm{T}}\boldsymbol{P}(t)\boldsymbol{x}(t) \tag{6.77}$$

这里，$P(t)$ 是 Riccati（黎卡提）方程的解。

$$-\dot{\boldsymbol{P}} = \boldsymbol{P}\boldsymbol{A} + \boldsymbol{A}^{\mathrm{T}}\boldsymbol{P} - \boldsymbol{P}\boldsymbol{B}\boldsymbol{R}^{-1}\boldsymbol{B}^{\mathrm{T}}\boldsymbol{P} + \boldsymbol{Q}, \boldsymbol{P}(T) = \boldsymbol{G} \tag{6.78}$$

Riccati 方程是用于矩阵 $P(t)$ 的微分方程，它在时间内向后求解。由于其对称性，$P(t)$ 也是对称的。

6.3.2 $T\to\infty$ 的 Riccati 方程

在大多数实际应用中，选择 $T\to\infty$ 作为时间范围。现在成本函数式（6.76）为

$$V(\boldsymbol{x}(0),\boldsymbol{u}(\cdot)) = \int_0^\infty \frac{1}{2}(\boldsymbol{x}^{\mathrm{T}}\boldsymbol{Q}\boldsymbol{x} + \boldsymbol{u}^{\mathrm{T}}\boldsymbol{R}\boldsymbol{u})\mathrm{d}t \tag{6.79}$$

其中，忽略了端部成本项 $x(t)^{\mathrm{T}}Gx(t)/2$。与式（6.76）相反，成本函数式（6.79）不总是有最小值。

定理 6.6（可稳定性）

线性状态空间系统

$$\dot{\boldsymbol{x}} = \boldsymbol{A}\boldsymbol{x} + \boldsymbol{B}\boldsymbol{u} \quad \boldsymbol{x}(t=0) = \boldsymbol{x}_0$$

如果所有非控制的特征模态是渐进稳定的，则系统是稳定的，即它们相应特征值的实部是负的。

对于 $T\to\infty$ 和正定加权矩阵 Q、R，仅当基础系统是稳定的，成本函数式（6.79）才是有界的。这种情况下，Riccati 方程收敛到静态 P，其能够由式（6.78）让 $\dot{P}$ 等于零得到

$$\boldsymbol{P}\boldsymbol{A} + \boldsymbol{A}^{\mathrm{T}}\boldsymbol{P} - \boldsymbol{P}\boldsymbol{B}\boldsymbol{R}^{-1}\boldsymbol{B}^{\mathrm{T}}\boldsymbol{P} + \boldsymbol{Q} = \boldsymbol{0} \tag{6.80}$$

式（6.96）称为 Lyapunov（李雅普诺夫）方程，控制律为

$$\boldsymbol{u}(t) = -\boldsymbol{R}^{-1}\boldsymbol{B}^{\mathrm{T}}\boldsymbol{P}\boldsymbol{x}(t) \tag{6.81}$$

例子 6.8

考虑下列状态空间系统

$$\dot{\boldsymbol{x}} = \begin{bmatrix} 2 & 1 \\ 0 & 1 \end{bmatrix}\boldsymbol{x} + \begin{bmatrix} 1 \\ 0 \end{bmatrix}u$$

既然 $x_2(t)$ 既不直接也不间接受到 $u(t)$ 影响，显然第二个状态 x_2 是不稳定的（$\lambda_2=1$）和不可控的。因此，系统是不稳定的。选择加权矩阵

$$\boldsymbol{Q} = \begin{bmatrix} 1 & 0 \\ 0 & 1 \end{bmatrix}, R = 1$$

Riccati 方程式（6.78）是

$$-\dot{\boldsymbol{P}} = \boldsymbol{P}\begin{bmatrix} 2 & 1 \\ 0 & 1 \end{bmatrix} + \begin{bmatrix} 2 & 1 \\ 0 & 1 \end{bmatrix}^{\mathrm{T}}\boldsymbol{P} - \boldsymbol{P}\begin{bmatrix} 1 & 0 \\ 0 & 0 \end{bmatrix}\boldsymbol{P} + \begin{bmatrix} 1 & 0 \\ 0 & 1 \end{bmatrix}$$

图 6.9 和图 6.10 给了分量 $P_{11}(t)$、$P_{12}(t)=P_{21}(t)$ 和 $P_{22}(t)$。如果 Riccati 方程由在时间开始的 $P(3)=0$ 通过向后求解，当 $P_{11}(t)$ 和 $P_{12}(t)$ 很快收敛到它

们的稳态解，分量 $P_{22}(t)$ 显然是无界的。

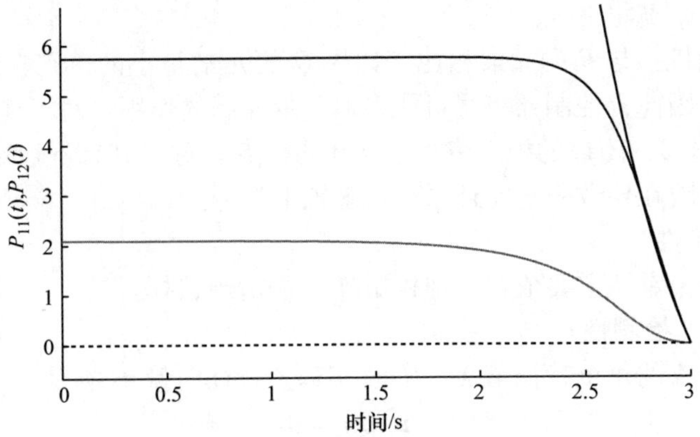

图 6.9　例子 6.8 的 $P_{11}(t)$ 和 $P_{12}(t)$

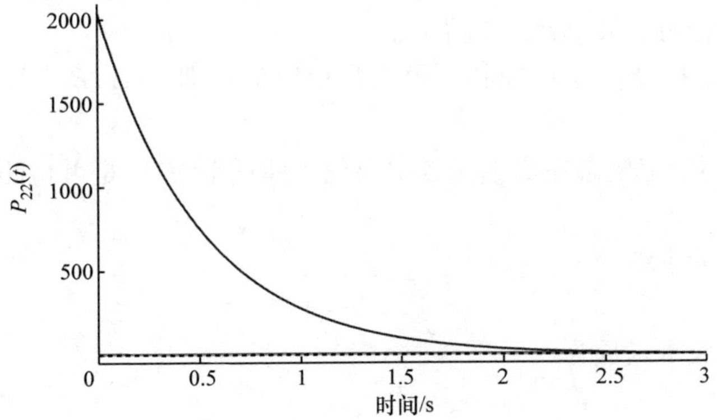

图 6.10　例子 6.8 的 $P_{22}(t)$

6.3.3　Q－R 选择

本节将提供用于选择加权矩阵的不同准则。

6.3.3.1　基础

状态向量和控制输入在大小上可以存在显著变化，选择 Q 和 R 的基本原则采用对角矩阵

$$q_{ii}=\frac{1}{(x_{i,\max})^2},\quad r_{ii}=\frac{1}{(u_{i,\max})^2}$$

式中，$x_{i,\max}$ 和 $u_{i,\max}$ 分别为单个状态和控制的希望的最大幅值。

6.3.3.2　状态加权和控制加权

强状态加权：与 R 的元素相比，如果 Q 的元素是大的，则在成本函数中强调重视状态。因此，产生的控制器目标将尽可能快地使状态到零，结果将增加控制作用，闭环带宽将变大。

强控制加权：与 R 的元素相比，如果 Q 的元素是小的，则在成本函数中强调重视控制。因此，控制器将尽可能多地减少控制的作用。对于稳定系统，这使导致控制律 $u\equiv0$，闭环的极点将接近开环的极点。对于具有不稳定极点的系统，这些极点将反映在导致稳定闭环系统的虚轴上。

6.3.3.3 稳定性

闭环系统稳定性主要依赖于加权矩阵 Q 的适当选择。

定理 6.7（检测性）

如果对于 A 的每个特征值 λ_i，有正实部的特征向量 u_i 满足

$$\boldsymbol{u}_i^{\mathrm{T}}\boldsymbol{Q}\boldsymbol{u}_i\neq\boldsymbol{0} \tag{6.82}$$

则矩阵 $[A, Q]$ 称为可检测的。

就最优控制而言，可检测性意味着系统不稳定特征模态出现在成本函数中。

为使闭环稳定，要满足下列条件：

1）系统 $[A, B]$ 不可控制的模态是稳定的，即 $[A, B]$ 是稳定的，参看定理6.6。

2）系统不稳定模态在成本函数中出现，即 $[A, Q]$ 是可检测的。

例子 6.9

考虑下面的系统

$$\dot{x}=x+u$$

如果选择成本函数为

$$V*(\boldsymbol{x}(t),\boldsymbol{u}*(t)) = \int_0^\infty u^2\mathrm{d}t$$

显然，最优控制律是 $u\equiv0$，然后闭环是不稳定的，虽然系统是全状态可控的，因为不稳定模态没有出现在成本函数中。

预定义稳定度的配置

由于鲁棒性要求，通常希望保证一定程度的稳定性，即闭环极点的实部必须小于某个预定的常数 α。

开环系统式（6.75）是

$$\dot{\boldsymbol{x}}=\boldsymbol{A}\boldsymbol{x}+\boldsymbol{B}\boldsymbol{u} \quad \boldsymbol{x}(t=0)=\boldsymbol{x}_0$$

对于成本函数，引入新的状态和控制变量 $\hat{x}$ 和 $\hat{u}$

$$\hat{\boldsymbol{x}}=e^{\alpha t}\boldsymbol{x},\hat{\boldsymbol{u}}=e^{\alpha t}\boldsymbol{u} \tag{6.83}$$

微分和插入 $\dot{x}=Ax+Bu$ 给出

$$\dot{\hat{\boldsymbol{x}}}=\frac{\mathrm{d}}{\mathrm{d}t}(e^{\alpha t}\boldsymbol{x})=(\boldsymbol{A}+\alpha\boldsymbol{I})\hat{\boldsymbol{x}}+\boldsymbol{B}\hat{\boldsymbol{u}} \tag{6.84}$$

成本函数式（6.76）现在以 $\hat{x}$ 和 $\hat{u}$ 项表示

$$V(\boldsymbol{x}(0),\boldsymbol{u}(\cdot)) = \int_0^\infty \frac{1}{2}(\hat{\boldsymbol{x}}^{\mathrm{T}}\boldsymbol{Q}\hat{\boldsymbol{x}} + \hat{\boldsymbol{u}}^{\mathrm{T}}\boldsymbol{R}\hat{\boldsymbol{u}})\mathrm{d}t \tag{6.85}$$

如果闭环应该有稳定度 α，基于成本函数式（6.85）的用于改善系统式（6.84）的控制器必须是稳定的。根据定理 6.6 和定理 6.7，这要求

1）$[A+\alpha I,\ B]$ 是稳定的。

2）$[A+\alpha I,\ Q]$ 是可检测的。

如果 $\hat{P}$ 是与式（6.84）和式（6.85）相关的 Lyapunov 方程的解，由于

$$\hat{\boldsymbol{P}}(\boldsymbol{A}+\alpha\boldsymbol{I})+(\boldsymbol{A}+\alpha\boldsymbol{I})^{\mathrm{T}}\hat{\boldsymbol{P}}-\hat{\boldsymbol{P}}\boldsymbol{B}\boldsymbol{R}^{-1}\boldsymbol{B}^{\mathrm{T}}\hat{\boldsymbol{P}}+\boldsymbol{Q}=\boldsymbol{0} \tag{6.86}$$

则控制律是

$$\boldsymbol{u}(t)=e^{-\alpha t}\hat{\boldsymbol{u}}(t) = -e^{-\alpha t}\boldsymbol{R}^{-1}\boldsymbol{B}^{\mathrm{T}}\hat{\boldsymbol{P}}e^{\alpha t}\boldsymbol{x}(t) = -\boldsymbol{R}^{-1}\boldsymbol{B}^{\mathrm{T}}\hat{\boldsymbol{P}}\boldsymbol{x}(t) \tag{6.87}$$

6.3.3.4　模态加权

在许多应用中，如果某些不希望的系统状态可以在成本函数中特殊加权，则是有用的。例如，那些可能是振荡或使控制环不稳定的非稳定模态。出于这个目的，设计矩阵 Q 以使这些模型对成本函数有预定义作用。

设 $s_1\cdots s_n$ 为开环系统的单位特征向量。如果有复共轭特征值对，则相应的特征向量要分解成实部和虚部。

下一步，设计辅助矩阵 $\hat{Q}$ 以使每个向量 s_k，$k=1$，$\cdots$，n 满足下列关系

$$\hat{\boldsymbol{Q}}\boldsymbol{s}_k=\boldsymbol{s}_k m_k, k=1\cdots n \tag{6.88}$$

式中，m_k 为正的实数加权因子。

如果将所有 m_k 集合在对角矩阵 M 中，所有 s_k 集合到矩阵 S 中，则对所有 $k=1\cdots n$，式（6.88）集合为

$$\hat{\boldsymbol{Q}}\boldsymbol{S}=\boldsymbol{S}\boldsymbol{M} \tag{6.89}$$

由此得到辅助矩阵 $\hat{Q}$

$$\hat{\boldsymbol{Q}}=\boldsymbol{S}\boldsymbol{M}\boldsymbol{S}^{-1} \tag{6.90}$$

得到加权矩阵 Q

$$\boldsymbol{Q}=\hat{\boldsymbol{Q}}^{\mathrm{T}}\hat{\boldsymbol{Q}} \tag{6.91}$$

最后一步保证 Q 是对称的。如果将 s_k 放入成本函数中，得到

$$\boldsymbol{s}_k^{\mathrm{T}}\boldsymbol{Q}\boldsymbol{s}_k=\boldsymbol{s}_k^{\mathrm{T}}\hat{\boldsymbol{Q}}^{\mathrm{T}}\hat{\boldsymbol{Q}}\boldsymbol{s}_k=m_k^2,\ \|\boldsymbol{s}_k\|=1 \tag{6.92}$$

显然，第 k 阶特征模态对成本函数的贡献正比于 m_k^2。

模态加权可以成功应用于要完成非常特殊任务的控制器的设计。通常，对不相关模态，选择小的 m_k，而 m_k 的大值分配给不希望的模态。

6.3.3.5　状态导数加权

通常，状态导数，例如加速度，要在成本函数中考虑，本节简短描述如何完

成这项工作。

考虑下面的成本函数

$$V = \int_0^{\infty} \frac{1}{2}(\dot{\boldsymbol{x}}^{\mathrm{T}}\boldsymbol{Q}\dot{\boldsymbol{x}} + \boldsymbol{u}^{\mathrm{T}}\boldsymbol{R}\boldsymbol{u})\,\mathrm{d}t \tag{6.93}$$

代入 $\dot{x} = Ax + Bu$，得到

$$V = \int_0^{\infty} \frac{1}{2}(\boldsymbol{x}^{\mathrm{T}}\overline{\boldsymbol{Q}}\boldsymbol{x} + 2\boldsymbol{x}^{\mathrm{T}}\boldsymbol{N}\boldsymbol{u} + \boldsymbol{u}^{\mathrm{T}}\overline{\boldsymbol{R}}\boldsymbol{u})\,\mathrm{d}t \tag{6.94}$$

有 $\overline{Q} = A^{\mathrm{T}}QA$，$\overline{R} = B^{\mathrm{T}}QB + R$ 和 $N = A^{\mathrm{T}}QB$。控制律形式为

$$\boldsymbol{u}(t) = -\overline{\boldsymbol{R}}^{-1}(\boldsymbol{N}^{\mathrm{T}} + \boldsymbol{B}^{\mathrm{T}}\overline{\boldsymbol{P}})\boldsymbol{x}(t) \tag{6.95}$$

其中 $\overline{P}$ 是改善的 Lyapunov 方程的解

$$\overline{\boldsymbol{P}}(\boldsymbol{A} - \boldsymbol{B}\,\overline{\boldsymbol{P}}^{-1}\boldsymbol{N}^{\mathrm{T}}) + (\boldsymbol{A} - \boldsymbol{B}\,\overline{\boldsymbol{P}}\boldsymbol{N}^{\mathrm{T}})^{\mathrm{T}}\overline{\boldsymbol{P}} - \overline{\boldsymbol{P}}\boldsymbol{B}\,\overline{\boldsymbol{R}}^{-1}\boldsymbol{B}^{\mathrm{T}}\overline{\boldsymbol{P}} + (\boldsymbol{Q} - \boldsymbol{N}\,\overline{\boldsymbol{R}}^{-1}\boldsymbol{N}^{\mathrm{T}})\boldsymbol{0} \tag{6.96}$$

例子 6.10

再次考虑例子 6.1 中的单轨模型。

与例子 6.5 对比，现在考虑转向角作为附加的控制输入。新的控制输入可以考虑为附加的转向盘角 $\Delta\delta$，添加到驾驶人输入中。

加权矩阵 Q 和 R 的选择，基于来自 6.3.3.1 部分的简单准则。

Q 选择为单位矩阵，选择控制加权为

$$\boldsymbol{R} = \begin{bmatrix} 5000 & 0 \\ 0 & 10^{-7} \end{bmatrix} \tag{6.97}$$

图 6.11 给出了在相应的控制作用下车轮的轨迹，图 6.12 演示了叠加的控制 $\Delta\delta$ 的效果，图 6.13 给出了第二个控制输入 M 的时间历程。与图 6.5 和图 6.11 比较表明，通过控制器达到的稳定性现在有点慢，然而通过增加 Q 矩阵，LQR 控制器的带宽能够很容易得到改善。

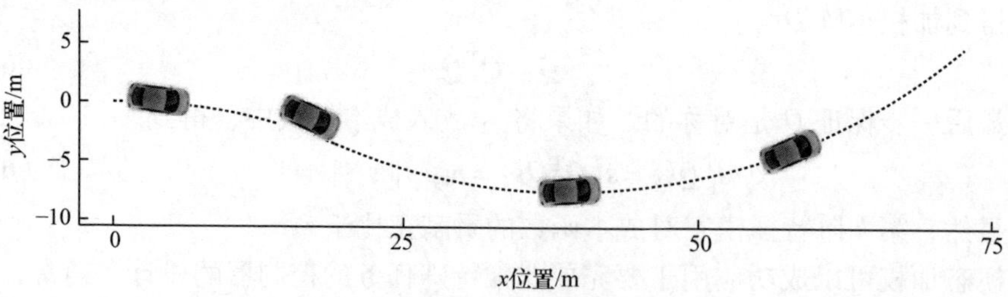

图 6.11　应用 LQR 控制的质心轨迹

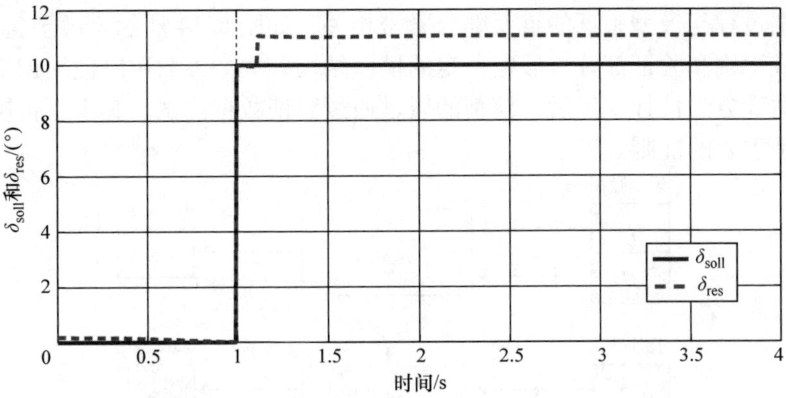

图 6.12　δ_{soll}和产生的 $\delta_{res} = \delta_{soll} + \Delta\delta$ 的时间历程

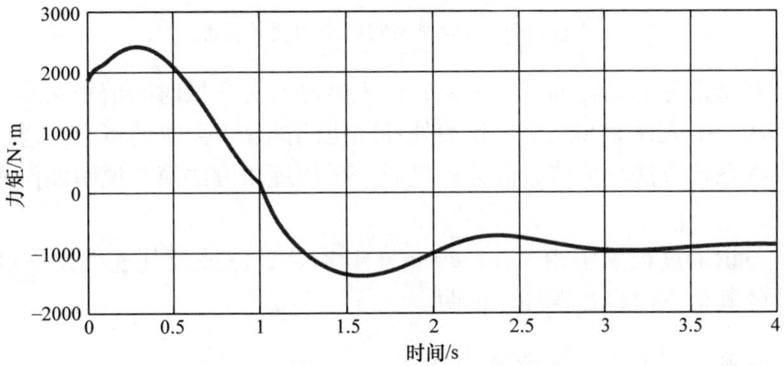

图 6.13　控制输入二（力矩）的时间历程

6.4　识别 - 试验建模

6.4.1　引言

系统识别是仅从现象数据提取动态系统结构和定量知识的技术。对于给定的模型，存在结构方法以便估计一组优化参数。然而，模型结构本身要通过用户的先验知识定义，优化的结构仅能使用验证方法后天给出。因此，系统识别总是迭代过程。

识别问题的组成是：

1）测量输入和输出信号。

2）一般结构假设，例如线性化，一定的多项式阶等。

3）用于参数化模型结构和唯一确定系统行为的一些系统参数。

识别过程与模型验证的重要部分紧密相关，如图6.14所示。出于这个目的，数据分成识别和验证部分。假定一定的模型结构，模型参数可以使用识别数据和合适的估计方法估计。然后，模型的质量通过验证数据测试。其中，正确预测测试输出是重要的准则。

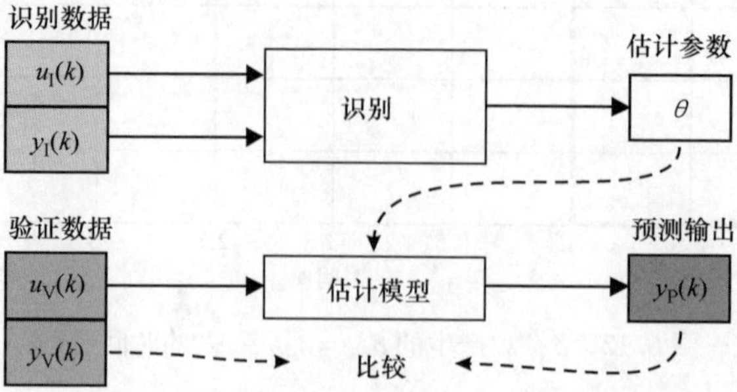

图6.14　试验模型的识别和交叉验证

本节其余部分的结构如下：首先，引入某些有关离散时间信号和系统的基本内容；其次，引入概率和随机性作为处理随机测试噪声要求的概念，通过引入非参数和参数估计方法形成核心部分；最后，采用逐步方法简要说明如何成功完成模型识别。

由于与识别过程紧密相关，Kalman（卡尔曼）滤波及其连续发展以及用于状态估计的其他方法也在本部分说明。

6.4.2　基础（现实、系统和模型）

系统的概念用于描述在系统边界内相互作用的元素，其可以通过输入和输出与环境交换能量或信息，如图6.14所示。大型或复杂系统可以分成子系统，其中原始系统的内部作用变成可见。另一方面，一组子系统可以组合成复杂的系统，不再显示内部作用，如图6.15所示。

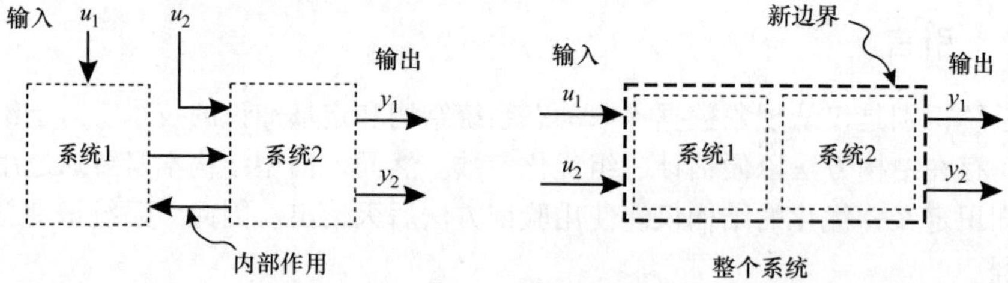

图6.15　完全系统可以分成一些子系统，原始系统中的内部作用不再明显可见

为了通过系统表示良好定义的技术应用区域，这种映射称为模型，要仔细选择系统边界。由于用于识别必需的输入和输出信号，也通过边界选择定义，这是

特别重要的。试验模型的能力和性能严重依赖于系统边界的选择，因此，输入和输出信号也一样[14]。

6.4.3 模型验证

试验模型的好坏仅取决于其验证，模型验证任务是实际性能试验，以保证可接受的可靠性和精度。交叉验证方法是验证模型的最可靠的方法：测试数据分成较大的识别部分和较小的验证部分，如图6.14所示。既然模型采用没有用于识别的数据验证，这种试验构成了模型现实世界应用的仿真。其不仅测试模型再现识别数据的能力，也测试再现更通用数据的能力，称为一般化[7,13,14]。

模型验证以递归方式完成，如图6.16所示。既然关于模型结构的假设要构成识别过程的先验，每个识别也要跟着验证。验证结果表明模型的改变（结构、简化和参数）是必需的。当模型精度和复杂性之间的平衡达到优化时，迭代停止。取决于试验模型的目的，精度可能不如稳定性、简化和一般化重要。

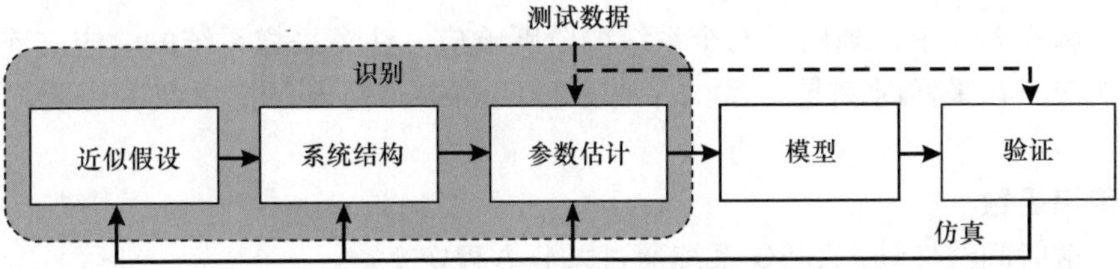

图6.16 识别和验证是迭代过程

6.4.4 离散时间信号和系统基础

离散时间信号由连续时间信号通过“采样”过程建立[18,19]，时间轴被分成相等的部分（采样时间 T_s），只存储交叉点（采样）的信号值，如图6.17所示。每个时间点的采样信号 $x(kT_s)$ 通过无量纲的计数器 k 表示

$$x(t)\mid t=kT_s=x(kT_s)=x(k),k\in Z \tag{6.98}$$

采样时刻之间的初始信号值，仅能重建达到Nyquist（奈奎斯特）频率，即

$$\omega_v=\frac{1}{2}\omega_s=\frac{1}{2}2\pi f_s=\frac{\pi}{T_s} \tag{6.99}$$

采样前要使用模拟的低通滤波器，以避免混叠作用。相对于用于连续时间系统的微分方程，离散时间系统描述由差分方程组成。需要注意的是，采样时间 T_s 本质上存储在系统参数中，作为时间轴的标量参数。

例子6.11

外力 $F(t)$ 作用下线性阻尼振动器的连续时间模型，由微分方程给出

$$\ddot{x}(t)+1.2\dot{x}(t)+9x(t)=F(t)$$

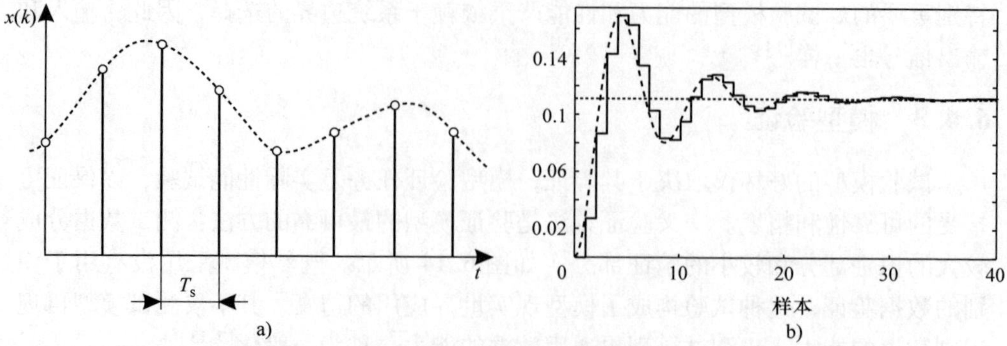

图 6.17　(a) 具有采样时间 T_s 的连续时间信号采样；(b) 阻尼振动器的连续时间和离散时间模型的阶跃响应

用采样时间 $T_s = 0.25s$ 进行离散化，产生差分方程

$$x(k) - 1.2772x(k-1) + 0.7408x(k-2) = 0.0271F(k-1) + 0.0244F(k-2)$$

在图 6.17b 中，画出了两个系统的阶跃响应。注意采样系统的响应与连续系统的响应只在采样时刻是一致的，在采样间隔中，输出保持常数，说明损失了信息。

脉冲传递函数

离散时间线性动态 SISO 系统通过差分方程定义

$$d_n y(k-n) + \cdots + d_1 y(k-1) + d_0 y(k) = c_m u(k-m) + \cdots + c_1 u(k-1) + c_0 u(k) \tag{6.100}$$

假设零初始条件 $u(k) = y(k) = 0$，$\forall k \leqslant 0$ 和使用 z 变换[18,19]，差分方程式 (6.100) 可以转换为

$$d_n z^{-n} Y(z) + \cdots + d_1 z^{-1} Y(z) + d_0 Y(z) = c_m z^{-m} U(z) + \cdots + c_1 z^{-1} U(z) + c_0 U(z) \tag{6.101}$$

离散时间脉冲传递函数以复数变量 z 定义为

$$G(z) = \frac{Y(z)}{U(z)} = \frac{c_m z^{-m} + \cdots + c_1 z^{-1} + c_0}{d_m z^{-n} + \cdots + d_1 z^{-1} + d_0} \tag{6.102}$$

参数 c_j 和 d_j 定义了系统的动态性质[18,19]。

6.4.5　概率和随机学基础

6.4.5.1　事件的概率

事件 A 是随机过程的所有可能结果 a 明确定义的子集合。

例子 6.12

随机过程具有可能的结果 $0 \leqslant a \leqslant 360$，可以定义事件 $A_1 = \{120 \leqslant a < 180\}$

和 $A_2=\{300\leqslant a<360\}$。

如果随机过程采样 N 次，事件 A 的绝对频率通过 $N[A]$ 给出，事件 A 的相对频率定义为 $n[A]=N[A]/N$，极限

$$P[A]=\lim_{N\to\infty}n[A]=\lim_{N\to\infty}\frac{N[A]}{N} \tag{6.103}$$

经验性定义了事件 A 的概率。

6.4.5.2　随机变量的定义

随机变量 A 是实值函数，其将所有随机过程的样本映射在实轴或部分映射在实轴[3]。其不必是多值的，因此可以作为任何随机过程的通用描述。

（1）概率密度函数　由早期定义的映射，给出事件 $A=\{a\leqslant x<b\}$ 的概率 $P[A]$

$$P[A]=P[a\leqslant x<b] \tag{6.104}$$

如图 6.18a 所示，概率可以使用概率密度函数（PDF）$p_X(\xi)$表示

$$P[A]=P[a<X\leqslant b]=\int_a^b p_X(\xi)\,\mathrm{d}\xi \tag{6.105}$$

$p_X(\xi)$的性质为

$$\begin{gathered}0\leqslant p_X(\xi)\\ p_X(-\infty)=p_X(\infty)=0\\ \int_{-\infty}^{\infty}p_X(\xi)\,\mathrm{d}\xi=1\end{gathered} \tag{6.106}$$

概率密度函数是严格意义的随机变量描述。

（2）期望和矩——均值和方差　随机变量 X 的期望或（线性）均值 μ_X 定义为概率密度 $p_X(\xi)$的一阶矩[3]

$$\hat{\mu}_x=E\{X\}=\overline{X}=\int_{-\infty}^{\infty}\xi p_X(\xi)\,\mathrm{d}\xi \tag{6.107}$$

在式（6.107）中，期望算子 $E\{\}$为随机变量 X 分配确定性的期望 μ_X。N 个采样的离散时间信号 $x(k)$的经验均值 $\hat{\mu}_X$ 为

$$\hat{\mu}_x=\frac{1}{N}\sum_{k=1}^{N}x(k)$$

需要注意的是，经验均值 $\hat{\mu}_x$ 依赖于采样值 $x(k)$，因此其本身是随机变量，而 μ_X 是随机过程真实的（确定的）均值。

方差 σ_X^2 定义为随机变量 X 与其均值 μ_X 偏差的二次方的平均（二阶中心矩）

$$\sigma_X^2=E\{X-\mu_X)^2\}=\int_{-\infty}^{\infty}(\xi-\mu_X)^2p_X(\xi)\,\mathrm{d}\xi$$

N 个采样的离散时间信号 $x(k)$ 的经验方差 σ_X^2 的表示为

$$\hat{\sigma}_x^2 = \frac{1}{N}\sum_{k=1}^{N}(x-\hat{\mu}_x)^2(k)$$

方差的平方根，称为标准差 σ_X，如图 6.18b 所示。均值和方差构成了随机变量的弱描述。使用期望算子，弱表示总是可以由概率密度函数计算，反正不行。注意所有经验估计本身是随机变量，这指它们有均值和方差，且依赖于用于计算的采样数 N 以及采样数据（测试噪声）的可靠性！

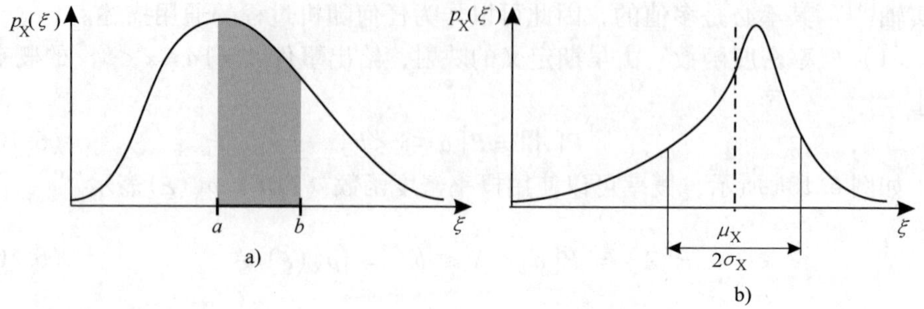

图 6.18　连续概率密度函数（PDF）p_X（ξ），（a）落在间隔 $a \leqslant X < b$ 内随机变量值的概率，（b）均值和标准差构成了随机变量的弱描述

（3）相关和协方差　如果考虑两个随机变量 X_1 和 X_2 有联合概率密度函数（JPDF）$p_{X_1X_2}$（ξ_1，ξ_2），均值 μ_{X_1} 和 μ_{X_2}、方差 $\sigma_{X_1}^2$ 和 $\sigma_{X_2}^2$ 并不包含关于其统计依赖性的信息。因此，定义相关 $p_{X_1X_2}^2$ 和协方差 $\sigma_{X_1X_2}^2$

$$p_{X_1X_2}^2 = E\{X_1X_2\},\sigma_{X_1X_2}^2 = E\{(X_1-\mu_{X_1})(X_2-\mu_{X_2})\} \tag{6.108}$$

两个随机变量是不相关的，如果

$$\sigma_{X_1X_2}^2 = 0 \text{ 或 } p_{X_1X_2}^2 = \mu_{X_1},\mu_{X_2} \text{ 或 } E\{X_1X_2\} = E\{X_1\}E\{X_2\}$$

此时，$\sigma_{X_1+X_2}^2 = \sigma_{X_1}^2 + \sigma_{X_2}^2$。对于实际应用，两个离散信号 $x(k)$ 和 $y(k)$ 之间的经验相关 $\hat{p}_{xy}^2$ 和协方差 $\hat{\sigma}_{xy}^2$ 为

$$\hat{\rho}_{xy}^2 = E\{x(k)y(k)\} = \frac{1}{N}\sum_{k=1}^{N}x(k)y(k)$$

$$\hat{\sigma}_{xy}^2 = E\{[x(k)-\hat{\mu}_x][y(k)-\hat{\mu}_y]\} = \frac{1}{N}\sum_{k=1}^{N}[x(k)-\hat{\mu}_x][y(k)-\hat{\mu}_y]$$

为了使相关具有正则化的量度，定义相关系数 $\hat{r}_{xy}$

$$\hat{r}_{xy} = \frac{\hat{\sigma}_{xy}^2}{\sqrt{\hat{\sigma}_x^2\hat{\sigma}_y^2}} = \frac{\hat{\sigma}_{xy}^2}{\hat{\sigma}_x\hat{\sigma}_y},|\hat{r}_{xy}| \leqslant 1$$

两个随机变量 X_1 和 X_2 严格意义的描述通过联合概率密度函数给出，广义的描述通过均值 μ_{X_1} 和 μ_{X_2}、方差 $\sigma^2_{X_1}$ 和 $\sigma^2_{X_2}$、协方差 $\sigma^2_{X_1+X_2}$（代替 $\sigma^2_{X_1+X_2}$，也可使用 $\hat{p}^2_{xy}$）给出。

6.4.5.3　协方差矩阵

协方差矩阵 $\hat{C}$ 是清楚描述 n 个不同信号间统计依赖性的二次方案[6,13]。单个信号 $x_i(k)$ 组合成度量矩阵 $X=[x_1, x_2, \cdots, x_n]$，每列组成一个信号，每行与采样时刻 k 对应。协方差矩阵定义为

$$\hat{\boldsymbol{C}}(\boldsymbol{x})=E\{[\boldsymbol{x}(k)-\hat{\mu}_x][\boldsymbol{x}(k)-\hat{\mu}_x]^{\mathrm{T}}\}=\begin{bmatrix}\hat{\sigma}^2_{x_1x_1} & \hat{\sigma}^2_{x_1x_2} & \cdots & \hat{\sigma}^2_{x_1x_n}\\ \hat{\sigma}^2_{x_2x_1} & \hat{\sigma}^2_{x_2x_2} & \cdots & \hat{\sigma}^2_{x_2x_n}\\ \vdots & \vdots & \ddots & \vdots\\ \hat{\sigma}^2_{x_nx_1} & \hat{\sigma}^2_{x_nx_2} & \cdots & \hat{\sigma}^2_{x_nx_n}\end{bmatrix}$$

向量 $\hat{\mu}_x=[\hat{\mu}_{x_1}, \hat{\mu}_{x_2}\cdots\hat{\mu}_{x_n}]$ 包含每个信号的均值。协方差矩阵是二次、对称和（半）正定 $n\times n$ 矩阵，其元素分别由协方差和方差（对角）组成

$$\hat{\sigma}^2_{x_ix_j}=E\{[x_i(k)-\hat{\mu}_{x_i}][x_j(k)-\hat{\mu}_{x_j}]\},\hat{\sigma}^2_{xixi}=E\{[x_i(k)-\hat{\mu}_{x_i}]^2\}$$

如果所有信号 $x_i(k)$ 是线性独立的随机变量，则协方差矩阵 $\hat{C}$ 是正定的。

6.4.5.4　自和互相关函数

两个信号 $x(k)$ 和 $y(k)$ 之间的相关，提供了关于统计依赖性的标量信息。然而，取决于两个信号之间相对时间移动 τ 和信号的特性，相关可能随 τ 显著变化。将时间移动代入式（6.108），产生 $x(k)$ 和 $y(k)$ 之间的互相关函数（CCF）

$$R_{xy}(\tau)=E\{x(k)y(k-\tau)\} \tag{6.109}$$

如果 $x(k)$ 和 $y(k)$ 是静态的，意味着它们的统计性质对时间移动是常数，则互相关函数仅取决于 τ。互相关函数的重要性质是[2,3,19]

$$R_{xy}(\tau)=R_{yx}(-\tau) \tag{6.110}$$

$$R_{xy}(0)=E\{x(k)y(k)\}=\rho^2_{xy} \tag{6.111}$$

自相关函数定义为

$$R_{xx}(\tau)=E\{x(k)x(k-\tau)\} \tag{6.112}$$

具有性质

$$R_{xx}(\tau)=R_{xx}(-\tau) \tag{6.113}$$

$$R_{xx}(0)=E\{x(k)x(k)\}=\sigma^2_x \tag{6.114}$$

N 个采样的 $x(k)$ 和 $y(k)$ 的经验自相关函数和互相关函数为

$$\text{ACF}\quad \hat{R}_{xx}(l)=F_{\mathrm{s}}\sum_{k=1}^{N}x(k)x(k-l)$$

$$\text{CCF}\quad \hat{R}_{xy}(l)=F_{\mathrm{s}}\sum_{k=1}^{N}x(k)y(k-l)$$

式中，$F_{\mathrm{s}}=1/(N-|l|)$ 为用于无偏估计的标量因子，见 6.5.3.2 部分。

6.5　识别方法

6.5.1　输入信号和持续激励

由于未知系统动力学要收到激励以便出现测试输出，因此选择适当的输入信号是重要的。Dirac - delta（狄拉克 - 脉冲）$u(t)=\delta(t-t_0)$当然可以激励系统动力学。然而，其能量只以单个时刻t_0供给系统。另一方面，谐波信号$u(t)=\sin(\omega_0 t)$只以单个频率ω_0持续激励系统。因此，希望具有组合两种优点的信号，这个信号是纯随机序列，其中含有频率范围的常数功率，其称为白噪声[3,13]。

用于识别系统阶$n \leqslant m$的必要条件是，输入是$2m$阶持续激励（PE）。Dirac - delta脉冲是0阶持续激励，由sin函数集合组成的信号是$2m$阶持续激励，白噪声是∞阶持续激励[13]。

例子6.13

方差为σ_{w}^2的白噪声随机信号$w(k)$的自相关函数通过$R_{\omega\omega}(\tau)$给出，δ_0指Kronecker - delta（克罗内克 - 脉冲）函数，其在$\tau=0$时是1，其他为0。两个白噪声序列由$w(k)$和$v(k)=w(k-d)$给出，即$v(k)$是$w(k)$通过采样的移动版本。两者有同样的自相关函数，在前面的例子中给出，它们也有互相关函数$R_{\mathrm{wv}}(\tau)=\sigma_{\mathrm{w}}^2\delta_0(\tau-d)$。

6.5.2　非参数建模

非参数模型使用时域和频域的特征函数描述动态系统，其是紧凑和鲁棒的。但是大多数产生定性结果，不适于直接仿真。其主要优点之一是对模型的阶或结构仅需最少的假设：线性化、非相关测试噪声（闭环中不适用）和持续输入。

6.5.2.1　阶跃响应

根据阶跃响应的定义，阶跃输入$u(k)=\sigma(k)$输入到系统，输出可以视为过程的非参数模型。静态增益、停滞时间和特征时间常数可以由输出提取出来，而且对于MIMO系统，输入和输出之间耦合的快速概述也是可能的[13,14]。代替阶跃，脉冲也可以用作激励。

6.5.2.2　相关分析

相关分析是针对几乎任意输入信号估计脉冲或阶跃响应的方法，而且，即使在测试噪声存在的条件下，统计可靠性也得到保证。相关分析方法基于Wiener - Hopf（维纳 - 霍普夫）方程

$$R_{\mathrm{uy}}(k) = \sum_{h=0}^{\infty} g(h) R_{\mathrm{uu}}(h+k) \tag{6.115}$$

式中，R_{uy}为输入 u 和输出 y 的互相关函数；R_{uu}为输入的自相关函数；$g(h)$为系统脉冲响应。

如果输入信号是方差为 σ_u^2 的白噪声，由式（6.115）可以解 $g(k)$

$$g(k)=\frac{1}{\sigma_u^2}R_{uy}(k) \tag{6.116}$$

式（6.116）只适用于白噪声输入序列，对任意信号需要另外的过程。需要所谓预白噪声滤波器估计，以便由反预白噪声滤波器使实际谱等于滤波白噪声。使用测试信号的滤波数据，$g(k)$的无偏估计是可能的[2,13,14,19]。

6.5.2.3 谱分析

信号 $u(k)$的谱 $\Phi_u(i\omega)$，依赖于频率 ω 描述平均谱内容。复数值估计 $\hat{\Phi}_u(i\omega)$（周期图）通常使用平均法完成计算，由 Welch（韦尔奇）或 Blackman - Tukey（布莱克曼 - 图基）方法达到一致但是有偏差。

传递函数 $\hat{G}(i\omega)$非参数估计通过下式计算

$$\hat{G}(i\omega)=\frac{\hat{\Phi}_{yu}(i\omega)}{\hat{\Phi}_u(i\omega)} \tag{6.117}$$

式中，$\hat{\Phi}_u(i\omega)$为 $u(k)$和 $y(k)$的互谱密度。

依赖于实现，要选择一些附加的数值参数。然而，总是对光滑参数具有依赖性。强光滑将给出有偏差但一致的估计，而非光滑将产生无偏差但有噪声的估计[2,14,19]。

6.5.3 参数模型

本节将引入线性参数估计的基本内容，模型主要是离散传递函数的结构，但任何其他参数线性的结构也可以同样方式处理。

6.5.3.1 问题描述

在参数模型中，存在测试噪声，要通过估计方法处理，如图 6.19 所示。给出测试输出

$$y(k)=y_0(k)+n(k)$$

离散时间线性差分方程描述的参数模型定义为

$$d_n y(k-n)+\cdots+d_1 y(k-1)+d_0 y(k)=c_m u(k-m)+\cdots+c_1 u(k-1)+c_0 u(k)$$

由过去的输出 $y(k-i)$和输入 $u(k-i)$表示当前的输出 $y(k)$，有

$$y(k)=a_n y(k-n)+\cdots+a_1 y(k-1)+\beta_m u(k-m)+\cdots+\beta_1 u(k-1)+\beta_0 u(k) \tag{6.118}$$

以矩阵 - 向量形式表示

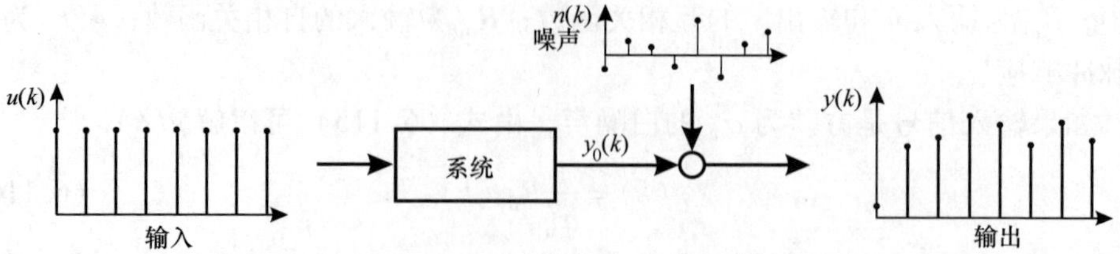

图 6.19 测试输出 $y(k)$ 由确定输出 $y_0(k)$ 和测试噪声 $n(k)$ 组成

$$y(k)=[y(k-n)\cdots y(k-1)\,u(k-m)\cdots u(k-1)\,u(k)]\begin{bmatrix}\alpha_n\\ \vdots\\ \alpha_1\\ \beta_m\\ \vdots\\ \beta_1\\ \beta_0\end{bmatrix} \tag{6.119}$$

扩展到所有时间时刻 k

$$\begin{bmatrix}y(k)\\ y(k+1)\\ \vdots\\ y(k+N)\end{bmatrix}=\begin{bmatrix}y(k-n) & \cdots y(k-1) & u(k-m) & \cdots u(k-1) & u(k)\\ y(k-n+1) & \cdots y(k) & u(k-m)+1 & \cdots u(k) & u(k+1)\\ \vdots & \vdots & \vdots & \vdots & \vdots\\ y(k-n+N) & \cdots y(k-1+N) & u(k-m+N) & \cdots u(k-1+N) & u(k+N)\end{bmatrix}\begin{bmatrix}\alpha_n\\ \vdots\\ \alpha_1\\ \beta_m\\ \vdots\\ \beta_1\\ \beta_0\end{bmatrix} \tag{6.120}$$

以符号形式表示式（6.120）

$$\boldsymbol{y}=\boldsymbol{X\theta} \tag{6.121}$$

式中，y 为输出向量；X 为回归矩阵；θ 为参数向量。

应当说明的是，系统的阶（分别为 n 和 m）要先于构造回归矩阵前选择。既然式（6.121）的每个解只是分别针对 n 和 m 的专门组合有效，这意味着要迭代找到优化系统的阶。

备注

采样的停滞时间 d，在式（6.120）的回归矩阵中用 $k-d$ 代替 y 中的 k 以易于体现。

式（6.121）定义了系统的线性方程，解 θ 将给出参数估计问题的理想解。式（6.121）有解的正式要求是，X 为二次非奇异回归矩阵。然而，回归矩阵通常行（采样数）比列（参数个数）多。显然，为了求解超定方程组，要使用其他方法，这引入了下节。

6.5.3.2　最小二乘算法

考虑存在测试噪声，输出向量 y 可以使用回归矩阵 X、参数向量 θ 和方程误差 e 表示

$$\boldsymbol{y} = \boldsymbol{X\theta} + \boldsymbol{e} \tag{6.122}$$

方程误差 e 也可以分别视为滤波输入 $u(k)$ 和输出 $y(k)$ 的差，如图 6.20 所示。最小二乘（LS）算法的中心概念是方程误差对 θ 的最小化，因此，定义准则

$$J = \sum_{i=k}^{k+N} e^2(i) = e^{\mathrm{T}} e \rightarrow \min \tag{6.123}$$

将式（6.122）代入式（6.123），有

$$J = (\boldsymbol{y} - \boldsymbol{X}\theta)^{\mathrm{T}}(\boldsymbol{y} - \boldsymbol{X}\theta) = \boldsymbol{y}^{\mathrm{T}}\boldsymbol{y} - \theta^{\mathrm{T}}\boldsymbol{X}^{\mathrm{T}}\boldsymbol{y} - \boldsymbol{y}^{\mathrm{T}}\boldsymbol{X}\theta + \theta^{\mathrm{T}}\boldsymbol{X}^{\mathrm{T}}\boldsymbol{X}\theta \rightarrow \min \tag{6.124}$$

将式（6.124）对参数估计 $\hat{\theta}$ 微分，令其为零

$$\left.\frac{\partial \boldsymbol{J}}{\partial \boldsymbol{\theta}}\right|_{\theta=\hat{\theta}} = -2\boldsymbol{X}^{\mathrm{T}}\boldsymbol{y} + 2\boldsymbol{X}^{\mathrm{T}}\boldsymbol{X}\hat{\boldsymbol{\theta}} = 0 \tag{6.125}$$

由此产生用于参数估计的方程。因此，LS 估计定义为

$$\hat{\boldsymbol{\theta}} = (\boldsymbol{X}^{\mathrm{T}}\boldsymbol{X})^{-1}\boldsymbol{X}^{\mathrm{T}}\boldsymbol{y} \tag{6.126}$$

$(X^{\mathrm{T}}X)^{-1}X^{\mathrm{T}}$ 称为 X 的虚逆或 Moore – Penrose（摩尔 – 潘罗斯）逆。如果输入信号是持续激励，则保证了 $X^{\mathrm{T}}X$ 的非奇异性和虚逆存在[6,13]。由图 6.20，方程误差 $E(z)$ 的 z 变换为

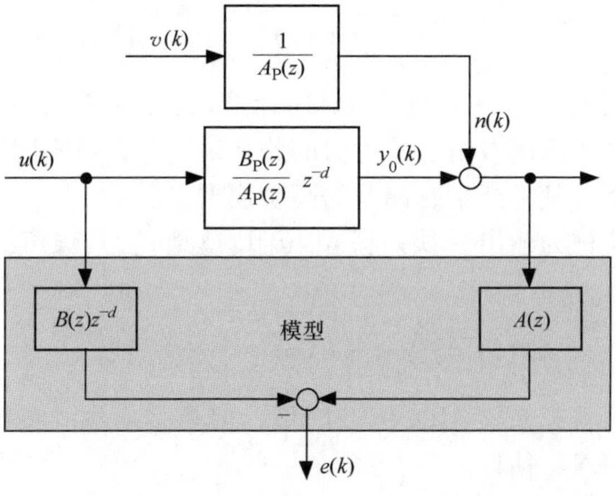

图 6.20　用于 LS 算法的噪声滤波（ARX 模型）：测试噪声由白噪声通过噪声滤波器 $1/A_{\mathrm{P}}$（$z-1$）滤波产生

$$E(z) = -\boldsymbol{B}z^{-d}U(z) + \boldsymbol{A}Y(z) = -\boldsymbol{B}z^{-d}U(z) + \frac{\boldsymbol{A}}{\boldsymbol{A}_{\mathrm{P}}}V(z) + \boldsymbol{A}\frac{\boldsymbol{B}_{\mathrm{P}}z^{-d}}{\boldsymbol{A}_{\mathrm{P}}}U(z) \tag{6.127}$$

只有在下列条件下

$$\hat{\boldsymbol{\theta}} = \boldsymbol{\theta}, \boldsymbol{A} = \boldsymbol{A}_{\mathrm{P}}, \boldsymbol{B} = \boldsymbol{B}_{\mathrm{P}} \tag{6.128}$$

式（6.127）满足$E(z)=V(z)$，仅在这种情况下，方程误差独立于参数，由纯噪声信号（白噪声）组成。

LS 估计的必要假设如下[13]。

1）LS 方法识别 ARX 模型，见式（6.129），即假设噪声滤波器为$1/A_{\mathrm{p}}(z-1)$。

2）必须已知系统的阶 n（和停滞时间 d）。

3）必须精确已知输入信号 $u(k)$。

4）输入信号必须是 $2n$ 阶持续激励。

5）噪声信号 $n(k)$ 必须是零均值和稳态的。

如果上述假设满足，存在下列结论[13,14]。

1）估计是无偏差的，即平均估计误差为零。

2）估计是一致的，即如果采样数趋近无穷，则参数方差收敛于零。

实际应用中，假设可以通过模型验证确认。

模型结构

显然，为了产生无偏差的估计，噪声滤波器的估计是必需的，以下模型结构仅在于其噪声滤波器不同[13,14]。

已经引入 ARX 模型

$$Y(z) = \frac{B(z^{-1})}{A(z^{-1})}U(z) + \frac{1}{A(z^{-1})}V(z) \tag{6.129}$$

仅有两个多项式 A 和 B 要使用 LS 估计器估计。ARX 模型是有效的和鲁棒的，但是既然噪声传递函数由被控对象的分母确定，其对不同的噪声谱是不灵活的。在这种情况下，其将产生有偏差的高阶模型。

最简单的结构称为输出－误差模型（OE 模型），其噪声滤波器的传递函数为1

$$Y(z) = \frac{B(z^{-1})}{A(z^{-1})}U(z) + \frac{1}{A(z^{-1})}V(z) \tag{6.130}$$

虽然这个结构看起来比 ARX 模型简单，但是多项式的参数必须使用非线性预测误差方法（PEN）估计。

具有移动平均和附加输入的自回归（ARMAX）模型具有常见的分母，但是噪声滤波器采用专门的分子

$$Y(z) = \frac{B(z-1)}{A(z-1)}U(z) + \frac{D(z^{-1})}{A(z^{-1})}V(z) \tag{6.131}$$

要估计的多项式数有三个，但是可以使用线性估计方法。这种模型是 ARX 模型的扩展，因噪声滤波器的分子增加了灵活性。

最通用的模型结构是 Box - Jenkins（霍金斯盒子）模型（BJ 模型），对于被控对象和噪声滤波器有完全独立的传递函数

$$Y(z)=\frac{B(z-1)}{A(z-1)}U(z)+\frac{D(z^{-1})}{A(z^{-1})}V(z) \tag{6.132}$$

其能够分别表示任何动力学和噪声谱，但是具有最高的计算效率。

6.5.3.3　递归最小二乘算法

在式（6.126）中，参数估计由所有测试数据以单步计算。当附加测试可能时，如何改善这个估计？使用增广的回归矩阵重复计算是没有效率的，相反需要寻找递归描述，其中当前估计 $\hat{\theta}(k+1)$ 使用先前估计的 $\hat{\theta}(k)$ 计算。

递归最小二乘（RLS）的推导可以在文献［6，13］中找到，产生的描述为

$$\hat{\boldsymbol{\theta}}(k+1)=\hat{\boldsymbol{\theta}}(k)+\boldsymbol{P}(k+1)x(k)\cdot[y(k+1)-\boldsymbol{x}^{\mathrm{T}}(k+1)\hat{\boldsymbol{\theta}}(k)] \tag{6.133}$$

其中，P 定义为

$$\boldsymbol{P}(k)=(\boldsymbol{X}^{\mathrm{T}}(k)\boldsymbol{X}(k))^{-1} \tag{6.134}$$

注意 P 正比于参数估计的协方差矩阵，见 6.5.5.5 部分。

式（6.133）可以解读为

$$\text{当前估计}=\text{先前估计}+\text{纠正向量}\times[\text{当前测试}-\text{新测试的预测}] \tag{6.135}$$

在上述解释中，$x^{\mathrm{T}}(k+1)\hat{\theta}(k)$ 表示新输出的预测。虽然当前测试 $x(k+1)$ 已经可能，但是先前估计的 $\hat{\theta}(k)$ 必须用于计算，这种估计称为先验性预测，见 6.7.1.6 部分。

既然式（6.133）每一时间步都要求矩阵求逆，其计算是有问题的。使用矩阵逆引理[13]，纠正向量 $\gamma(k)$ 可以由下式计算

$$\gamma(k)=\frac{\boldsymbol{P}(k)\boldsymbol{x}(k+1)}{1+\boldsymbol{x}^{\mathrm{T}}(k+1)\boldsymbol{P}(k)\boldsymbol{x}(k+1)} \tag{6.136}$$

当前参数估计为

$$\hat{\boldsymbol{\theta}}(k+1)=\hat{\boldsymbol{\theta}}(k)+\gamma(k)[y(k+1)-\boldsymbol{x}^{\mathrm{T}}(k+1)\hat{\boldsymbol{\theta}}(k)] \tag{6.137}$$

$P(k+1)$ 使用递归定义为

$$\boldsymbol{P}(k+1)=[\boldsymbol{I}-\gamma(k)\boldsymbol{x}^{\mathrm{T}}(k+1)]\boldsymbol{P}(k) \tag{6.138}$$

以式（6.136）~式(6.138）的顺序计算，允许在线估计的有效计算。

例子 6.14

离散时间传递函数的过程输出

$$G(z^{-1})=\frac{0.1^{z-1}}{1-0.9z^{-1}+0.5^{z-2}} \tag{6.139}$$

被测试噪声（ARX 结构）变坏，输入是有方差 $\sigma_{\mathrm{u}}^{2}=1$ 的白噪声，噪声源方

差 $\sigma_v^2=0.14$。

用于 RLS 识别的初值是 $\theta_0=[0,\ 0,\ 0]^T$，P_0 的主对角是 $10^6\ [1,\ 1,\ 1]^T$。在 150 个采样后，估计的参数值是 $\hat{\theta}=[-0.95,\ 0.52,\ 0.13]^T$，$P$ 矩阵相应的项为 $[0.0027,\ 0.027,\ 0.0064]^T$，参数估计以及 P 矩阵主对角的形成可以在图 6.21a、b 中分别看到。

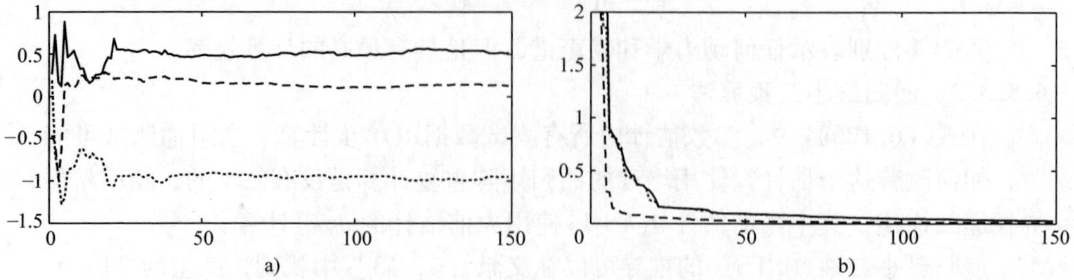

图 6.21　RLS 识别，（a）表示从其初值迅速收敛到真值的参数，（b）相应主对角项迅速衰减的 P 矩阵

$\hat{\theta}(0)$ 和 $P(0)$ 初始值的选择，有三种可能[6,13]。

1）应用先验估计（很少可能）。

2）由前 m 个数据计算 LS 估计 $\hat{\theta}=(X^TX)^{-1}X^Ty$ 和 $P=(X^TX)^{-1}$，在 $m+1$ 开始 RLS 算法。

3）选择一个随机初始参数向量 $\hat{\theta}(0)$ 和 $P(0)=\alpha I$，其中 α 是大的标量。

$P(0)=\alpha I$ 的选择，$a>>1$，其反映了不确定估计，按照如下表示对 RLS 是有效的

$$\hat{\boldsymbol{\theta}}(k)=\boldsymbol{P}(k)[\boldsymbol{X}^T(k)\boldsymbol{y}(k)+\boldsymbol{P}^{-1}(0)\hat{\boldsymbol{\theta}}(0)] \tag{6.140}$$

对于 $\alpha\rightarrow\infty$ 和任意 $\hat{\theta}$，将产生式（6.126）的 LS 估计器。

参数估计误差的协方差 $\mathrm{cov}(\hat{\theta}-\theta)$ 定义如下

$$\mathrm{cov}(\boldsymbol{\theta}-\boldsymbol{\theta})=\sigma_e^2\boldsymbol{P} \tag{6.141}$$

式中，σ_e^2 为残余量的方差。

协方差矩阵 P 对角元有大的数值，反映了缺乏参数真值的信息。

6.5.3.4　用于 ARMAX 模型的算法

ARMAX 模型参数估计问题比较复杂，因为噪声传递函数（白噪声）的输入是未知的，其要由测试数据和当前参数重构。使用递归描述，估计被控对象传递函数的参数、噪声传递函数的分子多项式和进入噪声滤波器的白噪声序列，另外的方法是仪器变量（IV）算法[13]。

6.5.3.5　时变系统的 RLS

在时变系统中，应当限制参数估计的内在记忆，以允许无偏差适应新的参数

值。达到这点的直接方式是对数据应用衰减的指数加权，以使当前测试更重要而忽略旧测试［加权递归最小二乘（WRL）］[6,13]。用于最小化 J_k 的准则定义为

$$J_k = \sum_{i=k}^{k} \lambda^{k-i} e^2(i) = e_k^{\mathrm{T}} e_k, 0 < \lambda < 1 \tag{6.142}$$

式中，λ 为所谓的遗忘因子，常用的 RLS 有 $\lambda = 1$。

导致的递归估计算法由三个公式组成

$$\gamma(k) = \frac{1}{\boldsymbol{x}^{\mathrm{T}}(k+1)\boldsymbol{P}(k)\boldsymbol{x}(k+1) + \lambda}\boldsymbol{P}(k)\boldsymbol{x}(k+1) \tag{6.143}$$

$$\hat{\boldsymbol{\theta}}(k+1) = \hat{\boldsymbol{\theta}}(k) + \gamma(k)[y(k+1) - \boldsymbol{x}^{\mathrm{T}}(k+1)\hat{\boldsymbol{\theta}}(k)] \tag{6.144}$$

$$\boldsymbol{P}(k+1) = [\boldsymbol{I} - \gamma(k)\boldsymbol{x}^{\mathrm{T}}(k+1)]\boldsymbol{P}(k)\frac{1}{\lambda} \tag{6.145}$$

遗忘因子 λ 的选择为：

1）如果参数变化快，则选择小的 λ，例如 $\lambda = 0.9$，这种情况下测试噪声强烈影响估计（大的估计误差协方差）。

2）如果参数变化慢，则选择大的 λ，例如 $\lambda = 0.999$，测试噪声减弱（小的估计误差协方差）。

时变遗忘因子也可以用于达到好的估计[6,13]。

例子 6.15

遗忘因子 λ 起低通滤波器的作用。对于接近 1 的 λ 值，对逐步参数变化遵循光滑但慢的响应。对于较小的 λ，方差增加但估计反应更快，如图 6.22 所示。对于 $\lambda = 1$，产生有偏估计，因为参数变化前的测试使估计变坏。

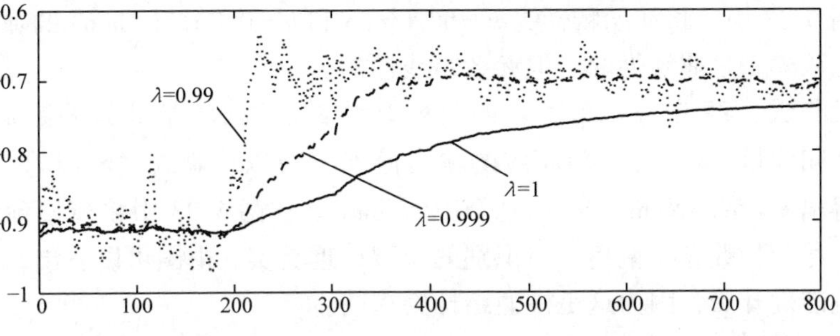

图 6.22　WRLS 识别：$\lambda = 0.999$ 可以达到折中，$\lambda = 0.99$ 给出大的方差，$\lambda = 1$ 在达到新值时变化太慢，这种情况下产生有偏估计

6.5.3.6　预测误差方法

在 ARX 和 ARMAX 模型情况下，参数估计 $\hat{\theta}$ 可以使用线性方法计算。然而，BJ 和 OE 模型要求非线性估计方法，因为二次准则最小化使用预测误差 $\varepsilon(k|\theta) = y(k) - \hat{y}(k|\theta)$ 导致对于参数向量 $\hat{\theta}$ 的非线性优化问题。因此，要使用通用的优

化方法，如 Gauss – Neton（高斯 – 牛顿）或者 Levenberg – Marquard（利文贝格 – 马考德）。这些方法的缺点是其依赖于初始条件、优化参数和可能的收敛问题[13]。

6.5.3.7　状态空间模型的识别

状态空间模型式（6.1）和式（6.2）的识别，要求较高数目的参数估计和要解产生非唯一状态向量系列的附加问题。然而存在直接识别 MIMO 状态系统的算法[13,15]，可以专业用于有较高数目的输入和输出。

6.5.4　黑箱与灰箱模型

至今，模型结构由线性、模型阶（停滞时间）和噪声滤波器组成。通常，这些特性要先验选择和在适当的识别步骤后，验证结果指出这些假设正确与否。由于在识别开始时没有可用的信息，这些模型称为黑箱模型。

然而，在物理模型的情况下，由分析或经验的信息，模型结构总是已知，仅是确定模型的参数值。为了表示某些结构信息已经存在，这些模型称为灰箱模型。

例子 6.16

线性弹簧的弹簧力 F 和压缩 s 的关系，通过 $F(s)=ks$ 表示，其中 k 为线性弹簧常数（测试的，例如 N/mm）。在汽车悬架中通常希望非线性弹簧特性，这种弹簧典型的方程为

$$F(s)=ks+hs^3 \tag{6.146}$$

式中，h 为以单位 N/mm^3 表示的附加系数。

在图 6.23 中，将初始特性为 $k=50$N/mm 和 $h=0.0015$N/mm^3 的弹簧画成实线。注意该模型是非线性的，但参数是线性的。

假设测试了 25 个（s_i，F_i），如图 6.23 中的圆所示，将识别参数 k 和 h。通过建立回归向量 $[s_i \quad s_i^2]$ 与相应的输出值 F_i，可以计算式（6.126）的最小二乘解，得出 $\hat{k}=59.3$N/mm 和 $\hat{h}=0.0010$N/mm^3。在图 6.23 中将模型预测绘制成点画线。尽管少数有些偏离，但识别的模型接近真实。由图可以看出，识别的模型在起点准确开始，因为这是模型结构要求的。

6.5.5　非线性建模

非线性模型提供了丰富的结构，特定结构的选择总是通过单个应用推动。这里仅给出简单和不完全的介绍。

6.5.5.1　参数线性模型

这种重要的模型类比可以描述为

$$y_i=f_1(\boldsymbol{y},\boldsymbol{u})\theta_1+\cdots+f_n(\boldsymbol{y},\boldsymbol{u})\theta_n=[f_1(\boldsymbol{y},\boldsymbol{u})\cdots f_n(\boldsymbol{y},\boldsymbol{u})]\theta \tag{6.147}$$

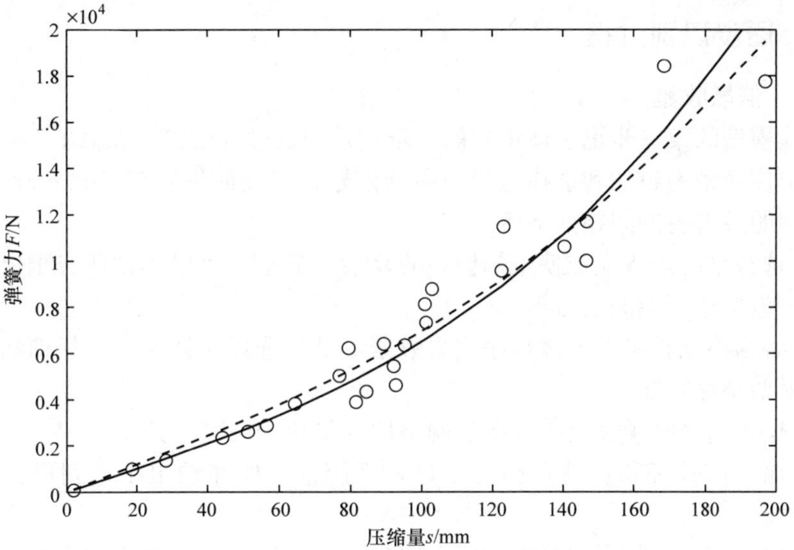

图 6.23　弹簧的灰箱识别

式中，y_i 为输出值；u 和 y 分别为输入和输出向量；θ 为参数向量；f_i 为输入和输出的非线性函数。

在 f_i 的变量不存在 y 的情况下，输出直接取决于输入，产生移动平均（MA）模型。在 f_i 的变量有过去输入和输出的情况下，产生有移动平均和外部输入的非线性自回归模型（NARMAX）。重要的是要注意到，式（6.147）与式（6.119）具有同样的结构，因此，可以建立非线性函数值的回归矩阵和应用式（6.126）的虚逆[13]。

多项式模型或者三次样条用于开发这种结构，与线性模型相比，它结合了计算效率与扩展的灵活性。

6.5.5.2　局部线性模型

使用局部线性模型的全局非线性函数的近似性质，严重依赖于每个局部模型的有效区间。因此，这些方法的主要焦点是输入空间的划分，这是非线性优化问题。一些模型结构，如 LOLIMOT、INN 和 RBF 已经提出[16]，是当前汽车应用的水平，如 ECU 计划。

6.5.5.3　人工神经网络

人工神经网络（ANN）是能够近似任意非线性的非线性结构。但是因为解决方案不是唯一的，所以许多不同的网络结构是可能的。一方面，网络拓扑的选择、激活函数和（非线性）训练算法构成灵活的工具，有时能够以紧密的形式表示复杂的非线性行为。另一方面，其要求专家知识以便有效使用这些工具，不迷失在各种数值可能性中。

6.5.6 逐步识别过程

6.5.6.1 信息收集

试验模型的第一步也是最重要的一步，是测试过程的输入和输出。定义系统边界、记住模型的目的和选择适当的激励信号，对任何识别都具有基础重要性。成功识别的最重要的问题如下所示[14]。

1）选择系统边界应当使未知模型的复杂性最小，可以测试所有重要的输入和输出，包括感兴趣的动力学。

2）必须根据正确的测试程序完成数据记录，选择采样频率和任何滤波器与期望的模型特性匹配。

3）输入信号必须满足持续激烈的条件（最优为白噪声）。

4）输入信号必须反馈足够能量进入系统，以便在输出中达到可接受的信号－噪声比。

5）输入信号必须根据过程运行点产生，包括连续的、逐步的变化，以便用局部模型包括宽阔的动力范围（可能的非线性），也可以使用斜坡信号。

仔细规划，形成测试计划和完整、全面的文件，是必不可少的。

6.5.6.2 数据预处理

所有数据至少要在时域绘制，以便在系统动力学中识别异常、原型、补偿、漂移和重要变化。许多这些缺陷可以自动过滤，然而，也高度推荐人工控制这些程序。在比系统动力学所需采样率更高的情况下，正确降低采样以改善算法的效率。

所有数据应当分成较大的识别部分和较小的验证部分（必要的交叉验证，见6.4.3部分），应该小心以使两者数据具有同样的能量和频率。

6.5.6.3 非参数模型

如果测试噪声和输入不存在相关（如闭环），则脉冲响应和频率响应是重要工具，两者都可提供模型的绝对和相对度、时间常数、静态增益和阻尼的第一手信息。估计系统的停滞时间时，脉冲响应估计特别有用。使用用于零线的置信区间，得到有关某一停滞时间概率的定量结论是可能的，如图6.24a所示。

6.5.6.4 参数模型

估计参数线性模型，应当以使用ARX结构开始和使用更复杂的BJ模型结束。为了估计停滞时间，低阶（三阶或四阶）ARX模型可以用于识别不同的停滞时间，正确的停滞时间模型通常产生重要和更好的预测性能。一旦停滞时间确定，其将对所有连续的模型保持固定。

使用后面介绍的验证方法，对于被控对象和噪声模型的分子和分母多项式，其模型的阶以迭代方式增加。对于每个模型结构，保留在复杂性和性能之间最好折中的模型，最后在它们之间选择最好的线性模型。

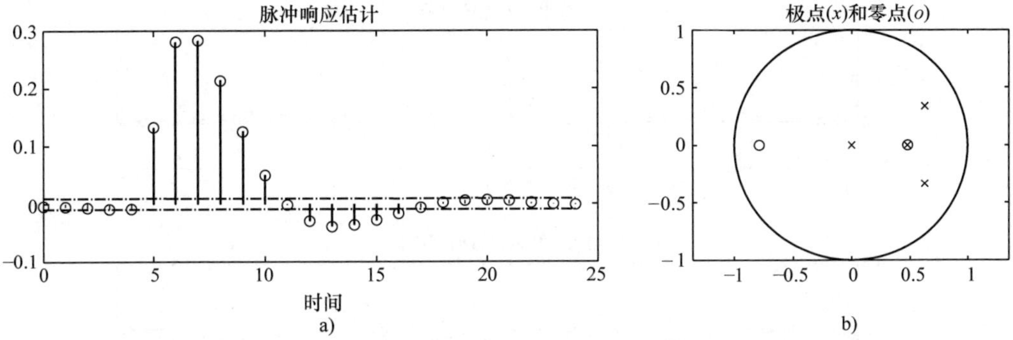

图 6.24　（a）采用相关分析的脉冲响应估计，用于观察五个采样的停滞时间　（b）极－零图，在（0.5/0）发生抵消

6.5.6.5　模型验证

对每个模型，要实现下面的过程，形成相对比较的基础以便找到优化模型。

（1）模型性能　通过数值仿真，某个模型的输出由验证输入计算。比较这种预测输出与测试验证输出（模型拟合），通常好的模型有好的拟合。然而，由于测试噪声，完美的拟合不是希望的。非常高阶的模型趋向于在识别数据中再现测试噪声，但是由于交叉验证，与低阶模型相比，其在验证数据方面性能较低。

（2）残差分析　残差分析分别计算残差和输入之间的 ACF（自相关函数）和 CCF（互相关函数）。由于测试噪声，残差应当是纯随机的。因此，其与自身或输入信号不相关[13]，其自相关是 Kronecher－deta 函数。

相关函数是用于检测重要相关性的敏感工具，通过表示信号值在 99% 的置信区间显著不同于零，如图 6.25 所示。在这种情况下，模型的阶或者模型的结构是不正确的，或者不满足通用的假设，例如非线性动力学或闭环数据。

（3）模型阶　应用前述的过程，可以找到优化的模型阶。对于太低的阶，性能和残差分析将给出不好的结果。过分优化的模型阶，性能几乎不增加或者甚至减少，残差分析不能检测太高的模型阶，但是简单的极点－零点图可以接近抵消的情况，这是由冗余的极点和零点引起的，如图 6.24b 所示。小的模型通常给出较好的通用能力，即对于无法识别的数据达到好的模型拟合。

（4）模型结构　为了获得无偏的估计，要找到正确的噪声滤波器，用于此的最重要的工具是再次相关分析。如果选择了错误的模型结构，仅在非常高的阶可能得到满意的结果。而且，残余的 ACF 足够大，输入和剩余存在显著的互相关，说明分子阶错误（太低），反之亦然。

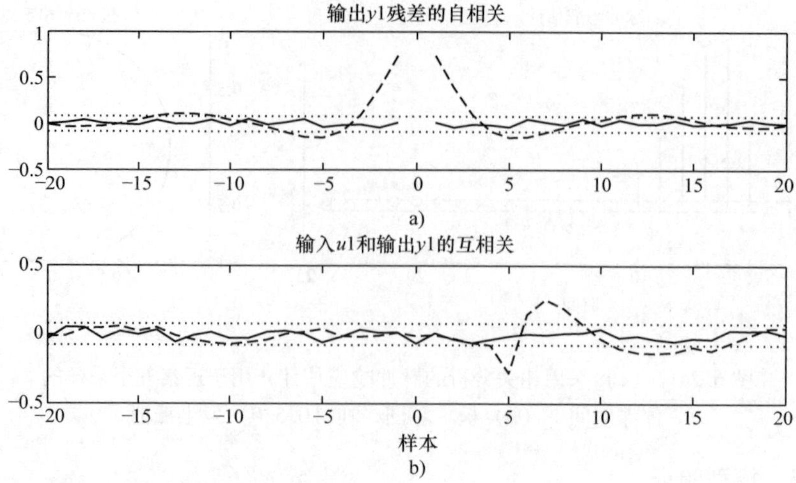

图6.25 残差分析（a）残差的ACF和（b）残差和输入的CCF对ARX模型给出满意结果（实线），而低阶OE模型（点画线）超出99%的置信区间

6.6 非线性控制设计

相对线性系统理论，非线性控制概念还不能包含在通用方法中。包含非线性系统的理论也是复杂的，还涉及数学上的难度，包含一般概念的教科书可以用于入门[8,9,11]。因此，针对特定非线性控制问题的优化策略，是找到匹配的设计。遵循某些重要技术的步骤，可以应用到特定控制问题。

试错方法：使用非线性分析方法和考虑给定问题的特殊结构，设计定制的控制概念和通过仿真验证。如果问题的复杂性变得太大，这种方法更可能会失效。

线性化：应用著名的和强大的线性设计工具的直接方法，是绕着运行点对给定的非线性系统模型线性化。显然，要求系统状态停留在这个运行点附近。否则，线性化可能不再有效。在这种情况下，可能产生不好的闭环性能甚至不稳定的行为。然而，既然这种方法使用线性控制器设计方法，并在广泛使用，因此本章的剩余部分将对其阐述。

增益规划：它是只绕一个运行点线性化的扩展，通过选择一些运行点包括全部运行范围。对于每个运行点，通过计算线性控制器，产生控制器参数的离散集合。在运行点之间，控制参数将插值或者规划以便在参数间光滑变化。

鲁棒控制：多数基于模型设计技术假设一个有效的名义模型，模型的不确定性并不显式合并进入设计过程。在鲁棒控制中，这些不确定性在控制器设计过程中定量考虑，只要应用不确定性假设，就能得到保证的性能。线性化模型通常是鲁棒控制器的起点，然后将非线性考虑为名义线性模型的不确定性。

自适应控制：处理非线性或时变系统的另外一种方法是自适应控制。从基础上看，要已知系统的动态结构，但是未知或缓慢变化的参数在线识别，导致整体控制系统本质上是非线性的。

6.6.1 线性化

通常，时不变的 MIMO 系统通过非线性状态空间微分方程和与之相关的输出方程描述

$$\dot{\boldsymbol{x}} = \boldsymbol{f}(\boldsymbol{x},\boldsymbol{u},\boldsymbol{z});\boldsymbol{x}(t_o) = \boldsymbol{x}_o \tag{6.148}$$

$$\boldsymbol{y} = \boldsymbol{g}(\boldsymbol{x},\boldsymbol{u},\boldsymbol{z}) \tag{6.149}$$

式中，x 为（$n\times1$）状态向量；u 为（$r\times1$）输入向量；z 为（$q\times1$）扰动输入向量；y 为（$m\times1$）输出向量。

这里只讨论关于平衡点的线性化。

通过设置状态导数为零，可以确定系统式（6.148）的平衡点

$$\dot{\boldsymbol{x}} = \boldsymbol{f}(\boldsymbol{x}_{\mathrm{R}},\boldsymbol{u}_{\mathrm{R}},\boldsymbol{z}_{\mathrm{R}}) = \boldsymbol{0} \tag{6.150}$$

平衡输出 y_{R} 确定为

$$\boldsymbol{y}_{\mathrm{R}} = \boldsymbol{g}(\boldsymbol{x}_{\mathrm{R}},\boldsymbol{u}_{\mathrm{R}},\boldsymbol{z}_{\mathrm{R}}) \tag{6.151}$$

然后，式（6.150）关于 x_{R} 的线性化动力学描述为

$$\Delta\dot{\boldsymbol{x}} = A\Delta\boldsymbol{x} + B\Delta\boldsymbol{u} + E\Delta\boldsymbol{z} \tag{6.152}$$

和

$$\Delta y = C\Delta x + D\Delta u + F\Delta z \tag{6.153}$$

其中，$\Delta x = x - x_{\mathrm{R}}$、$\Delta u = u - u_{\mathrm{R}}$、$\Delta z = z - z_{\mathrm{R}}$ 和 $\Delta y = y - y_{\mathrm{R}}$ 用于描述距离平衡点的偏离。

矩阵 A、B、C、D、E 和 F 为

$$\boldsymbol{A} = \left.\begin{bmatrix} \frac{\partial f_1}{\partial x_1} & \frac{\partial f_1}{\partial x_2} & \cdots & \frac{\partial f_1}{\partial x_n} \\ \frac{\partial f_2}{\partial x_1} & \frac{\partial f_2}{\partial x_2} & \cdots & \frac{\partial f_2}{\partial x_n} \\ \vdots & \vdots & \vdots & \vdots \\ \frac{\partial f_n}{\partial x_1} & \frac{\partial f_n}{\partial x_2} & \cdots & \frac{\partial f_n}{\partial x_n} \end{bmatrix}\right|_R \quad \boldsymbol{B} = \left.\begin{bmatrix} \frac{\partial f_1}{\partial u_1} & \frac{\partial f_1}{\partial u_2} & \cdots & \frac{\partial f_1}{\partial u_r} \\ \frac{\partial f_2}{\partial u_1} & \frac{\partial f_2}{\partial u_2} & \cdots & \frac{\partial f_2}{\partial u_r} \\ \vdots & \vdots & \vdots & \vdots \\ \frac{\partial f_n}{\partial u_1} & \frac{\partial f_n}{\partial u_2} & \cdots & \frac{\partial f_n}{\partial u_r} \end{bmatrix}\right|_R$$

$$
\boldsymbol{E}=\begin{bmatrix}\frac{\partial f_1}{\partial z_1} & \frac{\partial f_1}{\partial z_2} & \cdots & \frac{\partial f_1}{\partial z_q}\\ \frac{\partial f_2}{\partial z_1} & \frac{\partial f_2}{\partial z_2} & \cdots & \frac{\partial f_2}{\partial z_q}\\ \vdots & \vdots & \vdots & \vdots\\ \frac{\partial f_n}{\partial z_1} & \frac{\partial f_n}{\partial z_2} & \cdots & \frac{\partial f_n}{\partial z_q}\end{bmatrix}_R \quad \boldsymbol{C}=\begin{bmatrix}\frac{\partial g_1}{\partial x_1} & \frac{\partial g_1}{\partial x_2} & \cdots & \frac{\partial g_1}{\partial x_n}\\ \frac{\partial g_2}{\partial x_1} & \frac{\partial g_2}{\partial x_2} & \cdots & \frac{\partial g_2}{\partial x_n}\\ \vdots & \vdots & & \vdots\\ \frac{\partial g_m}{\partial x_1} & \frac{\partial g_m}{\partial x_2} & \cdots & \frac{\partial g_m}{\partial x_n}\end{bmatrix}_R
$$

$$
\boldsymbol{D}=\begin{bmatrix}\frac{\partial g_1}{\partial u_1} & \frac{\partial g_1}{\partial u_2} & \cdots & \frac{\partial g_1}{\partial u_r}\\ \frac{\partial g_2}{\partial u_1} & \frac{\partial g_2}{\partial u_2} & \cdots & \frac{\partial g_2}{\partial u_r}\\ \vdots & \vdots & \vdots & \vdots\\ \frac{\partial g_m}{\partial u_1} & \frac{\partial g_m}{\partial u_2} & \cdots & \frac{\partial g_m}{\partial u_r}\end{bmatrix}_R \quad \boldsymbol{F}=\begin{bmatrix}\frac{\partial g_1}{\partial z_1} & \frac{\partial g_1}{\partial z_2} & \cdots & \frac{\partial g_1}{\partial z_q}\\ \frac{\partial g_2}{\partial z_1} & \frac{\partial g_2}{\partial z_2} & \cdots & \frac{\partial g_2}{\partial z_q}\\ \vdots & \vdots & \vdots & \vdots\\ \frac{\partial g_m}{\partial z_1} & \frac{\partial g_m}{\partial z_2} & \cdots & \frac{\partial g_m}{\partial z_q}\end{bmatrix}_R
$$

或者以简短方式表示

$$
\boldsymbol{A}=\left.\frac{\partial \boldsymbol{f}(\boldsymbol{x},\boldsymbol{u},\boldsymbol{z})}{\partial \boldsymbol{x}}\right|_R \quad \boldsymbol{B}=\left.\frac{\partial \boldsymbol{f}(\boldsymbol{x},\boldsymbol{u},\boldsymbol{z})}{\partial \boldsymbol{u}}\right|_R
$$

$$
\boldsymbol{E}=\left.\frac{\partial \boldsymbol{f}(\boldsymbol{x},\boldsymbol{u},\boldsymbol{z})}{\partial \boldsymbol{z}}\right|_R \quad \boldsymbol{C}=\left.\frac{\partial \boldsymbol{g}(\boldsymbol{x},\boldsymbol{u},\boldsymbol{z})}{\partial \boldsymbol{x}}\right|_R
$$

$$
\boldsymbol{D}=\left.\frac{\partial \boldsymbol{g}(\boldsymbol{x},\boldsymbol{u},\boldsymbol{z})}{\partial \boldsymbol{u}}\right|_R \quad \boldsymbol{F}=\left.\frac{\partial \boldsymbol{g}(\boldsymbol{x},\boldsymbol{u},\boldsymbol{z})}{\partial \boldsymbol{z}}\right|_R
$$

6.6.2　反馈线性化

使用控制权限将非线性模型变换为线性模型，是实际非线性控制设计最常用的想法。反馈线性化是用于非线性系统的通用控制技术，其使用非线性坐标变换和反馈控制将非线性系统转化为线性系统。

值得注意的是，反馈控制依赖于对有关控制系统在其参数方面准确信息的使用。在某些情况下，可以扩展反馈线性化的优势，以便逼近已知和不完善的观察模型。应用反馈线性化时，信息流约束仍然是一个严重的障碍。

为了简化，仅限于非线性时不变的 SISO 系统的形式

$$
\dot{\boldsymbol{x}}=\boldsymbol{f}(\boldsymbol{x}(t))+\boldsymbol{g}(\boldsymbol{x}(t))u(t) \quad \boldsymbol{x}\in\mathbb{R}^n \tag{6.154}
$$

$$
y(t)=h(x(t)) \tag{6.155}
$$

反馈线性化现在的目标在于，找到（通常是非线性的）状态空间变换 $z=$

$\boldsymbol{\Phi}(x)$ 和变换初始非线性系统式（6.154）成为线性系统的反馈律，以便随后应用线性控制理论。

零动力学 – 输出零化

定义 6.4

零动力学：对于某个输入 $u(t)$ 和初始条件 $x(0)$，当输出 $y(t)$ 是相同的零，术语零动力学用于描述系统的内动力学。

对于零动力学计算，要找到初始条件和输入信号，以便对于所有 $t \geqslant 0$

$$y(t)=\dot{y}(t)=\ddot{y}(t)=\cdots=0 \tag{6.156}$$

这立即导致第一个要求

$$y(t)=h(x(t))=0 \tag{6.157}$$

式（6.157）是独立于系统输入 $u(t)$ 的，因而只能通过适当选择初始条件得到满足。

对输出方程微分，有

$$\dot{y}(t)=\left[\frac{\partial h(\boldsymbol{x}(t))}{\partial \boldsymbol{x}}\right]^{\mathrm{T}}\dot{\boldsymbol{x}}(t)=\left[\frac{\partial h(\boldsymbol{x}(t))}{\partial \boldsymbol{x}}\right]^{\mathrm{T}}[f(\boldsymbol{x}(t))+\boldsymbol{g}(\boldsymbol{x}(t))u(t)] \tag{6.158}$$

让 $\dot{y}(t)=0$，产生

$$\dot{y}(t)=L_{\mathrm{f}}h(\boldsymbol{x}(t))+L_{\mathrm{g}}h(\boldsymbol{x}(t))u(t)=0 \tag{6.159}$$

$L_{\mathrm{f}}h(x(t))$ 和 $L_{\mathrm{g}}h(x(t))$ 是所谓分别称为 $h(x)$ 沿 $f(x)$ 和 $g(x)$ 的 Lie（李）导数或方向导数。

如果在式（6.159）中 $L_{\mathrm{g}}h(x(t))=0$，则 $\dot{y}$ 也独立于 $u(t)$，进一步有二阶导数

$$\ddot{y}(t)=\frac{\partial y(t)}{\partial t}=\left[\frac{\partial L_{\mathrm{f}}h(\boldsymbol{x}(t))}{\partial \boldsymbol{x}}\right]^{\mathrm{T}}\dot{\boldsymbol{x}}(t)=\left[\frac{\partial L_{\mathrm{f}}h(\boldsymbol{x}(t))}{\partial \boldsymbol{x}}\right]^{\mathrm{T}}[\boldsymbol{f}(\boldsymbol{x}(t))+\boldsymbol{g}(\boldsymbol{x}(t))u(t)] \tag{6.160}$$

让 $\ddot{y}(t)=0$，产生

$$\ddot{y}(t)=L_{\mathrm{f}}^{2}h(\boldsymbol{x}(t))+L_{\mathrm{g}}L_{\mathrm{f}}h(\boldsymbol{x}(t))u(t)=0 \tag{6.161}$$

如果 $L_{\mathrm{g}}L_{\mathrm{f}}h(x(t))=0$，则 $u(t)$ 对输出的二阶导数也没有直接影响。在这种情况下，得出输出的三阶导数为

$$y^{(3)}(t)=L_{\mathrm{f}}^{3}h(\boldsymbol{x}(t))+L_{\mathrm{g}}L_{\mathrm{f}}^{2}h(\boldsymbol{x}(t))u(t) \tag{6.162}$$

连续计算输出的导数直到输入 $u(t)$ 显式出现在 r 阶导数 $y^{(r)}(t)$ 中

$$L_{\mathrm{g}}L_{\mathrm{f}}^{r-1}h(\boldsymbol{x}(t))\neq 0 \tag{6.163}$$

这意味着

$$y^{(r)}(t)=L_{\mathrm{f}}^{r}h(\boldsymbol{x}(t))+L_{\mathrm{g}}L_{\mathrm{f}}^{r-1}h(\boldsymbol{x}(t))u(t) \tag{6.164}$$

然后，数 r 称为系统的相对自由度。在所有 $t\geqslant 0$ 时间，根据式（6.156）零化输出 $y(t)$，意味着要选择初始条件 $x(t=0)$，以便

$$h(\boldsymbol{x})=L_{\mathrm{f}}h(\boldsymbol{x}(t))=L_{\mathrm{f}}^{2}h(\boldsymbol{x}(t))=\cdots=L_{\mathrm{f}}^{r-1}h(\boldsymbol{x}(t))=0 \tag{6.165}$$

对于反馈线性化，现在得到适当的状态空间变换

$$\begin{aligned} z_1&=\boldsymbol{\Phi}_1(\boldsymbol{x})=h(\boldsymbol{x})\\ z_2&=\boldsymbol{\Phi}_2(\boldsymbol{x})=L_{\mathrm{f}}h(\boldsymbol{x}(t))\\ &\vdots\\ z_r&=\boldsymbol{\Phi}_r(\boldsymbol{x})=L_{\mathrm{f}}^{r-1}h(\boldsymbol{x}(t)) \end{aligned} \tag{6.166}$$

要找到保留的变换 $\boldsymbol{\Phi}_{r+1}(x)$ 至 $\boldsymbol{\Phi}_n(x)$，以便$\partial\boldsymbol{\Phi}/\partial x\neq 0$ 和 $L_{\mathrm{g}}\boldsymbol{\Phi}_i(x)=0$。

在新坐标中，状态空间系统的第 r 个方程现在为

$$\begin{aligned} \dot{z}_1&=z_2\\ \dot{z}_2&=z_3\\ &\vdots\\ \dot{z}_{r-1}&=z_r \end{aligned}$$

$$\dot{z}_r=L_{\mathrm{f}}^{r}h(\boldsymbol{x}(t))+L_{\mathrm{g}}L_{\mathrm{f}}^{r-1}h(\boldsymbol{x}(t))u(t)=a(\boldsymbol{x})+b(\boldsymbol{x})u \tag{6.167}$$

下一步，定义线性反馈律为

$$u(t)=\frac{-a(\boldsymbol{x})+v(t)}{b(\boldsymbol{x})} \tag{6.168}$$

式中，$v(t)$为与线性系统相联系的控制输入。

应用$u(t)$要求 $b(x)\neq 0$。代入式（6.167）的最后导数，导致

$$\dot{z}_r=v(t) \tag{6.169}$$

反馈线性化系统的结构，如图 6.26 所示。

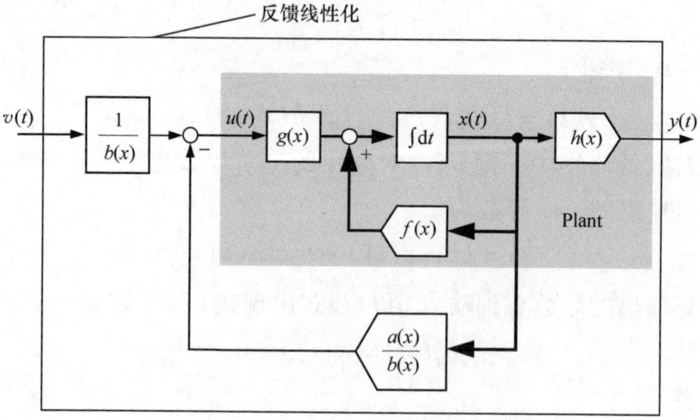

图 6.26　反馈线性化系统的框图

如果选择保留的变换，以便 $L_g\Phi_i(x)=0$，则

$$
\begin{aligned}
\dot{z}_{r+1} &= q_{r+1}(z) = L_f\Phi_{r+1}(\Phi^{-1}(z)) \\
\dot{z}_{r+2} &= q_{r+2}(z) + L_f\Phi_{r+2}(\Phi^{-1}(z)) \\
&\vdots \quad \vdots \\
\dot{z}_n &= q_n(z) = L_f\Phi_n(\Phi^{-1}(z))
\end{aligned}
\tag{6.170}
$$

变换后的系统现在由两部分组成。首先，有 r 个积分器的系列，通过式（6.167）描述，根据式（6.169）由 $v(t)$作为 r 阶积分器输入。这个子系统是线性的以及全可控和全可观测的。第二部分，通过式（6.170）描述，通常是非线性的，对输出 $y(t)$没有影响。因此，作为变换系统不可观测的部分是可以理解的，这种情况如图 6.27 所示。如果 $v(t)\equiv 0$ 和式（6.165）的所有条件都满足，则系统式（6.170）的不可观测部分常称为零动力学。

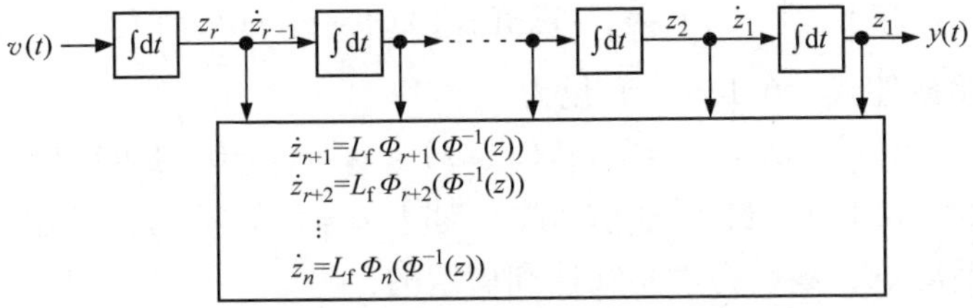

图 6.27　生成的反馈线性化的系统结构

对于连续控制器设计中的线性部分 z_1，…，z_r，零动力学 z_{r+1}，…，z_n 的稳定是必需的。

例子 6.17

反馈线性化

考虑系统

$$
\dot{x} = \begin{bmatrix} -x_1 \\ x_1x_2 \\ x_2 \end{bmatrix} + \begin{bmatrix} \exp(x_2) \\ 1 \\ 0 \end{bmatrix} u(t) \text{ and } y = h(x) = x_3 \tag{6.171}
$$

由式（6.157）得

$$
y = h(x) = x_3 = 0 \quad z_1 = \Phi_1(x) = x_3
$$

下一步，由式（6.159）进行计算

$$
\dot{y} = L_f h(\boldsymbol{x}(t) + L_g h(\boldsymbol{x}(t)u(t) = x_2 = 0 \quad z_2 = \Phi_2(\boldsymbol{x}) = x_2
$$

然后，式（6.161）给出

$$
\ddot{y} = L_f^2 h(\boldsymbol{x}(t)) + L_g L_f h(\boldsymbol{x}(t))u(t) = x_1x_2 + u = 0
$$

显然，系统的相对度 $r=2$，现在控制律式（6.168）表示为

$$u(t) = -x_1x_2 + v(t)$$

再接下来找到 $\Phi_3(x)$，以便

$$L_g\Phi_3(\boldsymbol{x}) = \left[\frac{\partial\boldsymbol{\Phi}_3(\boldsymbol{x})}{\partial\boldsymbol{x}}\right]^{\mathrm{T}}\boldsymbol{g}(\boldsymbol{x}) = \frac{\partial\boldsymbol{\Phi}_3}{\partial x}\exp(x_2) + \frac{\partial\boldsymbol{\Phi}_3}{\partial x_1}1 = 0$$

可能的解是 $\Phi_3(x) = 1 + x_1 - \exp(x_2)$。然后，有

$$\frac{\partial\boldsymbol{\Phi}}{\partial\boldsymbol{x}} = \begin{bmatrix} 0 & 0 & 1 \\ 0 & 1 & 0 \\ 1 & -\exp(x_2) & 0 \end{bmatrix}$$

于是，反馈线性化系统描述为

$$\begin{bmatrix} \dot{z}_1 \\ \dot{z}_2 \\ \dot{z}_3 \end{bmatrix} = \begin{bmatrix} z_2 \\ v(t) \\ (1 - z_3 - \exp(z_2))(1 + z_2\exp(z_2)) \end{bmatrix} \tag{6.172}$$

零化初始条件式（6.165）变化为

$$h(x) = z_1 = x_3 = 0, L_f h(\boldsymbol{x}(t)) = z_2 = x_2 = 0, \text{且 } u = 0$$

代入到式（6.172）最后的方程中，对于 $u=0$ 的零动力学通过 $\dot{z} = -z_3$ 描述。在这种情况下，零动力学是线性和稳定的。

6.6.3 鲁棒控制

最广泛使用的鲁棒控制是 H_∞ 控制，这是由于其在优化控制框架中是合乎逻辑的拟合，允许各种设计参数与不同类型的模型不确定性结合。本部分仅给出简短的概述，而全部内容则在文献［21］中给出。

H_∞ 范数的定义是

$$\|\boldsymbol{G}\|_\infty = \sup_w \frac{\|\boldsymbol{y}\|_2^2}{\|\boldsymbol{u}\|_2^2} \tag{6.173}$$

式中，G 为输入 u 和输出 y 之间的闭环传递函数。

H_∞ 控制问题的描述基于图 6.28 的结构。系统输入现在是 w，而输出是某个任意性能变量 z。LQR 设计明显和重要的区别，是扰动、控制输入以及测试值和性能输出不必一致。然而，它们将显式结合进控制器设计中。这个事实只通过定义性能变量 z，就使设计者可以获得预先定义的控制器性能，尽管还要测试其他输出变量 y。然而，在 H_∞ 设计背后的基本原理也是一个优化步骤。

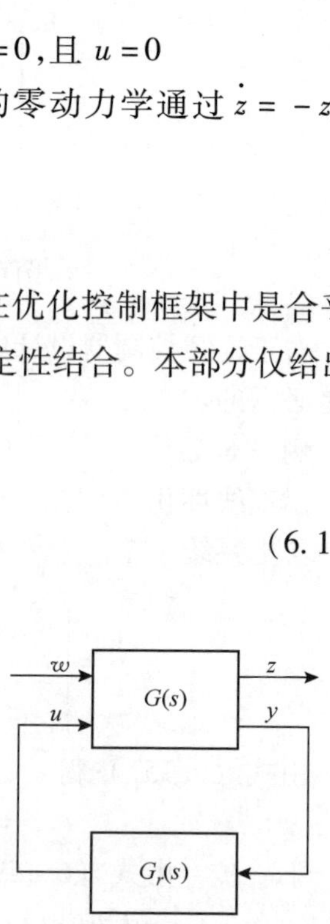

图 6.28　H_∞ 控制问题的基本结构

图 6.28 中的传递函数矩阵 G 可以分成四个适当的子矩阵 G_{ij}，其构成了下面用于变量 z 和 y 的方程

$$\boldsymbol{z} = \boldsymbol{G}_{\text{zw}}\boldsymbol{w} + \boldsymbol{G}_{\text{zu}}\boldsymbol{u} \tag{6.174}$$

$$\boldsymbol{y} = \boldsymbol{G}_{\text{yw}}\boldsymbol{w} + \boldsymbol{G}_{\text{yu}}\boldsymbol{u} \tag{6.175}$$

式中，G_{ij}分别为被控对象传递函数矩阵的分量。

组合式（6.174）和式（6.175），得到被控对象 G 的输入/输出特性和控制器 G_r

$$\begin{bmatrix} \boldsymbol{z} \\ \boldsymbol{y} \end{bmatrix} = \begin{bmatrix} \boldsymbol{G}_{\text{zw}} & \boldsymbol{G}_{\text{zu}} \\ \boldsymbol{G}_{\text{yw}} & \boldsymbol{G}_{\text{yu}} \end{bmatrix} \begin{bmatrix} \boldsymbol{w} \\ \boldsymbol{u} \end{bmatrix} \tag{6.176}$$

和

$$\boldsymbol{u} = \boldsymbol{G}_r\boldsymbol{y} \tag{6.177}$$

全闭环系统的传递函数为

$$\boldsymbol{T}_{\text{zw}} = \frac{\boldsymbol{z}}{\boldsymbol{w}} \tag{6.178}$$

通过将式（6.176）代入式（6.165），变换为

$$\boldsymbol{T}_{\text{zw}} = \boldsymbol{G}_{\text{zw}} + \boldsymbol{G}_{\text{zu}}\boldsymbol{G}_r(1 - \boldsymbol{G}_{\text{yu}}\boldsymbol{G}_r)^{-1}\boldsymbol{G}_{\text{yw}} \tag{6.179}$$

式（6.179）的结果是作为较低分数阶变换（LFT）的项，这个描述是唯一的，可以由式（6.179）直接计算。使用式（6.179），通过适当选择 G_{zw}和 G_{zu}可以影响闭环的零转移。LFT 对于∞ 范数的最小化是 H_∞ 设计问题，可以改造为

$$\min_{\boldsymbol{G}_r(s)} \| \boldsymbol{T}_{\text{zw}} \|_\infty = \min_{\boldsymbol{G}_r(s)} \sup_{w \in R} \overline{\sigma}\{ \boldsymbol{T}_{\text{zw}} \} \tag{6.180}$$

在 SISO 系统的情况下，最大奇异值 σ 的最小化与 T_{zw}的增益响应最大值的最小化是一样的。与 LQ 优化相反，其积分准则在频率域上平均，H_∞ 设计目标仅在最坏情况的方向上限制增益响应。

H_∞ 控制设计方法的优点和缺点总结如下。

优点：

1） 显式结合所有扰动的控制器设计是可能的。

2） 不需要不相关（和可能白噪声）扰动和控制输入的假设。

3） 可以定义可能的任意性能，能够保证控制性能。

4） 输入和输出的频率加权易于实现。

5） 可以抵消被忽略的结构或执行器的效能。

6） 有用于鲁棒控制的标准方法和许多数值工具。

缺点：

1）控制器设计在数学上比较复杂，被控对象模型的特殊缩放问题过于麻烦。

2）观察器和控制器设计的固有耦合，使得优化要迭代求解，然而，软件工具在这种情形下相对容易。

6.7 状态估计再审视

在6.2.2部分中，已经引入基本的状态估计器（Luenberger观测器）。然而，Luenberger观测器是在确定性输入和静态被控对象完全已知的假设下导出的，如果这些条件不满足，观测器的性能可能不好甚至变成不稳定。这里引入两个概念，可以处理前述的问题：用于具有随机输入系统的Kalman（卡尔曼）滤波器和用于具有参数变化的滑模观测器（SMO）。

6.7.1 Kalman滤波器

6.7.1.1 动机

Kalman滤波器问题与前面的系统构型有根本的不同，不仅测试噪声$v(t)$使输出测试衰减，而且附加的随机输入，称为过程噪声的$w(t)$也反馈进系统，如图6.29所示，即

$$\dot{\boldsymbol{x}} = \boldsymbol{A}\boldsymbol{x} + \boldsymbol{B}\boldsymbol{u} + \boldsymbol{G}\boldsymbol{w};\boldsymbol{x}(t_0) = \boldsymbol{x}_0 \tag{6.181}$$

$$\boldsymbol{y} = \boldsymbol{C}\boldsymbol{x} + \boldsymbol{v} \tag{6.182}$$

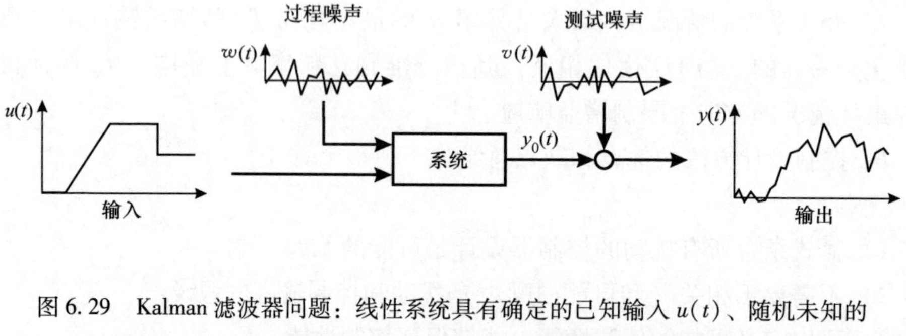

图6.29　Kalman滤波器问题：线性系统具有确定的已知输入$u(t)$、随机未知的输入$w(t)$（过程噪声）和测试噪声$v(t)$增加到系统输出$y_0(t)$中

因此，测试输出的随机分量部分是实际系统的特征，部分是噪声。观测器设计的目标是使估计误差协方差最小，这个任务并不简单。因为将测试值作为估计值会产生等于测试噪声的估计误差，并且将确定性预测作为估计值完全忽略了过

程噪声作用，如图6.30所示。因此，优化的观测器必须有某种形式的妥协，定量结合两种噪声源的效果。

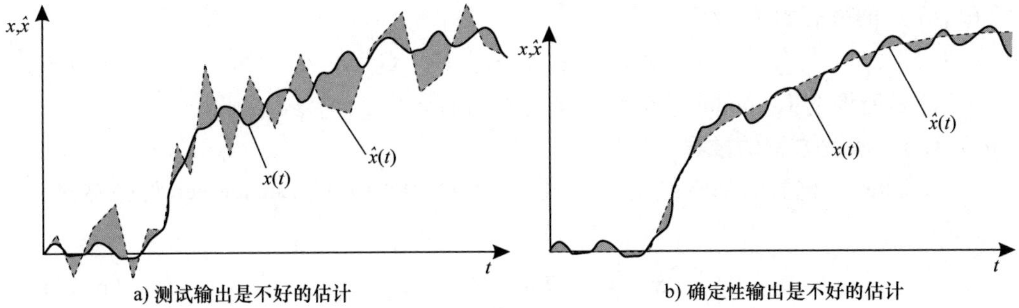

图6.30 具有测试和过程噪声的状态估计问题

6.7.1.2 协方差分析

既然过程噪声进入了系统式（6.181）中作为输入，必须描述其随机特性对状态的传播和效果的影响[1,5]。因此，目标是在随机系统输入存在 $w(t)$ 下计算状态向量的协方差。对于噪声信号的假设是不相关的零均值 $\mu_{w(t)}=0$，$\mu_{v(t)}=0$ 白噪声序列

$$E\{\boldsymbol{w}(t)\boldsymbol{w}^{\mathrm{T}}(\tau)\}=\boldsymbol{Q}_{\mathrm{w}}\delta(t-\tau) \tag{6.183}$$

$$E\{\boldsymbol{v}(t)\boldsymbol{v}^{\mathrm{T}}(\tau)\}=\boldsymbol{R}_{\mathrm{v}}\delta(t-\tau) \tag{6.184}$$

$$E\{\boldsymbol{w}(t)\boldsymbol{v}^{\mathrm{T}}(\tau)\}=\boldsymbol{R}_{\mathrm{v}}\delta(t-\tau) \tag{6.185}$$

状态向量 x 协方差的定义为

$$\boldsymbol{P}_x(t)=E\{\boldsymbol{x}(t)\boldsymbol{x}^{\mathrm{T}}(t)\} \tag{6.186}$$

可能的方法是直接积分计算，然而这将导致随机积分。因此，将使用 $P_x(t)$ 的微分方程。直接微分式（6.186）给出

$$\begin{aligned}\dot{\boldsymbol{P}}_x &= E\{\dot{\boldsymbol{x}}\boldsymbol{x}^{\mathrm{T}}+\boldsymbol{x}\dot{\boldsymbol{x}}^{\mathrm{T}}\}\\ &= E\{\boldsymbol{A}\boldsymbol{x}\boldsymbol{x}^{\mathrm{T}}+\boldsymbol{x}\boldsymbol{x}^{\mathrm{T}}\boldsymbol{A}^{\mathrm{T}}+\boldsymbol{G}\boldsymbol{w}\boldsymbol{x}^{\mathrm{T}}+\boldsymbol{x}\boldsymbol{w}^{\mathrm{T}}\boldsymbol{G}^{\mathrm{T}}\}\\ &= \boldsymbol{A}\boldsymbol{P}_x+\boldsymbol{P}_x\boldsymbol{A}^{\mathrm{T}}+\boldsymbol{S}+\boldsymbol{S}^{\mathrm{T}}\end{aligned} \tag{6.187}$$

其中，矩阵 S 可以计算为

$$\begin{aligned}\boldsymbol{S} &= \boldsymbol{G}\int_{t_0}^{t}E\{\boldsymbol{w}(t)\boldsymbol{w}^{\mathrm{T}}(t)\}\boldsymbol{G}^{\mathrm{T}}\boldsymbol{\Phi}^{\mathrm{T}}(t-\tau)\mathrm{d}\tau\\ &= \frac{1}{2}\boldsymbol{G}\boldsymbol{Q}_{\mathrm{w}}\boldsymbol{G}^{\mathrm{T}}\end{aligned} \tag{6.188}$$

由于式（6.183）中的 Dirac－delta 函数，式（6.187）可以写为

$$\dot{\boldsymbol{P}}_x=\boldsymbol{A}\boldsymbol{P}_x+\boldsymbol{P}_x\boldsymbol{A}^{\mathrm{T}}+\boldsymbol{G}\boldsymbol{Q}_{\mathrm{w}}\boldsymbol{G}^{\mathrm{T}};\boldsymbol{P}_x(t_0)=\boldsymbol{P}_{x0} \tag{6.189}$$

这个确定性常线性微分方程，称为所谓的 Gauss - Markov（高斯 - 马尔可夫）方程。对于给定初始条件 P_{x0}，能够计算系统状态 $P_x(t)$ 的协方差矩阵。式（6.187）的静态解 $\overline{P}_x$ 为

$$\boldsymbol{A}\overline{\boldsymbol{P}}_x+\overline{\boldsymbol{P}}_x\boldsymbol{A}^{\mathrm{T}}=-\boldsymbol{G}\boldsymbol{Q}_{\mathrm{w}}\boldsymbol{G}^{\mathrm{T}} \tag{6.190}$$

这是所谓的 Lyapunov（李雅普诺夫）方程。

6.7.1.3　滤波方程的推导

Kalman 滤波器的基本结构，与式（6.60）中引入的 Luenberger 观测器是一致的

$$\dot{\hat{\boldsymbol{x}}}=\boldsymbol{A}\hat{\boldsymbol{x}}+\boldsymbol{B}\boldsymbol{u}+\boldsymbol{H}(\boldsymbol{y}-\boldsymbol{C}\hat{\boldsymbol{x}}) \tag{6.191}$$

其中状态估计误差为

$$\dot{\tilde{\boldsymbol{x}}}=(\boldsymbol{A}-\boldsymbol{H}\boldsymbol{C})\tilde{\boldsymbol{x}}+\boldsymbol{G}\boldsymbol{w}-\boldsymbol{H}\boldsymbol{v} \tag{6.192}$$

在式（6.191）和式（6.192）的描述中，所谓的 Kalman 增益矩阵 H 是唯一未知的。现在应当选择 Kalman 增益矩阵 H，以便误差协方差矩阵最小

$$\boldsymbol{P}(t)=E\{\tilde{\boldsymbol{x}}(t)\tilde{\boldsymbol{x}}^{\mathrm{T}}(t)\} \tag{6.193}$$

使用式（6.183），用于误差协方差的 Gauss - Markov 方程通过下式给出

$$\dot{\boldsymbol{P}}=(\boldsymbol{A}-\boldsymbol{H}\boldsymbol{C})\boldsymbol{P}+\boldsymbol{P}(\boldsymbol{A}-\boldsymbol{H}\boldsymbol{C})^{\mathrm{T}}+\boldsymbol{G}\boldsymbol{Q}_{\mathrm{w}}\boldsymbol{G}^{\mathrm{T}}+\boldsymbol{H}\boldsymbol{R}_{\mathrm{v}}\boldsymbol{H}^{\mathrm{T}} \tag{6.194}$$

最小误差协方差能够通过最小化 $\dot{P}$ 对 H 的迹得到

$$\frac{\partial Tr(\dot{\boldsymbol{P}})}{\partial \boldsymbol{H}}=-2\boldsymbol{P}\boldsymbol{C}^{\mathrm{T}}+2\boldsymbol{H}\boldsymbol{R}_{\mathrm{v}}=0 \tag{6.195}$$

导致的优化 Kalman 增益 H 为

$$\boldsymbol{H}=\boldsymbol{P}\boldsymbol{C}^{\mathrm{T}}\boldsymbol{R}_{\mathrm{v}}^{-1} \tag{6.196}$$

式（6.194）可以写为

$$\dot{\boldsymbol{P}}=\boldsymbol{A}\boldsymbol{P}+\boldsymbol{P}\boldsymbol{A}^{\mathrm{T}}+\boldsymbol{G}\boldsymbol{Q}_{\mathrm{w}}\boldsymbol{G}^{\mathrm{T}}-\boldsymbol{H}\boldsymbol{R}_{\mathrm{v}}\boldsymbol{H}^{\mathrm{T}} \tag{6.197}$$

式（6.196）和式（6.197）构成连续时间 Kalman 滤波器，它们一起表示 Riccati 方程，结构上与式（6.78）是一致的，其是优化控制的解。由于 Kalman 滤波器也是有线性端部条件的二次最小问题的解，这个结论并不令人惊讶。

6.7.1.4　Kalman 滤波器的性质

Kalman 滤波器存在和优化的条件是：

1）测试和过程噪声是白噪声随机过程。

2）R_{v} 必须是正定的［式（6.196）的逆］。

3）（A，C）必须是可观测的。

4）（A，G）必须是可控制的。

如果这些条件满足，则 Kalman 滤波器有下列性质：

1）估计是无偏的

$$E\{\hat{\boldsymbol{x}}\} \rightarrow E\{\boldsymbol{x}\} \tag{6.198}$$

2）估计是对最小误差协方差的优化

$$E\{\tilde{\boldsymbol{x}}^{\mathrm{T}}(t)\tilde{\boldsymbol{x}}(t)\} = \min \tag{6.199}$$

因此，每一个 $E\{\tilde{x}_i(t)\}$，$i=1$，⋯，n 是最小的。

1）误差协方差可以使用式（6.197）离线计算，不需要实际测试的知识。

2）解 $P(t)$ 构成了滤波器精度的自诊断。

Kalman 增益通常是依赖时间的量。应当说明的是，用于协方差矩阵 $\bar{P}$ 的静态解和 Kalman 增益 $\bar{H}$ 可以计算，静态 Kalman 滤波器可以实现。在许多应用中，静态 Kalman 滤波器是足够的。

由文献［1，13］可以看出，Kalman 滤波器也可以应用于参数估计问题中。在某些条件下，其等效于 RLS 估计器，但是其可以用于组合状态和参数估计。在这种情况下，初始的状态向量 x 对未知参数的增广、初始系统矩阵 A 对单位矩阵块的增广、输出矩阵 C 保留不变。当然，增广系统必须存在可控制性和可观测性。

例子 6.18

给出二价连续时间线性状态空间系统为

$$\dot{\boldsymbol{x}} = \begin{bmatrix} -1 & 0.2 \\ 0.1 & -1.5 \end{bmatrix}\boldsymbol{x} + \begin{bmatrix} 1 \\ 0 \end{bmatrix}\boldsymbol{u} + \begin{bmatrix} 1 & 0 \\ 0 & 1 \end{bmatrix}\boldsymbol{w}, \boldsymbol{y} = [0 \quad 1]\boldsymbol{x} + \boldsymbol{v}$$

协方差矩阵是

$$\boldsymbol{Q} = \begin{bmatrix} 0.3 & 0 \\ 0 & 0.0001 \end{bmatrix}, \boldsymbol{R} = 1 \times 10^{-5}$$

要设计静态 Kalman 滤波器，并与两个 Luenberger 观测器比较。

Riccati 方程式（6.197）静态解产生式（6.196）的常数 Kalman 增益

$$\boldsymbol{H} = [117.0 \quad 4.47]^{\mathrm{T}}$$

在数值仿真中，比较 Kalman 滤波器和两个 Luenberger 观测器，一个有十倍大的反馈增益，下标用“fast”表示，一个是仅有十分之一的 Kalman 增益，下标用“slow”表示。结果如图 6.31 所示。由图可以清晰看出，快观测器是对测试噪声的强妥协，而慢观测器基本上是主要忽略过程噪声的确定性预测，Kalman 滤波器的优化性反映在估计误差协方差中

$$\sigma_{e_2}^2 = 0.41 \times 10^{-4}, \sigma_{e_2,\mathrm{fast}}^2 = 1.41 \times 10^{-4}, \sigma_{e_2,\mathrm{slow}}^2 = 1.54 \times 10^{-4}$$

6.7.1.5　随机分离原理

类似于确定分离原理，见式（6.67），随机分离是有效的。如果组合 Kalman 滤波器，例如具有优化状态空间控制器，导致的闭环系统最小化准则将类似于式（6.76）。其中，要附加使用期望算子，以便结合状态向量的随机特性。这种结

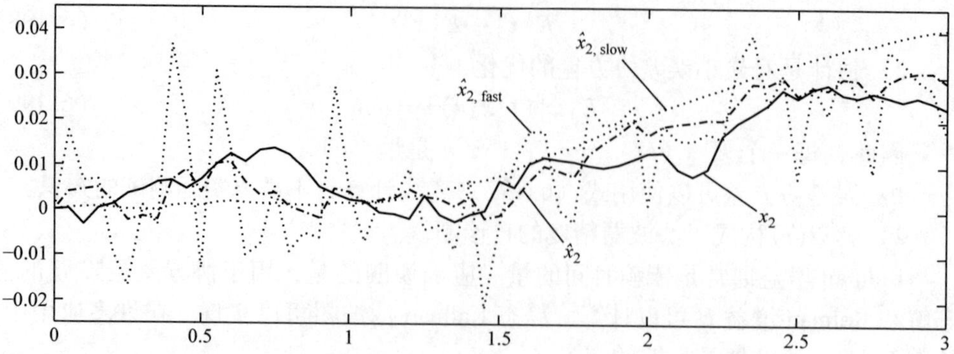

图 6.31　状态 x_2 和来自于 Kalman 滤波器的估计（$\hat{x}_2$）、快（$\hat{x}_{2,\text{fast}}$）和慢（$\hat{x}_{2,\text{slow}}$）Luenberger 观测器

果意味着对于任何给定的控制器，其使用 6.3.3 部分的确定性假设设计，Kalman 滤波器在噪声影响下构成保证最小准则式（6.76）的观测器。

6.7.1.6　离散时间 Kalman 滤波器

离散时间 Kalman 滤波器是实时实现的重要描述。基于离散时间的状态空间系统的表示

$$\boldsymbol{x}(k+1)=\boldsymbol{A}\boldsymbol{x}(k)+\boldsymbol{B}\boldsymbol{u}(k)+\boldsymbol{G}\boldsymbol{w}(k);\boldsymbol{x}(k=0)=\boldsymbol{x}_0 \tag{6.200}$$

$$\boldsymbol{y}(k)=\boldsymbol{C}\boldsymbol{x}(k)+\boldsymbol{v}(k) \tag{6.201}$$

用于 Kalman 滤波器的递归方程为

$$\boldsymbol{x}^*(k+1)=\boldsymbol{A}\hat{\boldsymbol{x}}(k)+\boldsymbol{B}\boldsymbol{u}(k) \tag{6.202}$$

$$\boldsymbol{P}^*(k+1)=\boldsymbol{A}\boldsymbol{P}(k)\boldsymbol{A}^{\mathrm{T}}+\boldsymbol{G}\boldsymbol{Q}(k)\boldsymbol{G}^{\mathrm{T}} \tag{6.203}$$

$$\boldsymbol{K}(k+1)=\boldsymbol{P}^*(k+1)\boldsymbol{C}^{\mathrm{T}}[\boldsymbol{C}\boldsymbol{P}^*(k+1)\boldsymbol{C}^{\mathrm{T}}+\boldsymbol{R}(k+1)]^{-1} \tag{6.204}$$

$$\hat{\boldsymbol{x}}(k+1)=\boldsymbol{x}^*(k+1)+\boldsymbol{K}(k+1)[\boldsymbol{y}(k+1)-\boldsymbol{C}\boldsymbol{x}^*(k+1)] \tag{6.205}$$

$$\boldsymbol{P}(k+1)=[\boldsymbol{I}-\boldsymbol{K}(k+1)\boldsymbol{C}]\boldsymbol{P}^*(k+1) \tag{6.206}$$

$P^*(k+1)$和$x^*(k+1)$分别是误差协方差的先验预测和在采样瞬时（$k+1$）的状态向量[5]。

6.7.1.7　稳定性问题和分歧

Kalman 滤波器可以被许多问题削弱，过程噪声可能不是白噪声，许多测试噪声可能是相关的，（A，G）的可控性可以给出但是不好，过程模型可能是不准确的，Kalman 滤波器可能不收敛或误差协方差估计是有偏的。的确存在补救措施[1,5]，但是大多数情况下结果是次优滤波器。

6.7.1.8 非线性系统的相关滤波器

对于非线性系统，扩展 Kalman 滤波器（EKF）可以应用于状态和参数估计。对于非线性系统有

$$\dot{\boldsymbol{x}}(t)=\boldsymbol{f}(\boldsymbol{x}(t),t)+\boldsymbol{G}\boldsymbol{w}(t)$$
$$\boldsymbol{y}(t)=\boldsymbol{g}(\boldsymbol{x}(t))+\boldsymbol{v}(t) \tag{6.207}$$

系统局部（状态依赖）近似通过下式给出

$$\boldsymbol{A}(\hat{\boldsymbol{x}},t)=\frac{\partial \boldsymbol{f}(\boldsymbol{x}(t),(t)}{\partial \boldsymbol{x}(t)}\|_{\boldsymbol{x}(t)=\hat{\boldsymbol{x}}(t)}$$
$$\boldsymbol{C}(\hat{\boldsymbol{x}},(t))=\frac{\partial \boldsymbol{g}(\boldsymbol{x}(t))}{\partial \boldsymbol{x}(t)}\|_{\boldsymbol{x}(t)=\hat{\boldsymbol{x}}(t)} \tag{6.208}$$

其可以当前状态估计 $\hat{x}$ 确定。使用式（6.208），相同方程如常规 Kalman 滤波器所示[5,6]。

显然，EKF 使用非线函数 f 和 g 的局部一阶近似。然而，这可能引入较大误差，并且由于 Kalman 增益本身的局部线性化，其本身现在是随机变量。因此，EKF 的性能强烈依赖于非线性类型，模型误差易于导致收敛问题，注意（A（$\hat{x}$，t)，C（$\hat{x}$，t））的可观测性和（A（$\hat{x}$，t)，G）可控性现在依赖于状态。

为了克服这些问题，提出了更先进的技术，如无迹 Kalman 滤波器(UKF)[10]或 DD2 滤波器[17]，它们没有偏导数的需要，实现了更准确和鲁棒的高阶近似。另一种方法是 SMO，将在 6.7.2 部分中介绍。

6.7.2 滑模观测器

6.7.2.1 动机

观测器需要的模型结构和参数，几乎总是不确定的，这可能是由于未知的参数值、非线性或时变系统引起的。然而，Luenberger 观测器和 Kalman 滤波器严重依赖于好的预测模型，因此希望存在一种估计工具，其产生无偏的状态或参数估计，甚至在存在未知但有界参数不确定性的情况下也是如此。

6.7.2.2 SMO 原理

SMO 设计结构分为两部分：

1）设计所谓的滑移面（其维数小于原始系统的流形），以便保证希望的系统性质（动力学和稳定性）。

2）设计开关反馈信号，以便控制状态（即估计误差）到流形和在其上保持所有后续运动。

6.7.2.3 SMO 结构

基于滑模概念的观测器可以具有各种结构[4,20]，这里提出用于不确定系统

基于 Lyapunov 的观测器。考虑如下系统

$$\dot{\boldsymbol{x}} = \boldsymbol{A}\boldsymbol{x} + \boldsymbol{B}\boldsymbol{u} + \boldsymbol{f}(\boldsymbol{x},\boldsymbol{u},t) \tag{6.209}$$

$$\boldsymbol{y} = \boldsymbol{C}\boldsymbol{x} \tag{6.210}$$

式中，A、B 和 C 为假设未知的常数矩阵，$f(x,\ u,\ t)$ 为未知但有界表示非线性、时变系统和扰动（如未知的输入、不确定的参数）的函数，假设（A，C）对是可观测的。

定义输出误差 $e = y - \hat{y}$ 和 $\hat{y} = C\hat{x}$，用于先前定义的系统 SMO 为

$$\dot{\hat{\boldsymbol{x}}} = \boldsymbol{A}\hat{\boldsymbol{x}} + \boldsymbol{B}\boldsymbol{u} + \boldsymbol{H}\boldsymbol{e} + \boldsymbol{S}(\boldsymbol{x},\boldsymbol{u},t) \tag{6.211}$$

其中，开关函数 $S(x,\ u,\ t)$ 定义为

$$\boldsymbol{S}(\boldsymbol{x},\boldsymbol{u},t) = \rho \boldsymbol{P}^{-1}\boldsymbol{C}^{\mathrm{T}} \frac{\boldsymbol{e}}{\|\boldsymbol{e}\|} \tag{6.212}$$

在标量输出 y 和输出误差 e 的情况下，有

$$\boldsymbol{S}(\boldsymbol{x},\boldsymbol{u},t) = \rho \boldsymbol{P}^{-1}\boldsymbol{C}^{\mathrm{T}}\mathrm{sign}(e) \tag{6.213}$$

必须选择增益矩阵 H 和任意对称正定矩阵 Q，以便满足下面条件[4]：$A_0 = A - HC$ 必须是稳定的和 $PA_0 + A_0^{\mathrm{T}}P = -Q$。如果 ρ 根据下式选择

$$\rho > \|\boldsymbol{h}(\boldsymbol{x},\boldsymbol{u},t)\|,\ \boldsymbol{f}(\boldsymbol{x},\boldsymbol{u},t) = \boldsymbol{P}^{-1}\boldsymbol{C}^{\mathrm{T}}\boldsymbol{h}(\boldsymbol{x},\boldsymbol{u},t) \tag{6.214}$$

观测器的二次稳定是保证的。在实际问题中，ρ 的值通常在鲁棒性和噪声衰减的妥协中选择。

理想的滑模要求无限的开关频率。每当开关频率被限制，颤振发生，即开关反馈信号在状态估计中是可见的。

例子 6.19

给出二阶连续时间非线性状态空间系统

$$\dot{\boldsymbol{x}} = \begin{bmatrix} -1 & 0.2 \\ 0.1 & -0.3 \end{bmatrix}\boldsymbol{x} + \begin{bmatrix} 1 \\ 0 \end{bmatrix}u + \begin{bmatrix} 0 \\ -1.2\mathrm{atan}(x_2) \end{bmatrix},\ y = \begin{bmatrix} 0 & 1 \end{bmatrix}\boldsymbol{x}$$

绕 $x = [0\quad 0]^{\mathrm{T}}$ 线性化产生例子 6.18 给出的系统的确定性部分，要设计 SMO，并与非静态输入下 Luenberger 观测器（LO）比较。

由式（6.211），选择反馈增益矩阵 H 和对称正定矩阵 Q 为

$$\boldsymbol{H} = [117.0\quad 4.47]^{\mathrm{T}},\ \boldsymbol{Q} = \begin{bmatrix} 120 & 3.45 \\ -0.03 & -0.182 \end{bmatrix}$$

根据式（6.213），开关信号为

$$\boldsymbol{S}(\boldsymbol{x}) = [57.2\quad 10.3]^{\mathrm{T}}\ \mathrm{sign}(e)$$

在数值仿真中，使用反馈增益 $H = [117.0\quad 4.47]^{\mathrm{T}}$，比较 SMO 与 LO，如图 6.32 所示。LO 在两个状态变量中产生有偏估计，而 SMO 可以在小误差界中重

建 $\hat{x}_1$ 和 $\hat{x}_2$，仅有由颤振带来的误差。

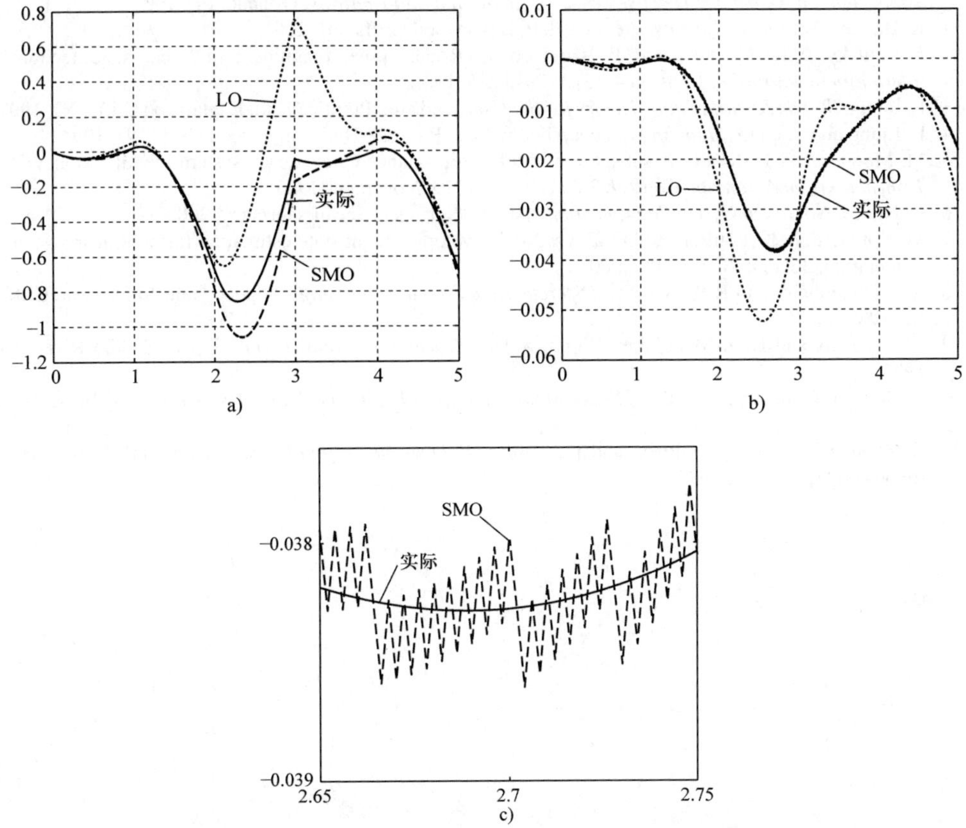

图 6.32　（a）实际状态 x_1 与来自于 SMO 和 LO 的估计，（b）实际状态 x_2 与来自于 SMO 和 LO 的估计，（c）在 SMO 估计 $\hat{x}_2$ 中由有限开关频率产生的颤振

参考文献

1. G. Arthur. *Applied Optimal Estimation*. MIT Press, Cambridge, MA, 2001.
2. J.S. Bendat and A.G. Piersol. *Engineering Applications of Correlation and Spectral Analysis*. John Wiley & Sons, New York, 1980.
3. J.S. Bendat and A.G. Piersol. *Random Data*. John Wiley & Sons, New York, 1986.
4. Ch. Edwards and S.K. Spurgeon. *Sliding Mode Control: Theory and Applications*. Taylor & Francis, London, U.K. 1998.
5. M.S. Grewal and A.P. Andrews. *Kalman Filtering: Theory and Practice using MATLAB*. John Wiley & Sons, New York, 2001.
6. S. Haykin. *Adaptive Filter Theory*. Prentice Hall, Upper Saddle River, NJ, 1996.
7. S. Haykin. *Neural Networks: A Comprehensive Foundation*. Prentice Hall, Englewood Cliffs, NJ, 1999.
8. A. Isidori. *Nonlinear Control Systems 1. An Introduction*, 3rd edn. Springer, New York, 1995.
9. J.-J.E. Slotine and W. Li. *Applied Nonlinear Control*. Prentice Hall, Englewood Cliffs, NJ, 1991.

10. S. Julier and J. Uhlmann. A new extension of the Kalman filter to nonlinear systems. In *International Symposium on Aerospace/Defense Sensing, Simulation and Controls*, Orlando, FL, 1997.
11. K. Hassan. *Nonlinear Systems*. Prentice Hall, Englewood Cliffs, NJ, 2001.
12. J. Kautsky, N.K. Nichols, and P. Van Dooren. Robust pole assignment in linear state feedback. *International Journal of Control*, 41(5):1129–1155, 1985.
13. L. Ljung. *System Identification: Theory for the User*, 2nd edn. Prentice Hall, Englewood Cliffs, NJ, 1997.
14. L. Ljung and T. Glad. *Modeling of Dynamic Systems*. Prentice-Hall, Englewood Cliffs, NJ, 1994.
15. M. Moonen and J. Ramos. A subspace algorithm for balanced state space system identification. *IEEE Transactions on Automatic Control*, 38(11):1727–1729, November 1993.
16. O. Nelles. *Nonlinear System Identification*, 1st edn. Springer, Berlin, Germany, 2002.
17. M. Norgaard, N.K. Poulsen, and O. Ravn. New developments in state estimation for nonlinear systems. *Automatica*, 36(11):1627–1638, 2000.
18. A.V. Oppenheim and R.W. Schafer. *Discrete-Time Signal Processing*. Prentice Hall, Englewood Cliffs, NJ, 1989.
19. J.G. Proakis and D.G. Manolakis. *Digital Signal Processing*. Prentice Hall, Upper Saddle River, NJ, 1996.
20. V. Utkin, J. Guldner, and J. Shi. *Sliding Mode Control in Electromechanical Systems*. CRC Press, Boca Raton, FL, 1999.
21. K. Zhou, J.C. Doyle, K. Glover, and J.C. Doyle. *Robust and Optimal Control*, 1st edn. Prentice Hall, Englewood Cliffs, NJ, 1995.

第 7 章　执行器和传感器

Yoshihiro Suda

7.1　引言

执行器和传感器是车辆动力学控制（VDC）的重要装置。在通常的反馈控制系统中，重要的是检测控制值，如车辆运动、速度和横摆角速度等。控制系统的输出应当是动态系统中施加的力和力矩。在车辆系统中，动态试验是有价值的研发方法。在没有任何控制系统的情况下，必须检测车辆运动，传感器系统是必需的。

对于车辆控制器的设计和建模，使用简单的模型作为检查的第一步。在这种情况下，假设控制值是理想测试的，控制器输出也是理想传输到动态系统中。然而，执行器和传感器本身就是动态系统，它们具有动态性质，重要的是在 VDC 和测试的详细检查中考虑这些动态性质。

本章首先解释车辆动力学和控制，以便理解执行器和传感器。其次，给出执行器建模，也给出执行器在车辆系统中的某些应用；对于传感器，说明某些希望的传感系统。最后，给出车辆控制、车辆测试和车辆环境测试中的传感器应用。

7.2　车辆动力学和控制

7.2.1　控制分类

设计汽车时，研发了各种电子装置以实现更高的车辆安全性、舒适性和实用性。由这些装置组成的控制系统，可以粗略地分为动力传动控制、电子通信、车身控制和底盘控制，底盘控制也称为车辆动力学控制。在本章中，控制用于调查当前执行器和传感器系统技术，如图 7.1 所示。

VDC 基础目标是控制汽车的基本运动，即行驶、转向和制动，进一步改善操纵稳定性、行驶平顺性和安全性。车辆动力学控制，也可以细分为悬架控制、

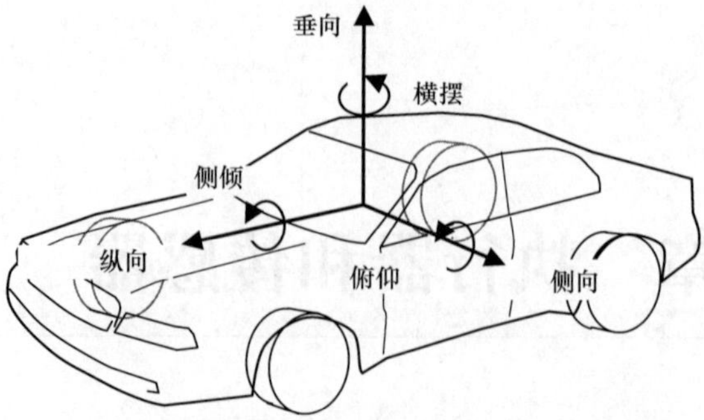

图 7.1　具有车辆动力学控制系统的汽车可控自由度

转向控制和驱动控制。悬架控制用于控制车辆的垂向、侧倾和俯仰运动，目标是改善乘坐质量和车轮沿路面跟踪的能力；转向控制目标是改善对转向的操纵稳定性，控制车辆的横摆和侧向运动；驱动控制目标是车辆纵向运动的控制。

7.2.2　悬架控制

汽车悬架具有两个功能：一个功能是吸收振动，改善行驶平顺性；另一个功能是传递车轮和路面之间产生的牵引力和制动力，改善操纵稳定性。从行驶平顺性而言，为了隔离来自于路面的强激励，软弹簧是必需的。另一方面，为了实现极好的操纵稳定性，硬弹簧是必需的。这两个要求的兼容性是非常关键的问题，要在悬架设计中解决。

主动悬架的定义是从能量源的观点，根据路面条件控制功能给出的，半主动悬架也定义为没有能量源但是根据路面条件具有控制功能的悬架，这些可控悬架通过使用液压和气压执行器实现。悬架控制方法起源于天棚控制，对主动和半主动悬架控制算法都是有用的。在悬架控制中，许多研究者报告了诸如优化控制、鲁棒控制和自适应控制等工作。

尽管液压执行器已经主要用于车辆悬架控制中，但是也开发了电磁悬架。在简化阻尼调校、维护、高精度控制和响应方面，电磁悬架有许多优势。此外，研究了自供能量源控制的可能性，如使用悬架产生的振动能量并储存在电容器中用于主动控制。

7.2.3　转向控制

从 20 世纪 70 年代初，就研究了四轮转向控制（4WS）[1]。在后转向角控制算法的第一步中，考虑了简单的反馈控制用于诸如前转向角、转向力和横摆角速度等。当控制理论和车辆动力学之间的关系逐渐清晰后，研发了更多有效的反馈控制算法。例如，考虑输出信号由质心侧偏角为零的控制；模型跟随控制，其中也提出了参考模型和车辆侧向加速度和横摆角速度传感器输出信号之间的误差信号。前面提到的 4WS 控制的不同是选择的控制输出，导致稳定性因素、操纵稳定性和扰动响应带来巨大差异。控制算法变得越复杂，要求装备的传感器也越多。到 20 世纪 80 年代后期，总结了 4WS 的研究成果，导致出现车辆稳定性控制（VSC）和直接横摆力矩控制（DYC）[2-5]。

近年来，航空航天类线控飞行（FBW）的应用，已经明确引入汽车转向控制中。线控转向（SBW）[6,7]能够灵活改变车辆和驾驶人的关系，为车辆操纵控制带来了很大的可能性，诸如可变传动比控制。

7.2.4　驱动控制

驱动控制基本功能是纵向控制，如制动、加速和保持常速。这些控制分别通过防抱死系统（ABS）、牵引控制系统（TCS）和自巡航控制（ACC）实现[8,9]。起初，ABS 控制主要目标是在车轮完全制动抱死时保持操纵稳定性，车轮抱死状态通过比较车速和车轮转速间接测试。在估计绝对车速和车轮转速时，测试精度仍然是待解决的问题。如果驾驶人引起的制动压力使车轮抱死，则必须减小制动压力以便重新获得转向能力。针对这一任务，ABS 使用液压单元，其具有电磁阀以便在车轮制动时保持压力。

如果驱动轮由于发动机驱动力矩过大打滑，则操纵变得困难。这导致引入 TCS，其在驱动超过发动机驱动力矩时也保持高水平的操纵性。控制算法的主要任务是保持高水平的牵引力，而同时通过转向保持高水平操纵性能，以保证足够的侧向力产生。幸运的是对于单轴驱动的汽车，非驱动轮的速度可以用来计算驱动轮的滚动速度。因此，驱动轮的滑移控制变得可能。

巡航控制系统使用节气门调整发动机驱动力矩，保持车速达到希望的值。作为车速传感器使用的例子，使用安装在传动系统中的磁旋转编码器。

车辆横摆力矩控制通过纵向轮胎力控制每个车轮的滑转实现，也导致稳定的车辆横摆和侧向运动，以改善大滑转区的转向稳定性。这种控制称为“电子稳定程序”（ESP），有时也称为 VDC 和 VSC 等，取决于汽车制造商的称呼，现在已经在汽车上广泛应用。通过附加传感器扩展 TCS 和 ABS，车辆运动的反馈控制是可能的。ESP 由许多传感器组成，如横摆角速度传感器、加速度计、转向盘转角传感器、制动压力传感器和转速计，如图 7.2 所示。转向盘转角传感器检测驾驶人希望跟踪的曲线轨迹，然后比较使用横摆角速度传感器和加速度计测试的车辆轨迹的误差，使用反馈控制控制滑转。

直接横摆控制（DYC）也利用纵向轮胎力控制横摆角速度和侧向加速度，DYC 的目的与 ESP 几乎是同样的，其中每个车轮的牵引力差由电控限滑差速器（LSD）或者其他差速力矩装置施加，允许产生比 ESP 更足够的力。近年来，电

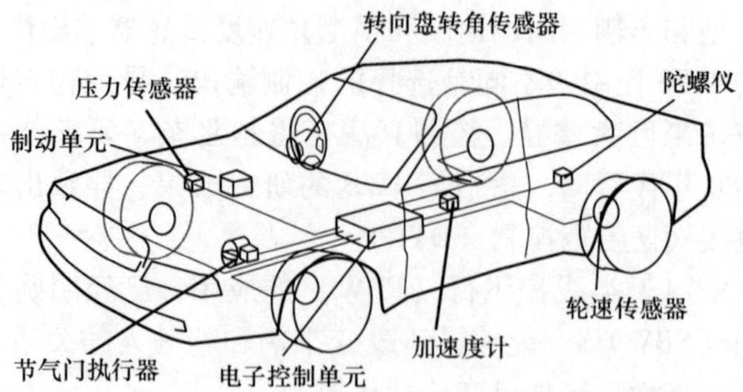

图 7.2　在 ESP 上传感器和执行器系统的一个例子

动车辆上安装了轮毂电机，使用电机力矩控制，车辆本质上具有高性能的 DYC。

就像 SBW 一样，也研发了线控节气门（TBW），允许与稳定控制（ESP 和 DYC 等）联合应用。驱动控制和转向控制的联合应用，也用于提高高性能车辆的转向能力。既然两者联合实现了横摆角速度和侧向加速度控制，由每个交互子系统连接导致的动力学耦合，变成了要解决的问题。为了解决这一问题，提出了集成车辆控制，其变成了车辆动力学控制的最新议题[10,11]。

7.2.5　车辆动力学控制中的传感器和执行器

前面提到的控制中使用的传感器的一些例子，是转向传感器、车速传感器、转速计、加速度计和横摆角速度传感器等，其中的一些传感器在超过两个控制中使用。这些装置与诸如时间响应和频率特性的控制性能一起选择，而且，车辆有特殊的执行器，如 ABS、LSD 和发动机驱动力矩等。控制、控制变量、执行器和传感器的分类，见表 7.1。

表 7.1　控制系统和相应控制变量的范围

控制系统	控制	变量	执行器	传感器
悬架控制	振动控制、高度控制、抗侧倾控制等	垂向、侧倾、俯仰运动	液压、气压、电磁	加速度计、行程传感器等
转向控制	EPS、4WS、SBW（AFS、ARS）	侧向、横摆运动	液压、气压、电动执行器	横摆角速度传感器、转向盘转角传感器、加速度计
驱动控制	ABS、TCS、自适应巡航控制、车辆稳定性控制、直接横摆控制	纵向、横摆运动	发动机驱动力矩、LSD、ABS 等	横摆角速度传感器、转速计、转向盘转角传感器、制动压力传感器、节气门位置传感器等

7.3　执行器建模

7.3.1　电动机分类

如前所述，在汽车中使用的几种执行器，提高了汽车的运行性能、行驶平顺性并驱动其他设备。汽车中使用的大多数执行器是电动机和液压执行器，电动机是将电能转换为机械能的换能器。电动机分为三类：直流（DC）电动机、交流（AC）电动机和步进电动机[12]。

7.3.2　DC 电动机

DC 电动机的力矩来源于在电磁场中作用在载流导体上的电磁力。当电流通过电动机的电枢线圈时，典型的 DC 电动机产生力矩 τ_r

$$\tau_r = \phi_\tau i_r \tag{7.1}$$

相反，当电动机在以角速度 ω_r 旋转时，在线圈中感应的电压 e_b 为

$$e_b = -\phi_e \omega_r \tag{7.2}$$

这个电压称为反电动势（emf）。由于电动机工作必须维持一致性，因此，系数 ϕ_τ 和 ϕ_e 有同样的值，以后使用符号 ϕ（$=\phi_\tau=\phi_e$）[13]。

DC 电动机的磁场由永磁体（PM）或磁场线圈产生，根据产生磁场的方法，DC 电动机主要分成三类：永磁电动机、串励电动机和并励电动机。PM 电动机可以高效运行并有线性特性，使得控制更友好。在汽车中，PM 电动机主要用作伺服电动机[14]，因此，这里仅介绍永磁 DC 电动机。

齿轮传动的永磁 DC 电动机的模型，如图 7.3 所示。

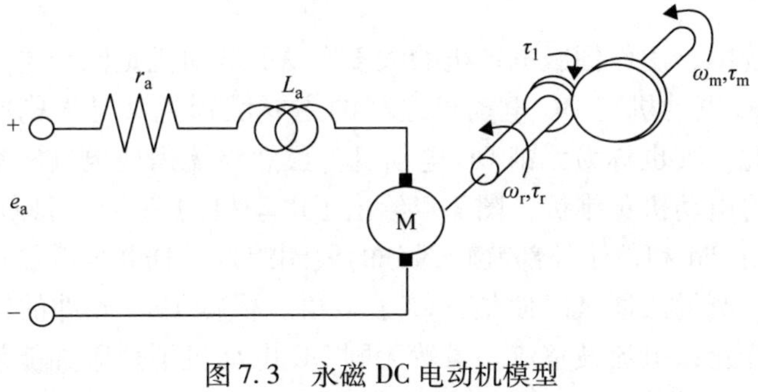

图 7.3　永磁 DC 电动机模型

各参数定义为：

i_a 为电枢的电流；e_a 为应用电压；e_b 为反电动势（emf）；r_a 为电枢的电阻；L_a 为电枢的电感；ω_r 为转子的角速度；τ_r 为电磁力产生的力矩；τ_1 为转子的载

荷力矩；τ_m 为输出轴的载荷力矩；ω_m 为轴的角速度；G 为传动比；J_r 为转子的转动惯量；J_m 为输出轴的转动惯量。

电路方程为

$$L\frac{di_a}{dt}+r_a i_a=e_a-e_b \tag{7.3}$$

转子和输出轴的力矩方程为

$$J_r\frac{d\omega_r}{dt}=\tau_r-\tau_1 \tag{7.4}$$

$$J_m\frac{d\omega_m}{dt}=G\tau_1-\tau_m \tag{7.5}$$

τ_r 和 τ_m 之间的关系为

$$\omega_m=\frac{\omega_r}{G} \tag{7.6}$$

然后，导出的力矩为

$$(J_m+G^2J_r)\frac{d\omega_m}{dt}=G\tau_r-\tau_m \tag{7.7}$$

由式（7.1）~式（7.3）、式（7.6）和式（7.7），以矢量－矩阵形式表示的状态方程为

$$\begin{bmatrix}\frac{di_a}{dt}\\ \frac{d\omega_m}{dt}\end{bmatrix}=\begin{bmatrix}-\frac{r_a}{L_a} & -\frac{G\phi}{L_a}\\ \frac{G\phi}{J_m+G^2J_r} & -\frac{G^2\phi}{J_m+G^2J_r}\end{bmatrix}\begin{bmatrix}i_a\\ \omega_m\end{bmatrix}+\begin{bmatrix}\frac{1}{L_a}\\ 0\end{bmatrix}e_a+\begin{bmatrix}0\\ \frac{-1}{J_m+G^2J_r}\end{bmatrix}\tau_m \tag{7.8}$$

7.3.3　AC 电动机

在汽车系统中，用作伺服电动机的大多数 AC 电动机是同步电动机，其磁场由 PM 产生。AC 电动机与 DC 电动机之间的主要区别是其是无刷的，机械整流电枢电流。因此，其也称为无刷 DC 电动机。虽然整流需要电气实现，但因其没有电刷，这使得电动机免维护，图 7.4 给出了电动机的基本运行原理。在无刷电动机中，转子由 PM 和位于外部旋转部分的线圈组成。Hall（霍尔）元件传感器靠近转子放置，测量磁通量以便估计转子转角。根据 Hall 元件的输出，电路通过某类晶体管变化，电流被整流。虽然无刷 DC 电动机消耗附加能量以便运行传感器和晶体管，但是其是免维护的，与有刷电动机相比其转子的惯性很小。近来，无刷 DC 电动机已经成为主流的电动机，用作为混合动力汽车的驱动电动机以及伺服电动机[15]。

7.3.4　步进电动机

步进电动机将数字脉冲转换为机械旋转量，旋转量正比于脉冲数，旋转速度与脉冲频率相关。既然位置误差有限并已知，步进电动机对位置控制有高可靠性。在汽车系统中，步进电动机用于仪表板计量、节气门控制系统等。其由 PM 转子和定子线圈组成，基本运行原理如图 7.5 所示。旋转通过依次切换每个绕组的电压源实现。

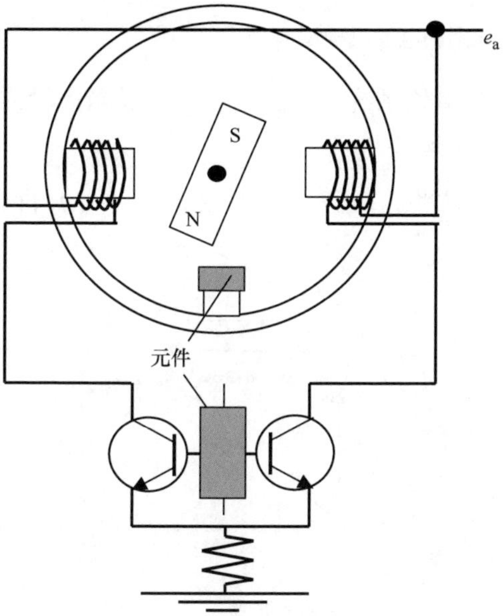

图 7.4　同步 AC 电动机基本工作原理

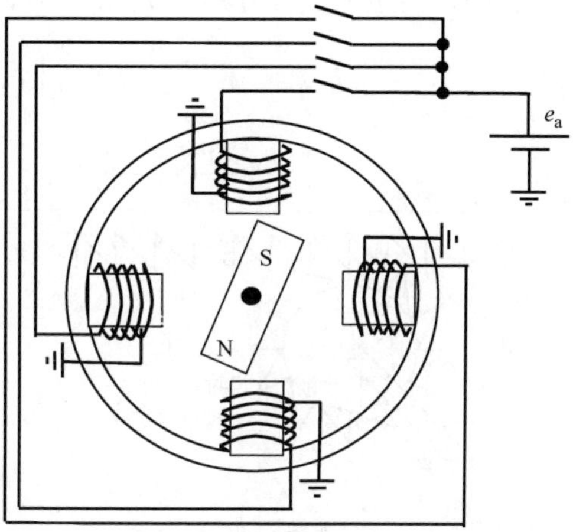

图 7.5　步进电动机基本工作原理

7.3.5　旋转到横向运动的转换

汽车使用的大多数电动执行器通过旋转电动机供给动力，在使其产生平移力时，通常需要将旋转运动转换为横向运动。一个主要的转换器是滚珠丝杠副[16]，图 7.6 给出了一个可能的电动机构型，其装配有滚珠丝杠副。通过这个机构，旋转电动机的输出力矩 τ_m 转换为输出力 f

$$f=\frac{2\pi}{l}\left(\tau_m - J_s\frac{d\omega_m}{dt}\right) \tag{7.9}$$

式中，J_s 和 l 是丝杠的惯性矩和丝杠的螺距。

当横向运动速度是 $\dot{z}$，得到丝杠角速度 ω_m

$$\omega_m=\frac{2\pi}{l}\dot{z} \tag{7.10}$$

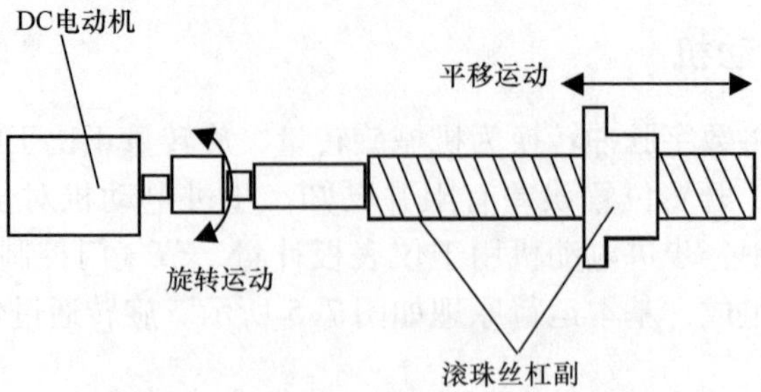

图 7.6　装配滚珠丝杠副的电动机构型

其他转换机构有齿条和齿轮机构、带与滑轮系统，如图 7.7 所示。当齿轮或滑轮的惯性矩和直径分别是 J_p 和 d 时，得到输出力

$$f = \frac{2}{d}\left(\tau_m - J_p \frac{d\omega_m}{dt}\right) \tag{7.11}$$

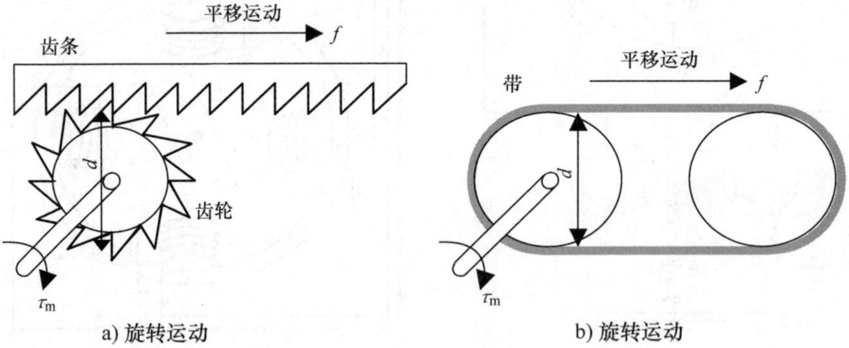

图 7.7　转换机构（a）齿条和齿轮机构和（b）带与滑轮系统

当横向运动速度是 $\dot{z}$，导出电动机轴的角速度 ω_m 为

$$\omega_m = \frac{2}{d}\dot{z} \tag{7.12}$$

使用线性电动机也是产生平移力的可能方式，图 7.8 给出了典型线性 DC 电动机的构型。这种电动机可以产生正比于电动机绕组电流的平移力，没有摩擦和转换机构惯性力的作用。因此，适于作为扬声器的执行器，其需要高响应性和精度。然而，与同质量的旋转电动机相比，线性电动机产生的动力小。汽车系统中线性电动机的应用是有限的，虽然创新也可能改变这种情况。

7.3.6　液压执行器

液压执行器通常用于要求较大力的情况。虽然有几种液压执行器，如液压

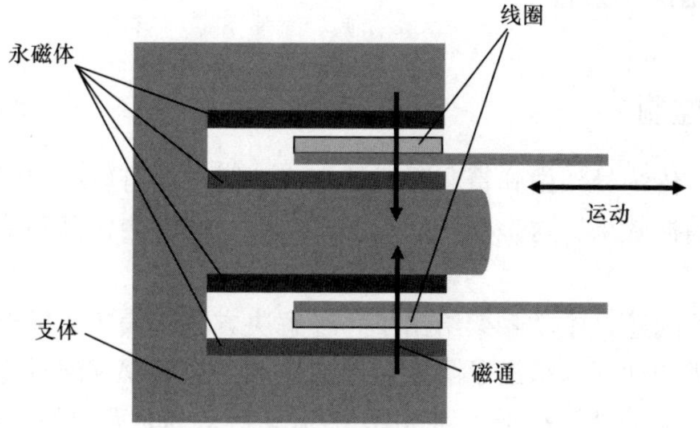

图 7.8　线性 DC 电动机的一种构型

缸、旋转执行器和液压马达，这里主要讨论液压缸，其产生横向运动常用作汽车系统的执行器。图 7.9 给出了液压缸的构型，图 7.9a 表示单向作用液压缸，施加压力油到缸的一端，得到输出力 f 为

$$f = Ap - f_{spring} \tag{7.13}$$

式中，p、A 和 f_{spring} 分别为施加油的压力、活塞的横截面积和弹簧力。

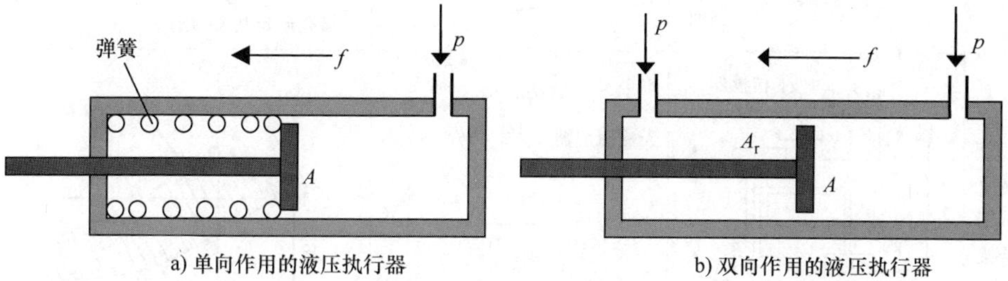

图 7.9　液压执行器的构型

然而，这种类型的液压缸不能在相反方向产生力。通常，活塞通过内弹簧产生恢复力使其返回到初始位置。图 7.9b 演示了双向作用的液压缸，这种类型的液压缸在缸的两端都有压力油。因此，其能够产生双向力。当施加压力油到左端时，导出输出力为

$$f = Ap \tag{7.14}$$

当压力油施加到右端时，输出力变为

$$f = -(A - A_r)p \tag{7.15}$$

式中，A 为杆的横截面积。

7.4　执行器的应用

7.4.1　振动控制

在汽车中，传统悬架由弹簧和阻尼器组成。阻尼器有较高的阻尼比可改善共振频率附近的隔振效果，这是众所周知的事实。这同时会使高频范围的乘坐质量变坏。

对这一矛盾问题，主动悬架给出了一种解决方案。表7.2指出了传统悬架和主动悬架的组成和性能，给出了隔振可以达到的共振频率和通过主动悬架同时达到的高频范围，主动悬架对于达到30Hz的振动被认为是有效的。

表7.2　传统悬架和主动悬架的比较

	结构	等效模型	传递特性
传统悬架	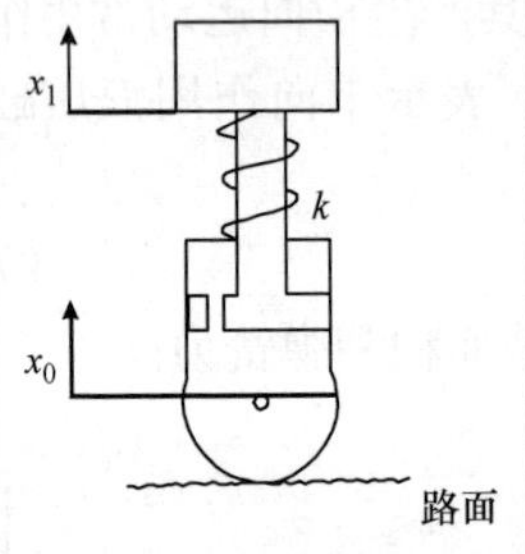	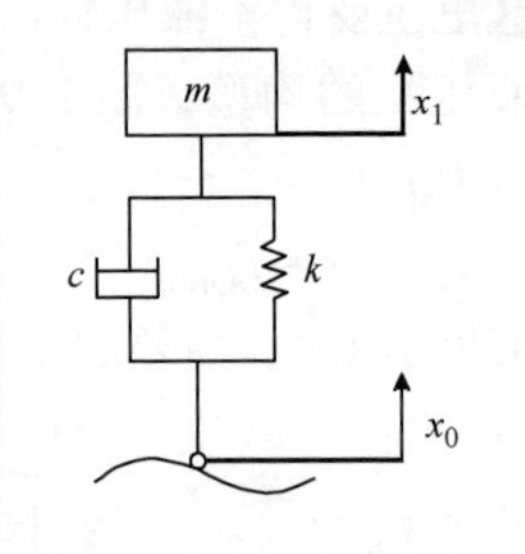	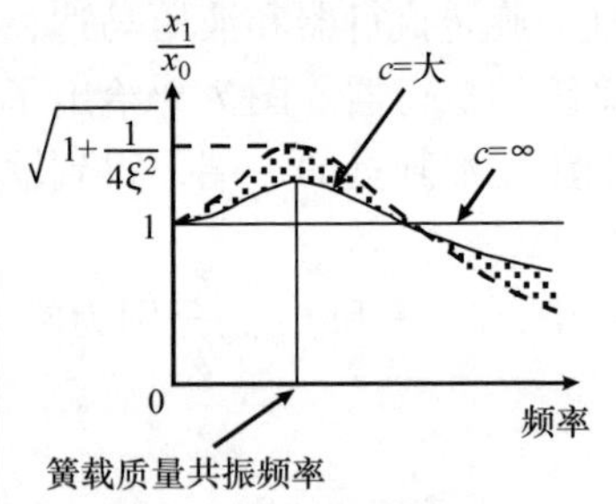
液压主动悬架	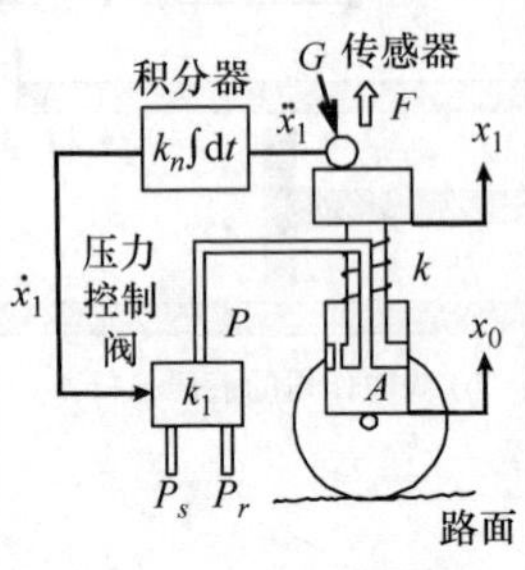	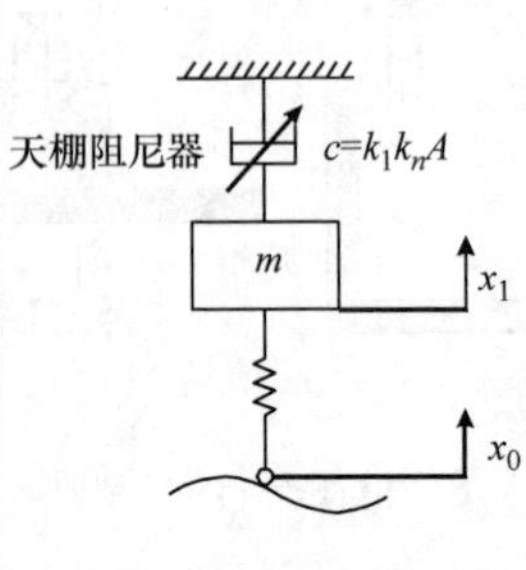	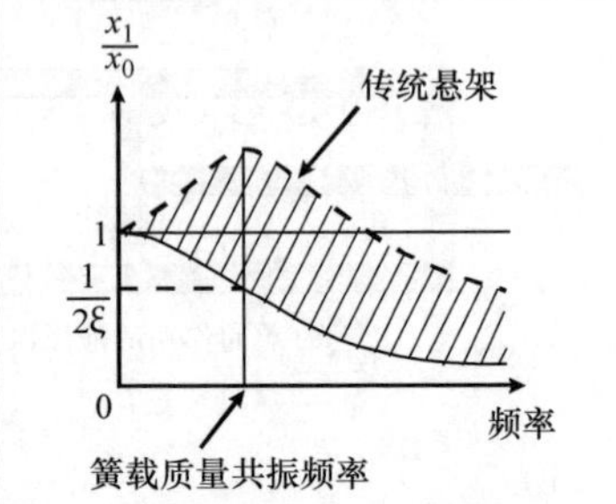

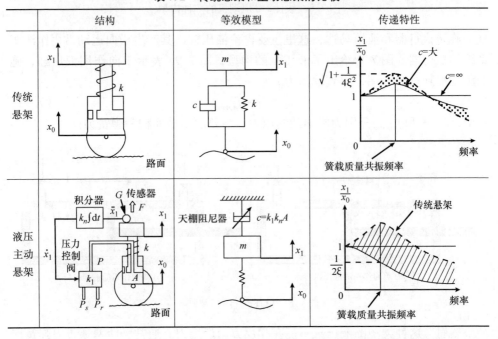

作为主动悬架的控制理论，卡诺普（Karnopp）等提出天棚阻尼定理，文献［17］经常被引用。此外，其他控制理论，如优化控制理论、H无穷控制理论和滑模理论也在应用，以便得到较高的性能。

在商业化的主动悬架系统中，使用液压执行器和气压执行器。图7.10给出了具有液压系统的主动悬架系统的执行器和传感器的布局。液压系统由油泵、储液罐、累加器、控制阀单元和执行器组成。至于传感系统，一些三轴加速计位于簧载质量（车身）和非簧载质量（关节、悬架臂、阻尼器管等）中，也使用横摆角速度传感器、行程传感器和载荷传感器。其他信息，如转向角和速度也在主动控制中使用。

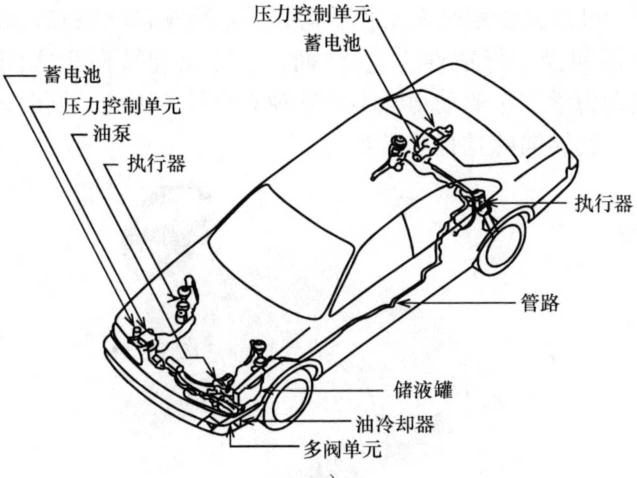

a)

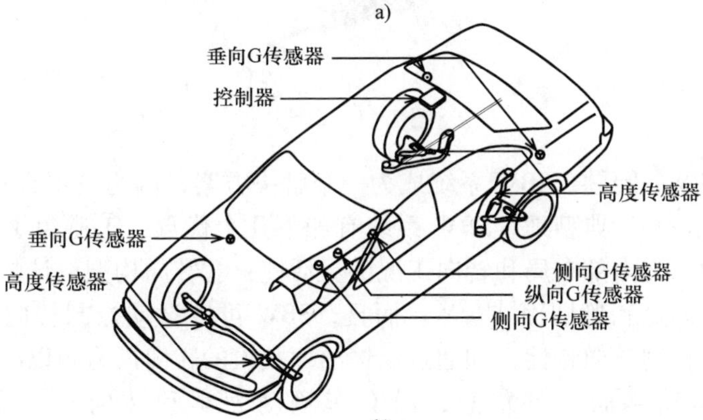

b)

图 7.10 （a）执行器和（b）传感器的布局

主动悬架系统也用于其他振动控制目的，姿态控制是其中一个应用。汽车的侧倾和俯仰运动可以通过同样的主动悬架单元控制。此外，车辆高度也可以用同样的装置控制，以便能改变离地间隙，这在不平路面特别有效。

主动悬架系统的缺点是消耗能量，它需要相当大的能量。半主动悬架也从这一观点研发，其能改变阻尼器的阻尼特性，不直接生成垂向力。半主动悬架也有优点，与主动悬架相比，其控制系统相对简单。

7.4.2 转向控制

电动助力转向系统（EPS）如图 7.11 所示。其由电动机提供转向辅助动力，近来已经研发和批量生产以代替传统的液压助力转向系统，因为其具有环境友好、节约能量、可扩展转向系统布局自由度和没有液压泵与管路的优点。此外，通过使用EPS，可以减少驾驶人工作载荷，并掌握车辆状态和行驶条件，有助于改善行驶安全性和操作舒适性[18]。然而，前轮胎和转向盘之间存在的机械连接，使得转向动力学和车辆动力学不能够独立设计。因此，同时改善车辆的机动性和操纵特性中的转向感觉是非常难的。

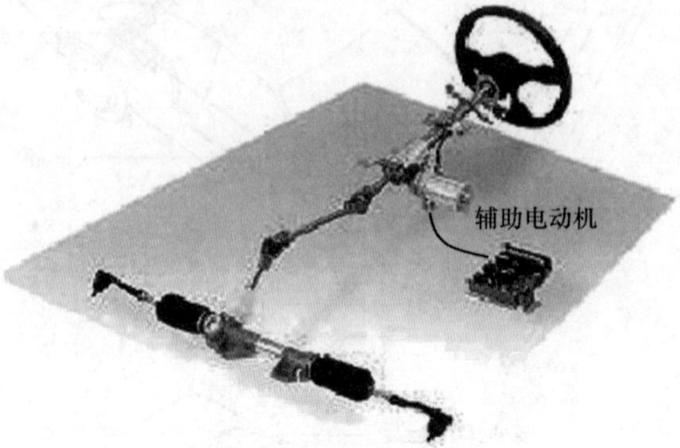

图7.11　EPS

为了克服这一问题，SBW系统成为一个解决方案，因为其不存在机械连接，如图7.12所示[19]。典型地，SBW系统有如下几个优点：①避免了转向柱轴对驾驶人的碰撞；②内部布局和转向工况的灵活性；③转向构型设计的灵活性，例如操纵杆、转向盘和椭圆面[19-21]。而且，SBW可以自动控制转向角以平衡车辆行为，可以控制转向特性，如通过反馈给驾驶人的转向反力矩以减少物理载荷和传递车辆运动路面条件信息，没有车辆动力学和转向动力学的相互干涉[22-24]。从人机界面的观点而言，SBW在避免驾驶人和转向轮的干涉方面有结构优点，因为在转向盘和轮胎之间的机械连接已经被电气系统代替，其由传感器、转向执行器和控制器组成[19,22]。

如图7.12所示，装配SBW系统的车辆由调整转向感觉的反作用力矩执行器和控制前轮胎转向的前轮转向执行器组成。

7.4.3　前转向角主动控制系统

为了加强车辆的操纵稳定性，控制车辆的横摆角速度和侧向加速度，以便通过使用SBW系统追踪希望的值。控制变量是横摆角速度和侧向加速度，控制输入是前转向角。另一方面，为了阐明前转向角控制器的效果，设置用于调整转向感觉的反作用力矩与转向盘转角成正比，使用依赖速度的增益代替复杂的车辆运动反馈控制力矩[19,22]。

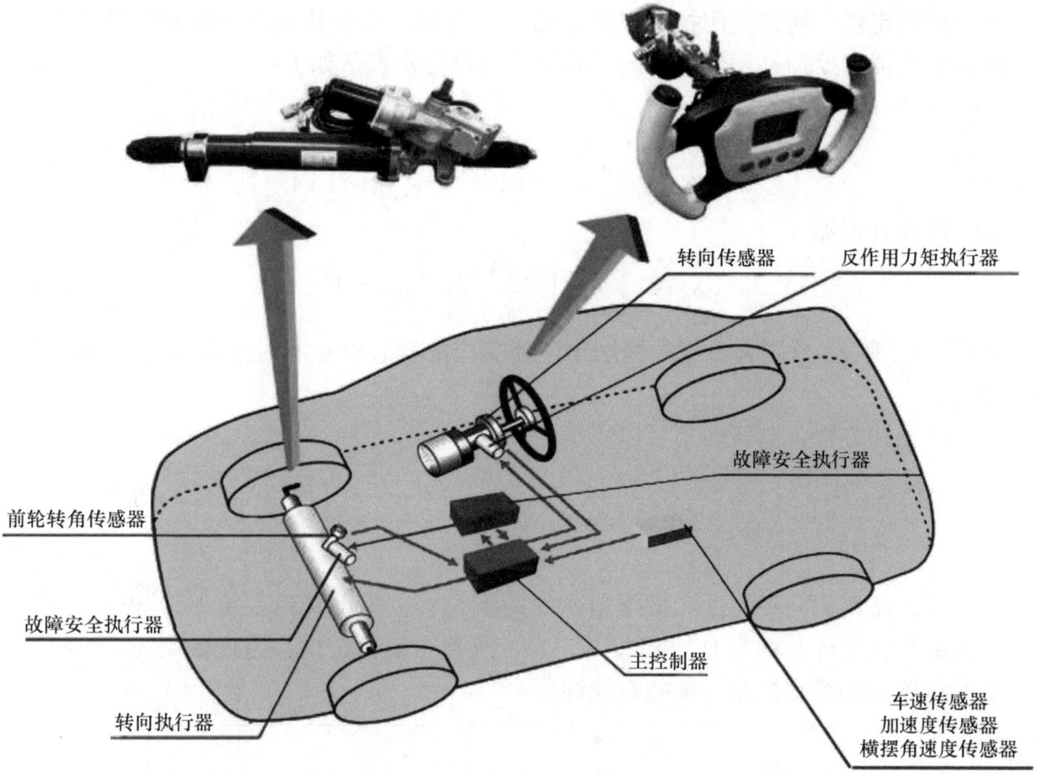

图 7.12 线控转向系统的例子

控制系统由前馈补偿器 $G_{ff}(s)$（相对于转向角 δ_h）和反馈补偿器 $G_{fb}(s)$（依赖于状态偏离）组成，如图 7.13 所示[22]。

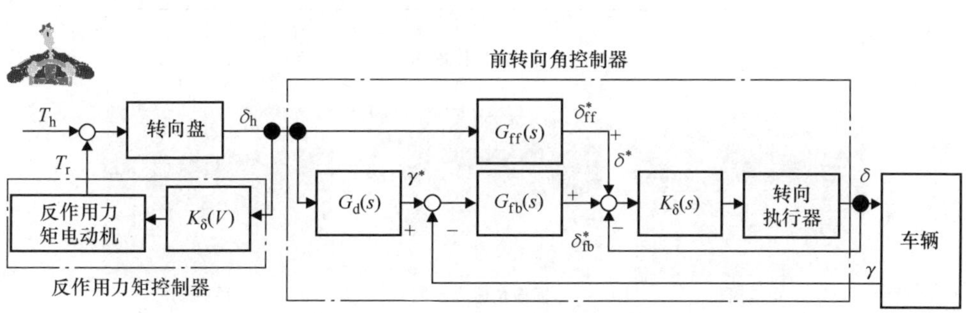

图 7.13 线控转向系统的框图

希望的横摆角速度模型，通过 4WS 车辆零侧偏的横摆角速度响应确定。为了实现这一特性，转向盘和前转向角的关系必须依赖车速。而且，为了加强抵抗扰动的稳定性，通过使用扰动观测器的理论，提出反馈补偿器的转向控制算法。前馈补偿器和反馈补偿器的转向控制律，可以分别表示如下：

前馈补偿器

$$G_{ff}(s)=\frac{\delta_{ff}^{*}(s)}{\delta_{h}(s)}=\frac{k_{\gamma d}(V)}{k_{\gamma}(V)}\left[1+\frac{\tau_{\gamma}(V)-\tau_{\gamma d}(V)}{\tau_{\gamma d}(V)s+1}s\right] \tag{7.16}$$

反馈补偿器

$$\delta_{fb}^{*}=\frac{1}{\tau_{fb}s+1}\left[\frac{\tau_{\gamma}(V)s+1}{k_{\gamma}(V)}\gamma-\delta_{h}\right] \tag{7.17}$$

式中，$k_{\gamma d}$和$\tau_{\gamma d}$分别为希望的横摆角速度响应的稳态增益和时间常数；V为底盘速度。

由上述方程，前转向角可以表示为

$$\delta^{*}=\frac{k_{\gamma d}(V)}{k_{\gamma}(V)}\left[1+\frac{\tau_{\gamma}(V)-\tau_{\gamma d}(V)}{\tau_{\gamma d}(V)s+1}s\right]\delta_{h}(s)+\frac{1}{\tau_{fb}s+1}\left[\frac{\tau_{\gamma}(V)s+1}{k_{\gamma}(V)}\gamma-\delta_{h}\right] \tag{7.18}$$

通过使用侧向加速度和横摆角速度的组合，也提出其他系统作为 SBW 控制系统的替代设计，称为 D* 控制[19]，为了改善车辆稳定性，通过使用图 7.14 所示的试验车辆检查控制系统的有效性。

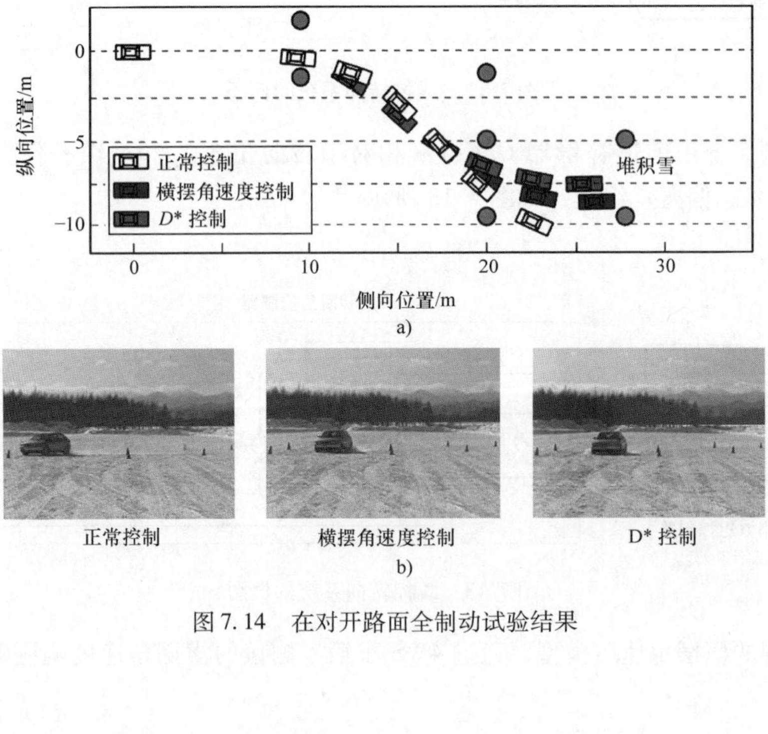

图 7.14　在对开路面全制动试验结果

7.5 用于汽车控制的传感器

7.5.1 传感器

传感器的选择和使用对控制和试验是很重要的事情，传感器可以将物理世界的状态和属性转换成值[25]。应当根据观测的对象选择合适的传感器，即满足精度、响应特性和所需频率带宽等要求的性能。例如，对于运动控制，车辆操纵的上限频率大约是5Hz，则传感器的带宽应当超过8Hz。

通常，大多数传感器分成模拟和数字传感器[25]。来自传感器的输出信号，使用当今的处理器收集、加工和处理[26]。因此，应使用信号处理技术，即模拟数字转换和滤波[25]。否则，在数字信号处理的情况，要求有足够采样率的模拟数据，以便阻止混叠问题。在各种类型的数字信号处理方法中，使用防混叠滤波器。传感过程的流程，如图7.15所示。

在本章下面的部分，从检测车辆自身运动和车辆环境条件的观点，给出几种用于车辆控制和试验的传感器的传感特性和原理。

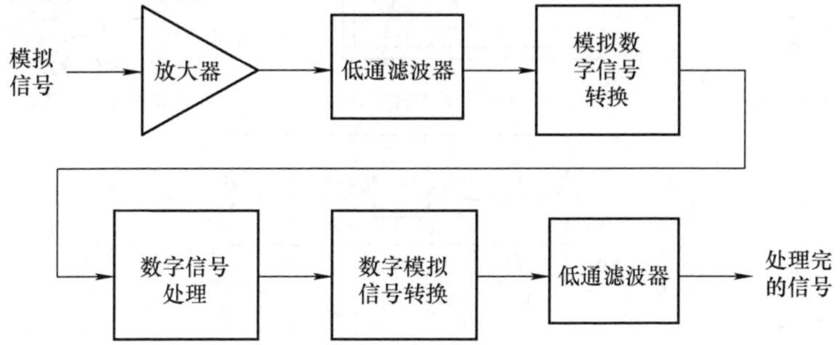

图7.15 传感过程

7.5.2 用于检测车辆自身的传感器

7.5.2.1 加速度传感器

对于车辆控制，如ABS和主动悬架系统，车辆自身条件的检测是必需的。根据检测理论的不同，加速度传感器可以分成几种类型。压电型传感器由PZT（锆钛酸铅）或石英作为压电元件、质量块和壳组成，PZT或石英夹在质量块和外壳之间。当有位移时，根据压电效应，可以检测到电压。这种类型传感器的特点是紧凑、轻量和高灵敏度，如图7.16所示。

应变计型传感器的基本结构与压电型传感器是一样的，但压电元件变为应变片，可以测试静态加速度[27]。如果波束扩展到测试频率的上限，则位移将减少，灵敏度将降低。

伺服型传感器用于火箭的惯性引导。在磁场中，运动线圈根据加速度移动，并测试位移。这种传感器输出电流以保持位移为零，且电流与加速度成正比。它的带宽从直流到几百赫兹。分辨率非常精确。

振荡型传感器由两个弹簧支撑的质量块组成。当加速度 a 作用到质量块 m 上，左侧弹簧的张力将增加 $\Delta T = ma$，右侧弹簧的张力将减少。两个弹簧都是自诱导的、振动的，以及输出频率和固有频率混合测试的。测试的拍频表示为

$$f = \frac{1}{dL}\left(\sqrt{\frac{T+\Delta T}{\rho}} - \sqrt{\frac{T-\Delta T}{\rho}}\right) \tag{7.19}$$

式中，dL 为弹簧的长度；ρ 为单位长质量。

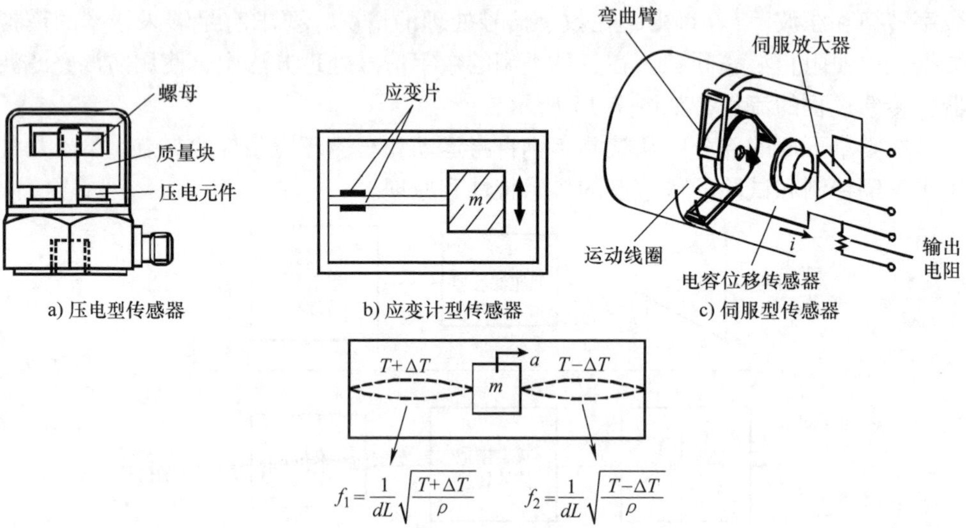

图 7.16　加速度传感器

7.5.2.2　横摆角速度传感器

对于 VSC 系统，需要检测车辆横摆运动以及侧向和纵向加速度、车轮旋转速度。横摆角速度传感器有多种类型，包括陀螺仪型、光学型、气体流量型等[27]。常用类型之一是振动结构的陀螺仪型，因其具有价格低廉、小型和耐用等优点而知名。图 7.17 给出了振动结构类型陀螺仪的基本原理，传感器内部的臂通过如压电执行器的小传感器振动。当传感器旋转时，振动物体趋向于保持振动在同一平面内。因此，物体上根据 Coriolis（科里奥利）效应产生力，传感器输出电压正比于产生的力。因此，通过测试 Coriolis 力可以检测横摆角速度[27]。

其他类型的陀螺仪传感器，使用环形激光陀螺仪或光纤陀螺仪，这种类型的

传感器稳定性和精度较高。

7.5.2.3 力和力矩传感器

对于车辆控制和试验，力和力矩测试是重要的。在力传感器中，有从弹性变形和电磁量等转化成力的方式[25]。因此，力传感器被广泛用于其他物理量传感器的基本元件，如重量和压力等。车轮动态测力计可以用在试验车辆、伺服-液压和滚筒试验平台上。压电元件可用于力传感器，它通过施加的力产生电荷。压电元件分层以分别检测不同方向的力和力矩[28]。

转向力矩通过扭力杆的扭角检测，其位于转向轴差速器上，包括电位计和可变电感等方法[25]。

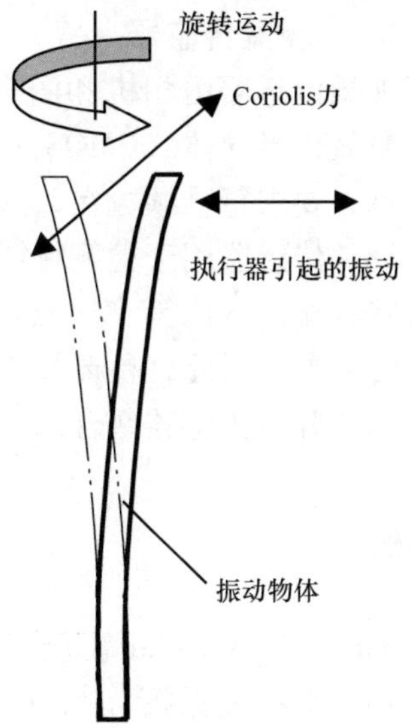

图7.17 振动结构类型陀螺仪的原理

7.5.3 用于检测车辆环境的传感器

7.5.3.1 毫米波雷达

自1995年以来，激光雷达已经开始在市场上销售。然而，其在下雨情况下没有鲁棒性。研发无线波雷达可解决这一问题，虽然其有尺寸较大和可靠性不高等问题。毫米波雷达用于测试传感器与物体之间的距离、相对速度和方向。

雷达装置由天线、模块和信号处理单元组成，雷达波束通过无线频率（RF）模块和天线产生和传递。调频（FM）、脉冲多普勒（Doppler）调制、调频连续波（FM-CW）和扩展频谱雷达波系统都在使用，信号处理单元测试传递和接收波的延迟，其也使用FFT处理找到拍频。为了检测物体的方向，激光波束通过机械和电子方式扫描。

7.5.3.2 激光雷达

激光雷达由激光二极管、扫描激光波束的多边形镜、从物体检测反射激光波束的光敏二极管和CPU组成，其测试激光波束从另一辆车反射的时间。CPU计算相对距离和速度，估计车辆是否在同一条车道上，多边形镜的旋转和平面倾斜角由DC电动机控制。

7.5.3.3 声呐

声呐的传感器使用超声波测试距离。当传感器发射超声波时，如果有某个物体，声呐能够收到反射波，距离通过超声波的回波时间计算。声呐由压电元件和共振板组成，为了发射超声波，当对其施加脉冲信号时，压电元件和共振板一起振动，产生超声波。当共振板收到反射波时，迫使压电元件振动产生电压。因此，声呐既用作发射器也可用作接收器。

7.5.3.4　视觉传感器

视觉传感器由相机和图像处理器组成，使用电荷耦合装置（CCD）或互补的金属氧化半导体（CMOS）相机[25]。为了进行实时处理，使用高性能的图像处理器，要求每秒帧数在25以上。

视觉传感器用于检测特征对象，如用于车道曲率预测的车道线、标志牌与人体形状、碰撞避让等[29]。然而，在光线不好和天气条件较差情况下，难以使用视觉传感器。因此，鲁棒性算法的研发是其最重要的课题，尝试将其与测距器一起使用并开发传感器融合系统。

致谢

Shigeyuki Nakadai 教授（千叶理工学院）、TaihiShiba 教授（明治大学）、Kimihiko Nakano 教授（东京大学）、Motoki Shino 教授（东京大学）、Yohei Michitsuji 教授（东京农业和技术大学）、Yoshiyuki Takahashi 教授（东洋大学）和 Shoichiro Takehara（东京大学）对本章给予了许多帮助，作者非常感谢他们的帮助。

参考文献

1. Y. Furukawa et al. A review of four-wheel steering studies from the viewpoint of vehicle dynamics and control, *Vehicle Syst. Dyn.* 18 (1989), 151–186.
2. T. Ehret et al. Control aspects of the Bosch-VDC, *The Third International Symposium on Advanced Vehicle Control (AVEC '96)*, Aachen, Germany (1996), pp. 573–608.
3. Y. Shibahata et al. The improvement of vehicle maneuverability by direct yaw-moment control, *The First International Symposium on Advanced Vehicle Control (AVEC '92)*, Yokohama, Japan (1992), pp. 452–457.
4. M. Abe et al. Direct yaw moment control with estimating side-slip angle by using on-board-tire-model, *The Fourth International Symposium on Advanced Vehicle Control (AVEC '98)*, Nagoya, Japan (1998), pp. 431–436.
5. M. Shino, P. Raksincharoensak, M. Kamata, and M. Nagai. Side slip control of small-scale electric vehicle by DYC, *The Dynamics of Vehicles on Roads and on Tracks*, Atsugi, Japan (2004), *Vehicle Syst. Dyn.* 41(Suppl.), 487–496.
6. M. Segawa, K. Nishizaki, and S. Nakano. A study of vehicle stability control by steer by wire system, *The Fifth International Symposium on Advanced Vehicle Control (AVEC 2000)*, Ann Arbor, MI (2000), pp. 233–239.
7. S. Kleine and J.L. Niekerk. Modeling and control of a steer-by-wire vehicle, *Vehicle Syst. Dyn.* 29 (1998), 114–142.
8. H. Winner, S. Witte, W. Uhler, and B. Lichtenberg. Adaptive cruise control systems aspects and development trends, SAE Paper No. 961010 (1995).
9. Y. Harada, H. Miyata, Y. Hayakawa, and S. Fujii, Cruise control system using adaptive control theory, SAE Paper No. 931917 (1993).
10. Y. Furukawa and M. Abe. Advanced chassis control systems for vehicle handling and active safety, *Vehicle Syst. Dyn.* 28 (1997), 59–86.

11. M. Nagai, Y. Hirano, and S. Yamanaka. Integrated control of active rear wheel steering and direct yaw moment control, *Vehicle Syst. Dyn.* 27 (1997), 357–370.
12. H. Takano and M. Kato. *Technologies of Actuators*. Riko-Gakusha, Tokyo, Japan, 1999 (in Japanese).
13. K. Nakano and Y. Suda. Combined type self-powered active vibration control of truck cabins, *Vehicle Syst. Dyn.* 41(6) (2004), 449–474.
14. M. Amano and T. Nogi. Application of electrical and electronic technologies to automotives, *J. Soc. Automot. Eng. Jpn.* 59(5) (2005), 4–9 (in Japanese).
15. A. Shimada, H. Ogawa, and M. Nakajima. Development of an ultra-thin DC brushless motor for a hybrid car, *JSAE Rev.* 22 (2001), 287–292.
16. Y. Suda, K. Suematsu, K. Nakano, and T. Shiiba. Study on electromagnetic suspension for automobiles—Simulations and experiments of performance, *The Fifth International Symposium on Advanced Vehicle Control (AVEC 2000)*, Ann Arbor, MI (2000), pp. 699–704.
17. D. Karnopp et al. Vibration control using semi-active force generators, *Trans. ASME, J. Eng. Ind.* 96(2) (1974), 619–626.
18. M. Segawa et al. *Development of Steering Hardware-in-the-Loop Simulator*, FISITA World Automotive Congress, Yokohama, Japan (2006), F2006V196.
19. M. Segawa et al. Vehicle stability control strategy for steer-by-wire system, *JSAE Rev.* 22 (2001), 383–388.
20. Y. Terashima et al. Development of a micro vehicle for severely disabled people, *The Fifth International Conference on Motion and Vibration Control (MOVIC)*, Saitama, Japan, Vol. 2 (2002), pp. 855–860.
21. T. Hosokawa et al. Enhancing maneuverability with driving manipulating devices based on older driver physical characteristics, *JSAE Rev.* 24 (2003), 359–361.
22. M. Shino et al. Vehicle handling and stability control of micro-scale electric vehicle utilizing steer-by-wire system, *The Seventh International Symposium on Advanced Vehicle Control (AVEC '04)*, Arnhem, the Netherlands (2004), pp. 797–802.
23. C.D. Gadda et al. Eliminating the need for sensor redundancy in diagnostic system for steer-by-wire vehicles, *The Eighth International Symposium on Advanced Vehicle Control (AVEC '06)*, Taipei, Taiwan (2006), pp. 59–64.
24. Y.H.J. Hsu et al. A feel for the road: A method to estimate tire parameters using steering torque, *The Eighth International Symposium on Advanced Vehicle Control (AVEC '06)*, Taipei, Taiwan (2006), pp. 835–840.
25. K. Tada et al. *Sensor Technology*, Maruzen Advanced Technology, Maruzen, Tokyo, Japan (1991), pp. 2, 15, 35, 51–58, 228.
26. M. Hatori et al. *Digital Signal Processing*, Maruzen Advanced Technology, Maruzen, Tokyo, Japan (1994), p. 17.
27. H. Miura et al. *Handbook Mechatronics*, Ohmsha, Tokyo, Japan (2005), pp. 153–157.
28. Kistlar: Report SD920-234e-11.02.
29. P.A. Liatsis et al. Novel lane support framework for vision-based vehicle guidance, *Industrial Technology, 2003 IEEE International Conference*, Maribor, Slovenia, Vol. 2 (2003), pp. 936–941.

第8章 地面车辆系统优化

Massimiliano Gobbi 和 Pano Y. Papalambros

8.1 引言

设计过程是并且将总是基于设计者的直觉。然而，优化技术能够使设计过程本身完成重要的改进。设计者的活动经历着分析阶段和综合阶段之间的迭代，分析阶段涉及参数之间的关系、性能指数和设计约束的评价，综合阶段通过适当参数设置获得可能和希望的性能。设计过程本质上的迭代性质，使得控制其变得非常困难。

随着计算机性能越来越强大，优化在汽车工程中的应用也越来越广泛。当今，花费很少的时间就可以完成以前花几年才能完成的计算。因此，数值优化的应用越来越广泛。

下面假设系统准确（验证）的数学模型在优化时是可用的，成功的优化要求适当分析模型的有效性并了解数学优化技术的能力与局限性[6,79,88,95]。

在现实世界应用中，具有单一和明确定义的目标函数问题趋向于例外而不是规则。在工程中，大多数优化问题本质上是多目标的。在多目标问题中，不使用进一步的规则和假设，通常不可能得到所有可能解的排列。在这种情况下，较好解的确定可能变得主观，或者必须依赖附加的信息，如每个目标的重要性。克服这些局限性的最常用和严格的方法，是定义有效解集合[9,43,81]。如果可能，设计者要识别所研究复杂系统的层次，以便系统可以分成能够进一步划分的子系统。目标层解法（ATC）是用于分层多水平系统的优化设计方法，其中低水平元素的输出是高水平元素的输入[67,70,97]。在任何情况下，复杂系统优化可能要求更高的模拟工作量，甚至使用最有效的技术也一样。在这种情况下，设计变量和目标函数之间的关系通过全局近似方法表示。物理模型被另外的纯数学模型代替，其能够给出非常快的计算结果[33,49,82]。在问题描述中包含非确定性，这在优化中是相当新的一个发展[8,10,34,36,113]。这种方法允许设计者最小化目标函数，同时考虑一些参数和/或变量的随机变化影响。通常，这涉及鲁棒性交换的（确定性）优化，其中包括目标（鲁棒设计）的值或满足约束（可靠设计）。在计算优化解后[12,49,81,105]，设计者可以进行选择，从这种集合中选择在目标函数中所需折中的首选解[22]。

本章将简要概述用于车辆设计问题的常用优化设计方法，给出车辆系统动力学、主动安全和行驶平顺性、车辆系统设计和轻量化结构、先进汽车电子学领域的设计优化的一些例子[9,27,31,43,67,83,100]。

8.2　基础

本部分将回顾优化理论的一些基本概念，对于相关问题感兴趣的读者可以参考文献［6，79，88，95，96］。假设优化下准确（验证）的系统数学模型是可用的。

8.2.1　优化问题的描述

大多数工程问题涉及约束优化描述，即对不同类型约束最小化（或最大化）k 个目标函数（性能指标）向量的任务。目标函数和约束必须定量表示为设计变量 x 的函数（f. g），以便

$$\begin{aligned}&\min_{x\in R^n} f(x)\\&h_j(x)=0, j=1,\cdots,m_1\\&g_j(x)\leqslant 0, j=1,\cdots,m_2\\&x\in X\end{aligned}\tag{8.1}$$

式中，f 为目标函数向量；x 为设计变量向量；X 为 x 的定义域；h_j 和 g_j 分别为等式和不等式约束。

集合 X 可以表示某些实值范围或某些类型，如整数或“标准”值，其在设计规范中经常使用[88,95]。应当最大化的问题，即 $\max f(x)$，向量函数 $f(x)$ 可以表示为 $-f(x)$ 或 $1/f(x)$，式（8.1）仍然可以使用[6]。

求解多目标优化问题最常用和严格的方法，是定义有效解为至少改善一个目标函数和至少使另外一个目标函数变坏的解。在这种假设下，有效解集合由 Pareto 优化集合组成[72,75,79]。这种方法的缺点是产生 Pareto 优化集合计算量通常很大。

Pareto 优化集合是非主导解的集合，即图 8.1 中的粗线，其为两个设计变量和两个目标函数的问题。在这种情况下，集合还表示两个目标 f_1 和 f_2 之间的权衡。在 x_1-x_2 平面（设计变量区域）上矩形中的每个点对应于 f_1-f_2 平面（目标函数区域）上多边形的每个点，通过函数 $f(x_1,x_2)$，x_1-x_2 平面上矩形转换到 f_1-f_2 平面上的多边形。如果解符合设计约束，设计变量 x_1 和 x_2 的所有可能组合用于产生 $f_1(x_1,x_2)$ 和 $f_2(x_1,x_2)$。如图 8.1 所示，点 A 被 B 和 C 主导，即 B 和 C 主导 A。点 A 也被 B 和 C 之间粗线的所有设计解主导，即 B 和 C 之间粗线的解至少在一个目标函数上比 A 好。给定一个（错误的）解 A，存在至少在一个目标函数上比 A 更好的解。图 8.1 中对应点的所有解，并不在图 8.1 粗线给出的 Pareto 优化集合中，要被设计者放弃。双目标问题的 Pareto 优化集合，受到两个标量目标函数 f_1 和 f_2 最小的限制。

在数学上，Pareto 优化解定义为，给定最小化问题式（8.1），有 k 个目标函数和 n 个设计变量。解 x_i 是 Pareto 优化的，如果没有解 x_j

$$\begin{cases} f_m(x_j) \leqslant f_m(x_i) & m=1,2,3,\cdots,k \\ \exists\, l: f_l(x_j) < f_l(x_i) \end{cases} \tag{8.2}$$

这个定义可以用于直接找到 Pareto 优化解（Pareto 滤波，见表 8.1）[81]。

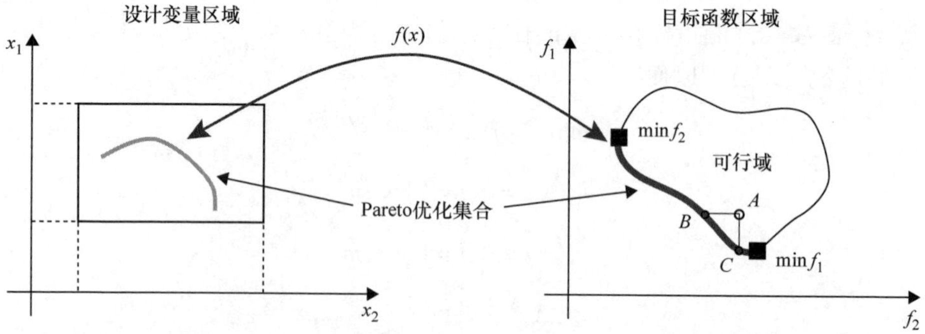

图 8.1　具有两个设计变量 x_1，x_2 和两个目标函数 f_1，f_2 的多目标优化问题，在设计变量和目标函数区域的可行域和 Pareto 优化集合

表 8.1　多目标优化方法概述

标量化方法	Pareto 方法
加权和（线性和非线性）	Pareto 滤波 4
约束方法	自适应加权和法
多属性效用分析	正常的边界交集
全局规划	多目标进化算法

一些方法将多目标描述转化为一个标量目标函数，可以由通常的单目标优化方法求解，使用某种加权函数。这种标量化的缺点是设计者必须事先包括主观信息和偏好，此外，不能获得非凸问题的某些优化[88,95]。

表 8.1 列出多目标优化方法，这些方法的概述可以在文献［19，79］中找到。某些标量化方法也能够用于产生 Pareto 优化集合[20]。

多目标优化问题式（8.1）可以重新描述（“加权和法”）为单目标问题，其中目标函数的加权和必须最小化。通过设置不同的权重，可以生成不同的 Pareto 优化点。只有当 Pareto 优化集合是凸的时，才能使用该方法。

通过应用“约束方法”，k 个目标函数的多目标优化问题式（8.1）可以转化成单目标问题，通过最小化一个目标函数，将剩余的（$k-1$）个目标函数变为不等式约束（上限）。

8.2.2　求解方法

式（8.1）形式上是数学规划问题[6,88,95,96]，其中函数 f 和 g 可以用代数方程或计算机仿真表示。如果函数 f 和 g 都是线性的，则是线性规划问题。否则，是非线性规划问题。离散规划是指所有设计变量只有离散值的问题，大量的设计问题包含混合离散/连续设计变量值[96]，这类问题对标准非线性规划方法通常是个挑战。在表 8.2 中，比较了求解优化问题的某些方法[77,79]，这些问题将在下面进一步讨论。

表 8.2　求解优化问题的方法

方法	类型	效率	精度	离散设计变量
穷举搜索	非导数	－－	＋＋（离散变量）－（连续变量）	是
均匀分布序列	非导数	－	－	是
进化策略	非导数	＋	＋	是
序列二次规划	导数	＋＋	＋	否
说明	－－非常不好	－不好	＋好，＋＋非常好	

8.2.2.1　非线性规划

非线性规划算法在文献中已经广泛研究，这些算法能够通过迭代方法从初始点求解单目标优化。

基于方法的阶次，可以考虑三种主要类型：

（1）零阶方法

新解不应用一阶导数的任何信息计算，这类方法有随机游动、模式搜索和复合形法[96]。

（2）一阶方法

通过梯度识别最速下降方向进行迭代计算。这类方法在每一步保证目标函数减少，最速下降方法和共轭梯度方法[95]属于这种类型。

（3）二阶方法

将曲率（Hessian 矩阵）与梯度一起使用，这类方法也称为 Newton 方法[6]。

当函数不能微分时，零阶方法可能是有用的。在其他情况下，因为 Hessian 计算要求可能过高，基于梯度的方法得到广泛应用。通过数值微分（有限差分），估计梯度和 Hessian 矩阵需要的计算成本分别与 n 和 n^2 成正比，n 为函数的变量数。由于这一原因，开发了拟 Newton 方法，其中 Hessian 矩阵使用函数的值和梯度值的方式估计。

8.2.2.2 基于均匀分布序列的搜索

在找到优化解的大量方法中，穷举搜索方法[81]是最简单的。但是，其要求巨大的计算工作量，正交排列和低的差异序列用于尽可能减少探索设计变量区域设计变量的组合数[109]。在多维空间（超过2和达到30或40）中，低的差异序列可以用于定义设计变量组合的集合，以便对目标函数区域进行采样。低的差异序列不同于虚随机序列，其点在可行空间中是更均匀分布的，有关该问题的详细描述见文献［81，109］。

8.2.2.3 进化算法

进化策略是非梯度方法的一种类型，自从 Holland（霍兰德）出版了关于这个主题的著作后[53]，其变得越来越受到欢迎。这里考虑两种类型的进化算法：遗传算法（GA）和模拟退火算法（SA）。

GA 适于通过半随机搜索找到函数（或者函数集合）的最小值[12,17,46,53,99,105]。设计变量向量是特殊设计的解，通常编码为二进制或实字符串（染色体）。GA 基于优秀的繁殖策略，选择其中最强的种群（设计解）成员用于繁殖和给予强化染色体（即基因，设计变量）的机会，形成下一代。不同于许多其他搜索技术，GA 在每次迭代考虑多设计解（种群）。

对 GA 的一些评价如下：

1）GA 只对函数单独评价，不需要函数的导数。

2）在设计变量区域（种群）中，GA 从几个点开始，因此，其对于定位全局最小具有更好的可能性。

3）GA 允许设计变量空间由连续和离散变量混合组成。

4）GA 使用概率变化准则，而不是使用确定准则。

5）GA 易于在并行计算机上实现。

6）计算成本高，良好的性能通常要求针对特定问题的算法进行手工调校。

排序方法可以很容易包括依据 Pareto 优化性分级种群，构建能够识别全部 Pareto 优化集合的过程。不像标准算法那样，每次运行只得到单个的 Pareto 解[12,18,46,105]。

SA 是启发式搜索方法，用于对困难的优化问题获得良好的解。Kirkpatrick（柯克帕特里克）与其同事[65,96]给出 Metropolis（梅特罗波利斯）提出的一个在固体中模拟退火过程的模型如何用于优化问题的过程。

Metropolis 等通过在给定温度（T）下考虑原子的聚集，引入简单的算法以便模拟退火过程。为了将 Metropolis 算法应用于热动力过程之外，必须提供以下内容：

1）可能的系统构型描述。

2）在构型中产生随机变化。

3）目标函数，其最小是目标。

4）控制参数 T 和退火安排。

在多目标 SA 中，还有一些工作要做。其中，在搜索中找到非支配的解，在退火过程要存储[107]。

8.2.2.4　全局近似

复杂系统设计要求广泛使用基于仿真的设计和分析工具，如多体动力学仿真（MBD）、有限元分析（FEA）、计算流体动力学（CFD）和其他计算机模型。量化如汽车这类复杂产品的工程性能，由于对建模的保真度和精确结果的要求较高，导致得到一个计算成本昂贵的模型。而且，计算机仿真代码可以是特定学科的、分布的和在不同计算机平台上的。有时，计算成本昂贵的计算机仿真和/或分析由代理模型代替，其是快速和简单的近似。为了近似函数，存在大量的方法，从简单的多项式插值到表示函数行为的更精确的方法，如径向基神经网络或 Kriging（克里金）模型[97]。

优化可能要求过高的仿真工作，甚至最有效的技术。在这种情况下，设计变量和目标函数的关系，通过较简单和近似的数学模型，如人工神经网络、分段二次函数或其他近似等全局近似。这种近似、代理模型或纯数值模型，既可以基于有限次数的仿真（即计算试验）定义，也可以通过所考虑的初始验证的系统模型完成。

典型的纯数值模型所需的仿真时间，仅是初始模型需要的仿真时间的一小部分（1/10到1/10000）[82,85]。

输出近似的精度，取决于使用的近似模型和扩展到建立模型的工作量。第一个将神经网络用于全局近似的尝试在文献［49］中阐述，不同近似方法的比较在文献［33］中给出，一些结果见表8.3。

8.2.2.5 多级系统的优化设计

每个系统在复杂性层面上的分析，与设计者的兴趣对应。由于这一原因，在系统定义中，可以识别层次结构，系统能够分成子系统，子系统也能够进一步下分。

ATC是用于分层多级系统优化设计的方法，其中低级元素的输出是高级元素的输入，如图8.2所示。

表8.3 近似方法

	近似区域	评价精度		调校作用
		简单模型	复杂模型	
线性插值	局部	+	–	++
二次插值	局部	+	–	++
神经网络（多层感知）	全局	++	++	–
统计近似（Kriging）	全局	++	+	–
说明	-不好	+好，++非常好		

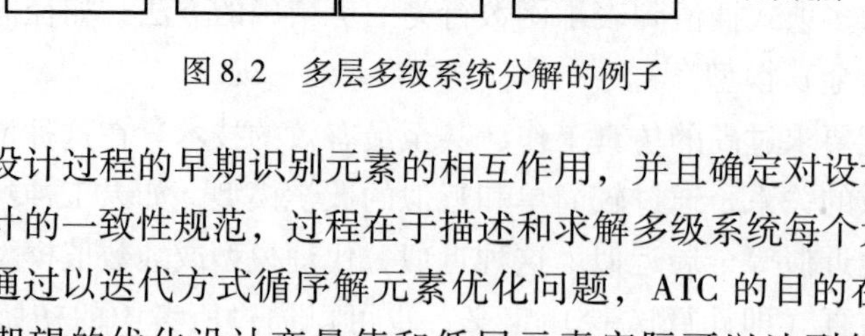

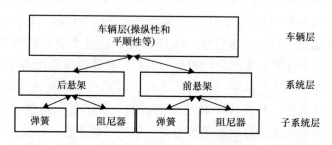

图8.2 多层多级系统分解的例子

目标是在设计过程的早期识别元素的相互作用，并且确定对设计目标有最小偏差的系统设计的一致性规范，过程在于描述和求解多级系统每个元素的最小偏差优化问题。通过以迭代方式循序解元素优化问题，ATC的目的在于最小化层次较高元素的期望的优化设计变量值和低层元素实际可以达到的响应值的差异[64,68,86,87,95]。此外，如果设计变量在同级的某些元素中分享，则其要求常用的最后优化值由其上面的母元素调整。

8.2.2.6 不同解法的比较

哪个优化方法是最好的，没有唯一的答案。许多研究表明，不同方法如何表现最好的性能，取决于问题和花费多少努力在方法本身的调校上，过程本身需要优化。

基于均匀分布序列的搜索计算非常大，但是不需要相对算法本身的参数进行调校。GA 是鲁棒的，可以处理多模式函数，但是一些参数，如种群大小、变异、交叉概率等需要调校，才能得到足够的收敛性质。SA 是鲁棒的方法，比 GA 的计算量要少。

标准非线性规划方法，收敛速度非常快且易于调校。但是其不像其他方法一样是鲁棒的，即会在局部优化时受阻。而且，其在每次运行只能找到一个优化解。工程问题的解通常要求数值仿真、分析计算和选择组件类别的混合，因此，在不能计算目标函数导数的情况下，非梯度优化方法，即基于均匀分析序列搜索、GA 和 SA 更适于这些类型的问题。

8.2.3 基于可靠性的设计优化

由于确定性优化设计没有考虑不确定性，可能导致不可靠设计。因此，基于可靠性设计优化的方法更可取。近来，许多作者引进了组合设计优化和基于可靠性设计方法的过程[3,8,41,45,69,74,103,104,113,114]。这种方法允许设计者最小化目标函数，同时考虑一些参数和/或变量的随机变化影响。通常，这涉及（确定性）优化对鲁棒性的折中，不论是目标值（鲁棒性设计），还是约束满足（可靠性设计）。

在存在随机的变量和参数的情况下，响应，如目标和约束值计算本身是随机变量。在解概率优化问题时，必须计算响应的期望值和/或方差。响应的概率分布的评价可以使用 Monte Carlo 仿真完成，但其成本非常高。因此，实际应用必须使用各种近似方法。

均值一次二阶矩方法（当前设计的一次 Taylor 展开）可以用于估计目标函数的均值和标准差[45]。当经过训练的人工神经网络用于计算模型响应时，可以准确估计目标函数的方差，不附加计算成本。

发布新的产品时，不确定性也可以来自于考虑市场行为。例如，双用途（商业企业和政府军事用途）新车设计的开发，会受到市场渗透和交易不确定性的影响[14]。

8.2.4　Pareto 优化集的分析

在计算优化解（Pareto 优化集）后，设计者可以进行选择，从集合中选择在目标函数中表征所需折中的优先解。

这个过程可以在之前进行甚至可以通过特殊分析加速，允许设计者深入了解其正在分析的物体现象。换言之，通过某些分析，设计者可以理解为什么考虑的优化解需要这样一个设计变量的组合。特别地，这些分析可以表示为：

1）两个目标函数（在 Pareto 优化集内）之间的关系。

2）设计变量（在 Pareto 优化集内）之间的关系。

3）设计变量和目标函数（在 Pareto 优化集内）之间的关系。

这些不同的关系，如图 8.3 所示。

Spearman（斯皮尔曼）排序相关系数[43,79,92]可以用于评价前面引入的关系，已经证明这种排序相关系数在表现非线性或成本方面具有鲁棒性。

8.2.5　用于工程设计优化的商业软件

适于求解与车辆相关的设计优化问题的商业软件，在下面给出。

以下内容并不包括所有软件内容，目的只是让读者了解目前市场上广泛使用的软件。

1）ADAMS/Insight[59]是设计用于 ADAMS 多体动力学仿真环境应用的优化工具，其能使用试验设计技术以便定义目标函数的全局近似（多项式拟合）。优化器包括标准的非线性规划算法，允许设计问题的多目标描述。一些分析工具可以用于识别最影响系统设计的设计变量。

2）FRONTIER[55]着重于多目标描述，试验设计模块可以用于预研设计阶段（因子和 Sobol 等），可以使用数据建模和近似的线性和非线性响应面（多项式拟合和神经网络等），也包括基于设计优化的可靠性工具。

3）GENESIS[61]是结构分析和优化软件，其集成各种 FEA 和优化能力（尺寸、形状、地形、测地和拓扑等），也可以用作更通用的优化器。

4）ISGIHT[62]是通用优化工具，有大量可供选择的算法，用于优化和建立代理模型函数。其包括求解混合 - 离散问题和产生 Pareto 集的能力，也可以用于完成概率优化。

5）MATLAB 优化工具箱[58]是通用优化的函数集，包括非线性规划和多目标最小算法（目标获取等），可以与不同的工具箱集成，用于建立代理模型函数，GA 和直接搜索工具箱扩展了使用 GA、SA 和直接搜索工具的优化能力。

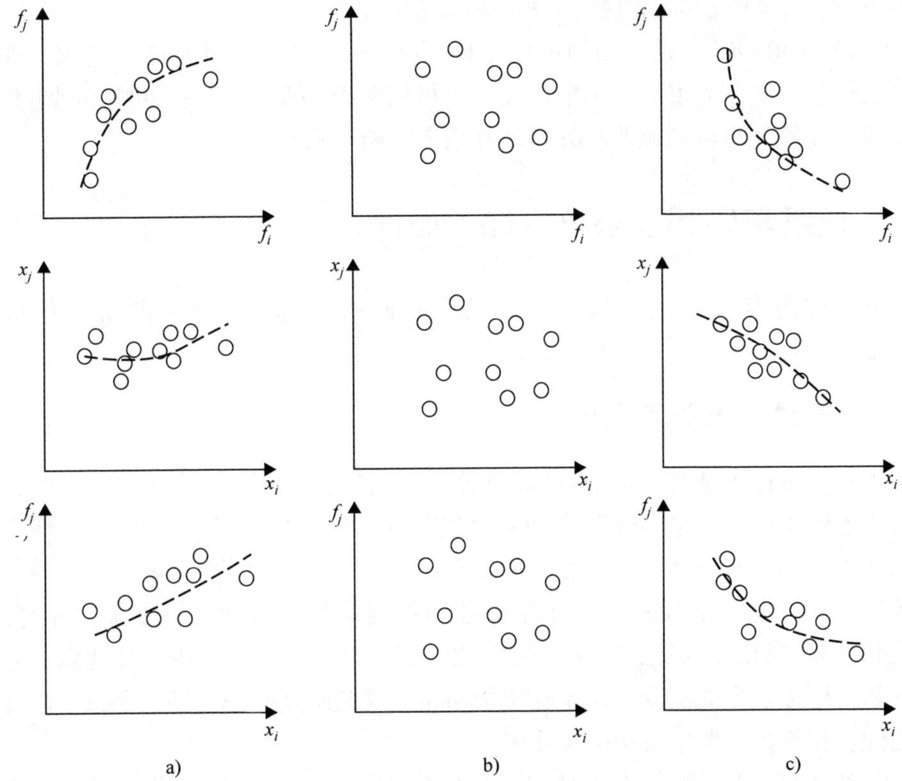

图 8.3　Pareto 优化的目标函数 f_i-f_j、设计变量 x_i-x_j、目标函数与设计变量 f_i-x_i 之间的关系，值可以是直接相关（a）、不相关（b）或非直接相关（c）

6）NEXUS[57] 是通用的多学科和多目标优化工具，可以用于解非线性、约束、无约束以及混合 - 离散问题。模块化插件结构扩展了其基本能力，特定模块可实现试验设计和响应面方法，标准的非线性规划、直接搜索和进化算法可用于单目标和多目标优化。

7）OPTIMUS[60] 是通用优化工具，可以使用试验设计探索试验空间，包括几个标准的非线性规划算法和最先进的进化算法。特殊算法可用于求解包含连续和离散变量的混合问题，也包括多目标解法实现和基于可靠性设计优化工具。

8）OPTISTRUCT[56] 是基于有限元的软件，用于结构分析和设计优化。其集成了最新的基于梯度的优化方法，允许部件尺寸和形状优化（尺寸、形状、地形和拓扑等），包括变形技术以准备用于优化的有限元网格。尺寸优化定义理想的部件参数，如材料类型、截面尺寸和厚度，试验设计能力和随机研究包含在

HyperStudy 工具中，可以直接与 OptiStruct 接口。

9）VisualDOC[61]是通用的优化工具，可以完成线性、非线性、约束、非约束以及整数、离散和混合-离散优化，也可用基于梯度、非梯度和响应面近似优化算法。此外，也包括试验设计模块和概率分析与设计能力。

8.3 道路车辆和子系统的优化设计

下面的内容来自于文献［32］的最新回顾，这里以更新和扩展的形式阐述。

8.3.1 车辆系统动态行为

首先，进行了道路车辆悬架系统设计优化的尝试[16,52,54,63,76,89,102,111]，提出关于道路车辆行驶平顺性和主动安全优化的一些基础研究[37,39,40,90]，考虑了被动和主动悬架的车辆。导出用于估计车辆动态力行为的简单分析公式，与多目标规划（MOP）一起使用，以便象征性地找到优化的悬架设计变量，在舒适、接地和悬架空间之间保证最好的折中。在文献［36，37］中，将设计变量、悬架刚度和阻尼考虑为随机变量，车身质量和轮胎径向刚度考虑为随机参数，以便导出在优化和鲁棒框架中折中的优化解。

参考主动悬架车辆增益的调校，分析公式似乎只能由简单系统模型（文献报告的结果［2，40，54，110］，确定的著名的“天棚”控制策略）导出。有关道路车辆的操纵行为和主动安全优化的基础研究在文献［83］中提出，演示了车辆前后轮胎转向刚度如何调校，以便在描述操纵行为和主动安全的许多矛盾性能指标中得到好的折中方案。在一系列操纵中优化车辆操纵行为和涉及更多设计变量的类似研究，在文献［35，43，78，84，98，100，101，108］中提及。为了有效设计汽车，通常要求对与轮胎、空气动力学和底盘特性（刚度、阻尼和悬架系统运动学）有关的设计变量的全部集合进行调校，这种调校提供了有效应用优化方法的良好机会[45]。

8.3.2 动力传动设计

应用目标级联方法，已经对混合动力驱动系统的燃油经济性、平顺性和机动目标进行了优化[67]。

文献［28］提出在整车系统中集成混合驱动系统的能量管理和设计优化的组合方法，采用序列二次规划（SQP）算法和基于设计空间探索的多启动技术达到加强全局最优的机会。

车辆变速器的同步器和选档机构的设计在文献［41，42］中讨论，主要目的是在参考换档过程期间改善换档能力，因而要调校系统模型的 58 个变量。文献［41］中提出的方法致力于 9 个系统性能参数的优化和减少性能指标对随机扰动的灵敏度（方差），方差通过基于目标函数全局近似的过程计算。

ATC 在车辆传动设计中的应用已经在文献［7］中提及，ATC 被应用于基于仿真的中型货车 CVT 设计中。整个系统分解成三个层次，重点研究两个问题。首先，协调策略和适当模型的开发似乎是复杂的任务，可以从对整个问题的广泛认识中获益。其次，在所有层次上定义的任意权重值对结果和 ATC 作为实际和合适的方法有重要影响。

8.3.3　内燃机设计

ATC 过程的概率描述，已经在文献［10，70］中阐述，以便解决内燃机设计问题。发动机被作为顶层系统，然后分解成子系统，表示气缸的活塞环/圆柱衬组件。系统模型按照制动燃料消耗率预测发动机性能，环/衬组件仿真取环和衬的表面不平（假设为正态分布）、弹性模量和硬度作为输入，计算摩擦引起的能量损失。然后，发动机仿真取能量损失为输入，计算发动机的制动燃料消耗率。

设计发动机悬置优化方法的分析在文献［1］中给出，GA 和 SQP 用于选择参数组合，可以在流体悬置的动刚度产生最深的凹陷和最短的共振峰。

已经研究了制造过程和产品性能之间的联系，以便建立用于引进新发动机技术和过程的定量准则[73]，与新过程相关的费用必须与发动机性能增加相平衡。发动机预测仿真模型用于定量分析新的表面抛光引起的性能增加，通过对两个发动机的进气歧管内表面进行磨料流加工实现新的抛光。因此，经济成本 - 效益分析用于评价制造决策，这是基于其对公司利润的影响确定的。

8.3.4　安全和行驶平顺性

在文献［5］中，GA 用于确定车辆悬架系统主动控制和被动控制的力学参数，以便在路面接地性和悬架动挠度的约束下最小化垂直加速度。在文献［3］中，基于车辆操纵稳定性相关的性能指标，使用 GA 的 MOP 设计多连杆悬架。

在文献［84］中，提出一个用于赛车的轮胎和悬架的集成设计（调校）方法。在主观 - 客观相关分析后，确定适当的目标函数。在不同的驱动情况（稳态、J 转向、车道变化、转向时动力传递 - 中断、弯道制动和转向经过路边石）下，对与悬架系统和轮胎特性相关的18个设计变量进行优化，同时使用全局近似模型与基于低差异序列的搜索方法。同样的方法也在文献［24，35，98，101］中使用，用于量产汽车的底盘设计问题。在文献［45］中，引入和应用了基于可靠性的赛车轮胎和悬架多目标设计优化方法，由全局近似方法完成优化。

在文献［47］中，通过应用有限差分灵敏度的优化算法，优化了悬架特性。通过找到平顺性指标的优化值达到平顺性优化，解释了在车辆中的几个关键点适当增加重量的结果，文献［48］将其扩展到包含操纵特性优化。

在各种环境和操纵中具有良好动态性能的重型车辆设计，从标准的试验操纵到极限的紧急操纵情况在文献［9］中讨论。将问题目标描述为寻找车辆优化设计的多准则和多环境设计问题，可以在所有考虑的环境（车道变化、脉冲转向、斜坡转向和诱导侧翻）下同时改善车辆的动态性能，改进的Monte Carlo优化技术用于获得优化设计。

用于改善车辆防撞性的鲁棒设计方法，应用Monte Carlo仿真方法进行全局响应面分析[50]。

在文献［103］中，在冲击环境下，针对车身部件引入基于可靠性多目标设计优化方法。在结构和乘员安全约束条件下，在最大化汽车围栏截面能量吸收的同时，应用这种方法最小化结构质量。

在文献［66］中，焦点在于安全和NVH的设计优化。调整车辆系统设计变量集，以便在满足静态扭转和弯曲位移约束与前撞和边撞伤害准则前提下，最小化车辆重量。

通过考虑悬架、轮胎和弹簧的分析模型，ATC已经用于优化行驶平顺性和操纵性能[64,68,69]。可以发现整个系统目标和约束之间的潜在不相容性，涉及在不同设计环境下达到系统目标的折中和量化。

在文献［72］中，致力于在一组Pareto优化集的方案中选择单一解的问题。考虑了两种方法：k-优化方法和更通用的$k\varepsilon$-优化方法。这两种方法在理论上证明和在数学上确定了设计者选择Pareto优化集中间的趋势，成功应用于轿车轮胎/悬架系统的优化。

8.3.5 车辆系统设计和轻量化结构

结构部件的优化设计在许多文章中讨论[38,51,71,75]，最近的文章致力于整车布置问题的定义[5]。通过应用精英搜索，实数编码的GA已经用于求解多目标优化问题。

寻找好的车辆结构轻量化设计的有效方法，是使用不同的结构优化工具[4,21,27,30,93,106]。结构优化包括几种方法，例如材料、尺寸、形状和拓扑优化，其中尺寸和形状优化用于固定的拓扑和改善已有的结构。然而，拓扑优化是更通用的优化方法，可以用于车辆研发的早期概念设计阶段，其中简化模型往往足够用于分析结构行为。这种方法的一个应用在文献［29］中给出，使用拓扑优化方法，在车辆设计过程的相对早期阶段可以找到最有效的结构。已经证明拓扑优化是非常有效的，特别是当用于改善现有设计时[11]。

汽车车身结构设计问题，已经通过应用分享罚向量方法考虑[24-26,68]，以便定义产品平台，即选择什么部件分享和设计产品家族，以最小的个体差异偏离理想的个体优化设计。为了设计压电制动，遵循了基于可靠性的多目标方法[44]。

迭代响应面方法已经在文献［15］中使用，用于整车多学科优化，以便在遵守防撞性和 NVH 的约束下最小化质量。

ATC 过程也应用于整车系统的优化设计。新的技术，如混合动力驱动系统、轮毂电机和可变高度悬架已在文献［67］中考虑，重点在于燃料经济性、平顺性和机动性。

为了在提供许多变型的同时减少产品的复杂性和费用，广泛应用的策略是产品平台策略，即通过产品平台共享部件和生产过程。

汽车领域的研究问题包括平台设计过程开发[25,26]和优化平台部件选择[91]。

与车辆获得过程相关的几个决策模型在文献［13］中讨论，致力于解决矛盾问题的范围，如顾客需求、生命周期成本、新技术和设计、预算分配、竞争投标和满足市场目标的承包能力等。

超级计算的进步加速了基于仿真优化的发展[66]。在 NVH 和顶部挤压约束下，轿车车身结构的多学科设计已经在文献［111］中描述。

8.3.6　车辆电子控制的集成

主动悬架优化和集成的基础研究在文献［40，78，115］给出。如前所述，导出的简单分析公式用于车辆行驶平顺性和主动安全的估计以及获得优化的控制器增益，在舒适性、接地性和包装之间提供最好的折中。在文献［36，37］中，通过将车身质量和轮胎径向刚度考虑为随机参数，重新描述这个问题以便在随机框架中导出优化折中解。

几个应用领域的研究揭示了被控对象（设计）和控制优化问题之间的耦合，由于这种耦合，优化被控对象和顺序控制不能保证系统优化。使用简单组合的被动/主动轿车悬架的实例结果，已经在文献［23］中演示。

改善汽车的行驶平顺性和操纵稳定性的方法，与四个主动悬架（天棚阻尼器、主动防侧倾杆）、主动四轮转向和牵引控制（可控差速器）的结合已经在文献［78］中提出。要求设计者在创新阶段和权衡阶段迭代，以便评价候选设计合成新控制方案的有效性。

在文献［94］中，通过使用非线性优化方法，设计和提出车辆动力学-集成控制算法，用于四轮分布转向和四轮分布牵引/制动系统。

8.4 车辆动态行为的优化

简单的例子在下面给出，以便说明如何正确应用前面所述的优化方法可以得到非常通用的结果。

问题是选择车辆被动悬架的刚度和阻尼。车辆行驶在随机不平的路面上，其行为通过著名的1/4车辆模型描述，如图8.4a所示。目标是最小化不舒适性（车身加速度的标准差$\sigma_{\ddot{x}_2}$）、接地性（车轮和路面之间作用力的标准差σ_{F_z}）和工作空间（车轮和车身之间相对位移的标准差$\sigma_{x_2-x_1}$）。

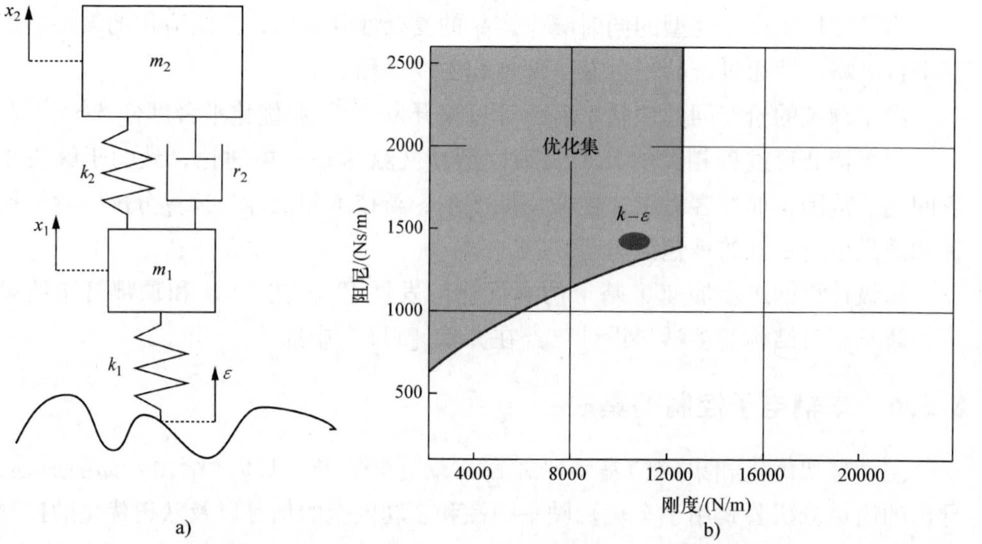

图8.4 （a）1/4车辆模型，（b）Pareto优化集（填充区域）和$k\varepsilon$优化解（设计变量空间的车辆被动悬架优化问题见文献［72］，悬架阻尼r_2（Ns/m），悬架刚度k_2（N/m）。车辆数据在文献［39］中描述，k_1（N/m）是轮胎径向刚度，m_1（kg）是非簧载质量，m_2（kg）是簧载质量（对于1/4车辆模型）

通过使用图 8.4a 所示的符号，定义

$$q=\frac{m_1}{m_2},K_x=k_2\frac{(1+q)^2}{k_1q},R_x=r_2\sqrt{\frac{(1+q)^3}{k_1m_2q}} \tag{8.3}$$

为了导出 Pareto - 优化集的分析表示，使其成为（无量纲）设计变量区域（K_x、R_x）。对于两个目标函数（Pareto 优化集的边界，有三个目标函数的问题，名义上是 $\sigma_{\ddot{x}_2}$，σ_{F_z}、$\sigma_{x_2-x_1}$，见文献［37，39］）的三个组合，有

$$\text{Optimal}(\sigma_{\ddot{x}_2},\sigma_{F_z})\to R_x=\sqrt{(1+q)K_x-qK_x^2},0\leqslant K_x\leqslant 1$$

$$\text{Optimal}(\sigma_{\ddot{x}_2},\sigma_{x_2-x_1})\to R_x\geqslant 0,K_x=0$$

$$\text{Optimal}(\sigma_{F_z},\sigma_{x_2-x_1})\to R_x\geqslant 1,K_x=1 \tag{8.4}$$

通过检查式（8.4）的表示，设计者可以直接理解悬架设计问题。

对于 $\sigma_{\ddot{x}_2}$、σ_{F_z}、$\sigma_{x_2-x_1}$问题，Pareto 优化集进入的设计变量区域（悬架刚度 k_2 和悬架阻尼 r_2）是图 8.4b 所示的填充区域（参考在文献［39］中描述的车辆数据），属于 Pareto 优化集的解同样来自于设计者期望的观点。

为了选择最后的悬架设计解，遵循文献［72］中广泛描述的 $k\varepsilon$ 优化方法。结果为 Pareto 优化集子集的设计解，在图 8.4b 中命名为 $k\varepsilon$（暗的区域）。在进行了昂贵的试验后，结果似乎与非常有经验的悬架专家选择的解一致。

在随机描述下，由于可能的载荷条件变化和轮胎压力的变化（m_2：$CV=\sigma/\mu=0.10$，k_1：$CV=0.10$），可以将车身质量 m_2 和轮胎径向刚度 k_1 考虑为随机参数。要优化的设计变量是悬架的刚度 k_2 和阻尼 r_2，由于生产公差和/或磨损引起的名义值变化（k_2：$CV=0.03$，r_2：$CV=0.10$），将其考虑作为随机设计变量。计算的 Pareto 优化集，如图 8.5 所示。

图 8.5 说明，鲁棒性（较高的可靠性）的增加意味着优化解向较高悬架刚度 k_2 的转移，结果表明通过强加非常高的可靠性（99.9999999%）计算的Pareto 优化解区域是确定解的扩展，详细内容见文献［37］。

类似的方法可以用于优化道路车辆的操纵行为和主动安全性，如文献［83］中的描述。可以调校车辆的前后轮胎转向刚度，以便在描述操纵行为和主动安全性许多矛盾的性能指标间得到优先的折中。Pareto 优化解如图 8.6 所示，可以导出分析解形式。

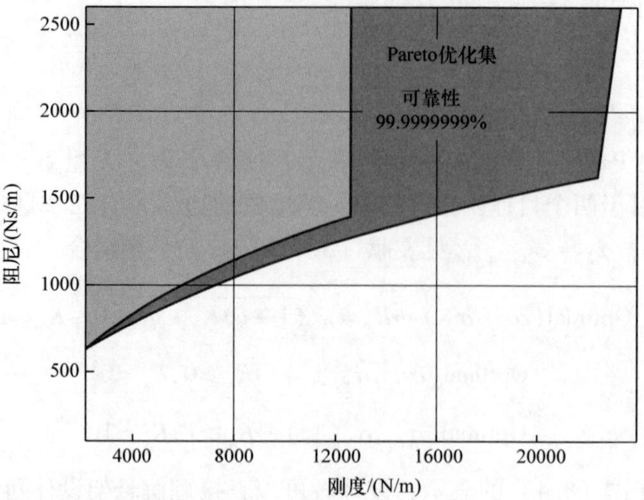

图 8.5　Pareto 优化集（填充区域）用于设计空间［悬架阻尼 r_2（Ns/m），悬架刚度 k_2（N/m）］的车辆被动悬架系统优化问题，车辆数据在文献［39］中描述，确定性解（浅色填充区域），与通过应用基于可靠性优化方法（全部填充区域）得到的解一起给出

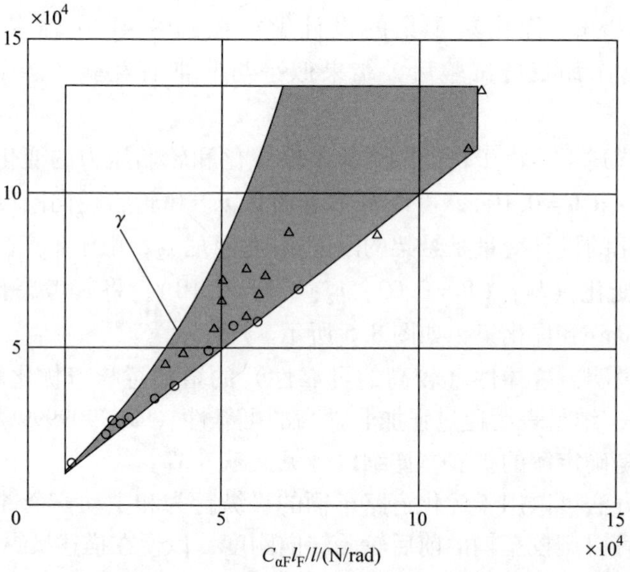

图 8.6　Pareto 优化集（灰色区域）在设计变量区域 $C_{\alpha F}/l_F$ 和 $C_{\alpha R}/l_R$ 表征道路车辆优化操纵性能。其中 $C_{\alpha F/R}$ 为前/后转向刚度，$l_{F/R}$ 为相应的从质心到前/后轴的距离，l 为车辆轴距。试验数据由○表示，从文献得到；数据由△表示，为作者和轮胎制造商测试

8.5　结论

提出优化设计方法及其对解决车辆系统设计问题应用的评述，正确的优化方法放弃了“压按钮得到设计”的想法，支持和认识到在设计过程中设计者作为主导力量、计算机和软件作为必需的工具作用的现实方法。成功的优化，要求适当分析模型的实用性和数学优化技术的能力与限制的知识。多数用于商业用途的现代软件，可以有效支持这些努力。然而，在承担更复杂的研究前，要求增加熟悉度。包含在问题描述中的不确定性，在可用的优化工具中是相对新的发展。虽然解的鲁棒性与优化一样是希望的，但是，概率优化设计描述在计算上实质比确定性设计大得多。类似地，完成全 Pareto 优化研究是非常昂贵的。本章包含的（即使是部分）参考文献列表，可以用于更深入了解问题及其潜在的实际实现，这些内容包括车辆系统动力学、传动和内燃机设计、主动安全和行驶平顺性、车辆系统设计、轻量化结构和控制。

参考文献

1. Ahn, Y.K. et al., Optimal design of an engine mount using an enhanced genetic algorithm with simplex method, *Vehicle System Dynamics*, 43(1), 57–81, 2005.
2. Alleyne, A. and Hedrick, J.K., Application of nonlinear control theory to electronically controlled suspensions, *Vehicle System Dynamics*, 22, 309–320, 1993.
3. Aminpour, M. et al., A framework for reliability-based MDO of aerospace systems (AIAA-2002-1476), *Proceedings of the 43rd AIAA/ASME/ASCE/AHS/ASC Structures, Structural Dynamics, and Materials Conference*, Denver, CO, April 2002.
4. Ashby, M.F., Multi-objective optimization in material design and selection, *Acta Materialia*, 48, 359–369, 2000.
5. Baumal, A.E., McPhee, J.J., and Calamai, P.H., Application of genetic algorithms to the design optimization of an active vehicle suspension system, *Computer Methods in Applied Mechanics and Engineering*, 163, 87–94, 1998.
6. Belegundu, A.D. and Chandrupatla, T.R., *Optimization Concepts and Applications in Engineering*, Prentice Hall, Upper Saddle River, NJ, 1999.
7. Blouin, V., Fadel, G., Haque, I., Wagner, J., and Samuels, H., Continuously variable transmission, design for optimum vehicle performance by analytical target cascading, *International Journal of Heavy Vehicle Design—Special Automotive Research Center Edition*, 11(3/4), 327–348, 2004.
8. Caballero, R., Cerdá, E., Muñoz, M., Rey, L., and Stancu-Minasian, I.M., Efficient solution concepts and their relations in stochastic multiobjective programming, *Journal of Optimization Theory and Applications*, 110(1), 53–74, 2001.
9. Chakarvartula, S., Haque, I., and Fadel, G., A Monte-Carlo simulation approach to heavy vehicle design for good dynamic performance in multiple scenarios, *International Journal of Heavy Vehicle Systems (IJHVS)*, 10(1/2), 112–143, 2003.
10. Chan, K.Y., Kokkolaras, M., Papalambros, P., Skerlos, S.J., and Mourelatos, Z., Propagation of uncertainty in optimal design of multilevel systems: Piston-ring/cylinder-liner case study, *Proceedings of SAE World Congress*, Detroit, MI, 2004, Paper No. 2004-01-1559.
11. Chen, C.J. and Usman, M., Design optimization for automobile applications, *International Journal of Vehicle Design*, 25, 126–141, 2001.

12. Cheng, F. and Li, D., Genetic algorithm development for multi-objective optimization of structures, *AIAA Journal*, 36(6), 1105–1112, 1998.
13. Cooper, A.B., Georgiopoulos, P., Michalek, J.J., and Papalambros, P.Y., A simulation-based vehicle design strategy for acquisition and requirements validation, *Proceedings of the SAE World Congress*, Detroit, MI, March 8–11, 2004.
14. Cooper, A.B., Kokkolaras, M., and Papalambros, P.Y., A dual-use enterprise context for vehicle design and technology valuation, *Proceedings of the Society of Automotive Engineers World Congress*, Detroit, MI, March 8–11, 2004, SAE Paper 2004-01-1588.
15. Craig, K., Stander, N., Dooge, D., and Varadappa, S., MDO of automotive vehicle for crashworthiness and NVH using response surface methods, AIAA-2002-5607, *Ninth AIAA/ISSMO Symposium on Multidisciplinary Analysis and Optimization*, Atlanta, GA, 2002.
16. Dahlberg, T., An optimized speed-controlled suspension of a 2-DOF vehicle travelling on a randomly profiled road, *Journal of Sound and Vibration*, 62, 541–546, 1979.
17. Davis, L., *The Handbook of Genetic Algorithms*, Van Nostrand Reingold, New York, 1991.
18. Deb, K., A fast and elitist multiobjective genetic algorithm: NSGA-II, *IEEE Transactions on Evolutionary Computation*, 6(2), 182–197, 2002.
19. De Weck, O., Multiobjective optimization: History and promise, Keynote Paper, *Third China–Japan–Korea Joint Symposium on Optimization of Structural and Mechanical Systems*, Kanazawa, Japan, October 30-November 2, 2004.
20. De Weck, O. and Jones, M.B., Isoperformance: Analysis and design of complex systems with desired outcomes, *Systems Engineering*, 9(1), 45–61, 2006.
21. Dong-Chan, L., Hyeun-Seok, C., and Chang-Soo, H., Design of automotive body structure using multicriteria optimization, *Structural and Multidisciplinary Optimization*, 32, 161–167, 2006 (doi: 10.1007/s00158-005-0577-2).
22. Ehrgott, M. and Wiecek, M.M., Multiobjective programming, in *Multiple Criteria Decision Analysis: State of the Art Surveys*, J. Figueira, S. Greco, and M. Ehrgott, eds., Springer, New York, 2005, pp. 667–722.
23. Fathyl, H., Papalambros, P., and Ulsoy, A., Integrated plant, observer, and controller optimization with application to combined passive/active suspension, *Proceedings of the 2003 ASME Mechanical Engineering Congress and Exposition*, Washington, DC, November 15–21, 2003.
24. Fellini, R., Papalambros, P.Y., and Weber, T., Application of a product platform design process to automotive powertrains, *Proceedings of the 8th AIAA/NASA/USAF/ISSMO Symposium on Multidisciplinary Analysis and Optimization*, Long Beach, CA, 2000, Paper No. 4849.
25. Fellini, R. et al., A sensitivity-based commonality strategy for family products of mild variations, with application to automotive body structures, *Ninth AIAA/ISSMO Symposium on Multidisciplinary Analysis and Optimization*, Atlanta, GA, September 4–6, 2002, AIAA 2002-5610.
26. Fellini, R., Kokkolaras, M., and Papalambros, P., Quantitative platform selection in optimal design of product families, with application to automotive engine design, *Journal of Engineering Design*, 17(5), 429–446, October 2006.
27. Fenyes, P.A., Donndelinger, J., and Bourassa, J., A new system for multidisciplinary analysis and optimization of vehicle architectures, 2002, AIAA Paper, AIAA-2002-5509.
28. Filipi, Z. et al., Combined optimisation of design and power management of the hydraulic hybrid propulsion system for the 6 × 6 medium, *International Journal of Heavy Vehicle Systems*, 11(3/4), 372–402, 2004.
29. Fredricson, H., Property optimization of vehicle body structure elements using simplified models, *Proceedings of the WCSMO-5*, Lido di Jesolo, Italy, May 2003.
30. Fredricson, H., Johansen, T., Klarbring, A., and Petersson, J., Topology optimization of frame structures with flexible joints, *Journal of Structural and Multidisciplinary Optimization*, 25(3), 199–214, 2003.
31. Fujita, K. et al., Design optimization of a multilink suspension system for total vehicle handling and stability, *Proceedings of the 7th AIAA/USAF/NASA/ISSMO Symposium on Multidisciplinary Analysis and Optimization*, St. Louis, MO, 1998.
32. Gobbi, M., Haque, I., Papalambros, P., and Mastinu, G., Optimization and integration of ground vehicle systems, *Vehicle System Dynamics*, 43(6–7), 437–453, June–July 2005.
33. Gobbi, M. and Mastinu, G., Global approximation: Performance comparison of different methods, with an application to road vehicle system engineering, in *Innovation in Vehicle Design and Development*, DE-Vol. 101, I. Haque et al., eds., ASME, New York, 1999, pp. 15–24.

34. Gobbi, M. and Mastinu, G., Stochastic multi-objective optimisation for the design of vehicle systems, *Proceedings of the WCSMO5 International Conference*, Lido di Jesolo, Italy, May 2003.
35. Gobbi, M. et al., Optimal and robust design of a road vehicle suspension system, *Vehicle System Dynamics Supplement*, 33, 3–22, 1999.
36. Gobbi, M., Levi, F., and Mastinu, G., Multi objective robust design of the suspension system of road vehicles, *Vehicle System Dynamics Supplement*, 41, 537–546, 2004.
37. Gobbi, M., Levi, F., and Mastinu, G., Multi-objective stochastic optimisation of the suspension system of road vehicles, *Journal of Sound and Vibration*, 298(4–5), 1055–1072, December 2006.
38. Gobbi, M. and Mastinu, G., On the optimal design of composite material tubular helical springs, *Meccanica*, 36(5), 525–553, 2001.
39. Gobbi, M. and Mastinu, G., Symbolic description and optimisation of the dynamic behaviour of vehicles running on rough road, *Journal of Sound and Vibration*, 245(3), 457–481, August 2001.
40. Gobbi, M. and Mastinu, G., Symbolical multi-objective optimisation of the dynamic behaviour of actively suspended road vehicles, *International Journal of Vehicle Design*, 28(1/2/3), 189–213, 2002.
41. Gobbi, M., Mastinu, G., and Caudano, M., Stochastic multi-objective optimisation of a gearbox synchroniser and selector mechanism, *Proceedings of the ASME IMECE 2003*, Vol. 2, Washington, DC, November 2003, ISBN 0-7918-4664-4.
42. Gobbi, M., Mastinu, G., D'Orazio, A., Caudano, M., and Faustini, G., On the optimisation of a double cone synchroniser for improved manual transmission shiftability, *Advanced Vehicle Technologies*, DE-Vol. 103, ASME, New York, 2002, ISBN 0-7918-1692-3.
43. Gobbi, M., Mastinu, G., and Doniselli, C., Optimising a car chassis, *Vehicle System Dynamics*, 32(2–3), 149–170, 1999.
44. Gobbi, M., Guarneri, P., and Mastinu, G., Optimal robust design optimization with application to a piezoelectric brake, SAE Paper 2008-01-2554. SAE Brake Colloquium & Exhibition, October 12–15, San Antonio, TX, 2008, ISBN 978-0-7680-2097-7.
45. Gobbi, M., Optimal and robust design of ground vehicle systems, *Proceedings of ESDA2006, 8th Biennial ASME Conference on Engineering Systems Design and Analysis*, Torino, Italy, July 4–7, 2006.
46. Goldberg, D., *Genetic Algorithms in Search, Optimization, and Machine Learning*, Addison-Wesley, Reading, MA, 1989.
47. Goncalves, J. and Ambrosio, J., Optimization of vehicle suspension systems for improved comfort of road vehicles using flexible multibody dynamics, *Nonlinear Dynamics*, 34, 113–131, 2003.
48. Goncalves, J. and Ambrosio, J., Road vehicle modeling requirements for optimization of ride and handling, *Multibody System Dynamics*, 13, 3–23, 2005.
49. Grierson, D.E. and Hajela, P., eds., *Emergent Computing Methods in Engineering Design, Applications of Genetic Algorithms and Neural Networks*, Springer Verlag, Berlin, Germany, 1996.
50. Gu, L., Yang, R.J., Cho, C.H., Makowski, M., Faruque, M., and Li, Y., Optimization and robustness for crashworthiness, *International Journal of Vehicle Design*, 26(4), 348–360, 2001.
51. Hamza, K., Hossoy, I., Reyes-Luna, J.F., and Papalambros, P.Y., Combined maximization of interior comfort and frontal crashworthiness in preliminary vehicle design, *International Journal of Vehicle Design*, 35(3), 167–185, 2004.
52. Hedrick, J.K., Introduction to active suspensions, Carl-Cranz-Academy Course Notes on "Control of Vehicle Ride and Handling", Wessling-Oberpfaffenhofen, July 1990.
53. Holland, J., *Adaptation in Natural and Artificial Systems*, The University of Michigan Press, Ann Arbor, MI, 1975.
54. Hrovat, D., Applications of optimal control to advanced automotive suspension design, *Transactions of the ASME, Journal of Dynamic Systems, Measurement, and Control*, 115, June 1993.
55. http://frontier.enginsoft.it/ (May 12, 2012).
56. http://www.altair.com/ (May 12, 2012).
57. http://www.ichrome.eu/ (May 12, 2012).
58. http://www.mathworks.com/ (May 12, 2012).
59. http://www.mscsoftware.com/ (May 12, 2012).
60. http://www.noesis.be/ (May 12, 2012).
61. http://www.vrand.com/ (May 12, 2012).
62. http://www.3ds.com/ (May 12, 2012).
63. Karnopp, D. and Trikha, A., Comparative study of optimization techniques for shock and vibration isola-

tion, *Transaction of the ASME, Journal of Engineering for Industry*, 91, 4, 1969.
64. Kim, H., Rideout, D., Papalambros, P., and Stein, J., Analytical target cascading in automotive vehicle design, *Journal of Mechanical Design*, 125, 481, September 2003.
65. Kirkpatrick, S., Gelatt, C.D., and Vecchi, M.P., Optimization by simulated annealing, *Science*, 220(4598), 1983, 13.
66. Kodiyalam, S., Yang, R.J., Gu, L., and Tho, C., Large-scale, multidisciplinary optimization of a vehicle system in a scalable, high performance computing environment, *Proceedings of DETC2001 ASME Design Engineering Technical Conferences*, Pittsburg, PA, September 9–12, 2001.
67. Kokkolaras, M. et al., Simulation-based optimal design of heavy trucks by model-based decomposition: An extensive analytical target cascading case study, *International Journal of Heavy Vehicle Systems*, 11(3/4), 403–433, 2004.
68. Kokkolaras, M., Fellini, R., Kim, H.M., Michelena, N.F., and Papalambros, P.Y., Extension of the target cascading formulation to the design of product families, *Journal of Structural and Multidisciplinary Optimization*, 24(4), 293–301, 2002.
69. Kokkolaras, M., Mourelatos, Z.P., and Papalambros, P.Y., Design optimization of hierarchically decomposed multilevel system under uncertainty, *Proceedings of the ASME 2004 Design Engineering Technical Conferences*, Salt Lake City, UT, September 28–October 2, 2004, DETC2004/DAC-57357.
70. Kokkolaras, M., Mourelatos, Z.P., and Papalambros, P.Y., Design optimization of hierarchically decomposed multilevel systems under uncertainty, *Proceedings of 2004 ASME Design Engineering Technical Conferences: 30th Design Automation Conference*, Salt Lake City, UT, 2004, Paper No. DETC2004/DAC57357.
71. Levi, F., Gobbi, M., and Mastinu, G., An application of multi-objective stochastic optimisation to structural design, *Structural and Multidisciplinary Optimization*, Springer-Verlag, Berlin, Germany, No. 10, 2004, DOI: 10.1007/s00158-004-0456-2.
72. Gobbi, M., A k, k-ε optimality selection based multi objective genetic algorithm with applications to vehicle engineering Optimization and Engineering, January 2012.
73. Li, Z., Georgiopoulos, P., Papalambros, P.Y., Filipi, Z., Wu, G., and Yang, X., Model based analysis of performance-cost tradeoffs for engine manifold surface finishing, *Proceedings of the Society of Automotive Engineers World Congress*, Detroit, MI, March 8–11, 2004, SAE Paper 2004-01-1561.
74. Li, Z., Kokkolaras, M., Jung, D., Papalambros, P.Y., and Assanis, D.N., An optimization study of manufacturing variation effects on diesel injector design with emphasis on emissions, *Proceedings of the SAE World Congress*, Dearborn, MI, March 8–11, 2004, SAE Paper 2004-01-1560.
75. Longo, R., Anedda, G., and Testa, M., Integrated multibody structural optimization for car suspension design, *Proceedings of the TCN CAE 2003 International Conference*, Cagliari, Italy, 2003.
76. Mastinu, G., Automotive suspension design by multiple objective programming, *Proceedings of the International Symposium on "Advanced Vehicle Control" (AVEC'94)*, JSAE, Tsukuba, Japan, 1994, pp. 73–78.
77. Mastinu, G. and Gobbi, M., Advances in the optimal design of mechanical systems, Course coordinated by CISM (International Centre for Mechanical Sciences), Birla Science Centre, Hyderabad, India, www.europeindia.org, 1999.
78. Mastinu, G., Integrated controls and interactive multiple objective programming for the improvement of ride and handling of road vehicles, in *Smart Vehicles' Swets & Zeitlinger*, J.P. Pawelussen and H. Pacejka, eds., Lisse, the Netherlands, 1995.
79. Mastinu, M., Gobbi, M., and Miano, C., *Optimal Design of Complex Mechanical Systems with Applications to Vehicle Engineering*, Springer Verlag, Berlin, Germany, 2006, ISBN 3-540-34354-7.
80. Metropolis, N., Rosenbluth, A., Rosenbluth, R., Teller, A., and Teller, E., Equation of state calculations by fast computing machines, *Journal of Chemical Physics*, 21, 1087–1092, 1953.
81. Matusov, J.B., *Multicriteria Optimisation and Engineering*, Chapman & Hall, New York, 1995.
82. Miano, C., Gobbi, M., and Mastinu, G., A tutorial on present and future applications of global approximation issues with application to vehicle design problems, in *Advanced Vehicle Technologies*, DE-Vol. 112, ASME, New York, 2001.
83. Miano, C., Gobbi, M., and Mastinu, G., Multi-objective optimization of the handling performances of a road vehicle: A fundamental study on tire selection, *ASME Journal of Mechanical Design*, 126, 687, July 2004.
84. Miano, C., Gobbi, M., Mastinu, G., and Cesarini, R., On the integrated design of the tyre-suspension

system of a racing car, in *Advanced Vehicle Technologies*, DE-Vol. 106, I. Haque et al., eds., ASME Publication, New York, 2000.
85. Miano, C., Optimization methods of complex mechanical system with particular reference to ground vehicles (In Italian). PhD thesis, Politecnico di Milano, Como, Italy, 2003.
86. Michelena, N.F. and Papalambros, P.Y., A hypergraph framework for optimal model-based decomposition of design problems, *Journal of Computational Optimization and Applications*, 2, 8, 1997.
87. Michelena, N.F., Park, H., and Papalambros, P.Y., Convergence properties of analytical target cascading, *AIAA Journal*, 41(5), 897–905, May 2003.
88. Miettinen, K., *Nonlinear Multiobjective Optimization*, Kluwer Academic Publishers, Boston, MA, 1999.
89. Mitschke, M., *Dynamik der Kraftfahrzeuge*, Springer Verlag, Berlin, Germany, 1990.
90. Nakhaie Jazar, G., Alkhatib, R., and Golnaraghi, M.F., Root mean square optimization criterion for vibration behaviour of linear quarter car using analytical methods, *Vehicle System Dynamics*, 44(6), 477–512, 2006.
91. Nelson, S.A., II, Parkinson, M.B., and Papalambros, P.Y., Multicriteria optimization in product platform design, *Journal of Mechanical Design*, 123(2), 199–204, 2001.
92. Ng, W.Y., *Interactive Multi-Objective Programming as a Framework for Computer Aided Control Systems Design*, Springer Verlag, Berlin, Germany, 1989.
93. Nishiwaki, S., Nishigaki, H., Tsurumi, Y., Kojima, Y., and Kikuchi, N., First order analysis—New CAE tool for automotive body designers, 2001, SAE Paper 2001-01-0768.
94. Ono, E., Hattori, Y., Muragishi, Y., and Koibuchi, K., Vehicle dynamics integrated control for four-wheel-distributed steering and four-wheel-distributed traction/braking systems, *Vehicle System Dynamics*, 44(2), 139–151, 2006.
95. Papalambros, P.P. and Wilde, D.J., *Principles of Optimal Design: Modeling and Computation*, Cambridge University Press, New York, 2000.
96. Pardalos, P.M., Resende, M., and Pardalos, P., *Handbook of Applied Optimization*, Oxford University Press, Oxford, U.K., 2002.
97. Ruzika, S. and Wiecek, M.M., A survey of approximation methods in multiobjective programming, *Journal of Optimization Theory and Applications*, 126(3), 473–501, 2005.
98. Scarlat, G., Haque, I., Fadel, G., and Schuller, J., A modified Monte-Carlo approach to simulation-based vehicle design with multiple objectives and multiple scenarios, *Proceedings of the SAE World Congress*, Detroit, MI, 2002.
99. Schäffer, J., Some experiments in machine learning using vector evaluated genetic algorithms, PhD thesis, Vanderbilt University, Nashville, TN, 1984.
100. Schuller, J., Haque, I., and Fadel, G., Methods for simulation-based optimization of vehicle handling behavior, in *Advanced Vehicle Technologies*, I. Haque and M. El-Gindy, eds., ASME, New York, November 2000.
101. Schuller, J., Haque, I., and Eckel, M., An approach for optimisation of vehicle handling behaviour in simulation, *Dynamics of Vehicles on Roads and Tracks, Supplement to Vehicle System Dynamics*, 37, 24–37, August 2001.
102. Sharp, R.S. and Crolla, D.A., Road vehicle suspension system design—A review, *Vehicle System Dynamics*, 16, 167–192, 1987.
103. Sinha, K., Reliability-based multi-objective optimization methodology for engineering systems, *Proceedings of ESDA2006, 8th Biennial ASME Conference on Engineering Systems Design and Analysis*, Torino, Italy, July 4–7, 2006.
104. Siddal, J.N., A new approach to probability in engineering design and optimization, *ASME Journal of Mechanisms, Transmissions, and Automation in Design*, 106, 5–10, 1984.
105. Srinivas, N. and Deb, K., Multiobjective optimization using nondominated sorting in genetic algorithms, *Evolutionary Computation*, 2(3), 221–248, 1994.
106. Suh, M.-W., Le, J.-H., Cho, K.-Y., and Kim, S.-I., Section property method and section shape method for the optimum design of a vehicle body structure, *International Journal of Vehicle Design*, 30, 115–134, 2002.
107. Suppapitnarm, A., Seffen, K.A., Parks, G.T., Clarkson, P.J., and Liu, J.S., Design by multiobjective optimization using simulated annealing, *Proceedings of the International Conference on Engineering Design ICED*, Munich, Germany, 1999.
108. Tangella, C., Simulated annealing as an optimization tool for multi-criteria, multi-scenario optimization, MS thesis, Clemson University, Clemson, SC, May 2003.

109. Tezuka, D., *Uniform Random Numbers: Theory and Practice*, Kluwer Academic Publishers, Boston, MA, 1995.
110. Thompson, A., An active suspension with optimal linear state feedback, *Vehicle System Dynamics*, 5(4), 187–203, 1976.
111. Thompson, A., Suspension design for optimum road-holding, 1983, SAE Paper 830663.
112. Yang, R.J., Gu, L., Tho, C.H., and Sobieski, J., Multidisciplinary design optimization of a full vehicle with high performance computing, *42nd AIAA/ASME/ASCE/AHS/ASC Structures, Structural Dynamics, and Materials Conference*, Seattle, WA, 2001.
113. Youn, B.D. et al., Techniques for estimating uncertainty propagation in probabilistic design of multilevel systems, *10th AIAA/ISSMO Multidisciplinary Analysis and Optimization Conference*, Albany, NY (AIAA 2004-4470), August 30–September 1, 2004.
114. Youn, B.D. and Choi, K.K., Selecting probabilistic approaches for reliability-based design optimization, *AIAA*, 42(1), 124–131, 2004.
115. Zaremba, A., Hampo, R., and Hrovat, D., Optimal active suspension design using constrained optimization, *Journal of Sound and Vibration*, 207(3), 351–364, 1997.

第9章　汽车部件的疲劳和结构耐久性

Thomas Bruder，Holger Hanselka，Rudiger Heim，Heinz Kaufmann，
Michael Kieninger，Jurgen Nuffer 和 Cetin Morris Sonsino

作为当前的理解和实践，本章目的在于给出结构耐久性的简短综述，分成如下四个部分。

9.1 部分给出结构耐久性的简短回顾，解释影响参数：材料、几何、制造和载荷，定义了应力和应变 Woeher（沃勒）曲线、Gassner（加斯纳）曲线和疲劳数据的可转移性。为了设计目的，讨论不同的概念。这部分说明结构耐久性不能只作为材料特性处理，还必须认识到其在部件和与载荷相关的材料行为等方面。

9.2 部分处理载荷获取。在服役条件下进行测试，以便确定与结构形式相关的损害参数，构成试验和数值仿真、强度评价和标准化的基础。首先采用特殊的载荷传感器使数据获取技术成为可能，用于测试内部载荷，现在可以使用高效的获取装置和传感器。然而，在服役条件下记录测试数据面临挑战，因为其总是与一定程度的努力相联系。载荷、应力和应变测试获取的系统应用，本质上增加了开发部件的可靠性。即使在预研发阶段，也可以使用以前测试的载荷和研发过程本身的载荷，载荷假设可以很好调整和验证。因此，在研发可靠性的部件和系统时，将载荷获取视为不可或缺的手段。

有关载荷的实际假设，对于结构耐久性的合理分析是必不可少的。9.3 部分给出如何导出和产生用于数值评价以及物理试验目的载荷的简要综述。

9.4 部分将说明试验证据对于可靠性、鲁棒性和质量是必要的举措。既然许多车辆部件与运行安全性相关，则这些部件必须不能失效和引起事故，这可以通过实验室路况仿真保证。因此，服役载荷仿真和评价成为主动保证产品研发过程的工具，而不仅是针对新研发的部件。如果载荷与装配以实际方式结合，则由于消除了专门的在轨测试，会节省费用和时间。

通常，多轴试验台硬件与用于力和运动的数字控制器一起使用。这导致子系统水平的加速寿命试验，例如底盘、悬架或非簧载旋转部件，如车轮和轮毂。载荷文件由路况测试导出，或者使用载荷量化的标准化信息。

9.1 结构耐久性

结构耐久性（服役强度）是用于应力（载荷）谱的通用术语，部件必须在其要求的寿命内承载而且不能失效。基本参数是材料、设计（部件几何）、制造过程（如铸造、锻造、焊接或表面处理）和载荷（机械以及叠加的环境影响）[1-6]，成本最终使产品达到市场优化程度而不是最佳，如图9.1所示。

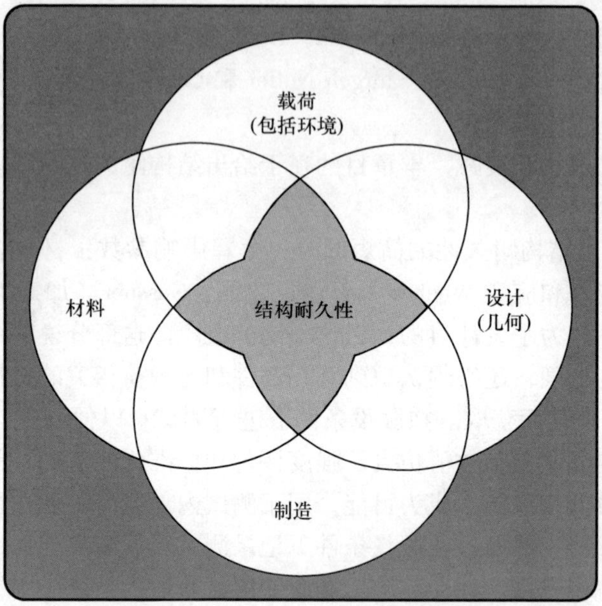

图9.1　影响部件结构耐久性的参数

尽管进行了许多年的探索，基于纯数值的结构耐久性证据，对于可靠性部件的发布还是不可能的。但是数值分析不仅可以缩短研发时间，还可以揭示部件的复杂性，在某些情况下完成如智能结构的集成，甚至要求启用更多的数值分析，以便能够胜任公司未来的研发过程和满足产品可靠性的要求。方法学的发展用于拓宽设计和优化的基础，扩展到诸如制造方法、表面状态、尺寸效应和强度假设等参数。疲劳数据对部件的可转移性，与局部微结构性质和失效机理紧密相关，要求金相学和扫描电子显微镜调查的支持。现在对结构耐久性的理解本身区别于Ernst Gassner 1939年引入的原始定义，其等同于在变幅（VA）载荷下具有疲劳行为的结构耐久性。今天的定义为：

1）特殊的载荷（过载，例如达到部件结构、屈服强度，如底盘部件缓慢驶过障碍）、结构的膨胀或屈曲，动力载荷的滥用（高速和能量冲击载荷，例如，高速驶过凹坑)，其中必须排除由于不正确的设计和/或材料选择导致的无变形的脆性断裂，即韧性断裂是容许的。

2）蠕变载荷，例如受到高温和离心力作用的涡轮叶片。

3）摩擦部件之间的磨损，例如齿轮。

4）具有常幅值（CA）、过盈装配的 VA 或依赖载荷均值的循环（非动态）载荷（疲劳强度），可以导致材料疲劳、开始有裂纹和部件的最后失效，CA 下的强度行为通过 Woehler 曲线描述（S－N 曲线：CA 载荷下耐久应力/应变幅值，称为 Woehler 曲线，以便区别其余耐久的应力/应变幅值载荷，即 Gassner 曲线）和 VA 下的 Gassner 曲线，如图 9.2 所示。

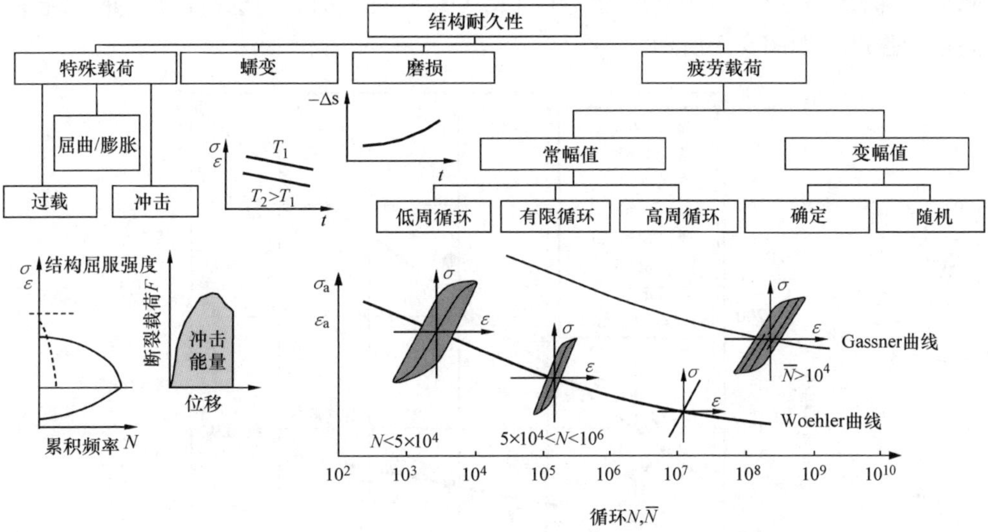

图 9.2　结构耐久性的划分

Woehler 曲线分成三个区域：低周疲劳（弹塑性变形，有较大的塑性部分，达到 5×10^4 循环）、有限疲劳寿命区域（弹塑性变形，在 5×10^4 和 1×10^6 循环承载）和所谓疲劳极限（宏观弹性变形，大于 1×10^6 循环）。在这一区域，必须预期到疲劳强度的连续减少取决于材料、制造方法和环境，即“疲劳极限”不存在[7,8]。Gassner 曲线可以扩展到 10^4 和 10^{10} 之间，而 VA 载荷能够确定或随机发生。低周循环疲劳区域的典型部件是反应器的压力容器，有限疲劳寿命区域的典型部件是车门铰链，而所谓疲劳极限区域的典型部件是齿轮、曲轴或连杆。设计用于变化服役载荷的典型部件是底盘部件，如车轮、转向杆，前后轴、转向轴和制动系统等，这里描述的载荷类型（特殊事件、蠕变、磨损和循环载荷）在服役中很少单独发生，一定是连续或一起发生，以至于必须考虑其疲劳寿命的典型相互作用。然而，仅有 CA 的载荷或应力在低周循环疲劳区域，很少发生在有限疲劳寿命或所谓疲劳极限区域。在服役中，主要存在不同大小的幅值成分，其通过术语谱（幅值的累积频率分布）描述，这种谱的知识是确定 Gassner 曲线的先决条件。

9.1.1　影响参数

9.1.1.1　优化问题的描述

通常，金属材料的极限抗拉或屈服强度伴随着疲劳强度的增加而增加。然而，这仅适用于无切口或轻微切口的部件区域，因为切口取决于设计，其显著影响疲劳极限。切口随应力集中（例如台肩、圆角、钻孔等，有小半径）增加，降低外部容许载荷。对于高应力集中（$K_t>2.5$）的切口，选择高强度钢不能提高疲劳强度，如图 9.3 所示。

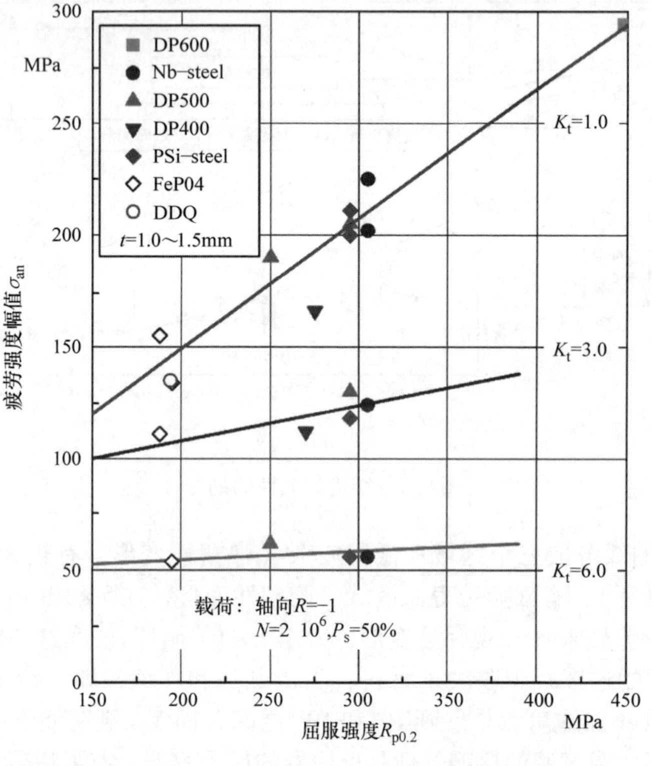

图 9.3　具有切口因子 K_t 的车身钢疲劳强度

因此，只有通过设计明确减少应力集中，才能利用材料的较高强度多数情况通过结合较大半径实现。在不可能减少应力集中的情况下，可以在制造过程中增加机械或热机表面处理操作。然而，具有较高拉伸强度或屈服强度的材料在疲劳强度上比具有较低抗拉强度或屈服强度的材料也有更大的加强[9]，这种加强是由于材料具有较高和稳定的压缩残余应力的能力。在批量生产中，可选择加强疲劳强度的有效措施，例如表面滚压或感应硬化。根据材料、几何和载荷（例如全反向、脉动、CA 或 VA），在 CA 载荷下这些选择可以达到可承受应力幅值的 3 倍。在 VA 载荷下，取决于载荷水平，观测到的增加可以由于局部塑性变形引起压缩残余应力的消失而减少[5]，这种增强由引入到表面层的压缩残余应力占主导地位。应用这些处理，通常比设计特性更能够使疲劳强度有效加强。基本上，影响疲劳强度的所有表面层状态，要从制造诱发的残余应力的角度评价，例如磨削、车削和研磨。进一步重要的参数是平均应力灵敏度 M，其用于评价装配和取决于载荷的平均应力对耐久疲劳强度的影响，如图 9.4 和图 9.5 所示。

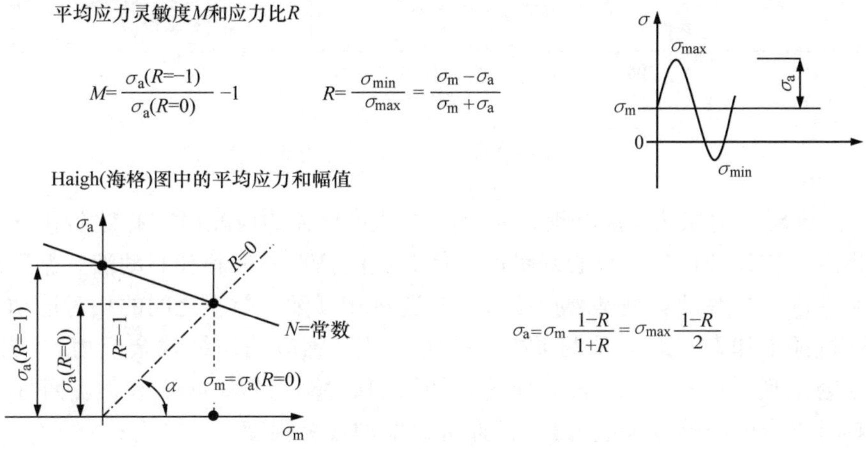

图 9.4　Haigh（海格）图的参数

M 描述材料受到全反向载荷（$R=-1$）和脉动载荷（$R=0$）的耐久应力幅值 σ_a 的比值。对于所有金属材料，拉伸平均应力 σ_m 降低耐久应力幅值 σ_a，压缩平均应力提高 σ_a。如果应力比在服役中发生偏离全反（$R=-1$）或脉冲载荷（$R=0$）的情况，在 Haigh 图中通过内插或外插，可以近似导出属于各自平均应力的疲劳强度幅值，如图 9.4 所示。然而，位于 $-1\leqslant R\leqslant 0$ 外部的数据，推荐使用试验验证。

9.1.1.2　载荷

除了应用机械载荷（CA 或 VA，单轴或多轴载荷）外，必须要考虑如温度或腐蚀介质对疲劳强度的环境影响。氧化和蠕变效应也可能在长期保持期内发生，例如高温下的静态操作。取决于氯离子的浓度，含有氯的溶液会严重降低疲劳寿命（或衰减疲劳强度），因为 Woehler 曲线拐点转移到较高的循环数或者完全消失。由腐蚀环境介质产生的疲劳强度损失，通常 VA（服役载荷序列）低于

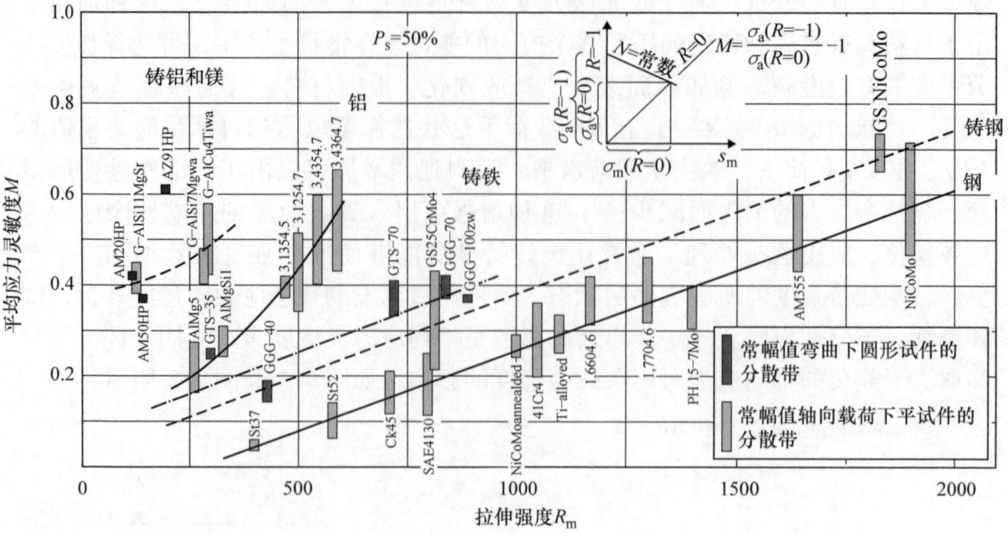

图9.5　某些金属材料的平均应力灵敏度

CA[10]。涂层，例如热喷涂和镀锌等，必须针对单独的情况研究有效防止腐蚀疲劳的程度。在设计评价时也必须考虑其他介质的情况是燃料和制动液。循环载荷下发生的进一步腐蚀类型是磨损疲劳，是通过相互配合材料之间的相对运动发生的。通过锤击和表面滚压（表面加工硬化，具有感应的压缩残余应力）可以有效减少磨损疲劳[11]。钢的表面处理，如渗氮、感应或表面硬化（表面加工硬化，具有感应的压缩残余应力），预计可以增加疲劳强度。

9.1.2　循环数据

9.1.2.1　循环数据的描述

Woehler 曲线是载荷、应力或应变（通常为应力）幅值与疲劳寿命（循环数、耐久）的双对数图，其中必须定义用于疲劳寿命的失效准则（全部破裂、定义的裂纹尺寸、刚度的减少等）。重要的影响参数是材料、理论切口因子 K_t（假设可以定义要评估部分）、载荷或应力因子 $R = X_{min}/X_{max}$（对于平均值的信息，其大小是叠加的）、载荷类型（轴向、弯曲、扭转）和环境（温度和介质），载荷是外部参数，如力、力矩、压力或者局部导致的部件应变、应力或变形参数，如图9.6所示。

描述 Woehler 曲线的参数，是有限疲劳寿命区的斜率 k、拐点的循环次数 N_k、拐点的应力（或应变）幅值 σ_{ak}、跟随拐点的斜率 k'；生存或失效概率 P_s 或 P_f 被分别指定给这些参数。拐点的高度和位置与斜率一起取决于影响参数。结果 T（载荷或寿命）的散布取决于材料和制造过程，在安全考虑方面是必需

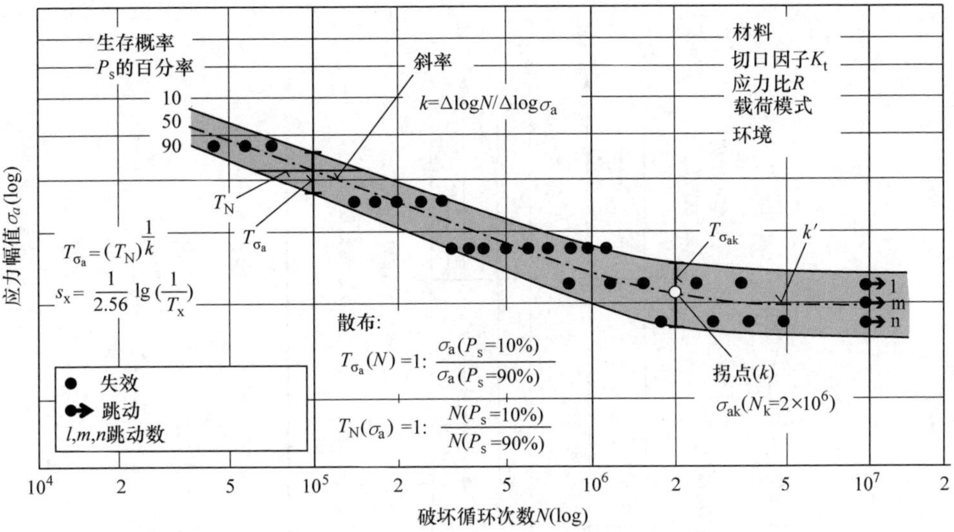

图 9.6　定义和描述 Woehler 曲线的参数

的，其计算经常使用 Gaussian（高斯）对数正态分布。在这种假设下，标准差可以由 T 计算，定义为生存概率 $P_s=10\%\sim90\%$ 之间的比值，$T_X=1:X(P_s=10\%)/X(P_s=90\%)$，如图 9.6 所示。有限疲劳寿命区域的散布 T_N 和 $T_{\sigma a}$通过斜率 k 耦合，随着疲劳寿命的增加，散布带变得较宽，朝向拐点。对于区域 $N>N_k$，指定疲劳寿命 N 的散布毫无意义，因为 Woehler 曲线的浅路径跟随拐点，可能导致 $T_N=\infty$。因此，仅对于这个区域，确定载荷或应力幅值 T 的散布，这并没有使从 Woehler 曲线的陡峭到浅斜率的过渡区域变得更大，即有限疲劳寿命区域确定的散布只是在拐点前，在拐点后可以考虑为保持常数。这种假设是方便的，因为阶梯方法[12]及其修正可以用于确定在拐点处或拐点后固定的循环次数的耐久载荷、应变或应力幅值，只提供一个可靠的均值而没有可靠的散布。上述参数对于 Gassner 曲线的确定和描述（通过“－”识别，指载荷的峰值）相应也是有效的，虽然 Gassner 曲线的散布比 Woehler 曲线要低些。根据谱的形状，Gassner 曲线的斜率通常比 Woehler 曲线小些（$\bar{k}>k$），两个曲线一般都作为疲劳寿命曲线。仅在双对数坐标系中，它们的描述是直线，斜率为 k、k'或 $\bar{k}$。一般规定，幅值画在载荷或应力轴，可能叠加的均值来自于 R 值。确定 Gassner 曲线时，必须存在一个子序列，如具有定义序列长度的峰值序列[13,14]。载荷谱是耐久子序列之和，试验在不同载荷水平下进行，其中子序列重复的数和幅值大小取决于水平。较高和较低水平分别定义为线性增加或减少，具有所有幅值和与其相关的均值，如图 9.7 所示。

为了表示服役的载荷条件，子序列必须至少重复 5～10 次直到失效，以便提

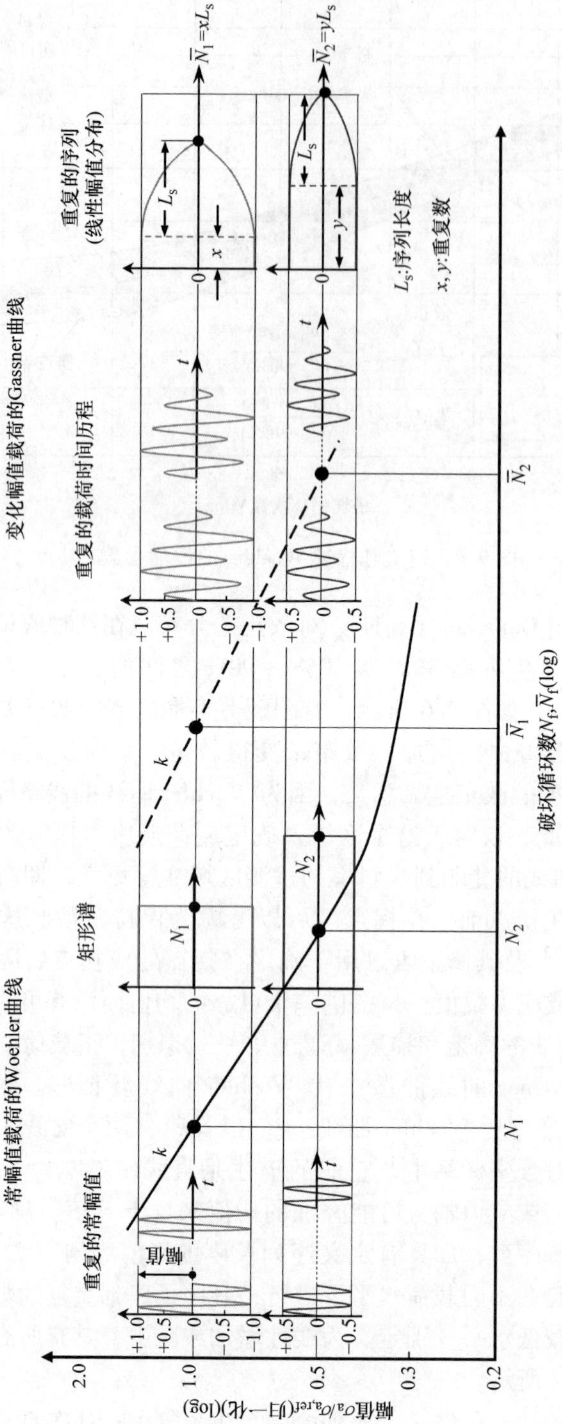

图9.7　常幅和变化幅值试验结果描述

供类似服役的混合。画出 Gassner 试验的结果（至少在讲德语的国家），与每个应用子序列的振幅峰值和导出的失效循环次数对应。考虑 R 值，这使得与材料的屈服强度或部件结构屈服强度的比较成为可能。而且，可以识别多少峰值超过 Woehler 曲线的拐点[15,16]（所谓的耐久极限），这给出轻量化设计可能性的信息[13,14,17]。精确的 Gassner 曲线的位置，作为使用序列的函数，在理论上可以由损伤积累计算[5]。然而，其只有通过试验才能可靠确定。

9.1.2.2　应变 Woehler 曲线

为了评估载荷条件超过屈服应力的材料行为，有必要了解拉伸和循环应力 - 应变曲线以及可控应变条件下[18]裂缝初始的 Woehler 曲线用于弹塑性材料行为评估的情况。根据局部应变的概念，尺寸化部件是应用无切口试件可控应变试验结果模拟部件切口根部循环行为的基础。由于部件高应变/应力区的应力梯度，假设没有超过结构屈服强度，局部变形行为是应变可控的。根据局部应变方法，应变 Woehler 曲线是部件设计的基础。在宏观弹性区，应变和应力通过 E 模量是可以彼此转换的。因此，这个区域的局部应变和应力概念是一致的。将 Coffin - Manson - Basquin（科芬 - 曼森 - 巴斯坎）的系数和指数用于应变 Woehler 曲线，Ramberg - Osgood（兰贝格 - 奥斯古德）的系数和指数用于单调和循环的应力 - 应变曲线，两者作为商用尺寸化软件的输入数据[13,19]。通过对比单调和循环的应力 - 应变曲线，可以看出重复的弹塑性变形、材料的循环硬化、软化影响是否受到影响。而且，这些曲线用于计算切口根部的应变和应力，例如实现 Neuber 准则或其修正[20,21]。

9.1.2.3　VA 试验的重要性

VA 试验的重要性在于，与 CA 试验和同样的峰值相比，其产生明显更长的疲劳寿命，并且在依赖谱形状方面超过 Woehler 曲线，这是由于在 Gassner 试验中较小的谱振幅损坏小于在 Woehler 试验中连续发生的不变振幅。与 Woehler 试验对比，Gassner 试验疲劳寿命大多少，取决于使用的序列形状。在直线分布的情况下，较小振幅的部分，比正态分布的对应的部分更大，如图 9.8 所示。与之相关的 Gassner 曲线相应地显示更大的疲劳寿命。已知谱形状的优点及其对给定载荷疲劳寿命的影响，可以用于部件轻量化设计的开发。

对于车辆转向杆，在忽略非损坏载荷循环后，如果要求 10^8 循环疲劳寿命，服役中测试的峰值载荷 $\overline{F}_a = 100\text{kN}$ 已知，直径 $d = 22\text{mm}$ 可以由耐久应力幅值 $\sigma_a = 260\text{MPa}$ 的 Woehler 曲线计算出。然而，既然服役中的转向杆受到 VA 载荷（对于这种特殊情况，测试支持直线分布），对应已知的 Gassner 曲线，对于 10^8 循环疲劳寿命，将应力幅值 $\overline{\sigma}_a = 500\text{MPa}$ 作为峰值，计算得出直径 $d = 16\text{mm}$。使 Woehler 曲线 10^8 循环的因子超出 1.9，这样直径 d 从 22mm 减少到 16mm[22]。在工程实际中，考虑 VA 是 E. Gassner（1939）的优点，也是从 A. Woehler（大约

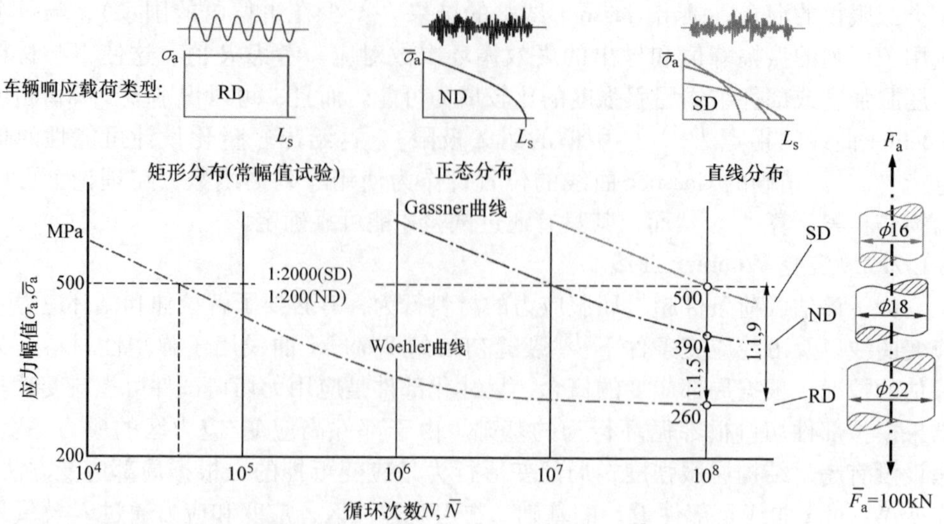

图 9.8　谱对疲劳寿命和部件尺寸的影响

1870）以来在轻量化部件设计方面的最实质改进。

9.1.2.4　尺寸影响和可转移性

在从试件到部件转换疲劳数据方面，尺寸影响是基本的因素。尺寸影响可以分成技术、与应力梯度相关、统计和依赖表面状态的分布。然而，所有尺寸影响机理的完全非耦合并不总是可能[23-25]。一种可能的工程考虑，通过高应力材料体积概念给出，其考虑了与应力梯度相关和统计尺寸影响的相互作用[20,21,26]。

高应力材料的体积由依赖于部件几何和载荷类型的应力梯度确定，这个体积越大，失效可能性越大。所谓的与尺寸影响相关的技术和表面状态，可通过单独检查表面、表面层和微结构条件考虑。由于裂缝的萌生不只限于表面，也发生在靠近表面的区域，因此，定义具有最大表面应力以及应力下降 10% 的深度部分的体积（以使至少 90% 的最大局部应力包括在内）为高应力材料体积 $V_{90\%}$，并将其作为评价目的，已被证明是有用的。高应力体积越大，材料缺陷引起裂缝的概率越大。由于这一原因，较大高应力材料体积的局部耐久应力变得更小，如图 9.9 所示。对于可转换性，初始假设材料、表面和表面层材料，包括可能存在的残余应力条件，例如试件和部件，是一样的，即考虑了技术和与表面状态相关的尺寸影响。

9.1.3　部件设计/评价

9.1.3.1　初始设计/评价数据

在评价和设计部件方面，其功能和服役行为必须是可靠的。

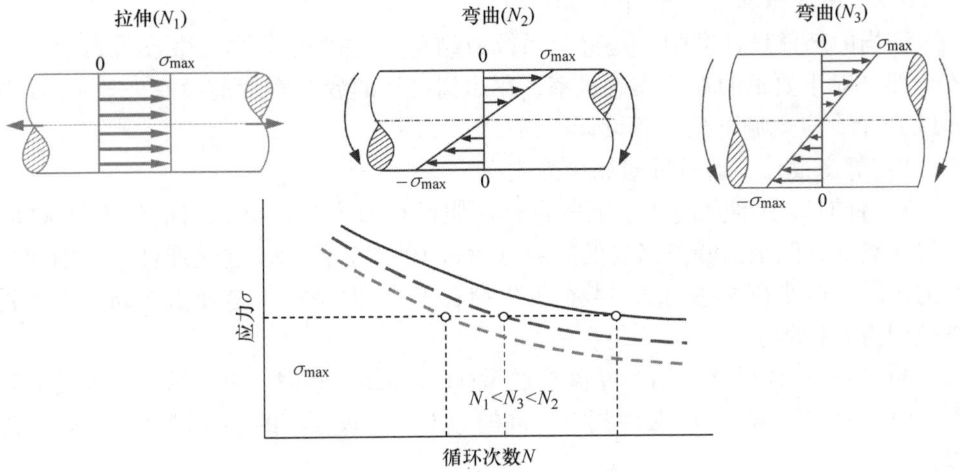

图 9.9　最大应力材料体积对疲劳强度的影响

为了进行评价，许多边界条件，如初始数据必须是已知的，例如：

1）载荷（力、力矩和压力等）或者局部应变/应力（包括介质和温度），其大小和累积频率（载荷谱）及其发生的概率。

2）以疲劳寿命曲线形式表示的耐久应力。

3）设计疲劳寿命和失效概率等。

具有特殊重要性的是用户给出的特殊应力谱，这些是通过服役测试适当确定的。强度评价有多种形式，范围从对部件试验验证到纯计算验证，例如文献[27]，如图 9.10 所示。

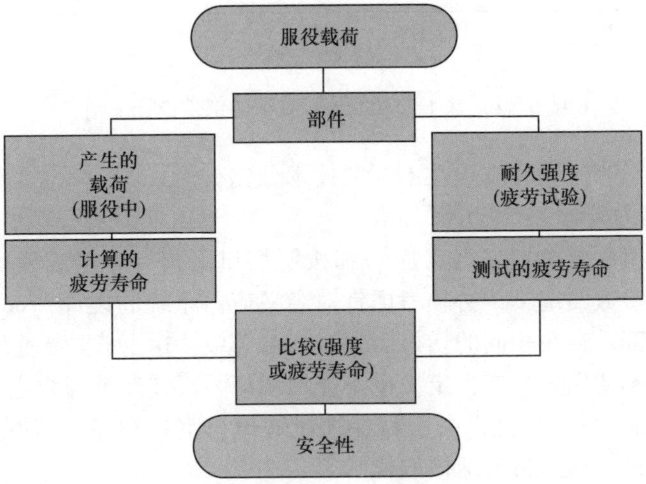

图 9.10　部件设计（验证试验）

9.1.3.2　设计概念

适当的部件设计准则，是整个系统或结构部件的可靠性（服役可靠性）和安全性（对于要求的理论失效概率，在达到设计的疲劳寿命前没有失效）。如图9.11所示，应遵循下列工程设计准则：

1）静态设计，通常针对屈服强度。

2）针对（所谓）耐久极限的设计。假设无限寿命设计，当谱位于Woehler曲线拐点下，但是谱峰值出现的次数远超过10^6次。例如，这是连杆、曲轴和齿轮的情况。虽然在这些例子中载荷发生存在VA，但是由于谱峰值的高发生率将其处理为CA载荷。

3）结构耐久设计。当谱峰值超过Woehle曲线拐点时，并且允许VA是有限数量时。允许比Woehler曲线拐点较高的应力，导致较小的部件横截面（轻量化设计）。

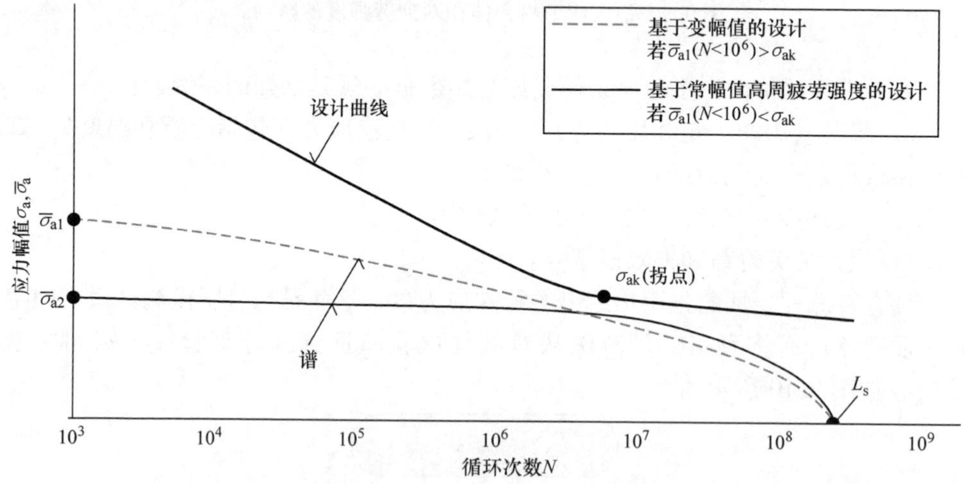

图9.11　基于常和变振幅载荷的部件设计准则

下面的概念有时同时应用在不同的技术分支。

1. 名义应力概念

名义应力概念要求定义名义应力和按照切口因素、焊点或疲劳等级进行分类。根据这些参数的定义，必须考虑针对名义应力系统的设计Woehler曲线，其对于要评价的部件存在相同的切口因素或疲劳等级。这个概念，也可以用于名义应变，达到既不能用名义应力定义也不能用切口因素或疲劳等级定义的复杂几何结构的应用限制[28]。而且，由于存在通过数值仿真（FEM）提供局部应变/应力的可能性，这个概念将逐渐被取代。

2. 结构应力概念

这个概念是用于焊点开发的[28]。其也能基于应变，根据规定的准则对外部焊缝应力分布进行外插值到焊趾，因而定义了热点应力。然后，这个应力被分配给结构应力 Woehler 曲线，最后用于评价。这个概念的优点在于对于复杂几何结构，回避了名义应力或者疲劳等级定义的问题。与名义应力概念相反，对于焊点仅给出少数疲劳等级。这个概念的缺点在于临界区在外部是不可及的，例如焊接根部不能用这个概念评价。

3. 局部概念

局部概念可以用于应力（局部应力方法）和应变（局部应变方法）。其中，必须确定依赖载荷的切口应力或应变和由谁评价局部耐久应力或应变。即对于局部系统，必须得到考虑尺寸影响、表面和材料状态的 Woehler 曲线。这个概念也可用于焊点，优点在于通过计算依赖载荷的局部应力或应变，可以评价困难的几何结构。

4. 断裂力学方法

这个概念[29]假设，在部件临界区，像裂缝的缺陷或几何存在，通过其裂缝生成或扩展。裂缝生成可以通过应力集中的定义处理，裂缝扩展通过附加的线弹性或弹塑性本构方程处理。如果不考虑裂缝生成阶段达到定义的长度或深度，则这部分疲劳寿命不被这种设计方法考虑。

9.1.3.3　强度假设

通常，使用的部件受到多轴载荷作用，其主应力方向存在并变化。对于疲劳寿命评价，局部应力状态要减少到一个等效应力，以便将其与单轴载荷下导出疲劳性质比较。为了对等效应力进行评价，建立了不同的假设。它们都是在静载情况下提出的，但是其中一些也被证明适用于循环载荷。

1）延性材料，例如细晶粒钢、调质钢等。根据 Tresca（特雷斯卡）剪应力假设或者根据 Von Mises（米塞斯）的变形能准则。

2）脆性材料，例如铸钢、铝铸件。根据 Galilei（伽利略）的最大法向应力准则。

应用这些准则可以很好地评价正比载荷情况，但是对变化的主应力方向要给予特殊的注意，因为材料对这种特殊载荷条件的反应不同，并且数值评价是高度复杂的，这对应于延性和半延性材料的情况。延性材料在多轴载荷下疲劳寿命降低，与恒定方向相比改变了主应力方向。脆性材料表现为疲劳寿命增加，而半延性材料表现为中性行为[30,31]。为了解释这些不同的特性，对于延性以及半延性材料，例如铸钢、锻铝，最近几年提出了平面导向的假设；而对于延性材料，用于等效应力计算的准则[30,31]是对所有平面的剪应力进行积分，对于半延性材料，准则是剪应力和正应力的最不利组合的临界平面。在脆性材料情况下，等效应力是发生在临界平面的最大正应力，与主应力对应。同时，也提出基于应变、能量密度和短裂缝的方法[32,33]，但是要求材料性质的详细信息，是应用中要求最高的[34,35]。

9.1.3.4　疲劳寿命估计

疲劳寿命估计问题来源于VA载荷[6]。为了通过计算估计疲劳寿命，根据线性损伤累积假设[5]、Palmgren（帕尔姆格伦，1924）和Miner（迈纳，1945），如同图9.12所示，需要谱的知识（雨流矩阵或水平交叉与范围对的组合[16]）和Woehler曲线。

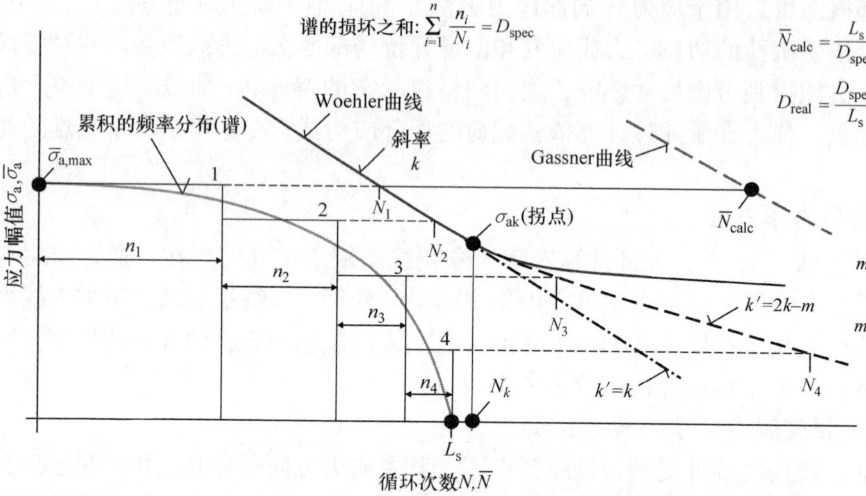

图9.12　Woehler曲线的改善和疲劳寿命的计算

通常，既然谱的大小表示不同的R值，显示在雨流矩阵中，要实现对Woehler曲线的R值转换。对于经典的Palmgren－Miner计算，拐点的Woehler曲线是水平的，即不考虑拐点下振幅引起的损坏，这是错误的。因此，取决于Palmgren－Miner准则的改善类型，Woehler曲线是连续的，在拐点后有变化的斜率，例如$k'=k$（Palmgren－Miner基础）或者$k'=2k-m$，由Haibach（海巴赫）改善，$m=1$用于锻造材料，$m=2$用于铸造、焊接或烧结材料，这种改善是为了使拐点下的振幅引起损坏。最常用的改善如前所述，根据循损坏增量n_i/N_i的和，疲劳寿命$\overline{N}_{calc}$可以使用理论损坏和$D_{th}=1.0$计算（估计）。然而，要正确估计，要求了解实际损坏之和D_{real}，在大多数已知情况下$D_{real}<1.0$。估计只能由试验确定（Woehler和Gassner曲线），作为试验确定和计算确定的疲劳寿命比率，有$D_{th}=1.0$（$D_{real}=\overline{N}_{exp}/\overline{N}_{calc}$（$D_{th}=1.0$）），且与计算过程相联系。如果工作中存在其他的谱形状，也在试验中使用，这种情况下Gassner曲线的相应位置可以通过相对损坏计算估计。然而，其不可能总是计算正确的。大约90%试

验导出的损坏之和低于理论值 $D_{th}=1.0$，即用 $D_{th}=1.0$ 计算，大多数情况过多估计了疲劳寿命[36]。因此，对于焊点，许用的损坏之和 $D_{all}=0.5$，对于非焊接部件（FKM 指南[27]），$D_{all}=0.3$，用于疲劳寿命估计的初始评价。对于均值变化较大的载荷时间历程，应分别使用 0.2 和 0.1 计算，而不是 0.5 和 0.3。由于这些不确定性，在可能的情况下总是推荐对结构耐久性进行试验验证，尤其是对于安全临界部件。在试验验证不可能的情况，检查是必需的。

9.1.4　耐久载荷

9.1.4.1　受到冲击载荷的断裂行为

对于一个结构耐久设计，特别是安全临界部件形成未预期的裂缝，必须抵抗由于使用不当产生的载荷，如冲击，也绝不能产生脆性失效。当车辆行驶过障碍时，可能产生这种载荷，如凹坑或者来源于路边石的碰撞。

图 9.13 对比了来源于锻造和铸造材料的两个商用车辆轮毂，两者具有相同

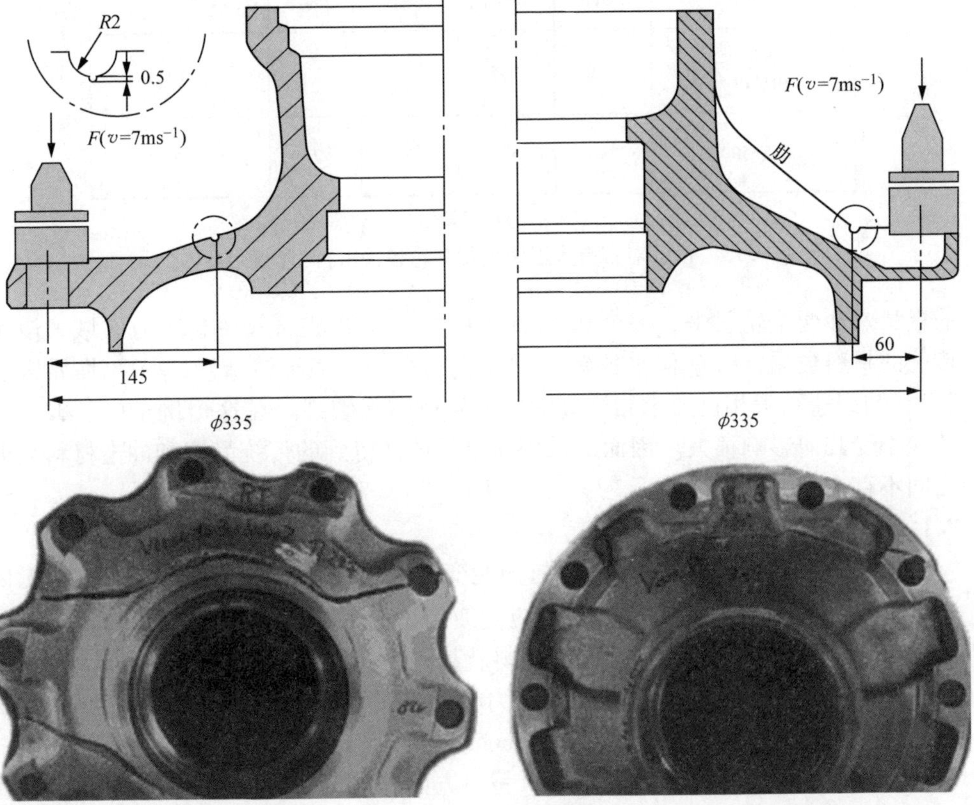

a) Ck45的锻造轮毂　　b) GJS-500铸造轮毂

图 9.13　设计对带有人工裂缝货车轮毂冲击行为的影响

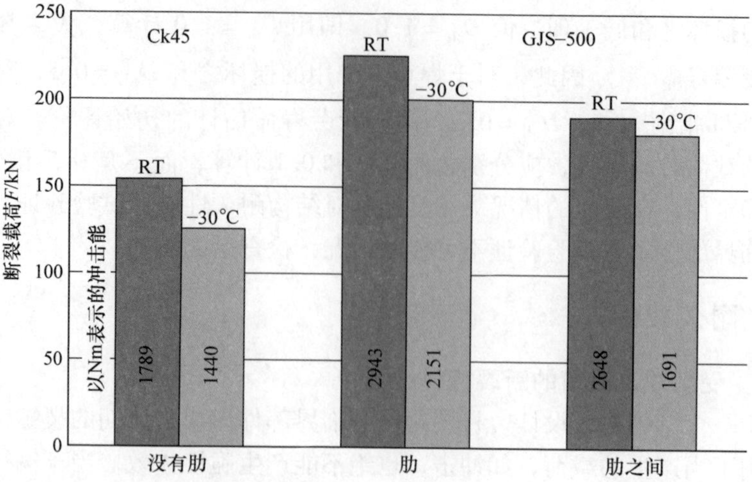

材料	$R_{p0.2}$ /MPa	R_m /MPa	A_e (%)	Z (%)	A_v(RT) /J
Ck45 粗晶退火	359	707	15	33	19
GJS–500	373	577	7	7	5

c) 断裂载荷

图 9.13　设计对带有人工裂缝货车轮毂冲击行为的影响（续）

的重量。在两个轮毂中，一个 0.5mm 深的人工裂缝被插入在高应力区域。使用传统的材料数据，锻钢似乎比铸造材料优越很多。基于铸造形式（在临界区加肋），与锻造轮毂相比要求相当高的冲击载荷引起破裂。在这个例子中，破裂力的大小受几何影响很大。因而，采用简单的试件得到的传统静态和冲击材料数据之间不存在相关性。

9.1.4.2　结构屈服强度

材料的 0.2% 屈服强度，是保持塑性变形 $\varepsilon_{pl}=0.2\%$ 时产生的应力，由无切口试件（$k_t=1.0$）拉伸试验或控制应变疲劳试验的应力 - 应变曲线确定。一旦超过应力 - 应变曲线的线弹性区，材料就趋向于在无切口试件轴向下以无控制方式流动。在缺乏存在支撑效应（无应力梯度）的情况下，材料根据其硬化性质流动，这只能通过控制应变（应变 Woehler 曲线）阻止，即应变控制模仿了切口中应力 - 应变梯度效应的流动限制。另一方面，与无切口试件的 0.2% 屈服强度相比，需要更高的局部总应变以便获得剩余的塑性变形 $\varepsilon_{pl}=0.2\%$，在部件或切口试件中达到 0.2% 部件结构疲劳强度[10]，这由部件或试件切口的应力梯度引起。部件切口的局部总应变与无切口试件达到保持 0.2% 塑性变形屈服的局部总应变之比，定义为支撑因子。切口中的应力梯度，只要没有超过 0.2% 的部件屈服强度，局部会阻碍不可控制的屈服，即尽管存在外部载荷控制和应变控制，梯度局部发挥影响。由于这一原因，在外部载荷和局部应变之间存在的线性区，部件和切口试件比无切口试件更大。从结构耐久性观点而言，重要部件的结构耐久屈服强度，可以通过使用工作应力作为特殊事件的结果达到，但必须不能损害疲劳强度。根据材料和部件几何，许用的部件疲劳强度可能低于 0.2% 的限制，例如 $\varepsilon_{pl}=0.02\% \sim 0.05\%$。

9.1.4.3　相关设计数据的选择

疲劳数据主要使用试件确定和应用。这些数据的有益价值取决于什么程度的用户、什么数据可用、在哪个位置评价影响等不同因素。而且，失效准则是重要的。由无切口试件确定的疲劳数据，大多数提供保守的方法，因为单轴加载试件过程没有应力梯度。较高强度值是在弯曲下确定的，取决于应力梯度和试件尺寸，如图 9.9 所示。因此，使数据用于尺寸目的非常困难，如图 9.3 所示。因为这总是要求许多知识：考虑局部性质，如微结构、强度、表面状态、高应力材料体积、表面处理等，使得从试件到部件的数据能够具有可靠的可转换性。只要没有疲劳数据可转换型的经验存在，总是推荐实际部件的验证试验。如果这是不可能的，应当使用试件导出疲劳寿命曲线，试件要与部件有局部可比的性质。

9.1.4.4　安全考虑——耐久和许用应力

从具有生存概率 $P_s=50\%$（耐久应力或应变）的疲劳寿命曲线出发，导出用于部件设计的疲劳寿命曲线（许用应力或应变）。为此，理论失效概率 $P_f=1-P_s$ 根据部件的危险潜能初始定义。对于极其重要部件，必须永远不会失效，例如制动装置 $P_f\leqslant10^{-6}$（假设 Gaussian 对数正态分布）。对于经常检查和在安全区域运行的部件，例如燃料库中的压力容器 $P_f=10^{-3}$。而且，必须知道下面的内容。

s_X：耐久应力、应变、载荷、变形和压力对均值 X 的标准差（$P_X=50\%$），有 $s_X=(1/2.56)\log(1/T_X)$。

s_M：均值 X 的标准差，取决于批量和产量（质量控制）。

s_L：外部载荷的标准差，在最大载荷假设已知的情况，$s_L=0$。

通过假设对数正态分布，总标准差

$$s=\sqrt{s_X^2+s_M^2+s_L^2}$$

可以由单独的标准差计算[37]。许用（允许）应力、应变等，对于要求的理论失效概率通过下式给出

$$X_{all}=\frac{X(P_s=50\%)}{j_X}$$

$$j_X = 10^{-su_0(P_f)}$$

$u_0(P_f)$取决于P_f，是归一化的安全因子[3,4]。表9.1给出了对应几种失效概率P_f的u_0。

表9.1 Gaussian 对数分布的失效的计算概率 P_f 和正则化的安全因子 u_0

P_f	10^{-1}	10^{-2}	10^{-3}	10^{-4}	10^{-5}	10^{-6}
$-u_0$	1.28	2.33	3.09	3.72	4.27	4.75

进一步得到j_X的好方法由文献［38］给出

$$j_X = 10^{(2.36\sqrt{|\log P_f|}-1)}$$

当散布取决于应力水平和相应的循环数时，将沿疲劳寿命曲线（$P_s = 50\%$）导出不同大小的安全因子，从中导出设计疲劳寿命曲线。强调理论失效概率是有根据的，因为外部区域的实际分布$P_f \approx 5\% \sim 95\%$是未知的。然而，理论失效概率的实现是合理的，当其规范由对部件安全使用可验证的经验支持时尤为如此。为了导出安全因子，也可以使用其他分布，如 Weilbull。为了达成这一目的，也必须存在相应的使用经验。

9.1.4.5 试验证据试验

从根本上而言，部件必须设计达到要求的疲劳寿命而不能失效。根据部件关联性使用不同的质量和经济标准，这个要求可以实现。根据安全性和使用可靠性的考虑，这些标准取决于对主要和次要部件的分类。在这种联系中，主要部件分为安全和功能部件。对于安全部件，如转向节、车轮、制动器，必须排除失效，因为这会对使用者的生命和环境构成威胁，高安全因子成为这些部件设计的基础。避免失效对功能部件的目标是一样的，因为这会造成系统不能正常工作（例如连杆和曲轴）。然而，失效不应当对使用者和环境带来危险。另一方面，次要部件的损坏，如排气管，在许多情况下对安全性和功能可靠性没有直接影响。因此，对主要部件设置较高质量要求，也是由于对失效经济结果的考虑，如召回行动。例如根据现有的技术和知识状态，至关重要的安全部件的尺寸必须能够包含所有的使用载荷。为此，不仅要求准确获得使用载荷，而且取决于制造过程、材料和部件几何，也要求部件失效临界区和产生与许用等效应力之间关系的知识。因此，在考虑经济效益的情况下可以规定部件的允许质量。质量要求与部件安全耦合，只能通过达到相应的试验证据试验验证，要在模拟的使用条件下进行试验，其中必须要识别临界区和失效类型。疲劳试验的进一步优势在于，其不断验证生产质量的稳定性和承受统计方法使用的事实，正如像连杆和曲轴产品大批量生产的情况。疲劳强度的证据，必须获得相应的生产中的质量规格、材料采购和制造的支持。用于验证的使用载荷测试，如果需要，应当尽可能提供及时的修正计算。为了缩短试验的持续时间，在考虑属于振幅均值和忽略载荷损坏等效补偿的情况下[39]，可以进行载荷忽略（省略非损坏的低循环载荷）。使用多轴试验，必须考虑单独时间信号之间的相关性[40,41]。

9.1.4.6　符号解释

A_e	断裂时的延伸率
A_v	切口冲击能
D	损伤之和
d	直径
F	载荷
L_s	序列长度
j	安全因子
k，k'	疲劳曲线斜率
K_t	切口因子
m	计算 k' 的通配符
M	平均应力灵敏度
n	谱段的循环次数
N	循环次数
P_f	失效概率
P_s	生存概率
R	比率（载荷、应力或应变的最小/最大值）
R_2	2mm 半径
R_m	抗拉强度
$R_{p0.2}$	屈服强度
s	标准差
T	温度
T_σ，T_N	应力方向或循环方向的散布
u_0	归一化安全因子

v	加载速度
$V_{90\%}$	高应力材料体积
X	用于应力、应变、载荷、变形和压力的通配符
Z	断裂时面积减少
Δ	范围
Δs	变形
α	角度
ε	应变
σ	应力

下标

1，2，3，4 或者 i	用于微分的数
a	幅值
all	许用
calc	计算
exp	试验
f	失效
k	拐点
L	载荷
m	平均
M	均值
max	最大
min	最小
n	名义
pl	塑性
real	实数
spec	谱

th	理论
x	N 或 σ 的通配符
X	应力、应变、载荷、变形、压力的通配符

9.2　载荷数据和应力数据获取

测试几乎是所有机械工程安全部件运行的设计基础，特别是在客户应用要求的使用寿命过程中，应用载荷、应力和应变大小以及频率的知识是基本的，作为评价结构可靠性的输入参数。为了确定这些用于车辆和机械的数据，在运行试验期间测试应用载荷与局部应力和应变，要花费 1~4 周相对短的时间。然后，这些数据可以外推到要求的疲劳寿命，以便：

1）使用合适的规则实现对疲劳寿命的评价。

2）导出试验程序。

3）使输入数据可以用于数值仿真。

根据每个问题的定义，应变片位于不同的位置。载荷在最不受干扰的区域测试，临界应变在预期的最高应力区域确定。9.2.1 部分讨论载荷获取的细节，9.2.2 部分将致力于应变片在临界区域的应用。

9.2.1　载荷数据获取

载荷构成输入参数，最终在部件中产生导致破坏的应力和应变。对于道路车辆，确定车轮载荷作为全局输入参数，已经超过 30 年。起初，底盘部件经过检测和校准。现今，测量车轮可以用于道路车辆，在车轮－路面接触点可以确定力和力矩的三个分量。对于轨道车辆，目前还没有满意的方案。根据这个目的开发的测试车轮用于局部道路运输[42]，如图 9.14 所示。由图可以看出，车轮设计包含用于定位~100 应变片的接合口。其中，难点在于应变片的定位，以便可以用尽可能少的失真测试力和力矩的三个分量。同时，结构要有足够的柔性以便应变位于测试区域，但是结构的疲劳强度对于预期的应用是不重要的。

为了确定系统中的内载荷，载荷传感器被集成到力的传递路线中。尤其令人感兴趣的是超定系统中的内载荷，弹性轴承集成在其中。例如，汽车底盘的双横臂。这里，系统部件通常用应变片检测和根据力和力矩校准，如图 9.15 所示。然而，这有一个缺点，其只能用于特定的系统。问题定义的复杂性随着测试自由度数的增加而增加，但是，既然数值多体仿真的质量稳定增加，用于测试载荷的数据获取技术对于结构耐久设计现在变得越来越重要。

图 9. 14　装有机加口和应变片的电车车轮载荷传感器

图 9. 15　测量和校准的球铰轴承作为两个载荷方向的载荷传感器

与局部应力和应变相比，测试载荷数据的巨大优势是其独立于部件几何。通过测试载荷数据，描述系统的结果可以转换到修改的或类似的系统。因此，对于车辆和机械制造业，载荷测试构成载荷假设连续发展的基础。这个优点可以提高载荷假设用于设计的可靠性，特别是安全部件的设计。而且，通过使用长期的测试概念——所谓使用监测——可以初始确定或最后验证变化的使用文件和客户的要求。

9.2.2　应力数据获取

如果采用应变片实现评价疲劳强度，则传感器选择、其位置和定位具有十分重要的意义。为了保证通常的应力－应变关系和部件疲劳强度不被孔、切口、键槽和挖空损坏，应变片通常只通过手工安置在部件可及表面和易接近的位置。如果控制应力和应变要在临界位置直接测试，则测试位置必须尽可能选择靠近假定的疲劳断裂的初始点。其次测试方向必须选择与最大主应变方向一致，如果需要，与横向方向一致。由于焊缝表现出不同类型的断裂特性和失效位置，相应要区别不同可能的应变片构型。

在连接点，来自于过渡横截面下切口的断裂，如图 9.16 所示，断裂的初始位置通常易接近，因此应变片适于靠近断裂初始点。

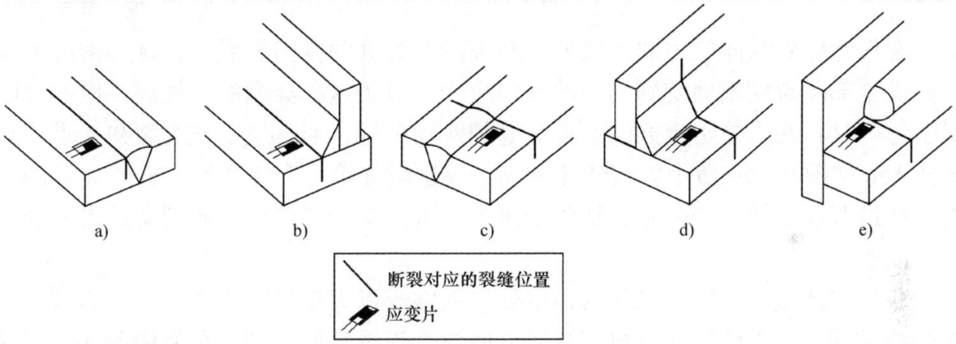

图 9.16　在焊缝处应变片的可能构型，其中疲劳断裂发生在易于测试的焊缝上部，是可以测量的

在这种情况下，应变片应用于母体材料，距焊缝确定的距离。这样做的原因是应变完整覆盖应变片的测试长度，因为在焊缝的跳动区域或切口中，横截面是不确定的，应变片小的偏移可能在测试应变中产生大的变化。应变片测试长度选择及其与焊缝的跳动距离，取决于考虑的板厚。在图 9.17 和表 9.2 中，给出了应变片选择和位置的推荐。类似的程序规则在技术文献中给出，例如根据 IIW 指南的热点结构应力概念的应用[43]。

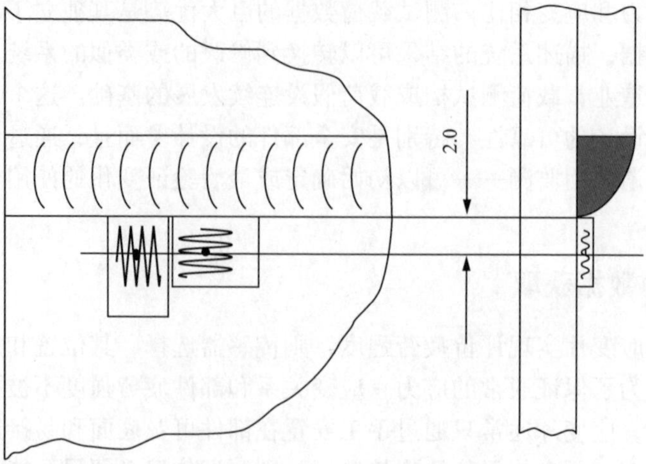

图 9.17　推荐的焊缝跳动位置的应变片应用

表 9.2　在焊缝跳动附加应变片的推荐

薄板/板材厚度/mm	应变片长度/mm	应变片距离 – 线性焊缝跳动中心 x/mm
1 ~ 5	1.5	1.25
5 ~ 25	3.0	2.0

在焊缝受到纵向应力的连接处，断裂沿着焊缝的横向发展。在许多情况下可以假设全部断裂横截面受到均匀的纵向应变。对于这种类型的连接点，应变片附属于母体材料在焊缝给定方向靠近焊缝的跳动范围，通常应变在断裂初始点，如图 9.16c 和图 9.16d 所示。在特殊情况，建议附加第二个应变片在板或焊缝的对边。通过假设线性应变分布，从两个测试位置的应变插值得到断裂初始点的应变是可能的。

断裂初始点位于切口根部的连接处，通常难以直接进行应力 – 应变测试。在这些情况下，要求已知切口根部几何以便建立焊缝数值模型。在使用条件下，这种数值模型可以使用靠近焊缝受到特定载荷的应变片测试数据进行验证。使用数值仿真和局部概念，然后实现切口根部的评价。

9.3　用于评价和测试的载荷导出与生成

对于结构耐久性的有效分析，有关载荷的实际假设是必不可少的。当对具有多个失效点的复杂部件进行分析时，简单应用 CA 载荷代替以 VA 为特征的工作载荷，会导致误判。

图 9.18 给出在不同区域发生失效的例子，其取决于选择的 CA 载荷的幅值。

只有考虑工作中的载荷谱，才能进行疲劳分析。

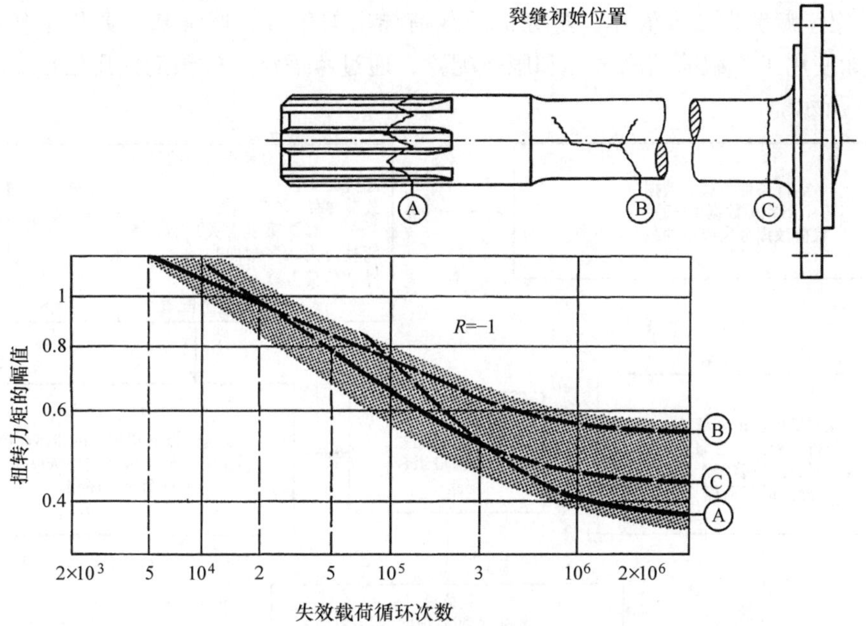

图 9. 18　CA 载荷下的驱动轴 S－N 曲线：裂缝初始位置取决于载荷幅值

就散布带而言，工作载荷通常大于部件强度，如图 9. 19 所示。另一方面，相对小的载荷变化已经导致相对大的疲劳寿命变化。例如，应力幅值增加 15%，导致疲劳寿命几乎缩短一半（假设 CA 载荷和 S－N 曲线斜率 $k=5$）。适当的载荷假设的支出会降低设计的不确定性，因而导致更轻或成本更具优势的设计。

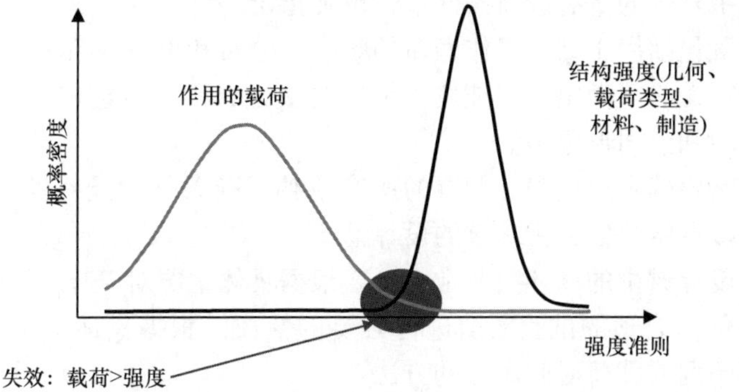

图 9. 19　作用载荷和结构强度：一维 ID 视角

9. 3. 1　疲劳寿命基础和影响

在导出载荷时间系列或载荷序列时，应该考虑各个方面。下面将讨论其中的一些方面。有关结构耐久性载荷数据分析的回顾，见文献［44－51］。

用于疲劳寿命数值和试验分析的载荷导出与生成，通常基于评价工作载荷（例如使用工作载荷的测试）和服务配置，通过考虑结构的预期使用给出，如图9.20所示。

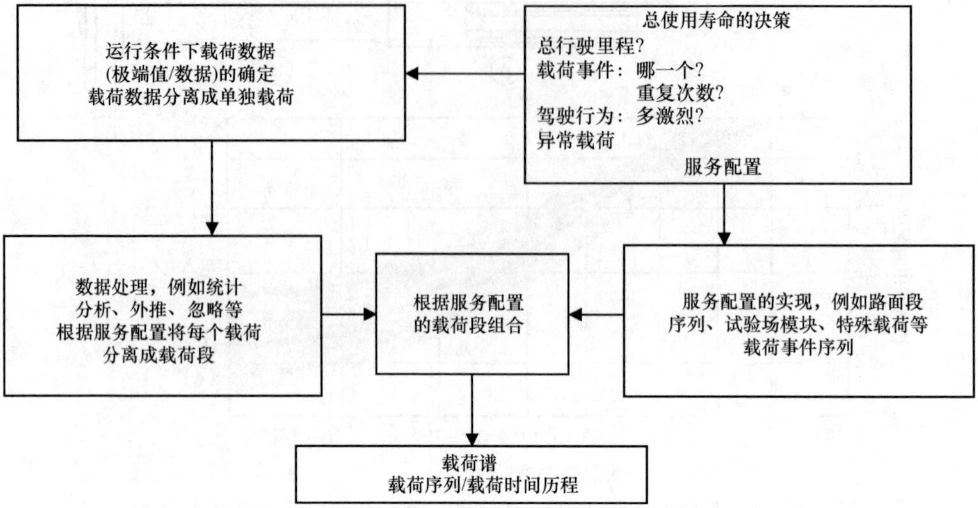

图9.20　用于载荷假设的通用方法：载荷谱或载荷序列的确定

计数过程[52]构成工作载荷规格的基础，即参数（幅值、均值）和循环发生次数的确定。在多轴载荷或动态响应系统的情况下，载荷时间函数的其他特性是重要的（相关、频率内容等）。在每种情况下，要确定运行载荷并对在结构的预期使用过程中发生的所有载荷条件进行单独指定。

服务配置包括用于结构工作寿命的频率、分布和单独载荷条件的序列。在确定服务配置时，必须做出超越纯技术考虑的决定，因为其能够影响产品可靠性、成本、竞争力和公司形象等。

载荷概略要确定对应服务配置的所有单独载荷条件和最终发生概率的分配，产生可以直接奠定数值分析基础的设计谱。

通常，设计谱中的循环数非常大，要根据具体情况对于导出试验谱或载荷序列（驱动文件）合适的试验周期进行必要的修改。根据具体情况，要说明生成缩短的载荷序列或载荷时间函数的方法。

9.3.1.1　任务分析和使用监测

通常，结构的总载荷通过一种以上的单独载荷或运行条件产生，例如车辆使用的不同阶段、机动、有效载荷和使用环境条件（转向、制动/加速、不平路面条件）。整个谱的编辑要求分别记录各自单独的运行条件并将其外推到全部使用寿命。图9.21给出垂直力和侧向力的子谱，其是针对铁路车辆轮对进行确定的

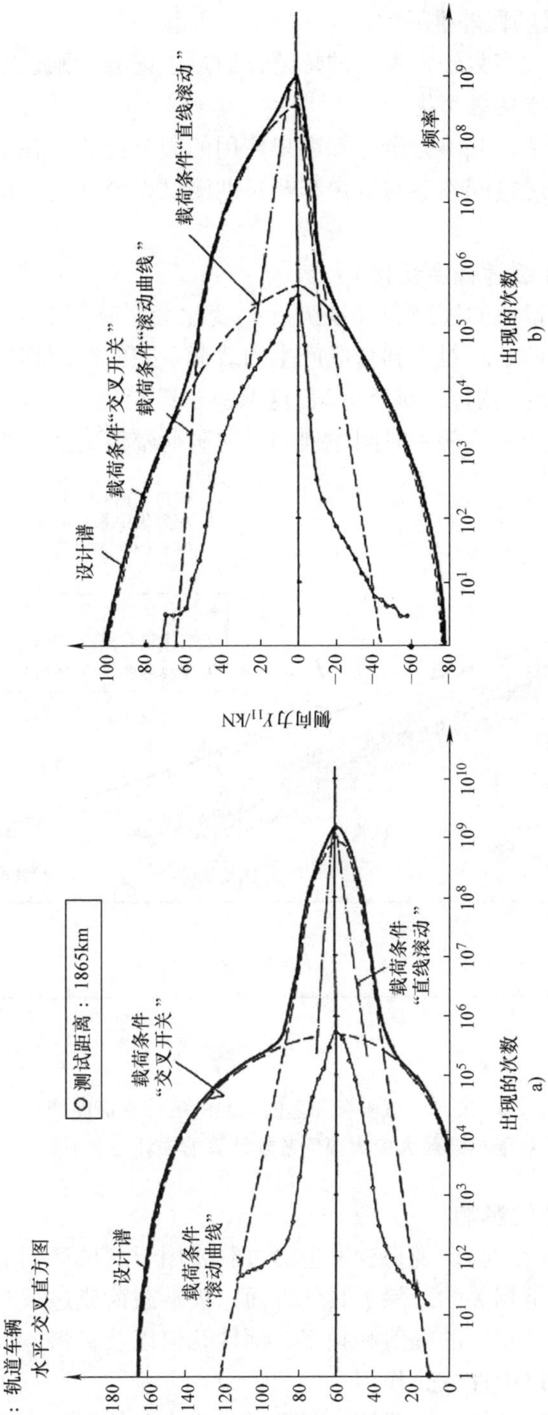

图 9.21　基于单独载荷条件组成的设计谱：（a）垂直力 Q_{11} 和（b）侧向力 Y_{11}

(对超过 10^9 循环全部里程外推)[53]。

谱的区域，包含大多数经常发生的幅值，通过子谱叠加乘以全部使用寿命的重复数获得，极端值要单独考虑。

对于轿车或摩托车，并不完全已知客户使用的服务配置。在这种情况下，编辑载荷谱的基础可以通过问卷、对客户车辆长期测试以及在已知条件下进行补充测试提供[54]。

9.3.1.2 载荷序列和载荷幅值变化

众所周知，载荷幅值的序列和（缺少的）变化会影响疲劳寿命，图 9.22 描述了测试工作载荷的例子。对受到合成产生的载荷系列的圆周切口试件试验研究表明，疲劳断裂寿命的差别 $f_N \approx 0.5 \sim 2$，这取决于载荷循环的阶，如图 9.23 所示。因此，应当注意产生载荷 - 时间序列的单独载荷幅值的实际组合。

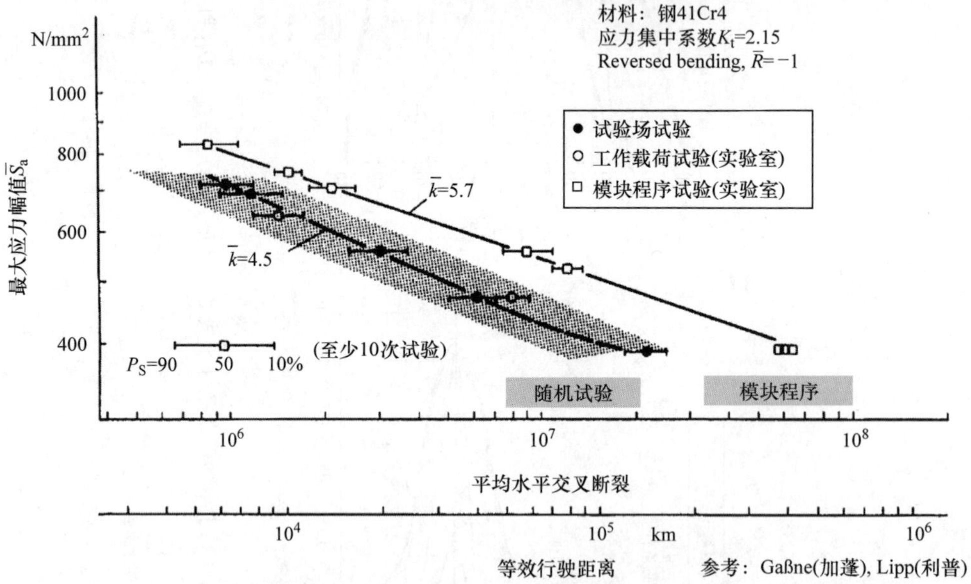

图 9.22 来自于试验场和室内试验的疲劳寿命曲线

（对于相同最大应力幅值常规计算的损坏之和）

9.3.1.3 过载对疲劳的影响

一旦指定极端载荷，会出现很少发生的过载或用于测试序列的特殊事件，材料行为中的不同现象是相关的。除了其他方面，极端载荷或过载对疲劳寿命的影响，取决于载荷类型、发生的幅值和频率、部件几何以及材料。过载可以延长或缩短疲劳寿命，或者以中性方式作用。

飞机工业中的壳型结构，主要演示了在平面应力条件下的疲劳裂缝生长。这

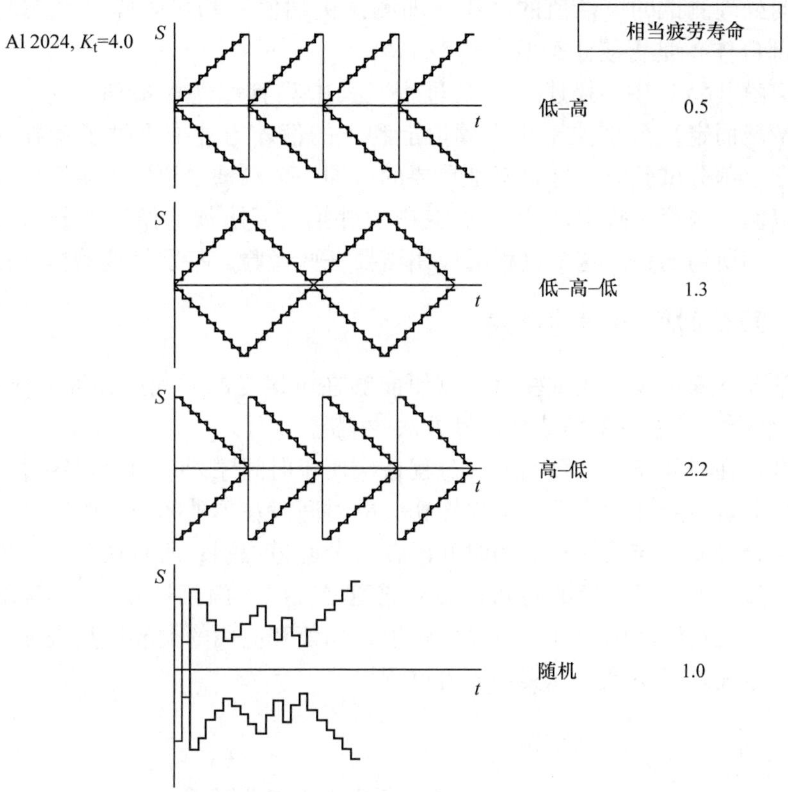

图 9.23　序列和循环组合对切口试件疲劳寿命的影响

里，疲劳寿命——（拉伸）过载的延长效应是已知的，其与由于裂缝闭合导致的裂缝生长延迟相关。对于紧凑和大型部件，其中平面应变条件以及较小塑性区更可能在裂缝尖端，这种影响并不明显。

在材料式样中超出弹性极限的较大预应变，在施加高循环次数载荷时会导致疲劳强度的降低。然而，假设过载不产生宏观可观察的裂缝或不因运行载荷而重新排列的稳定残余应力，过载经常对金属材料的结构强度影响较小或没有影响。对于极端平坦的 S–N 曲线，例如材料试件、受到力矩载荷的小切口部件，过载会显著降低疲劳寿命或疲劳强度，视具体情况而定。

9.3.2　测试外推

估计期望的极端载荷值是指定（子）载荷谱重要的方面。如果期望的极端值没有包含在测试中（可估计，例如来自于物理限制条件），则使用极端值统计的外推提供了有用的帮助[50]。这里，假设产生极端值过程的频率分布遵守指数分布定律，对于最大载荷值没有物理限制存在。在分析的范畴内，应当回答的问题是如何处理测试的极端值的散布，即测试极端值（随机采样）散布与设计的谱（全部群体）是否彼此类似。

在文献［55］中，描述了一个过程，其中只有那些极端值（最大或最小，视具体情况而定）分别位于规定阈值上和下的值才为外推提供了基础。当数据库只包含小部分试验时，这是特别重要的，即一个测试必须使用多个极端值。外推也可以基于雨流矩阵实现[56,57]，其中由外推引起附加的循环数分布由标量函数描述，即所谓的核。这个过程的应用需要一些经验，特别是核的标量化。

9.3.3 载荷时间序列的缩短

经常要求缩短设计或试验谱，以便能够在可接受的时间或预算内实现试验。图9.24给出完成缩短单轴载荷信号方法的概况。

通常，在时间窗口运行的缩短过程被应用于时间序列，因为这些过程也允许对多轴载荷进行处理。这里，与损坏相关的时间段在单独的通道中识别，可以用其线性组合补充。与损坏相关的时间段在每个通道识别，所有在单独通道中不能呈现任何显著的损坏内容的时间段要从通道中去除。雨流计数[58]通常用于疲劳寿命独立于载荷频率的部件，可以由幅值、均值和应用的循环次数表征。对于单轴载荷，也能基于雨流矩阵实现缩短过程。

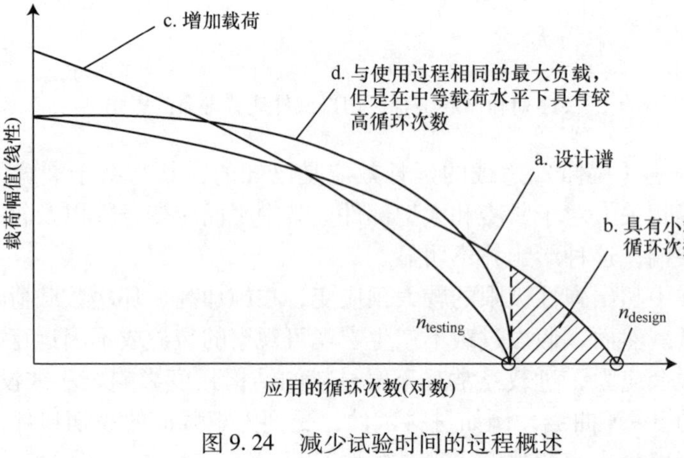

图9.24 减少试验时间的过程概述

9.3.3.1 忽略

首先，出于上述目的，小的循环可以从载荷序列中删除或过滤（忽略）。其中，准则必须是疲劳寿命（表示为等效工作寿命、行驶距离等）和失效位置两者都不变化。对于金属部件，例如底盘部件典型的谱范围近似为 $H_0=10^7$ 循环，下面是允许过滤范围的参考值。

1）大约为最大幅值的15%。

2）在 S－N 曲线的拐点，大约为考虑的疲劳强度的 50%。

对于准则 2，要求进行 S－N 曲线拐点疲劳强度的认识/评估，S－N 曲线拐点表征强度，其不会或稍微随更高的循环次数降低。在具有多个潜在失效点的复杂结构中，例如车辆前轴，这种方法——没有先前的数值分析——只适用于非常有限的范围。

为了保持剩余载荷循环序列，采用雨流方法进行过滤是有利的。而且，考虑了均值载荷的影响：与非零均值载荷的循环相比，滤除零均值载荷的较大幅值的循环。这需要了解均值载荷效应，例如均值载荷灵敏度 M。当载荷与局部应力和应变的关系未知或者定义不明确时，必须考虑拉伸和压缩均值载荷都是不利的，弯曲载荷情况就是其中的例子。

对于多轴（非比例）载荷作用的部件，通常基于载荷时间序列实现缩短。同时，也可以考虑由原始通道线性组合产生的附加通道。使用同时压缩和优化多轴时间信号过程作为一个例子[59]，用于操作试验台五通道信号的改善，如图 9.25 和图 9.26 所示。除忽略外，也可以使载荷变化（速度、加速度），以适应试验台的潜力。关于后者，部件损坏必须独立于载荷频率。

9.3.3.2　截断

限制过载或高载荷（截断），导致壳型结构（平面应力条件）疲劳寿命缩短，如在飞机工业中占主体的结构。存在过高估计飞机部件疲劳寿命的风险，飞机在工作中并不受到这些过载。由于具有较大板厚，裂缝阻滞效应是否明显，视具体情况而定。在大型结构中，如果有区别的话，过载可能趋向于缩短疲劳寿命或以中性方式作用。

不切实际的高过载或过度提高载荷总水平以便缩短测试时间，可能隐藏引起不切实际的残余应力场分布或螺栓松脱等危险，与实际工作条件相比会改变测试结果。

9.3.3.3　弹性体部件

对于复杂的弹性体部件，如液压衬套，过滤载荷时间序列要求附加考虑。与大量金属部件的评价相比，非线性力－变形行为以及依赖频率的效应，如衰减的例子，应当在载荷分析中考虑。基于文献［60］中的研究，通过考虑拟静力载荷－位移曲线，过程[60－62]将外部载荷分解成单独的载荷分量：弹性力、阻尼力和极限时停止的力，以便提高对不同原因损坏的检测。其中，过滤可以只在时间区域进行，变形不被接触限制。

9.3.4　载荷数据合成

假设载荷时间段（由测试或数值仿真获得）存在相关的单独载荷条件（和通道）与服务配置，采用这一输入，可以编辑设计谱。载荷子谱的例子，如图 9.27

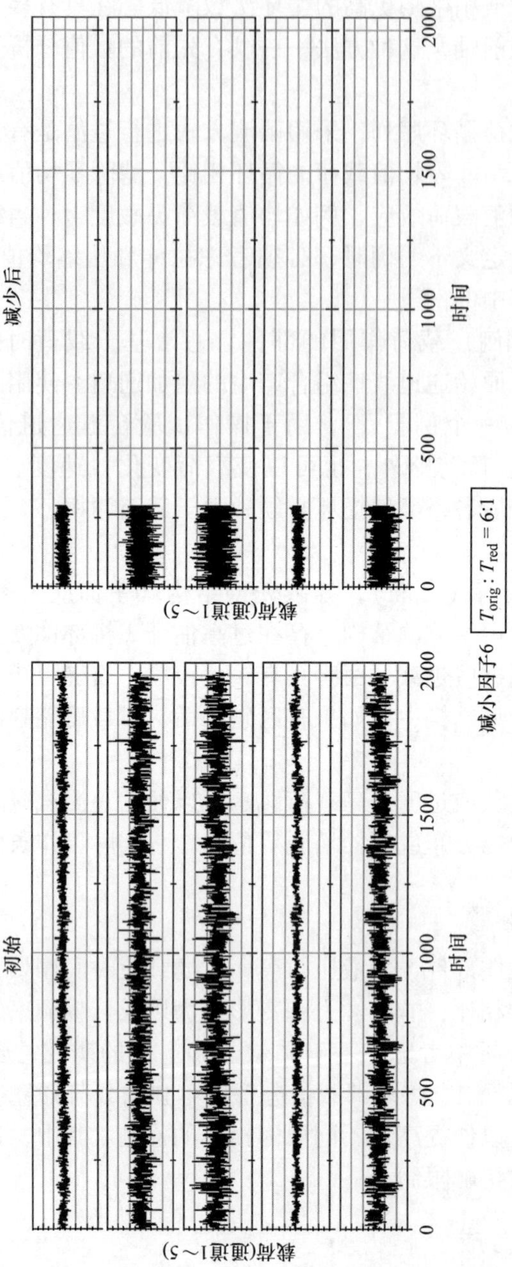

图9.25　同步过程：具有五个载荷时间历程的例子

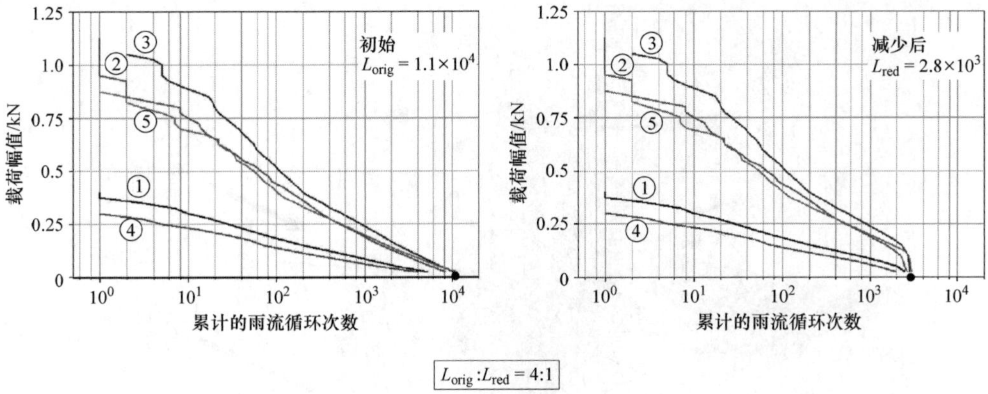

图 9.26　同步过程：初始和减少后信号的范围

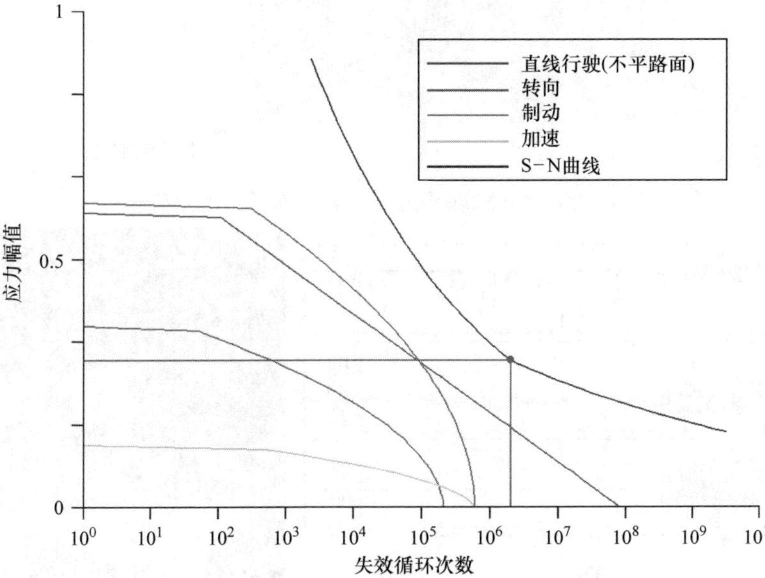

图 9.27　单独载荷条件的局部载荷谱

所示，对于轴类部件，如图 9.28 所示。单独的载荷时间段，包含工作载荷的通道相关性和频率内容的信息。

9.3.4.1　载荷段组合

通常，构成设计谱基础的载荷时间函数是相当长的，在物理测试（驱动文件迭代）以及数值仿真（如多体仿真）中难以处理。因此，通常要编辑的载荷时间序列，需尽可能少地由相关载荷段组成，这在单独的实际载荷情况中是典型的。基于此，对应于工作条件的相关性（和频率内容）用于保证疲劳临界载荷。这样的例子是多轴载荷程序，其基于轴向分量的合成，如图 9.29 所示。

下面将说明多轴载荷的一般情况。对于一个设计谱，其以雨流矩阵或范围对和层次交叉直方图（对每个通道）的形式存在，必须导出所有通道的时间历程。

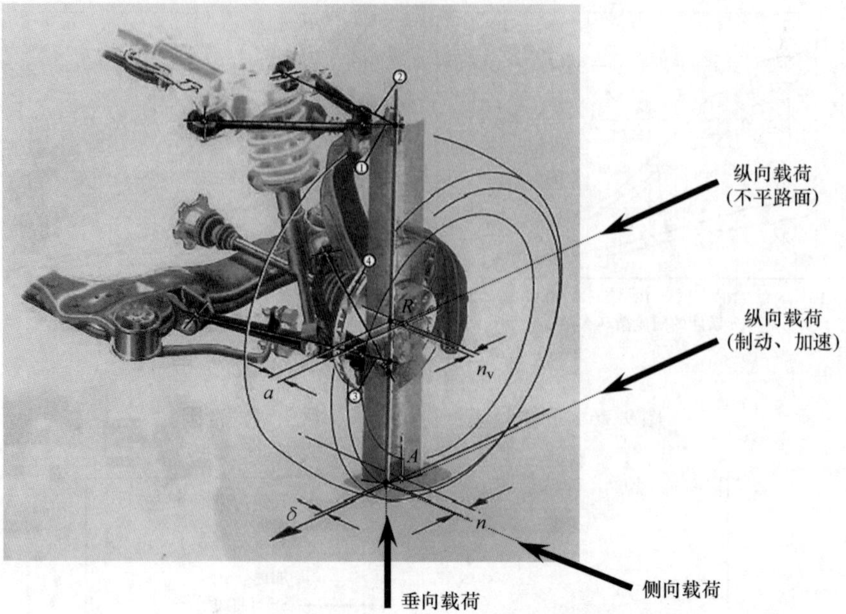

图9.28　多轴载荷例子：作用在车轮上的载荷

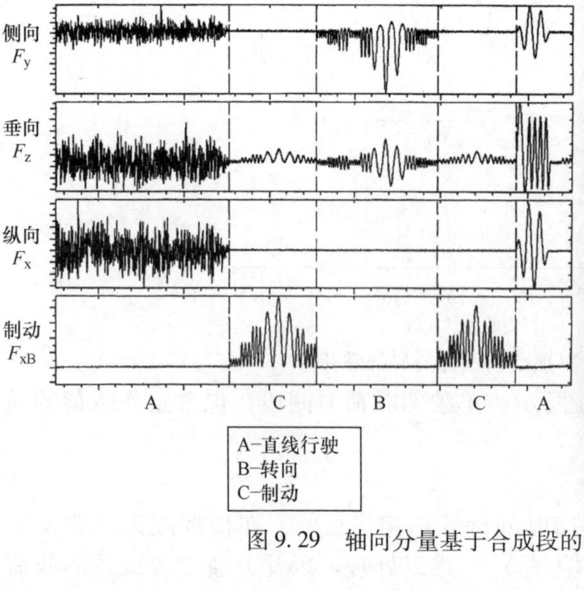

图9.29　轴向分量基于合成段的多轴载荷过程

在生成多轴载荷时间序列的同步过程中[59]，所需的载荷段 LS_i 与其重复数（或频率）f（LS_i），如果需要的话，还有其比例因子 $a(CH_j;LS_i)$，应用优化过程确定，如图9.30和图9.31所示。类似的方法在文献［63］中描述，其基于雨流矩阵优化，没有选择比例幅值。这些方法成功的前提是，基础载荷段（事件）包含所有相关作用载荷的组合（相位和幅值关系）。

使用单轴载荷，载荷数据的合成只能使用在指定边界条件下的雨流矩阵实现。其中，载荷序列由重建过程得到的雨流矩阵导出。

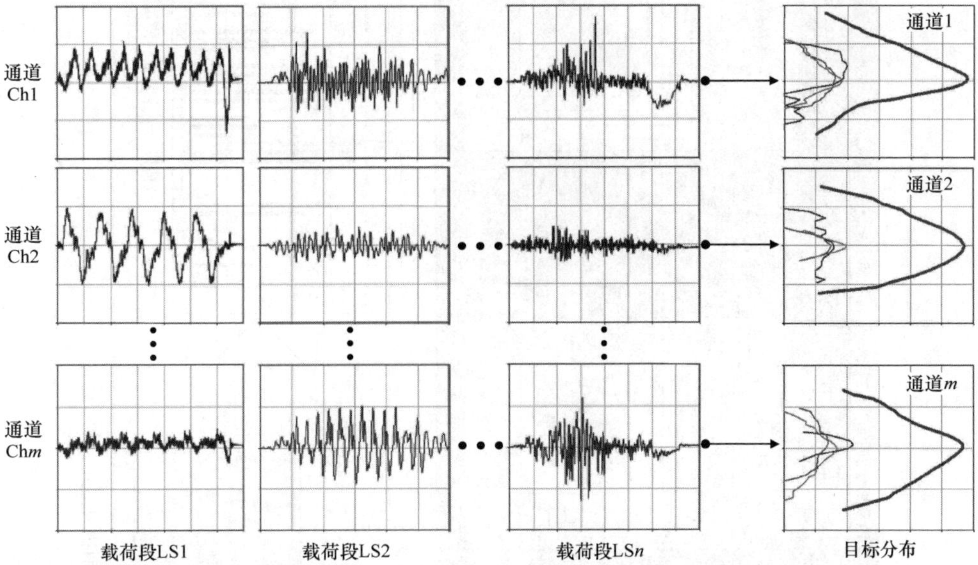

图 9.30　由相关载荷段生成多轴载荷时间历程（确定频率 $f(\mathrm{LS}_i)$，比例因子 $a(\mathrm{CH}_j;\mathrm{LS}_i)$）

9.3.4.2　基于频率的分析

在原理上，由频域生成载荷时间序列是可能的，通过使用功率谱密度和其他输入参数（或视情况而定的应用假设）[64-67]。然而，在重构信号的极端值时，相应的过程只能部分胜任。

对于柔性和/或振动结构，信号的频率内容是极其重要的。其中，必须注意的是，试验台的载荷幅值要采用适当的频谱。典型应用例子是轴或整车，也包括减振器、液力衬套或调校用的质量阻尼器。

9.3.5　标准载荷序列 CARLOS TC

前述方法用于编辑轿车载荷标准拖车连结器（CAELOS TC）的标准载荷序列，这种载荷序列用于设计和测试乘用车连结器（TC）。通常，除了可见的挂钩（球接）外，TC 包括由十字架和纵向支柱组成的结构，与挂钩结合将挂车工作载荷传递到底盘，这些载荷作用在耦合球的三个方向。

大量 TC 工作载荷的测试数据，与基于多家机动车辆制造商经验的验证要求结合，可以导出三个通道载荷序列。D 值用于作为归一化参数，其由牵引车的质量 m_V 和挂车质量 m_T 计算，如图 9.32 所示。通过使用同步过程[59]，实现下列目标：接近工作范围直方图和力向量之间的相关性，以及调整试验频率、试验控

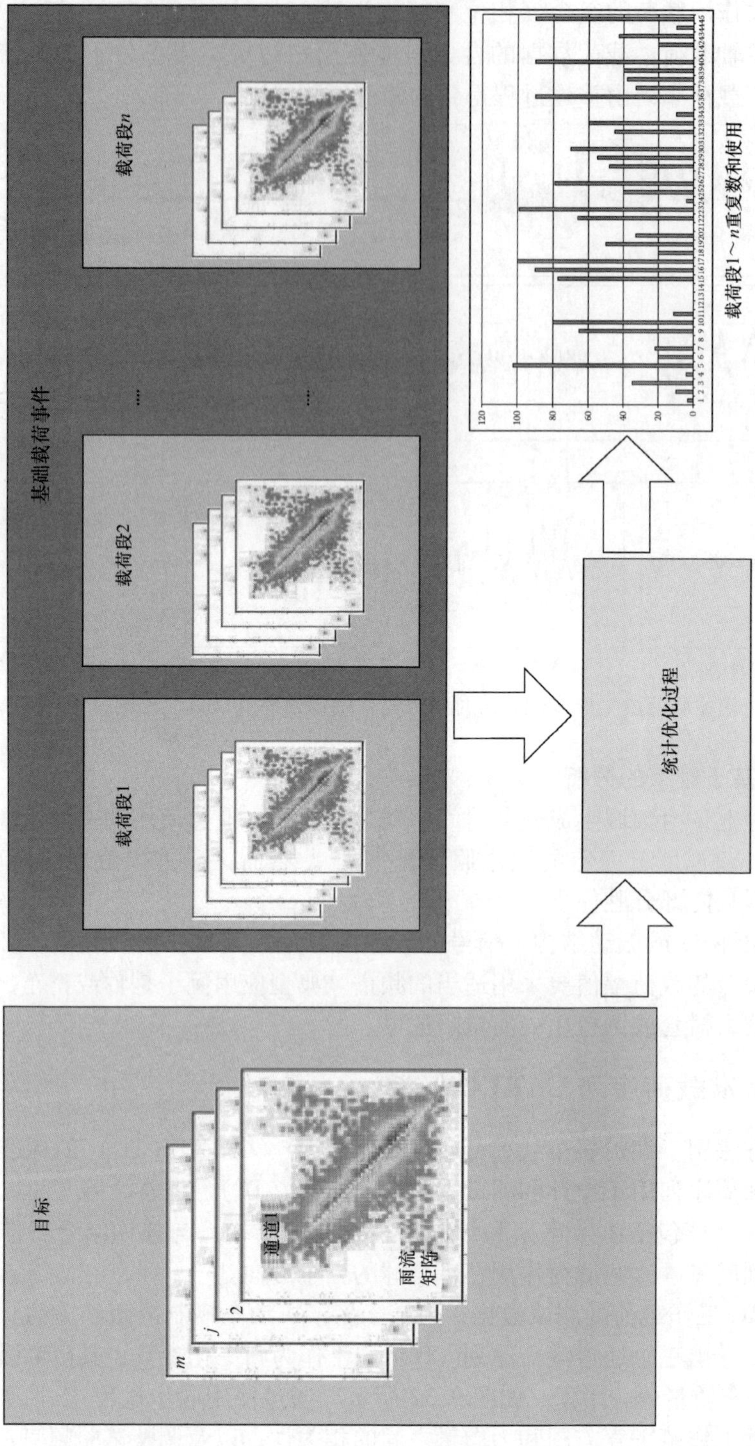

图 9.31　基于载荷段及其雨流矩阵的目标近似

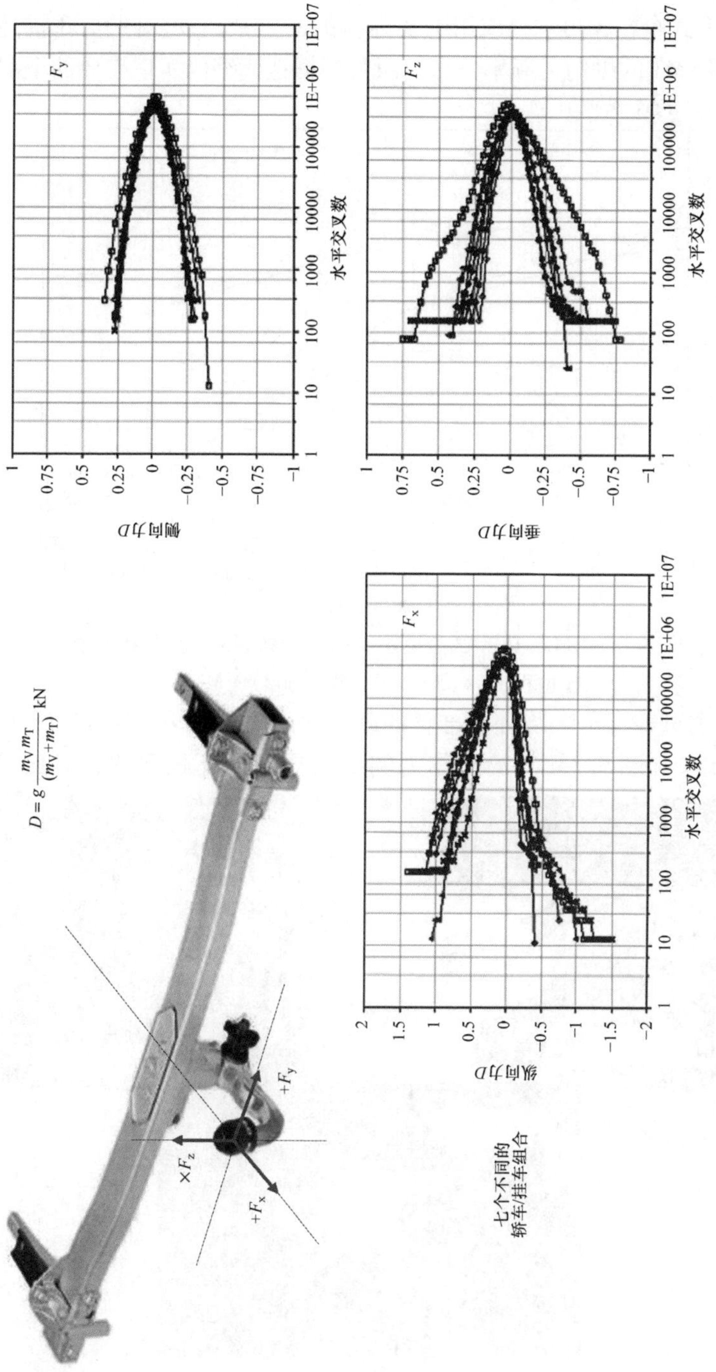

图 9.32　CARLOS TC：测试的载荷谱（由 D 值归一化）

制信号的速度和加速度以适应液压执行器的性能。假设 CARLOS TC 载荷以三通道载荷时间序列形式存在，再被分成用于实际目的的三个模块。图 9. 33 描述了试验模块 M1、M2 和 M3 的纵向力频率分布，由其根据迭代编码实现需要的全部谱。

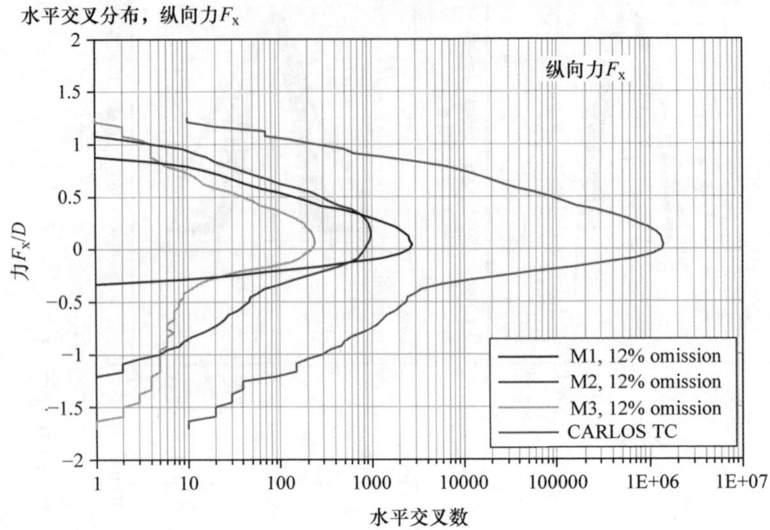

图 9. 33　CARLOS TC：试验模块 M1、M2 和 M3 的分布和整个试验过程 10 × (5 × (10 × M1 + M2) + M3)

除了比较测试载荷外，当评价准备的载荷序列时，比较局部应力和应变也是有趣的。图 9. 34 和图 9. 35[68] 给出作为例子的局部损坏程度的相对比较，其由

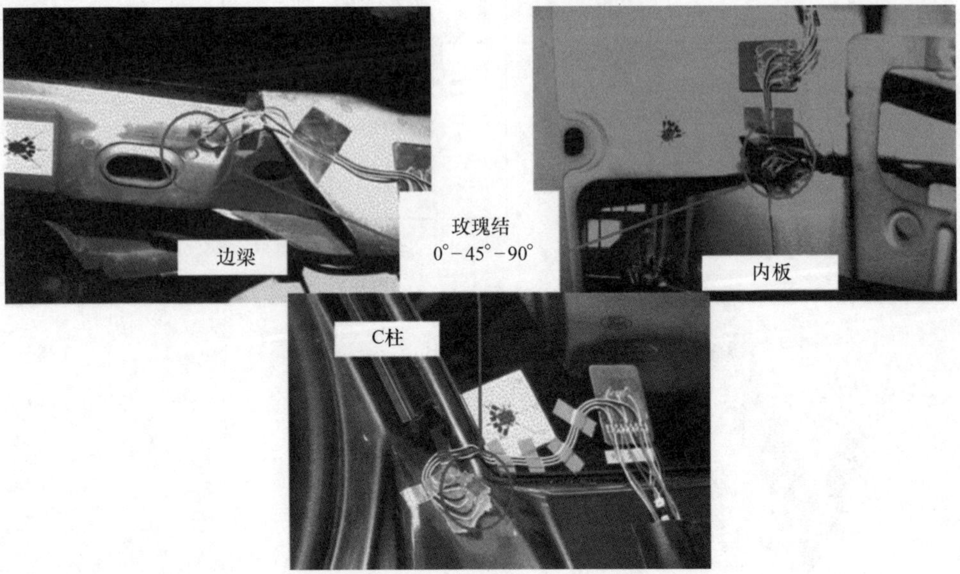

图 9. 34　在福特福克斯上（5 门）用于相关分析的测试位置

CARLOS TC 加载和载荷共同引起，使用了制造商在试车跑道上测试的车辆。

最后，应当指出的是，标准载荷序列可以用于超出试验或设计直接应用载荷假设的评价对标。

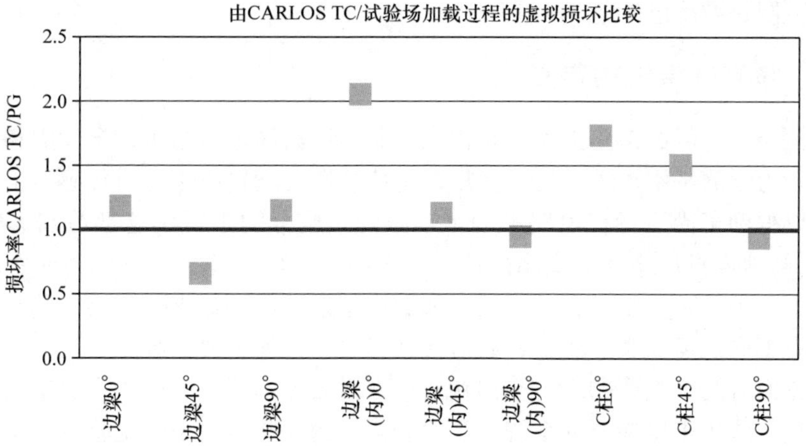

图 9.35　对 Ford Focus 的试验场和 CARLOS TC 的试验相关分析

9.4　通过实验室道路模拟的加速寿命测试

传统上，车辆及其主要部件的寿命试验在道路上完成。既然长期试验不可以用于车辆研发过程，必须显著压缩寿命循环时间。因此，所有车辆制造商都开发了所谓的试验场和加速试验策略，以便缩短耐久性试验时间。

道路试验取决于整车的可用性，这些试验费用很高。因此，自 20 世纪 60 年代开始，加强了建设和控制多轴试验台硬件的力度，以便适应由实验室道路模拟加速寿命试验的开发策略。现今，基于实验室的耐久性认证已经用于许多子系统，甚至在未来将更重要，因为有很多平台衍生品以及定向产品，要在相当短的时间内研发[69]。

9.4.1　道路试验和道路模拟

通常，最后的耐久性评价和认证通过道路试验完成，其在大量试验台、试验场和公共道路上实现。这些测试是客户运行场景中想象的最坏操作和障碍的集合——坑洼、粗糙的鹅卵石、减速带、非平路面、铁路道口和其他等。它们是高度动态的道路，在其上面测试底盘和动力传动系统、车身和行驶机构[70]。

实验室道路模拟意味着复制车辆在使用中经历的条件——尤其是车辆及其子系统的运动和力模拟[71]。应用模拟的优势是这些试验能够以可控方式实现，提供了重复性，同时节省了在道路上测试的时间和费用。加速寿命试验是可能的，这为车辆研发过程提供了显著的优势[72]。

成功的实验室道路模拟，意味着对约束和载荷条件的完全理解，试验台硬件的实际限制是准确已知的。

9.4.2　被测试系统的定义

载荷条件一般由道路上实际车辆或重载的试验确定。通常，车轮力和运动作为车辆动力学的基本输入，通过使用装备传感器的车轮或车轮力传感器检查。因此，可以得到车辆运行在道路上的基本激励，这有助于识别这部分瞬态输入数据[73]。与地面直接交互的实际部件，是轮胎、车轮和轮毂——作为非簧载旋转质量。下一个子系统是弹簧、阻尼器和结构悬架部件，如支柱和梁，其与旋转部件相比有不同的运动学。然后，载荷传到车身和其他主要系统。

这方面有几个主要的组，它们在几个方面彼此不同。因此，实验室模拟的适当策略显然取决于要检查的系统。既然悬架、制动和转向是安全临界子系统，所有这些系统都需要仔细评价。诸如车轮或轮毂的旋转部件，完全不同于其他考虑载荷运动学的悬架部件，选择实验室模拟的试验台硬件时要考虑到这一点。既然使用模拟的目标是要再现运行条件的损坏，子系统约束和载荷要尽可能与实际一致。

因此，实验室道路模拟器是多轴载荷系统，车辆或其子系统要附加于其上。

9.4.2.1　轴耦合道路模拟器

对于道路和车辆的接口，道路模拟器经常使用轴耦合执行器用于载荷作用[74]。一个角可以用于测试和研发 1/4 车辆悬架系统的环境，使用两个或四个这样的角，可以构造完全悬架或整车试验台[75]。其中，车辆可以作为与地面具有某些耦合的固定体测试，或者作为浮动车体通过其惯性支撑。

四柱试验台为车辆底盘和车身提供了实现各种动态试验目标的基础平台，更先进的试验台硬件使每个角可以达到 6 个自由度，是实现完整和复杂实验室道路模拟的基础，可产生垂向、侧向和纵向运动，制动和驱动力矩，以及转向和外倾力矩，如图 9.36 所示。

不同通道的交叉、试验台载荷装置的某些干涉或车辆悬架对共振频率的反应，都可能引起精度问题。

9.4.2.2　车轮和轮毂道路模拟器

既然车轮和轮毂的运动学完全不同于悬架梁和支柱，使用轴耦合道路模拟器测试非簧载旋转部件的耐久性是不合适的。实际上这些部件具有简单的循环载荷序列，因为局部应力通过外载荷的高度以及相对载荷输入区域的位置给出。因此，用于车轮和轮毂的实验室道路模拟器的设计，要涉及包含轮胎在内的全部总

图 9.36　路面测试和实验室道路模拟

成，用于传递载荷进入子系统的单元。

用于车轮耐久性测试最完整的实验室道路模拟器，是双轴车轮疲劳试验机（ZWARP）[76]，其使用内转毂作为移动的地面，如图 9.37 所示。车轮总成通过垂直和侧向执行器加载，能够引入使用的运行条件，如在不平路面的直线行驶或重载动力转向。偶尔，可以引入力矩载荷以便检查轮辐的疲劳行为或诸如偶发的车轮螺栓松动等性能问题。

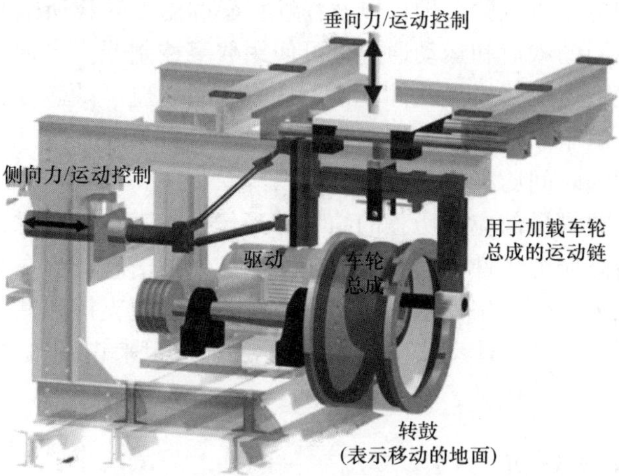

图 9.37　双轴车轮疲劳试验机（ZWARP）

所谓的 ZWARP 技术，是指用于车轮和轮毂实验室道路模拟的领先的国际标准[77]。它不同于双轴模拟，具有更多简化的耐久性过程，如旋转弯曲或径向疲劳试验，其不模拟使用的载荷。

9.4.3　载荷文件的开发

车辆动力学意味着载荷是依赖于时间的。因此，使用道路模拟器的一个特殊例子是载荷文件，其给出用于每个通道的力或力矩的时间历程。载荷文件具有标准化的载荷信息，用于对特定车辆的度量，或者其可以由单独的道路测试导出。

标准化的载荷文件，包括如直线行驶、转向或制动车辆等专有行为，以及关于载荷幅值的信息和循环系数[78]。通过计算车辆所有相关行为的单独载荷历程，经半分析产生。最后，编辑所有的载荷序列，创建典型的方块类型载荷文件，其可以很好地用于加速寿命测试。

标准化的载荷信息有其优点，特别是当道路载荷数据不可用时——即车辆研发过程的早期或用于不同车辆对标时——专门的载荷文件说明了所有关于使用车辆和道路的特殊性质。对于每个单独的自由度，创建这种具有真实时间历程的载荷文件需要大量的工作。通过使用诸如忽略、外推或缩放，保留不同载荷通道之间的基本载荷幅值和相位相关性，载荷文件最后代表加速试验谱[79]。

试验谱的过应力加速，由于会产生超过结构屈服极限的应力，对损坏机理产生严重影响，更适当的策略是应用使用的加速度。

通常，对于悬架耐久性，其设计寿命和试验耐久之间的时间比例大约是30，这意味着完全的车辆寿命循环在大约在100h和600h内完成。当双轴车轮疲劳试验使用标准化的载荷信息以100km/h运行时，试验仅花费100h。对于多轴悬架实验，频率比例范围由试验台硬件以及弹性衬套的温度转移所限制。

为了控制不同的载荷和运动通道，可使用数字控制器。多轴时间历程高精度复制过程的设置，由道路模拟软件支持。这些产品创建了试验台驱动文件，通常使用迭代策略。基于系统响应的识别过程，创建初始载荷信息并且连续精细化，直到产生高精度的时间历程。

既然疲劳现象是局部应变历程的结果，当仅控制力和运动时，可能导致不准确性。因此，对高应力部件，通常还有应变测试附加信息，要在驱动文件迭代中考虑。高度复杂的迭代策略使用实验室虚拟试验，以便支持和减少试验台的硬件迭代。因此，试验台的多体动力学（MBD）表示，用来识别改进的初始载荷信息，减少后续的硬件迭代量。

9.4.4 试验结果评价

实验室道路模拟加速寿命试验的可重复性，使得试验工程师可以决定测试部件耐久性认证。既然有大量的有关耐久性能散布——不仅仅是尺寸公差——要测试适当的样本数。准确的样本数取决于选择的可靠性生长策略。在汽车研发中，通常有成对的样本可用，用于检查测试策略。因此，所有样本必须达到特定的试验寿命目标，没有或仅有最小的疲劳裂缝[80]。

既然复杂产品可能有大量不同的失效模式，失效定义要有一定程度的灵活性。因此，多层失效评价过程是有益的，其考虑时间对失效和其严重性的影响，见表9.3。

表9.3 多层失效评价

类型	目标	模式	备注
Ⅰ	失效	严重运行事故	不允许发生在相关安全部件
Ⅱ	干预	意外发生，要求维修干预	
Ⅲ	事件	没有相关失效	由于发生频率产生工程上的兴趣

于是，最后的认证取决于多层失效评价过程的结果，这有助于准备疲劳失效风险评估的等级。

参考文献

1. American Society for Metals (ASM). *Fatigue and Fracture. ASM Handbook*, Vol. 19. ASM International, Materials Park, OH (1996).
2. Bannantine, J.A., Comer, J.J., and Handrock, J.L. *Fundamentals of Metal Fatigue Analysis*. Prentice Hall, Englewood Cliffs, NJ (1990).
3. Buxbaum, O. Betriebsfestigkeit—Sichere und wirtschaftliche Bemessung schwingbruchgefährdeter Bauteile. Verlag Stahleisen GmbH Düsseldorf (1992), 2. erweiterte Auflage.
4. Haibach, E. Betriebsfestigkeit—Verfahren und Daten zur Bauteilberechnung. Springer-VDI Verlag Berlin (2006), 3. Auflage.
5. Radaj, D. and Vormwald, M. Ermüdungsfestigkeit, Grundlagen für Ingenieure. Springer-Verlag Heidelberg (2007), 3. Auflage.
6. Rice, R.C., Leis, B.N., Berns, H.D., Nelson, D.V., Lingenfleser, D., and Mitchell, M.R. *Fatigue Design Handbook* (SAE AE 10). Society of Automotive Engineers (SAE), Warrendale, PA (1988).
7. Sonsino, C.M. Dauerfestigkeit—Eine Fiktion. Konstruktion 57(4) (2005), 87–93.
8. Sonsino, C.M. Course of S-N curves especially in the high-cycle fatigue regime with regard to component design and safety. *International Journal of Fatigue* 29(12) (2007), 2246–2258.
9. Sonsino, C.M. and Grubisic, V. Requirements for operational fatigue strength of high quality cast components. *Materialwissenschaft und Werkstofftechnik* 27(8) (1996), 373–390.
10. Sonsino, C.M., Berg-Pollack, A., and Grubisic, V. Structural durability proof of automotive aluminium safety components—Present state of the art. Fatigue research and applications, SAE SP-1952, ISBN 978-0-7680-1597-3, SAE Paper 2005-01-0800/ (2005).
11. Waterhouse, R.B. Fretting fatigue. *International Materials Reviews* 37(2) (1992), 77–97.
12. Dixon, W.J. and Mood, A.M. A method for obtaining and analyzing sensitivity data. *Journal of the American Statistical Association* 43 (1948), 108–126.
13. Sonsino, C.M. Principles of variable amplitude fatigue design and testing. In: *Fatigue Testing and Analysis under Variable Amplitude Loading Conditions*. ASTM STP 1439 (2005), pp. 3–24, ASTM International, West Conshohocken, PA.
14. Sonsino, C.M. Fatigue testing under variable amplitude loading. *International Journal of Fatigue* 29(6) (2007), 1080–1089.
15. ASTM Standard E1049-85 (Reapproved 2005). *Standard Practices for Cycle Counting in Fatigue Analysis*. Beuth Verlag, Berlin, Germany (2005).
16. de Jonge, J.B. The analysis of load time histories by means of counting method. National Aerospace Laboratory (NLR); International Committee on Aeronautical Fatigue (ICAF) (NLR MP 82039 U) (1982).
17. Sonsino, C.M. Werkstoffauswahl für schlagartig und zyklisch belastete metallische Bauteile. *Materialwissenschaft und Werkstofftechnik* 32(3) (2001), 221–230.
18. ASTM Standard E606-92. Standard practice for strain-controlled fatigue testing. In: *Annual Book of ASTM Standards*, Vol. 03.01. ASTM (1997), pp. 523–537, ASTM International, West Conshohocken, PA.

19. Sonsino, C.M., Zenner, H., Yousefi-Hashtyani, F., and Küppers, M. Assessments of components under multiaxial service loading—Calculations and experiments. In: *Centre Technique des Industries Méchaniques (CETIM)*. Fatigue Design (2005), 11p.
20. Sonsino, C.M. Zur Bewertung des Schwingfestigkeitsverhaltens von Bauteilen mit Hilfe örtlicher Beanspruchung. *Konstruktion* 45(1) (1993), 25–33.
21. Sonsino, C.M., Kaufmann, H., and Grubisic, V. Übertragbarkeit von Werkstoffkennwerten am Beispiel eines betriebsfest auszulegenden geschmiedeten Nutzfahrzeug-Achsschenkels. *Konstruktion* 47(7/8) (1995), 222–232.
22. Sonsino, C.M. Light-weight design chances using high-strength steels. *Materialwissenschaft und Werkstofftechnik* 38(1) (2007), 9–22.
23. Kloos, K.H., Fuchsbauer, B., Magin, W., and Zankov, D. Übertragbarkeit von Probestab-Schwingfestigkeitseigenschaften auf Bauteile. In: *VDI-Berichte* (1979), Nr. 354, pp. 59–72.
24. Krae, Ch., Heuler, P., and Heckel, K. Consideration of size effects for assessment of notch fatigue life. International Committee on Aeronautical Fatigue (ICAF 1990) (ICAF Doc. 1973).
25. Bomas, H., Linkewitz, T., and Mayr, P. The weakest link concept—A probabilistic approach to the fatigue limit of components. In: *MATERIALS WEEK 2000—Proceedings*; editor and organiser: Werkstoffwoche-Partnerschaft. Frankfurt, Germany (September 25–28, 2000), URL: www.materialsweek.org/proceedings
26. Sonsino, C.M., Kaufmann, H., and Grubisic, V. Transferability of material data for the example of a randomly loaded forged truck stub axle. Recent developments in fatigue technology, SAE PT-67, ISBN 978-0-7680-0037-5, SAE Paper 970708 (1997), S. 649–670.
27. Rechnerischer Festigkeitsnachweis für Maschinenbauteile aus Stahl, Eisenguss- und Aluminiumwerkstoffen. Forschungskuratorium Maschinenbau, Frankfurt, 4. erweiterte Ausgabe (2002).
28. Hobbacher, A. Recommendations for fatigue design of welded joints and components. *International Institute of Welding*, doc. XIII-1965-03/XV-1127-03 (2003).
29. Bruchmechanischer Festigkeitsnachweis. Forschungskuratorium Maschinenbau, Frankfurt, 1. Ausgabe (2001).
30. Nieslony, A. and Sonsino, C.M. Comparison of some selected multiaxial fatigue assessment criteria. Fraunhofer Institute for Structural Durability and System Reliability LBF, Darmstadt. Report No. FB-234 (2008).
31. Sonsino, C.M. Multiaxial fatigue assessment of welded joints—Recommendations for design codes. *International Journal of Fatigue* 31(1) (2009), 173–187.
32. Döring, R. Zum Deformations- und Schädigungsverhalten metallischer Werkstoffe unter mehrachsig nichtproportionalen zyklischen Beanspruchung. Dissertation, TU Darmstadt (2006).
33. Hoffmeyer, J. Anrisslebensdauervorhersage bei mehrachsiger Beanspruchung auf Basis des Kurzrisskonzepts. Dissertation, TU Darmstadt, Darmstadt, Germany (2005).
34. Socie, D.F. and Marquis, G.B. *Multiaxial Fatigue*. Society of Automotive Engineers, Warrendale, PA (2000).
35. Sonsino, C.M., Zenner, H., Yousefi-Hashtyani, F., and Küppers, M. Present limitations in the assessment of components under multiaxial service loading. In: *Proceedings of 7th ICBMFF*. DVM Berlin, Germany (2004), pp. 17–26.
36. Eulitz, K.-G. and Kotte, K.L. Damage accumulation—Limitations and perspectives for fatigue life assessment. In: *MATERIALS WEEK 2000—Proceedings*; editor and organiser: Werkstoffwoche-Partnerschaft. Frankfurt, Germany (September 25–28, 2000), URL: www.materialsweek.org/proceedings
37. Sonsino, C.M. *Fatigue Design Concepts for P/M Parts and Required Material Data—An Overview*. Metal Powder Industries Federation, Princeton, NJ (2003).
38. Filippini, M. and Dieterich, K. An approximate formula for calculating the probability of failure. Fraunhofer-Institut für Betriebsfestigkeit LBF, Darmstadt. Technische Mitteilungen TM-Nr. 111 (1997).
39. Sonsino, C.M. Versuchszeitverkürzung in der Betriebsfestigkeitsprüfung—Methoden und Kompromisse. *Materialprüfung* 45(4) (2003), 133–144.
40. Klätschke, H. and Schütz, D. Das Simultanverfahren zur Extrapolation und Raffung von mehraxialen Belastungs-Zeitfunktionen für Schwingfestigkeitsversuche. *Materialwissenschaft und Werkstofftechnik* 26 (1995), Nr. 8, 404–415.

41. Klätschke, H. and Heuler, P. Generation and use of standardised load spectra and load-time histories. *International Journal of Fatigue* 27(8) (2005), 974–990.
42. Kieninger, M., Rupp, A., and Gerlach, T. New wheel force transducer for the investigation of multiaxial loads on rail bound vehicles in the urban traffic, 37. Tagung Moderne Schienenfahrzeuge Technische Univeristät Graz, 15. bis 18 (April 2007), S. 102–109.
43. Hobbacher, A. Recommendations for Fatigue Design of Welded Joints and Components. International Institute of Welding, doc. XIII-1965-03/XV-1127-03. Paris, France, 2005.
44. Gaßner, E. Festigkeitsversuche mit wiederholter Beanspruchung im Flugzeugbau. Luftwissen (1939), Nr. 6, S. 61–64.
45. Svenson, O. Beanspruchung und Lastkollektiv am Fahrwerk von Kraftfahrzeugen. *Automobiltechnische Zeitschrift* 65(11) (1963), 334–337.
46. Buxbaum, O. Statistische Zählverfahren als Bindeglied zwischen Beanspruchungsmessung und Betriebsfestigkeitsversuch. Fraunhofer-Institut für Betriebsfestigkeit (LBF), Darmstadt, Bericht Nr. TB-65 (1966).
47. Haibach, E. Beurteilung der Zuverlässigkeit schwingbeanspruchter Bauteile. *Luftfahrttechnik-Raumfahrttechnik* 13(8) (1967), 188–193.
48. Grubisic, V. Bemessung und Prüfung von Fahrzeug-Rädern. *Automobiltechnische Zeitschrift* 75(1) (1973), 9–18 and (7), 252–258.
49. de Jonge, J.B. Counting methods for the analysis of load time histories. NLR Memorandum SB-80-106 U (1980).
50. Buxbaum, O. Betriebsfestigkeit, sichere und wirtschaftliche Bemessung schwingbruchgefährdeter Bauteile. Verlag Stahleisen mbH, Düsseldorf, 2. Auflage (1992).
51. Schütz, D., Klätschke, H., and Heuler, P. Standardisierte mehraxiale Lastabläufe für Bauteile von Pkw-Radaufhängungen—CAR LOading Standard CARLOS multi. Fraunhofer-Institut für Betriebsfestigkeit (LBF), Darmstadt, Bericht Nr. FB-201 (1994).
52. Westermann-Friedrich, A. and Zenner, H. Zählverfahren zur Bildung von Kollektiven aus Zeitfunktionen – Vergleich der verschiedenen Verfahren und Beispiele. Institut für Hüttenmaschinen und Maschinelle Anlagentechnik der TU Clausthal, FVA-Merkblatt Nr. 0/14 (1988).
53. Fischer, G. Experimenteller Nachweis an ausgewählten Bauteilen des Schienenfahrzeugbaus. DVM-Weiterbildungsseminar, Lebensdauer und Betriebsfestigkeits—nachweis, Koblenz (Oktober 2001), DVM Berlin.
54. Horst, N., Schäfer, U., and Schmidt, R. Ermittlung von statistisch abgesicherten Kunden-Lastkollektiven für Personenkraftwagen. In: *Fahrwerke und Betriebsfestigkeit, DVM Bericht* 129 (2002), 81–91.
55. Johannesson, P. Extrapolation of load histories and spectra. *Fatigue & Fracture of Engineering Materials & Structures* 29(3) (2006), 201–207.
56. Dressler, K., Gründer, B., Hack, M., and Köttgen, V.B. Extrapolation of Rainflow matrices, SAE Technical Paper 960569 (1996).
57. Johannesson, P. and Thomas, J.J. *Extrapolation of Rainflow Matrices*. Extremes 4:3, Kluwer Academic Publishers, Dordrecht, the Netherlands (2002), pp. 241–262.
58. Clormann, U.H. and Seeger, T. Rainflow-HCM. Ein Hysteresisschleifen-Zählalgorithmus auf werkstoffmechanischer Grundlage, Programmbeschreibung. Bericht FF-22, Fachgebiet Werkstoffmechanik der TH Darmstadt (1985).
59. Klätschke, H. and Schütz, D. Das Simultanverfahren zur Extrapolation und Raffung von mehraxialen Belastungs-Zeitfunktionen für Schwingfestigkeitsversuche. *Materialwissenschaft und Werkstofftechnik* 26(8) (1995), 404–415.
60. Flade, D., Helm, B., and Lücker, E. Simulation von schädigungsäquivalenten Beanspruchungen an Elastomerbauteilen (Simsabel). Final report of a research project supervised by AK Elastomerlager, LBF-Bericht Nr. 112100 (2003), unpublished.
61. Helm, B., Bruder, T., and Flade, D. Betriebsfestigkeitsnachweis von Elastomerbauteilen. Konstruktion 56 (2004), IW 14–IW 16.
62. Zwittian, T. Strategie zur Prüfsignalkürzung für multifunktionale Elastomerlager. DVM-Workshop, Prüfmethodik für Betriebsfestigkeitsversuche in der Fahrzeugindustrie, Darmstadt (January 31/February 1, 2006).
63. Gründer, B., Speckert, M., and Pompetzki, M. *Design of Durability Sequences Based on Rainflow Matrix Optimization*. Society of Automotive Engineers, Warrendale, PA (1998).

64. Bishop, N.W.M. Spectral methods for estimating the integrity of structural components subjected to random loading. In: *Handbook of Fatigue Crack Propagation in Metallic Structures*. Elsevier Science B.V., Amsterdam, the Netherlands (1994), pp. 1685–1720.
65. Petrucci, G. and Zuccarello, B. On the estimation of the fatigue cycle distribution from spectral density data. *Journal of Mechanical Engineering Science* C213 (1999), 819–831.
66. Petrucci, G. and Zuccarello, B. Fatigue life prediction under wide band random loading. *Fatigue & Fracture of Engineering Materials & Structures* 27 (2004), 1183–1195.
67. Benasciutti, D. and Tovo, R. Spectral methods for lifetime prediction under wide-band stationary processes. *International Journal of Fatigue* 27 (2005), 867–877.
68. Bruder, T., Klätschke, H., Sigwart, A., and Riehle, J. Leichtbau und Betriebsfestigkeit durch realitätsnahe Lastannahmen am Beispiel von PKW-Anhängevorrichtungen. In: *Materialprüfung* 47(7–8) (2005), 429–436.
69. Ledesma, R., Jenaway, L., Wang, Y., and Shih, S. Development of accelerated durability tests for commercial vehicle suspension components, SAE Paper 2005-01-3565 (2005).
70. Haq, S., Temkin, M., Black, L., and Bammel, P. Vehicle road simulation testing, correlation and variability, SAE Paper 2005-01-0856 (2005).
71. Jeong, G.-S., Moon, H.-S., and Sung, D.-U. The development of lab-simulation test to accelerate the durability validation of engine mounting and wiring, SAE Paper 2003-01-0949 (2003).
72. Heim, R., Fischer, G., and Sonsino, C.M. Early stage rig testing for durability approval, SAE Paper 2006-01-0116 (2006).
73. Rupp, A., Grubisic, V., and Neugebauer, J. Development of a multi-component wheel force transducer—A tool to support vehicle design and validation, Warrendale, PA, SAE Technical Papers 930258 (1993).
74. White, K.J. The road simulator—A practical laboratory approach, IMechE C110/85, 1985.
75. Toshiaki, N. Durability test with a road simulator for body and chassis parts durability development, *Journal of the Society of Automotive Engineers of Japan* 59(7) (2005), 89–94.
76. Grubisic, V. and Fischer, G. Biaxial wheel/hub test facility. In: *Proceedings of the 2nd International User Meeting*, LBF, Darmstadt, Germany (1996).
77. SAE International, Wheel Standards Committee. Surface Vehicle Recommended Practice—Biaxial Wheel Fatigue Test, SAE J2562_200511 (2005).
78. Wessling, U., Fischer, G., and Grubisic, V. Methodik zur effektiven Dimensionierung und Bewertung der Betriebsfestigkeit von Fahrwerkskomponenten, 23. Tagung des DVM-AK Betriebsfestigkeit, Köln, Hrsg. Deutscher Verband für Materialforschung und -prüfung, Berlin, DVM-Bericht, 123 (1997).
79. Heim, R., Krause, I., and Weingaertner, S. Runflat—Technology and its impact on design and durability of wheels, SAE Paper 2007-01-1532 (2007).
80. Grubisic, V. and Fischer, G. Methodology for effective design evaluation and durability approval of car suspension components, SAE Paper published in SP-1223 (1997).

第 10 章　车辆中机电装置的可靠性评价

Bernd Bertsche，Jochen Cang，Holger Hanselka，
Soong - Oh Han，Jurgen Nuffer 和 Kai Wolf

10.1　引言

特别在过去 20 年，结合机械、电子和软件功能的装置，即所谓机电系统，在所有大众市场的所有分支内变得越来越重要。机电系统可靠性评价，是其被接受的关键问题之一。本章旨在对这一领域内最新技术和一些进展进行概述。

第一部分，即 10.2 部分，给出可靠性工程理论背景的概述。其中，讨论可靠性的一般方面，诸如通过统计分布表示的失效概率用于定量分析。同样，也介绍用于定性可靠性分析的过程。

第二部分，即 10.3 部分，提出在早期研发阶段中机电系统可靠性评价的一些内容。在早期阶段，系统详细的设计信息是不可能的。通过已有数据，演示能够如何获得可靠性估计。

随着系统复杂性的增加，试验成本变得非常高。由于这一原因，采取了通过计算仿真工具代替传统试验的试验方法，其要能够再现复杂系统性能和解释各种失效和失效情景。第三部分，即 10.4 部分，针对汽车降噪系统复杂样机，给出定量数值可靠性研究的例子。

这里，主要失效模式通过数值建模和灵敏度分析识别。

10.2　可靠性的一般方面

现代产品研发，正面临增加功能要求、较高复杂性、硬件与软件互联性、传感技术以及低研发和产品成本的问题。可靠性有什么重要性，这个概念意味着什么？可靠性概念与产品功能相联系[1]。根据 VDI 指南 4001[2]，可靠性定义

如下。

可靠性是在特定时间间隔、在给定功能和环境条件下产品不发生失效的概率。

为了达到高水平的顾客满意度，必须考虑将系统可靠性作为产品全开发过程的主要问题。对此，必须实施适当的组织和实质的措施[1]。重要的是包括开发链中的所有组：错误会发生在所有阶段。在产品全寿命周期，应适当选择可用的方法论工具和坚持以协调方式实现，如图 10.1 所示。

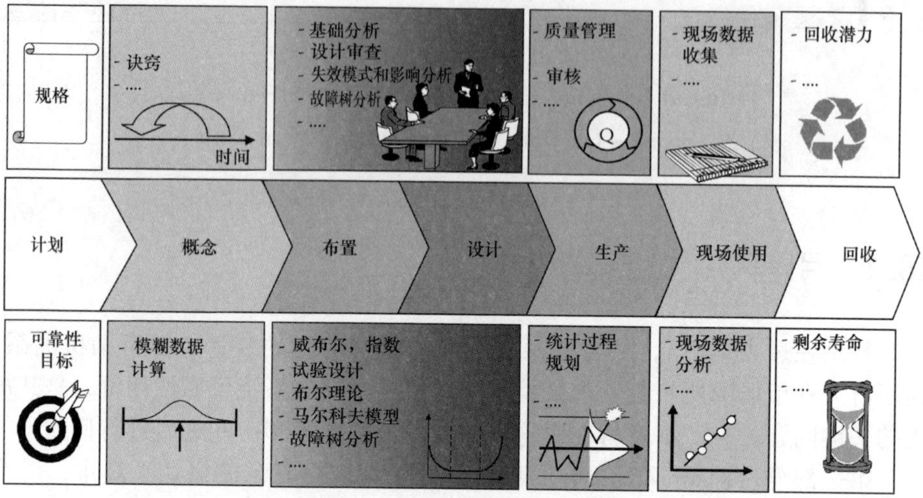

图 10.1　产品寿命周期中不同阶段的定性和定量可靠性分析方法

可靠性分析可以分成定性和定量方法[1,3]。定性分析的目的是对失效进行系统调查，而定量分析的目的是计算可靠性。图 10.2 给出不同的定性和定量可靠性分析方法[1]。

下面提出可靠性工程的一些基本原理。一方面，讨论用于可靠性计算的术语以及不同分布。另一方面，给出大多数公认的定性方法——失效模式和影响分析（FMEA）。

10.2.1　定量可靠性

为了描述失效行为，可以使用如下的统计函数：概率密度函数 $f(t)$、分布或失效概率函数 $F(t)$、生存概率或可靠性函数 $R(t)$ 和失效率 $\lambda(t)$。

10.2.1.1　直方图和密度函数 $f(t)$

失效频率直方图提供了图形表示失效行为的最简单选择，图 10.3 给出基于 Wohler（沃勒）试验定义载荷频率的直方图。

失效时间或者相当于部件失效的载荷循环，在某个时间发生是纯随机的。为

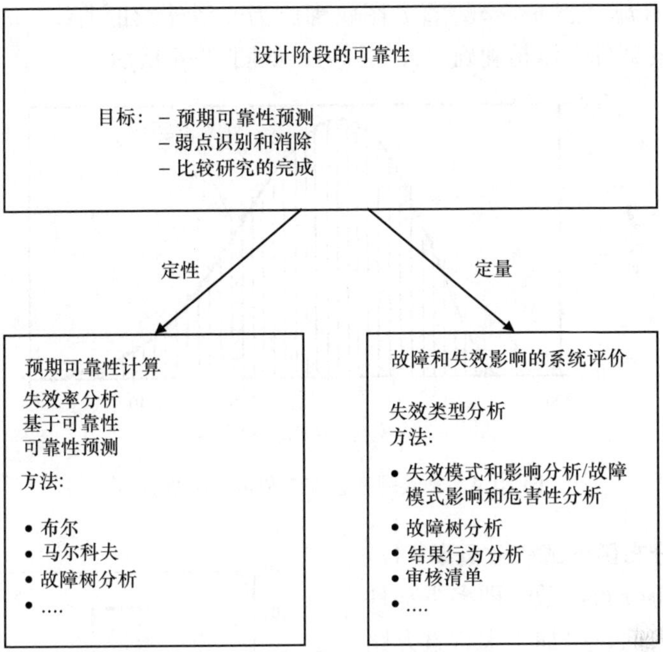

图 10.2　设计阶段的目标以及定量和定性可靠性分析方法的区别

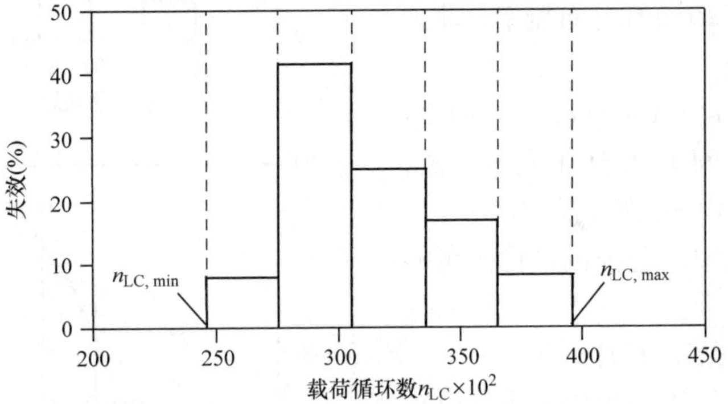

图 10.3　失效频率的直方图取决于载荷循环数

了分配这些失效时间，以循环数 n 为横坐标，分成不同的类别 n_k，在其上画出失效时间。对这些分类确定失效数。既然分类数不易于定义——类别太少导致信息损失，太多的类会产生间隔——分类数 n_k 的大致近似或估计值为

$$n_k \approx \sqrt{n} \tag{10.1}$$

代替直方图，失效行为也可以通过经验密度函数 $f^*(t)$ 描述。其中，直方图中每个列顶部的中点彼此连接。当测试部件的数目 n 增加时，可以发现对应的理

想密度函数 $f(t)$。当 $n \to \infty$，直方图轮廓成为光滑连续的曲线。$n \to \infty$ 意味着，要测试大量的部件，以精确确定失效行为，如图 10.4 所示。

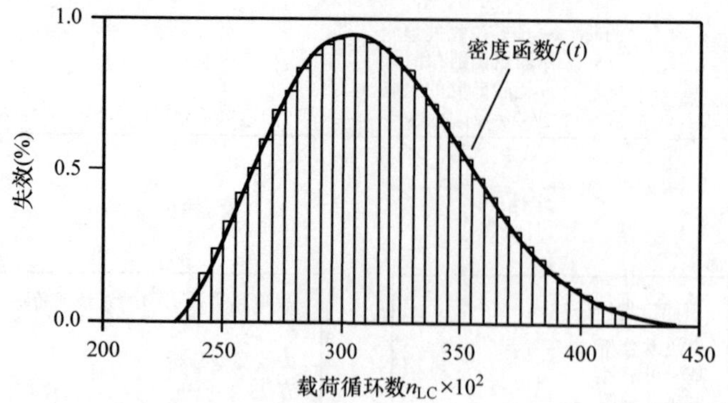

图 10.4　失效频率直方图和密度函数 $f(t)$

10.2.1.2　分布函数或失效概率 $F(t)$

为了获得分布函数，即多少部件在特定时间失效，增加了来自直方图的观察失效，如图 10.5 所示。

10.2.1.3　生存概率或可靠性 $R(t)$

生存概率 $R(t)$ 和分布概率是非独立的，表示为

$$R(t) = 1 - F(t) \qquad (10.2)$$

既然在时间 $t = 0$ 还未发生失效，生存概率 $R(t)$ 总是在开始 $R(0) = 1$。在可靠性理论中，这个函数称为可靠性 $R(t)$。

10.2.1.4　失效率 $\lambda(t)$

描述失效行为采用失效率 $\lambda(t)$，它表示在时间 t 或类 i 中的失效与失效之和无关，而与相对频率相关，但不是生存单元之和。这意味着失效率是密度函数 $f(t)$ 和生存概率 $R(t)$ 的商

$$\lambda(t) = \frac{f(t)}{R(t)} \qquad (10.3)$$

失效率常用于描述早期、随机和磨损的失效。一个尝试是记录一个部

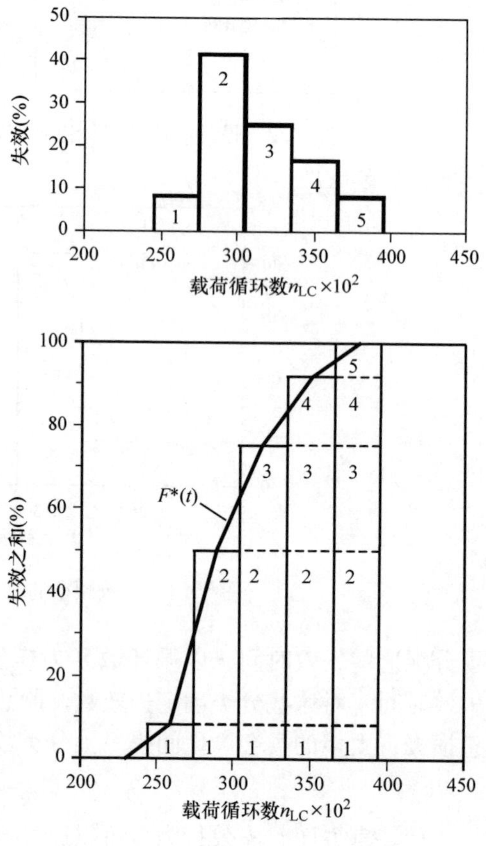

图 10.5　直方图和分布函数

件或机器的全部失效行为，这通过使用“浴缸曲线”完成，如图 10. 6 所示[1,3]。

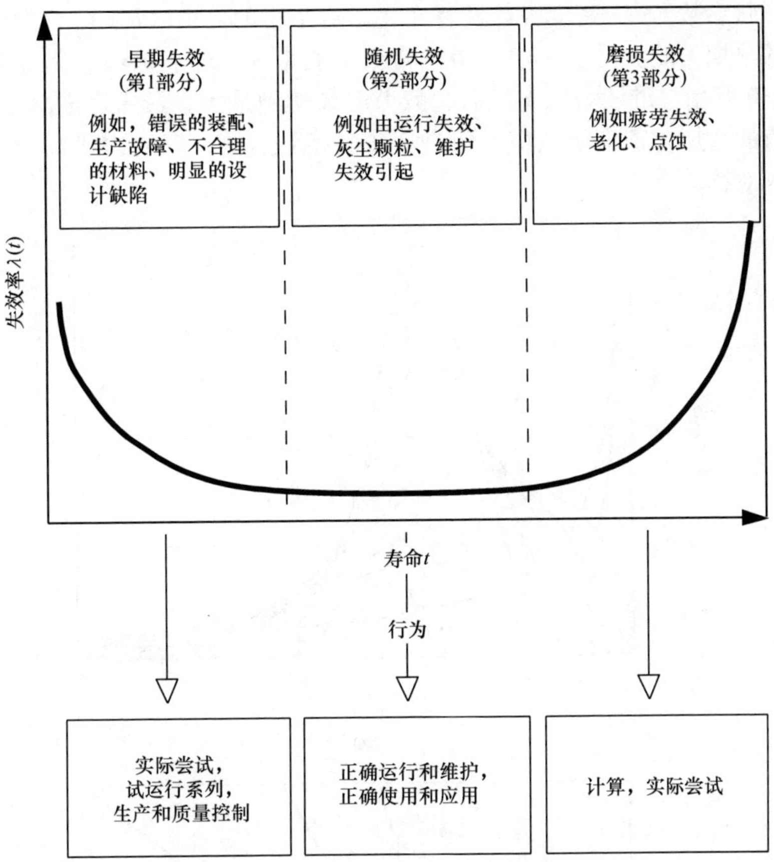

图 10. 6　失效率的三个部分（浴缸曲线）

因此，要区别三个部分。第一部分要发现早期失效，其由错误的装配、生产失效或不合理的材料引起。第二部分表示随机失效，其由运行失效、灰尘颗粒或维护失效引起。第三部分描述磨损和疲劳失效，其由疲劳断裂、老化或点蚀引起。

10. 2. 1. 5　耐久性分布

耐久性分布从数学上描述失效行为的过程，最著名的耐久性分布是 Gauss（高斯）或正态分布[1,3,4]，然而其很少在可靠性理论中使用。指数分布经常在电气工程中使用，Weibull（威布尔）分布经常在机械工程中使用[1,3,4]，对数正态分布偶尔在材料科学和机械工程中使用[1]。

10. 2. 1. 6　Weibull 分布

非常不同的失效行为可以应用 Weibull 分布描述，如图 10. 7 所示。借助于

Weibull 函数，通过密度函数清楚地演示了这一点。受制于两个分布参数之一——形状参数 b——密度函数显著变化。对于小的 b 值（$b<1$），发生的失效是典型的早期失效。对于 $b=1$，得到常数失效率 λ。对于 $b>1$，密度函数总是在 $f(t)=0$ 开始。继续增加 b 值后，疲劳寿命达到最大，最后逐渐降落到低值。随着 b 值的增加，密度函数最大值进一步转换到右侧，直到达到 $b=3.5$，密度函数变成对称。

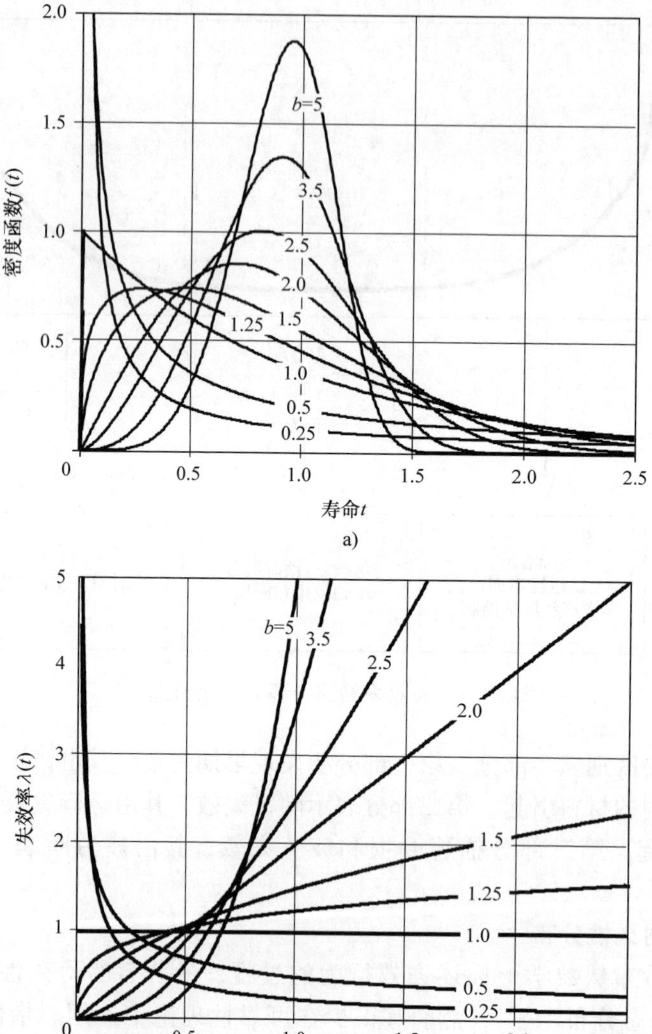

图 10.7　（a）Weibull 分布的密度函数　（b）Weibull 分布的失效率

除了图形考虑外，数学上描述 Weibull 分布是可能的，见表 10.1。

文献［1，3－7］给出其他耐久性分布以及更详细的可靠性分析内容。

10.2.1.7　Boolean（布尔）理论

Boolean 理论代表最简单的系统理论。从部件失效行为开始，系统的失效行为可以应用 Boolean 系统理论计算。如 10.2.1.5 部分所述，每个部件的失效行为都可以被表示[1]。为了应用 Boolean 理论，必须满足如下的预备条件。

1）系统是非可修复的，即第一个系统失效结束系统寿命。

2）系统元素只能假设成两种状态：工作或失效。

3）系统元素是独立的，即一个部件的失效不影响另一个部件的失效。

表 10.1　具有形状参数 *b* 和尺度参数 *T* 的 Weibull 分布公式

$R(t) = e^{-(t/T)^b}$	可靠性函数
$\lambda(t) = \dfrac{f(t)}{R(t)} = \dfrac{b}{T}\left(\dfrac{t}{T}\right)^{b-1}$	失效率
$F(t) = 1 - e^{-(t/T)^b}$	失效函数
$f(t) = \dfrac{dF(t)}{dt} = \dfrac{b}{T} \cdot \left(\dfrac{t}{T}\right)^{b-1} e^{-(t/T)^b}$	失效密度函数

使用系统元素，可以画出可靠性线路图，从中识别系统的可靠性构型[1]。同时，可靠性线路图说明部件失效如何影响整个系统。如果只有和可靠性线路图中的输入和输出之间存在连接，其中所有描述的部件是完整的，则系统是有效的。在串行构型中，任意一个部件的失效，会导致整个系统的失效；在并行构型中，直到所有部件失效，才导致系统失效。

10.2.1.8　故障树分析

故障数分析（FTA）是一种演绎方法，用于说明系统的功能和量化系统的可靠性。这种方法可以用于诊断和开发工具，以这种方式可以识别系统中的潜在失效和评价供选择的设计。FTA 的潜在优点之一是其可以产生定性和定量结果，FTA 基于 Boolean 理论建立。

10.2.2　定性方法——失效模式和影响分析

失效模式和影响分析（FMEA）是可靠性工程中最常用和最经常实现的方法。其由美国 NASA 在 20 世纪 60 年代中期研发，用于 Apollo 计划，之后作为航空和航天工业的通用方法。与此同时，FMEA 代表了汽车工业的标准方法，在欧洲、日本和北美自由贸易协议（NAFTA）中应用，德国标准可以在文献［8］中找到，国际标准可以在文献［9，10］中找到。作为扩展，可以使用失效模式影响和临界分析（FMECA）。与 FMEA 相比，FMECA 包括临界分析[1]。

FMEA 是一种系统化方法，其基本思想是识别任意系统、子系统和部件的所有可能失效模式。同时，识别可能的失效影响和原因。最后，评估风险和指定优化措施。该方法的目的是，尽可能快地识别产品的风险或弱点，以便实现及时改善。

FMEA 的实现是在多学科组或的所谓 FMEA 组中完成的。这是权宜之计，因为只有这样才能保证制造链中涉及的所有对象能够令人满意地参与。

根据文献［8］，FMEA 的五个步骤如图 10.8 所示，解释如下。

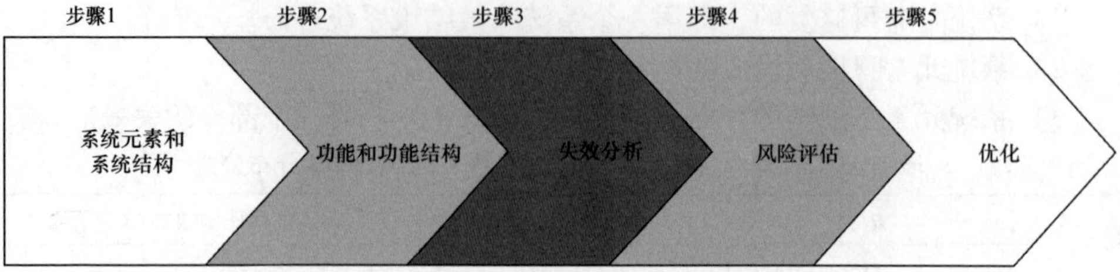

图 10.8　FMEA 系统的五个步骤

步骤 1：系统元素和系统结构，系统构型定义（系统、总成、部件）。

步骤 2：功能和功能结构，系统、总成和部件功能的定义，例如，协调方式、之前的 FMEA、要求和说明。

步骤 3：失效分析，产品缺陷确定——失效、失效原因、失效影响，例如，协调方式，之前的投诉、之前的 FMEA。

步骤 4：风险评估，避免和检测措施定义，缺陷影响严重性（S）评估，发生（O）概率和检测（D）概率的确定。

步骤 5：优化，产生行动的需要，引入新的、改善的措施，包括目标日期、责任和控制措施。

10.3　早期开发阶段的可靠性评价

今天的产品是以其不断增长的复杂性为特征的。作为一个例子，考虑变速器多年来如何进化。值得注意的是，越来越多的软件和电子部件集成到手动、自动和双离合器变速器中。既然购买汽车时，客户主要考虑的是其可靠性，而不是其外观或价格[1]，这个等级的优先权应当由制造商反映出来。

然而，如果考虑机电系统的实际可靠性活动，则要能够识别如下不足：

1）区域隔离。

2）只在开发后一个阶段考虑可靠性，这在改善和时间损失方面需要更大的成本。

3）总体上只确定部件和总成的可靠性。

4）到目前为止，用于可靠性计算的必要数据，很少有用或在质量和数量上缺乏。

因此，有必要采取行动，在机电系统的早期开发阶段，关注系统的整体可靠性。

10.3.1　开发过程和 V 模型

通常，机电系统可靠性分析的步骤，必须结合到机电产品开发过程中。只有这样，才能保证可靠性活动伴随于开发过程。

机电产品开发过程的顺序，可以借助于 V 模型描述[12]。在这个过程框架中，早期开发阶段是决定性的，则系统设计的 V 模型阶段是重要的，如图 10.9 所示。

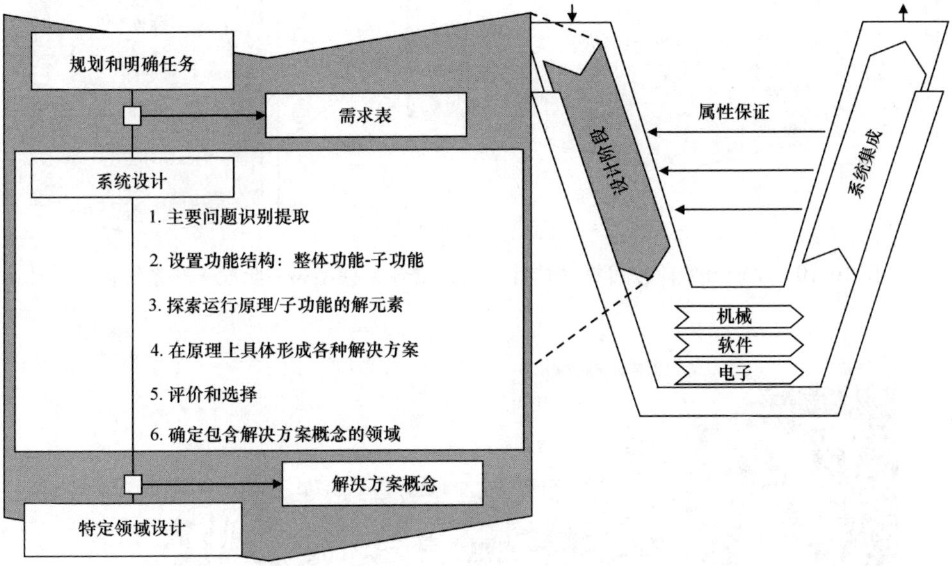

图 10.9　根据文献［12］对 V 模型提取，系统设计中的活动

10.3.2　机电系统早期开发阶段的可靠性方法

由图 10.9 开始，要确定可靠性在多大程度上可以结合到系统设计中。方法的描述，如图 10.10 所示。

为了阐述方法，将自动变速器的一个部件——液力变矩器锁止离合器作为例子，如图 10.11 所示。下面通过这个例子，说明可靠性方法。

10.3.2.1　产品功能/故障的识别

在方法的第一阶段，产品的顶部功能及其顶部故障类似于 FMEA 指定。然

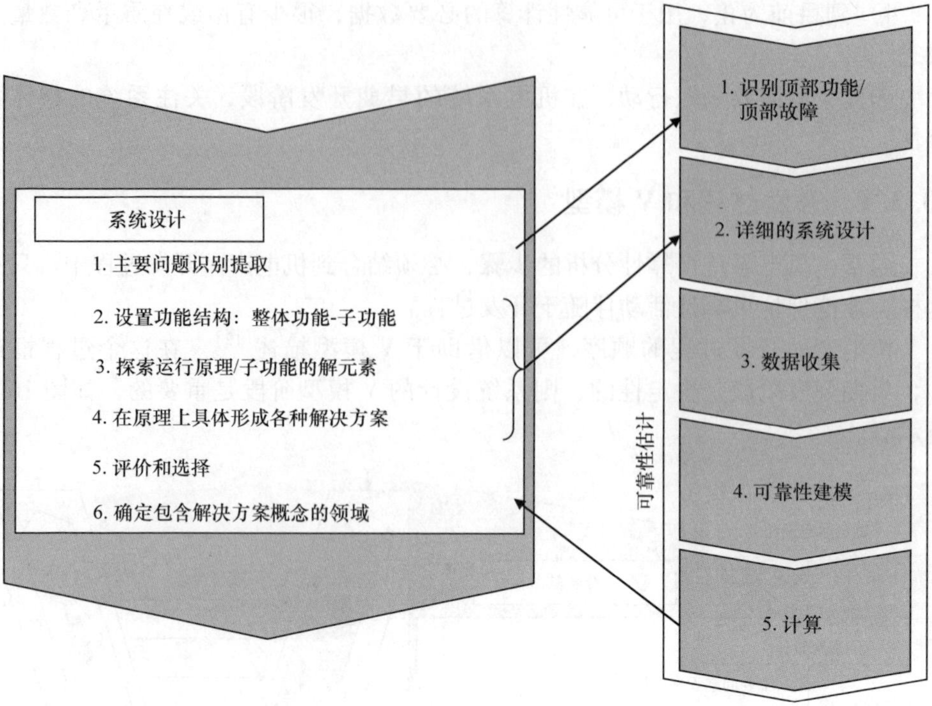

图 10.10　早期开发阶段可靠性估计方法，结合 V 模型第一阶段——系统设计

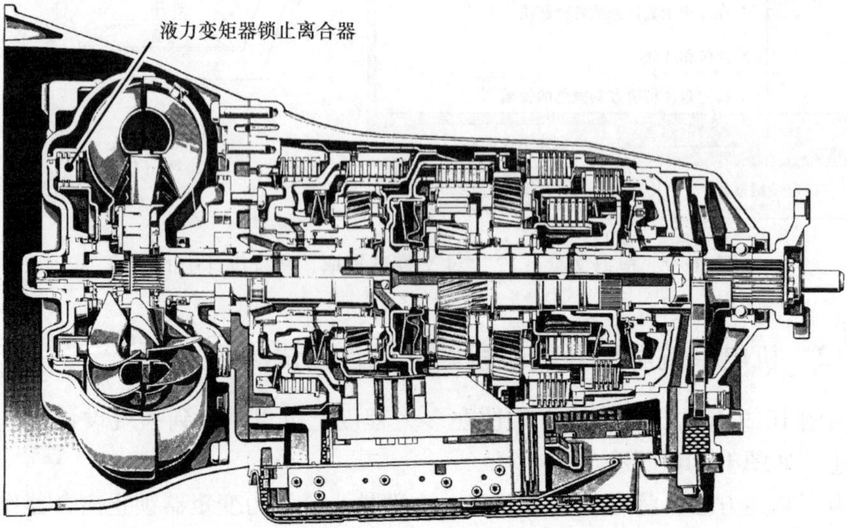

图 10.11　具有液力变矩器锁止离合器的自动变速器

而，非功能性的考虑，如易于修理或保证，不包括在内。根据文献［16］，顶部故障随后被分配成拦截类。可靠性目标值分配给每个拦截类，其值主要考虑市场策略。

对于液力变矩器锁止离合器的例子，顶部功能是：

1）闭合离合器。

2）打开离合器。

3）防止扭转振动传递到变速器。

对应的顶部故障是：

1）离合器不能闭合。

2）离合器不能打开。

3）不能保证消除扭转振动。

10.3.2.2　详细的系统设计

在早期开发阶段，有关系统的信息已经存在，这源于先前或类似的产品。使用这些知识，即所谓使用案例，对功能的相互关系进行注释是可能的。借助于描述，可以挑选用于液力变矩器锁止离合器的潜在部件。这些部件可以在包含执行器和传感器的物理模型中采纳，是整个系统必需的，如图 10.12 所示。在初始阶段，在信息处理中组合电子学和软件是足够的。然而，在以后阶段，要借助于统一建模语言（UML）区别它们。

10.3.2.3　数据收集

机械部件的可靠性数据，可以由失效寿命模型或仿真获得。这里的问题是不确定性，如制造质量或有效的发动机性能。使用小载荷曲线的可靠性模型和标准元件，也可能获得电子部件的数据。问题是，例如，接插件的连接。更困难的是软件，因为目前没有用于软件的可靠性模型[17]。然而，制造商通常通过直觉和基于经验的诀窍。应当开发这种专家知识用于可靠性模型和数据获取。考虑软件时，要询问专家输入参数，使用 Bayesian（贝叶斯）置信网络产生缺陷密度[13,17]。尽管输入数据不准确，专家评价单独系统彼此的关系仍是可能的。目标不再是确定可靠性参数，如 B_{10} 疲劳寿命（此时，10% 的系统部件是失效的），而是确定获得所需可靠性目标的开发范围，这个开发范围通过参数 α 指定。

10.3.2.4　可靠性建模

既然部件构型以及部件本身对整体可靠性有很大影响，在这个阶段应当考虑的是，如何选择对于现在的系统是最好的。当所有部件预先确定时，使用 Boolean 理论，这些选择可以由其各自的主缺陷函数构建，如图 10.13 所示。在以后阶段，分配给不同的投诉类。

10.3.2.5　计算

通过使用系统的数学模型或者 Monte Carlo 方法作为另外的选项，可以处理

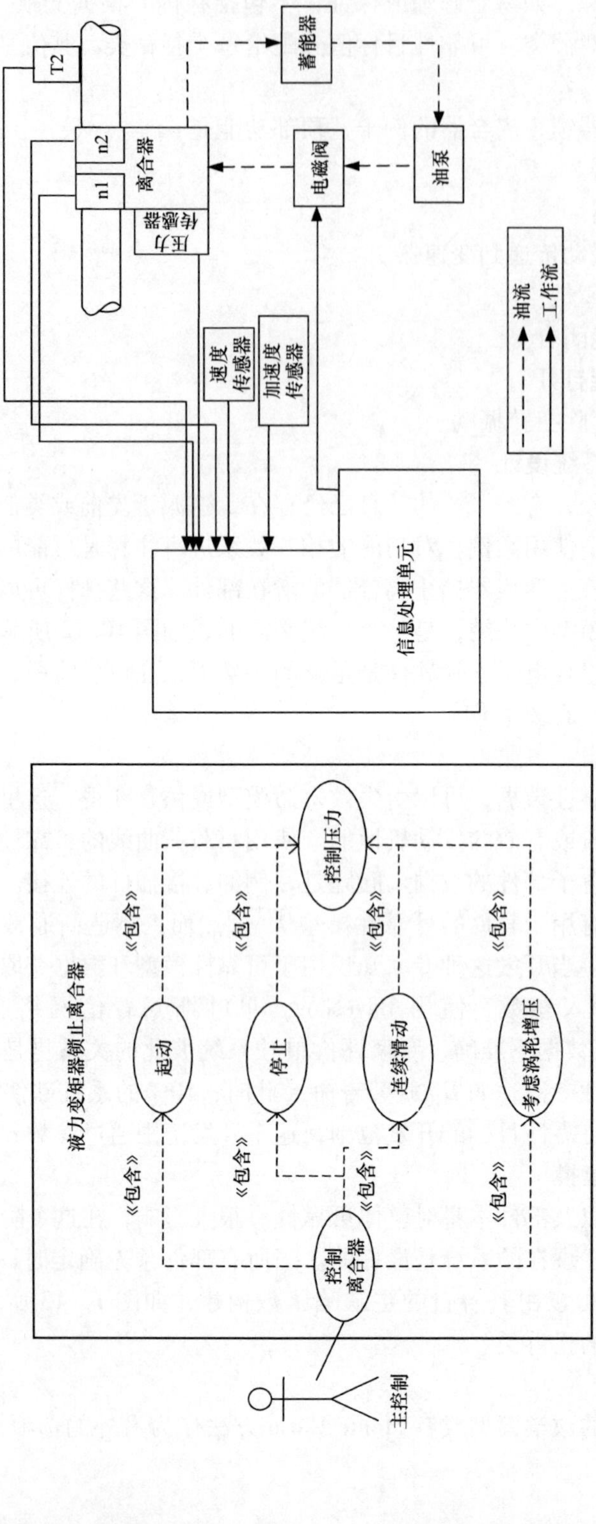

图10.12　（a）通过使用原因的系统功能描述和（b）基于使用原因产生的第一个物理模型

不准确性和在 10.1 部分定义的可靠性目标值，由此说明所研究系统哪个相对最好，如图 10.14 所示。

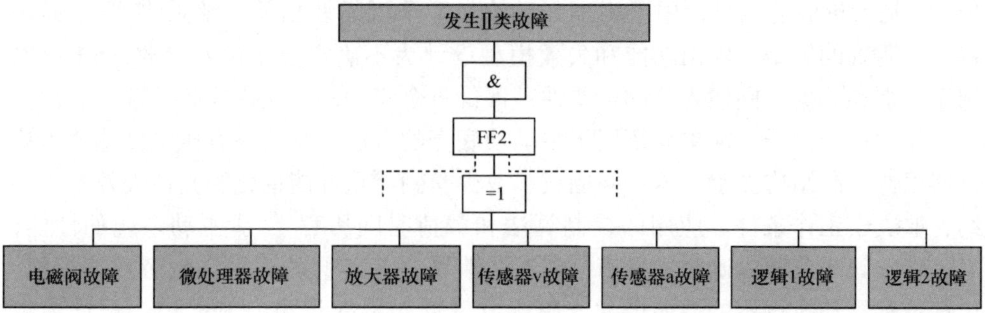

图 10.13　故障树

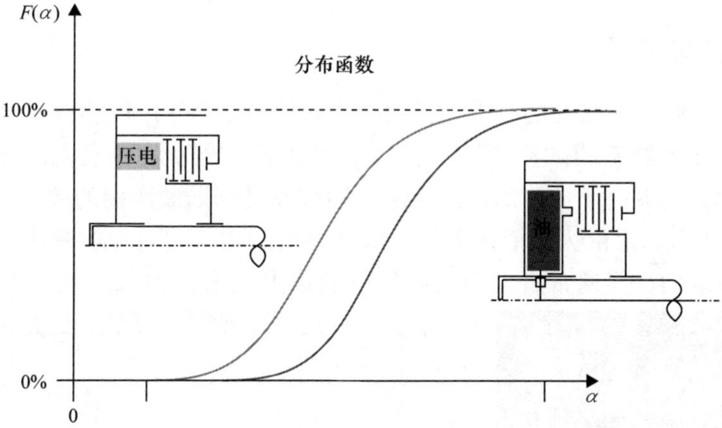

图 10.14　通过概念优势的定量化比较不同的可选择解

10.4　主动降噪系统的数值灵敏度分析和可靠性研究

自适应系统对于载荷条件或其工作环境变化可以做出智能反应，其功能包括不希望的噪声和振动的主动抑制，这对于许多汽车应用非常有前途。由于一些原因，难以估计这些复杂自适应系统的可靠性。传感器、执行器甚至控制电子学的结构集成，是典型的自适应系统，要求所有物理领域的广泛分析，涉及评价复杂系统的性能。用于机电系统设计的行之有效的方法，在 VDI 2206[12] 指南中有概述，专注于系统由离散电子和机械部件组成，而不是使用多功能材料集成的自适应系统。由于各种影响参数之间先天未确定的相互作用，在传感器和执行器中使用的多功能材料未知的疲劳性质，非常复杂的系统性能要求，使得难以预测这些自适应系统可能失效的环境。已经证明，综合自适应系统模型的灵敏度分析（SA）是有价值的工具，用于识别和评价与系统可靠性相关的情景[18,21]。通过将定义明确的模型、输出功能和失效模型设计为不确定分布输入参数，SA可以用于识别和分类不同输入值的重要性，评价每个应用的失效模式的系统可靠性。

作为一个例子，简单介绍用于主动油底壳的方法，其装备有压电传感器和执行器以便抑制结构振动。这些问题或多或少受到严重性能退化和其他失效模式制约，取决于工作条件、应用的控制算法和载荷时间历程[19]。主动系统的性能，通过特殊频率范围内确定的噪声排放减少表征，在不同的失效和疲劳环境模拟，包括传感器和执行器的性能退化、脱落或位置误差（误放）和故障。设计参数和不同控制策略对主动油底壳系统性能鲁棒性的影响，通过试验以及数值灵敏度分析[22,23]定量分析。

10.4.1　性能评价

图10.15给出油底壳的有限元模型，包含压电（PZT）传感器和执行器（上部）以及用于实验室的试验设置（下部）。PZT执行器引起油底壳底部的弯曲变形，抵消的振动取决于应用的控制算法。油底壳受到谐波激励的频率响应，如图10.15右侧所示，上部为数值，下部为试验评价。在某些特定的频率范围，考虑的自适应系统的性能通常定义为噪声排放的减少或未控制（虚线）与控制（实

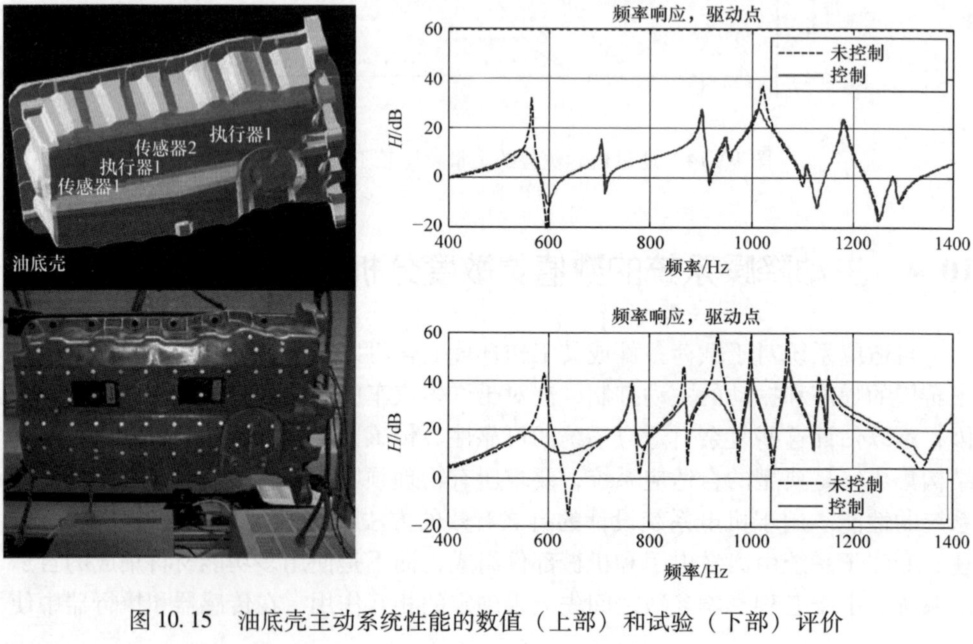

图10.15　油底壳主动系统性能的数值（上部）和试验（下部）评价

线）的系统对比振动水平的减少。因此，主动系统的失效，意味着在特定范围内噪声减少的要求不匹配和性能指标低于指定的临界极限。性能指标确定了响度的差别或主动（控制）和被动（未控制）的整体振动水平。

10.4.2 灵敏度分析

在SA表示下总结了一些数学技术[20]。当在这个环境提到SA时，是指基于变化的灵敏度分析。这种类型SA的目的，是要确定不确定性的影响及分布输入参数对系统输出的影响。参数通常通过分布函数表示，例如通过期望值和响应的方差表征，如图10.16所示。输入参数的分布函数可以是任意的，例如正态分布、Weibull分布或均匀分布等，输入参数的变化导致输出函数的变化，例如性能指标。仿真模型用于确定系统的输出函数，在这种情况下，油底壳的数值FE模型用于产生频率响应，然后在指定的频率带内产生系统噪声降低性能的数值结果。模型也可以是近似的响应面，由试验数据识别。通过方差分解，分析模型输出函数的方差变化对输入参数的灵敏度。

适当的灵敏度量度不仅可以量化单输入参数变化的影响，也可以量化它们之间的作用（高阶）。通常，SA有助于找到如下问题的答案。

1）哪些输入参数对系统输出的变化有最大的影响?

2）哪些参数几乎没有影响，为简化可以从模型中忽略?

3）允许输入参数范围变化多大以使输出保持在指定的极限内?

4）如果系统输出函数有首选的或不希望的区域，则在这些区域哪些输入参数对输出值有主要影响?

进行SA时，缺乏准确的数据是一个具有挑战的问题。例如，还缺少关于执行器性能退化、切削工具精度的数据描述。精心设计和估计输入参数的分布是实现SA目标的基本步骤，这对给现代工程设计具有巨大潜力。由于存在大量的不确定性，通常考虑最坏的情况，为优化可靠性设计留下巨大的潜力。

如图10.17所示，自适应系统的性能随执行器位置的变化显著变化。虚线表示计算的未控制系统的频率响应，实线表示控制系统的频率响应，而点线表示控制系统和具有PZT执行器距离其名义位置5mm的频率响应。

根据10.3.1部分定义的性能指标，分析了执行器位置和性能退化的SA结果，如图10.18所示。由图可以看出，执行器2的y位置的变化对系统性能有最大影响。

10.4.3 影响可靠性的因素

可以识别许多影响自适应系统性能的量，因此也有助于识别失效概率。对于现在的方法，感兴趣的是那些可以说明数值模型的因素，如:

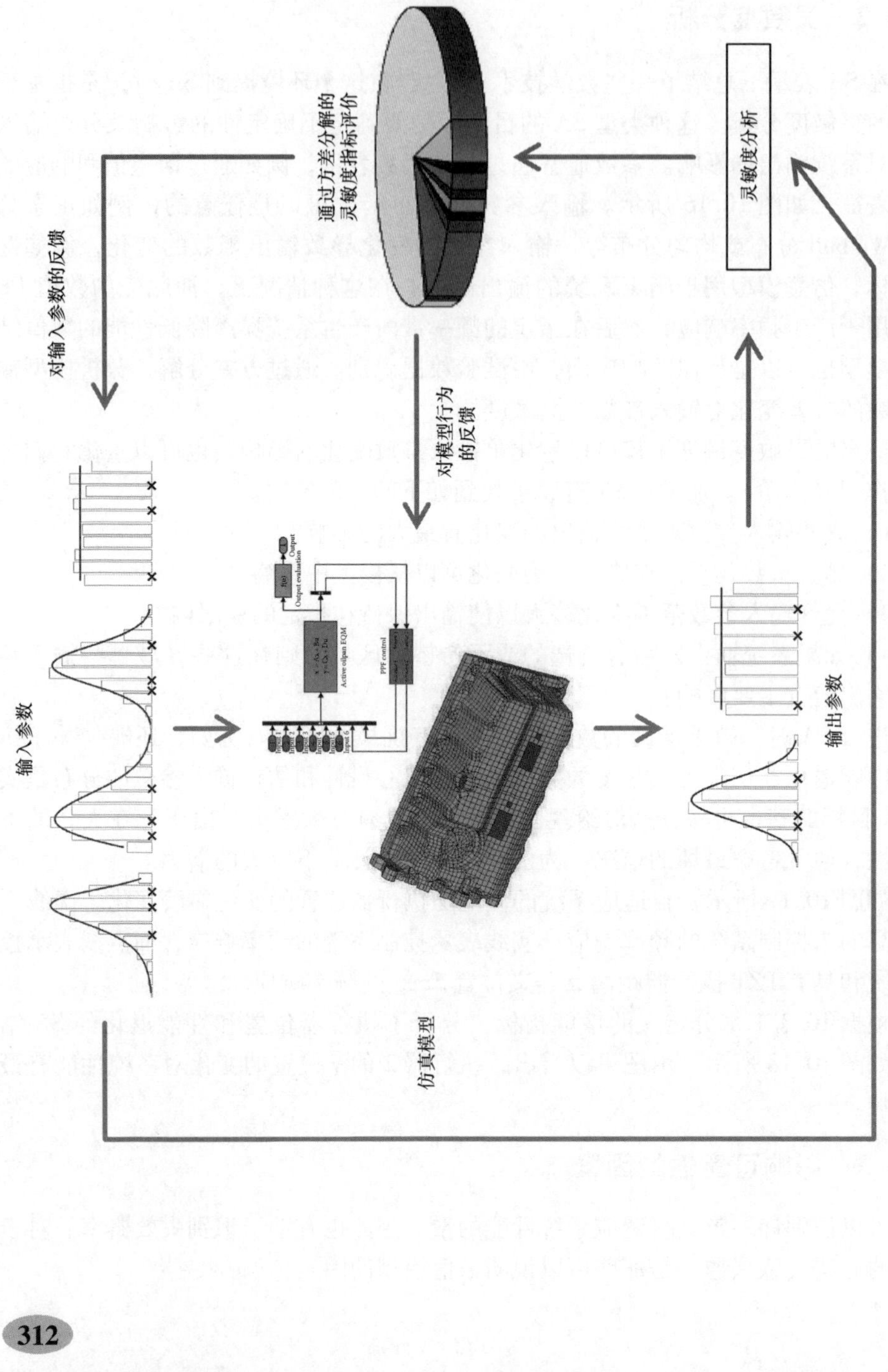

图10.16 基于方差的仿真模型灵敏度分析

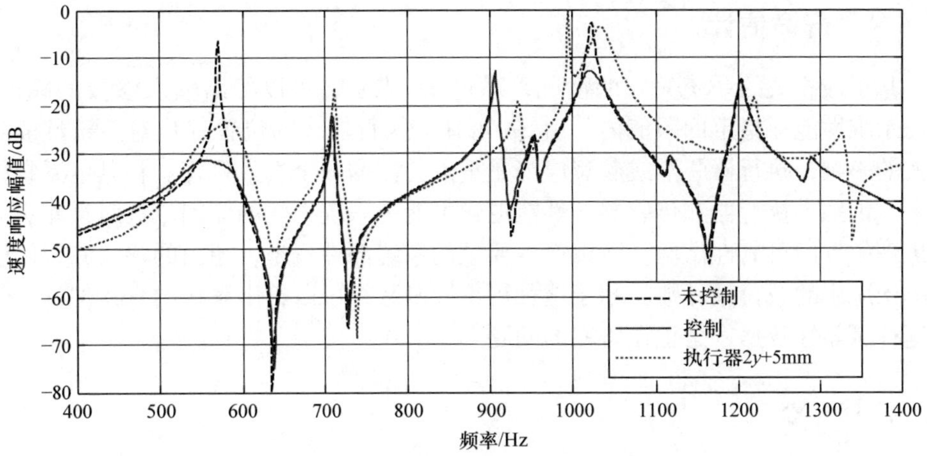

图 10.17 主动系统的执行器位置变化时的振动响应

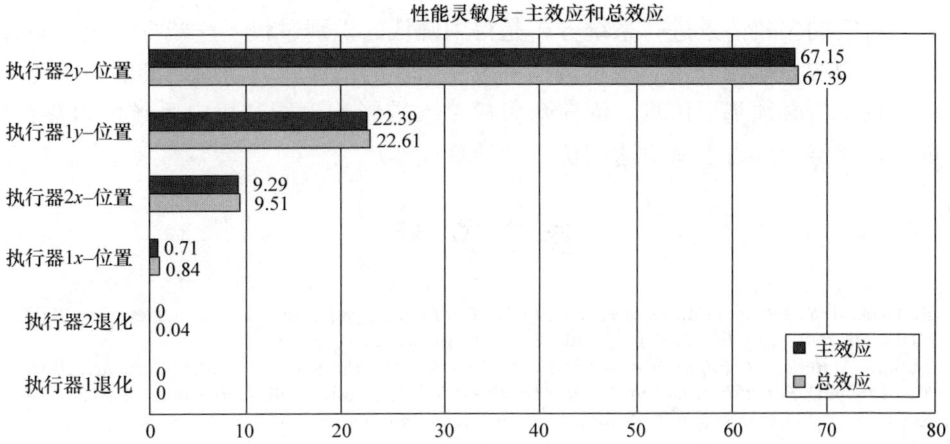

图 10.18 针对执行器位置和性能退化的 SA 结果

1）载荷谱。

2）设计变化和公差。

3）工作条件。

4）失效模式和性能退化。

所有这些量可以通过概率分布给出并反馈到模型的 SA 中，SA 的结果表示输入量相对于输出方差的重要性。

10.4.4 寿命估计

基于最相关的系统失效的情况，通过 SA 识别，可以给出输入参数的阈值，保证系统性能在指定的限值内。由 SA 可知，执行器 2 的位置变化对系统性能有最大的影响，执行器脱落或破裂应当是重点关注的一个失效机理。在其他系统构型中，识别出执行器和传感器的性能退化可能是系统失效的原因。针对最相关失效机理的专门可靠性试验，可以产生要求的系统部件概率，超出的输入参数阈值取决于应用的载荷循环数。基于这种可靠性函数，可以给出系统的寿命估计。收集这种可靠性数据，是正在研究的问题。

10.5 结论

使用 Weibull 分布，可以描述机电系统中部件的失效概率。部件失效概率和系统结构的现有知识，可以组合得到统计基础上的定量可靠性预测。在 FMEA 中，对可能的失效情景进行系统分析是得到确认的识别过程，这减少了装置对各种失效原因的易损性分析。随着机电系统复杂性的增加和创新周期的缩短，更多的可靠性分析必须基于仿真。面对众多模型参数影响性能和机电系统的可靠性，当前的研究努力致力于减少这些仿真的计算成本。

参考文献

1. Bertsche, B. *Reliability in Automotive and Mechanical Engineering*. Springer, Berlin, Germany, 2008.
2. VDI 4001. *Reliability Terminology*. Beuth, Berlin, Germany, 2006.
3. Birolini, A. *Reliability Engineering—Theory and Practice*, 5th edn. Springer, Berlin, Germany, 2007.
4. Kececioglu, D. *Reliability and Life Testing Handbook*, Vol. 1. Prentice Hall, Englewood Cliffs, NJ, 1993.
5. Kapur, K.C. and Lamberson, L.R. *Reliability in Engineering Design*. John Wiley & Sons, New York, 1977.
6. Lawless, J.F. *Statistical Models and Methods for Lifetime Data*. John Wiley & Sons, New York, 1982.
7. Dhillon, B.S. *Mechanical Reliability: Theory, Models and Applications*. AIAA Education Series, Washington, DC, 1988.
8. VDA Band 4, Teil 2. *Sicherung der Qualität vor Serieneinsatz System*. FMEA, Frankfurt, Germany, 1996.
9. IEC 60812 ed.2. *Analysis techniques for system reliability—Procedure for failure mode and effects analysis (FMEA)*. Geneva: International Electrotechnical Commission, 2006.
10. MIL-STD 1629A. *Procedures for Performing a Failure Mode, Effects and Criticality Analysis*. Washington, DC: U.S. Department of Defense, 1980.
11. SAE J1739. *Potential Failure Mode and Effects Analysis in Design (Design FMEA) and Potential Failure Mode and Effects Analysis in Manufacturing and Assembly Processes (Process FMEA) and Effects Analysis for Machinery (Machinery FMEA)*. Society of Automotive Engineers, 2002.
12. VDI Guideline 2206. *Design Methodology for Mechatronic Systems*. Düsseldorf, Germany, 2004.
13. Jäger, P., Hitziger, T., and Bertsche, B. Zuverlässigkeitsbewertung mechatronischer Systeme in frühen Entwicklungsphasen. 4. Paderborner Workshop Entwurf mechatronischer Systeme, Universität Paderborn, Paderborn, Germany, 2006.

14. Gäng, J., Bertsche, B., Wedel, M., and Göhner, P. *Determining Mechatronic System Reliability Using Quantitative and Qualitative Methods. ESREL 2007*, Stavanger, Norway, June 25–27, 2007.
15. Lechner, G. and Naunheimer, H. *Automotive Transmissions—Fundamentals, Selection, Design and Application*. Springer, Berlin, Germany, 1999.
16. VDA Band 3, Teil 2. *Qualitätsmanagement in der Automobilindustrie—Zuverlässigkeitsabsicherung bei Automobilherstellern und Lieferanten, 3*. Auflage, Frankfurt, Germany, 2000.
17. Fenton, N.E. and Neil, M. A critique of software defect prediction models. *IEEE Transactions on Software Engineering*, 25(5), 1999, 675–689.
18. Wolf, K., Han, S., and Hanselka, H. Sensitivity based performance evaluation and reliability assessment of adaptive systems, *Proceedings of SPIE*, 6928, 2008, 69281A.
19. Nuffer, J., Schönecker, A., Brückner, B., Kohlrautz, D., Michelis, P., Adarraga, O., and Wolf, K. *Reliability Investigation of Piezoelectric Macro Fibre Composite (MFC) Actuators*. Adaptronic Congress, Göttingen, Germany, May 23–24, 2007.
20. Saltelli, A., Ratto, M., Andres, T., Campolongo, F., Cariboni, J., Gatelli, D., Saisana, M., and Tarantola, S. *Global Sensitivity Analysis: The Primer*. Wiley, Chichester, U.K., 2008.
21. Li, Y., Pfeiffer, T., Nuffer, J., Bös, J., and Hanselka, H. *Experimental sensitivity analysis for robustness studies of a controlled system*, Journal of Smart Materials and Structures, 21 (2012) 064002.
22. Li, Y., Pfeiffer, T., Nuffer, J., Bös, J., and Hanselka, H. *Approaches to sensitivity analysis for system reliability study of smart structures for active vibration reduction*, Journal of Reliability, Quality and Safety Engineering, 19 (5) 1250025.
23. Li, Y., Pfeiffer, T., Nuffer, J., Bös, J., and Hanselka, H. *Experimentelle Sensitivitätsanalyse eines aktiven Struktursystems mittels D-Optimal Design*, DAGA 2012–38. Deutsche Jahrestagung für Akustik, Darmstadt, Germany, March 19–20, 2012.

Road and Off - Road Vehicle System Dynamics Handbook/by Giampiero Mastinu, Manfred Ploechl/ISBN: 9780849333224

北京市版权局著作权登记图字：01－2015－3497 号。

图书在版编目（CIP）数据

车辆系统动力学手册．第 1 卷，基础理论和方法/（意）吉亚姆皮埃罗·马斯蒂努（Giampiero Mastinu），（奥）曼弗雷德·普勒彻（Manfred Ploechl）主编；李杰等译．—北京：机械工业出版社，2020.9
（汽车先进技术译丛．汽车技术经典手册）
书名原文：Road and Off－Road Vehicle System Dynamics Handbook
ISBN 978-7-111-64420-0

Ⅰ.①车…　Ⅱ.①吉…　②曼…　③李…　Ⅲ.①车辆动力学－手册
Ⅳ.①U270.1－62

中国版本图书馆 CIP 数据核字(2019)第 286828 号

机械工业出版社（北京市百万庄大街 22 号　邮政编码 100037）
策划编辑：孙　鹏　责任编辑：孙　鹏　丁　锋
责任校对：樊钟英　封面设计：鞠　杨
责任印制：郜　敏
盛通（廊坊）出版物印刷有限公司印刷
2021 年 1 月第 1 版第 1 次印刷
169mm×239mm·21 印张·2 插页·405 千字
0 001—1 500 册
标准书号：ISBN 978-7-111-64420-0
定价：139.00 元

电话服务	网络服务
客服电话：010-88361066	机　工　官　网：www.cmpbook.com
010-88379833	机　工　官　博：weibo.com/cmp1952
010-68326294	金　　书　　网：www.golden-book.com
封底无防伪标均为盗版	机工教育服务网：www.cmpedu.com